中国供应链研究

供应链国家战略

丁俊发　主编

中国铁道出版社
CHINA RAILWAY PUBLISHING HOUSE

内 容 简 介

“中国供应链研究”丛书，从“供应链管理是战略思维，供应链管理是模式创新，供应链管理是技术进步”三个维度，“国家供应链战略、产业供应链战略、城市供应链战略、企业供应链战略”四个战略层面来论述供应链战略。其中，供应链企业战略是基础，供应链国家战略是根本。丛书力图体现如下特色：全面性和系统性；前沿性和前瞻性；实践性。

本册为《供应链国家战略》分册，集中论述了中国、美国、日本、德国、新加坡等国家的供应链发展与推进战略。对我国供应链现状进行了调查，对我国供应链国家战略进行了探讨，也是第一份中国国家供应链研究报告。

本书适合物流和供应链研究人员、相关专业的高校教师和研究生、政府管理人员、企业管理人员参考。

图书在版编目(CIP)数据

供应链国家战略/丁俊发主编. —北京：中国铁道出版社，2017.10

(中国供应链研究)

ISBN 978-7-113-23437-9

Ⅰ.①供… Ⅱ.①丁… Ⅲ.①供应链管理-经济发展战略-中国 Ⅳ.①F259.22

中国版本图书馆 CIP 数据核字(2017)第 175397 号

书　　名：供应链国家战略
作　　者：丁俊发　主编

策　　划：吴和俊　李小军　　**读者热线：**(010) 63550836
责任编辑：李小军　许　璐　徐盼欣
封面设计：MXK DESIGN STUDIO
责任校对：张玉华
责任印制：郭向伟

出版发行：中国铁道出版社（100054，北京市西城区右安门西街 8 号）
网　　址：http://www.tdpress.com/51eds/
印　　刷：三河市宏盛印务有限公司
版　　次：2017 年 10 月第 1 版　2017 年 10 月第 1 次印刷
开　　本：787 mm×1 092 mm　1/16　**印张：**19.25　**字数：**430 千
书　　号：ISBN 978-7-113-23437-9
定　　价：66.00 元

学术顾问 吴敬琏　冯国经　樊　刚　魏　杰　林兆木　钟朋荣

主　　编 丁俊发

副 主 编 吴清一　赵　建　翁心刚　何明珂　王国文　姜　旭
李正平　王　辉　翁卫兵　董天胜

执行主编 董天胜

策　　划 北京中物联物流规划研究院　丁俊发工作室
香港冯氏集团
浙江供应链协会
平安银行
中国(深圳)综合开发研究院
北京物资学院
广东宝供物流集团
河南鲜易供应链有限公司
江苏物润船联网络股份有限公司
泰德煤网股份有限公司

主编的话

2017年10月，经国务院同意，国务院办公厅印发了《关于积极推进供应链创新与应用的指导意见》。这是一个战略性、里程碑的文件，是中国经济新常态下提升经济发展新动能的一个重大举措。这个文件的颁发标志着中国物流业发展将进入智慧供应链新阶段。

供应链是以客户需求为导向，以提高质量和效率为目标，以整合资源为手段，实现产品设计、采购、生产、销售、服务等全过程高效协同的组织形态。供应链，是一个国家、一个产业、一个城市、一个企业在经济与社会领域，通过资源整合与流程优化，将产品与服务提供给最终用户的上游与下游企业所形成的网链结构，是运用计算机网络技术，全面规划商流、物流、信息流、资金流、人文流，并进行计划、组织、协调与控制的运作模式，是经济新常态下推动中国经济中高速增长的新动能，对经济从粗放经营到集约经营，提高经济质量与效率，改善有效供给，调整经济结构，提升中国经济与社会运行的软实力将发挥重要作用。供应链建设，要从企业入手，以产业与城市为重点，服务于国家核心利益。供应链也可以叫供需链，是20世纪经济全球化的必然产物。在社会分工充分与信息化发展的今天，生产经营呈现全球采购、全球生产、全球流通、全球消费特征。一个企业、一个产业、一个城市、一个国家要发展，不可能单打独斗，必须做好两件事：一是内部资源整合与优化；二是内外资源整合与优化，扬长避短，优势互补，合作共赢。在现实生产与生活中，已不存在一个企业与另一个企业的竞争，存在的是一条供应链与另一条供应链的竞争；一些企业已从单纯的生产、流通、服务的组织者，变成资源的整合者；实体经济的发展既经历了通过社会分工提高生产率，又经历了产业融合提高生产率的过程。供应链是产业融合的推进剂。在国际上，供应链整合能力，是衡量一个国家、一个城市、一个产业、一个企业综合竞争力的重要标志。

改革开放以来，特别是加入WTO以来，中国的物流业得到快速发展，物流的基础设施加大投入，物流技术装备水平极大提高，物流服务商迅速壮大，物流信息化、标准化快速推进，物流的行政管理与行业自律得到提升。在供给侧结构性改革中，供应链管理作为物流业本身的转型升级，加速推进，已取得阶段性成果。

对于推进供应链发展，国家领导人早已提出明确要求。1978年中国实行改革开放，邓小平同志及时提出，中国经济的发展要充分利用国内外两种资源和国内外两个市场，“现在的世界是开放的世界”。（《邓小平文选》第3卷64页）“任何一个国家要发展，孤立起来，闭关自守是不可能的，不加强国际交往，不引进发达国家的先进经验、先进科学技术和资金，是不可能的”。(《邓小平文选》第 3 卷 117 页)2013 年 9 月和 10 月，习近平同志在出访中亚和东南亚国家期间，先后提出共建“丝绸之路经济带”和“21 世纪海上丝绸之路”的重大倡议和战略构想，得到了国际社会的一致好评与广泛响应。“一带一路”重大倡议是中国的全球供应链战略。互联互通、合作共赢，打造全球经济命运共同体，将是一条全新的经济全球化之路。2014 年 11 月 8 日，习近平同志在亚太经合组织会议上指出：“现在需要对接各国战略和规划，找出优先领域和项目，集中资源，联合推进，这有利于降低物流成本，创造需求和就业，发挥比较优势，在全球供应链、产业链、价值链中占据有利位置，提高综合竞争力，打造强劲、可持续、平衡增长的亚洲发展新气象。”2014 年 12 月 5 日，习近平同志在政治局第 29 次集体学习会议上指出，中国要“勇于并善于在全球范围内配置资源”。2016 年底中央经济工作会议上，习近平同志又明确提出：“要促进形成大中小企业专业化分工协作的网络体系，形成完整高效的产业供应链。”李克强同志在 2016 年政府工作报告中提出：“利用信息网络等现代技术，推动生产、管理和营销模式变革，重塑产业链、供应链、价值链，改造提升传统动能，使之焕发新的生机和活力。”

2009 年国务院发布的《物流业调整和振兴规划》，一方面要求“推动物流企业与生产、商贸企业互动发展，促进供应链各环节的有机结合”，另一方面要求“向以信息技术和供应链管理为核心的现代物流业发展”。2014 年国务院发布的《物流业发展中长期规划(2014—2020)》中，把推动与发展供应链管理列为十二个重点工程之一。2017 年 8 月，商务部与财政部颁发了《关于开展供应链体系建设工作的通知》，10 月，国务院又发出了《关于积极推进供应链创新与应用的指导意见》，供应链发展将进入一个崭新的阶段。

现阶段，市场是推动中国供应链管理的根本动力，民营经济是主力，珠三角、长三角是主战场，在全国已涌现了一批供应链管理优秀企业，供应链集成、供应链透明化、协同供应链、供应链金融、绿色供应链等快速推进。但在不同区域、不同行业，供应链发展极不平衡，市场运作不规范，由世界银行 2016 年发布的全球供应链绩效指数排名中，中国为 27 位，与世界第二大经济体、第一大进出口贸易国极不相称。中国必须寻求供应链变革，“供应链＋”必与“互联网＋”一样，在新常态下，在供给侧结构性改革中，成为两个“翅膀”。

2005 年，美国物流管理协会更名为美国供应链管理专业协会，这标志着全世界的物流已进入到供应链管理时代。我把供应链管理分为三个维度去理解。第一，供应链管理是战略思维；第二，供应链管理是模式创新；第三，供应链管理是技术进步。

1. 战略思维

1)国家供应链战略

2012 年，美国总统奥巴马颁发了“美国全球供应链国家安全战略”，指出“我们谋求加强全球供应链,以维护美国人民的福祉和利益,保障我国的经济繁荣”。研究历史上世界三次经济危机与三次产业革命,美国就凭其对“帝国木桶理论”中工业、科技、金融、军事、文化五大板块实施超强的全球供应链整合,使美国始终走在世界的前列,美国始终把整合全球资源作为国家核心竞争力。除美国外,德国、英国、法国、日本等国家,都有自己的全球供应链战略。他们认为,任何国家都不可能单打独斗,要在全球范围内去发展产业链、供应链与价值链,以取得大国间的平衡与优势。

2)产业供应链战略

许多国家也把供应链战略作为产业发展战略的重点,即以全球地域为空间布局,打造某些优势产业的“微笑曲线”,建立从战略资源、金融资本到制造生产再到销售与服务市场的全产业链与价值链。从19世纪初的英国开始,先后有美国、日本、德国成为全球制造业中心。20世纪末,在改革开放的推动下,中国形成了新的制造业优势,成为新的全球制造业中心。但中国是一个工业大国,还不是工业强国,“中国制造2025”,即再经过近十年的奋斗,才能进入工业制造强国行列。这里所指的产业包括工业、农业、流通业、建筑业、服务业,供应链涉及所有产业。

3)城市供应链战略

在互联网与物联网时代,人们开始研究与打造智慧城市。实际上,一个城市的管理是“五流”,即商流、物流、信息流、资金流、人文流等各种资源的优化组合,以实现发展模式、产业结构、空间布局、运作流程的最优化。波特提出,城市竞争力的发展有四个阶段,即生产要素导向阶段、投资导向阶段、创新导向阶段和富裕导向阶段。中国城市基本处于投资导向阶段,有些城市已向创新导向转移。城市的情况千差万别,城市供应链战略有共性,更有个性,正因如此,形成了不同的城市水平与风格。

4)企业供应链战略

物流本质上是人类社会的一种实践活动,普遍存在于物质资料的生产、交换、分配和消费等各项社会活动过程中,是以企业为活动基点的。物流对于经济、社会发展的作用,就好比人体中的动脉与静脉,起到了基本的流通与循环作用,是支撑经济运行不可或缺的组成部分。但物流作为一个独立的产业并不是一开始就有的,物流产业是由于分工的不断深入以及物流社会化、专业化发展而逐渐形成的一种复合型服务产业,所以,我把供应链区分为国家供应链、产业供应链、城市供应链与企业供应链四个层面,在这四大层面中,企业供应链是基础,产业、城市供应链是重点,国家供应链是根本。

2. 模式创新

严格地讲,供应链管理也是一种模式创新,是移动互联网、大数据、云计算支撑下的模式创新。而模式创新在各种创新中,对传统模式最具颠覆性和最具冲击力。供应链管理的发展正在改变传统的商流、物流、信息流与资金流的运作模式。集群经济、平台经济、生态经济、链条经济、枢纽经济等等将成为社会与经济发展的新模式，供应链集成将成为社会与经济发展的基本形态。

3. 技术进步

供应链管理也是一种技术进步，包括供应链可视化、绿色供应链、协同供应链、虚拟供应链、供应链金融、供应链风险、服务供应链、智慧供应链、物流机器人等。至今最前沿的高新技术都在供应链中得到应用。

总之，推进和优化供应链管理，可以极大地改变一个国家的经济发展方式、产业发展方式、城市发展方式、企业发展方式，对经济从粗放经营到集约经营的转变做出不可估量的贡献。

为了推动中国供应链管理的发展，由著名经济学家吴敬琏、冯国经、樊纲、魏杰任学术顾问，由我任主编，组织国内知名高校、研究部门、知名企业参加，编写了《中国供应链管理蓝皮书》，在2011年首次正式推出，每年一本。该书填补了国内空白，受到经济界、企业界、学术界、教育界的广泛关注与热烈欢迎，成为全面了解国际与中国供应链管理发展现状以及优秀企业供应链管理案例的重要参考书。对政府经济部门、企业供应链管理部门、中外投资者、物流与供应链管理院校、研究机构和培训机构等都具有重要的参考价值和研究意义。

这几年，笔者向政府有关部门报送了"'供应链+'十年行动计划的建议""中国供应链创新与变革的十大建议"。在有关报刊上发表了"世界因供应链而变""一带一路与全球供应链""美国为什么要把全球供应链列为国家安全战略"等文章。为了满足个性化要求，我们以2011—2016年的《中国供应链管理蓝皮书》为基础，在广度与深度上，在理论与实际的结合上，编撰出版《中国供应链研究》系列丛书，即《供应链理论前沿》《供应链国家战略》《供应链产业突围》和《供应链企业实战》，为推动中国供应链的发展添砖加瓦。

在这里，我要特别感谢香港冯氏集团、浙江供应链协会、平安银行、中国（深圳）综合开发研究院、青岛日日顺物流有限公司、广东宝供物流集团、北京物资学院、《现代物流报》报社、河南鲜易供应链有限公司、深圳市创捷供应链有限公司、江苏物润船联网络股份有限公司、亚洲物流与供应链管理协会、广东省物流行业协会、广州物流与供应链协会、泰德煤网股份有限公司、翼中能源国际物流集团有限公司、河北中顺物流股份有限公司等企事业单位的大力支持，感谢许多同行专家的大力支持。

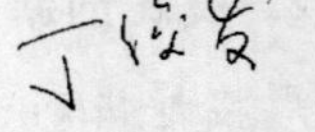

2017年10月

目　录

第一篇　供应链国家战略概论

第二篇　中国供应链国家战略

第三篇　美国供应链国家战略

第四篇　德国供应链国家战略

第五篇 日本供应链国家战略

第六篇 新加坡供应链国家战略

第一篇　供应链国家战略概论

第一章　国家供应链战略
第二章　产业供应链战略
第三章　城市供应链战略
第四章　企业供应链战略

2005年,美国物流管理协会更名为美国供应链管理专业协会,标志着全世界的物流已进入供应链管理时代。美国每年发布总统的《国家供应链竞争力报告》,世界银行每两年发布《全球供应链绩效指数(LPI)》报告(2014年中国在全球排名28位),亚太经合组织提出成立"亚太供应链联盟",推进贸易便利化,不少国家都把供应链战略列为国家安全战略。美国经济学家弗里德曼在《世界是平的》一书中,把全球供应链列为把世界夷为平地的十大力量之一。研究历史上世界三次经济危机与三次产业革命可以发现,美国凭其研发基础、金融服务、新技术产业化、合理税收与移民政策等方面的优势,加上超强的全球供应链整合能力,始终走在世界的前列,始终把整合全球资源作为国家核心竞争力。2014年12月5日,习近平同志在中共中央政治局第二十九次集体学习会上明确指出,中国要"勇于并善于在全球范围内配置资源";在2014年11月召开的亚太经合组织第22次领导人非正式会议上指出,要打造全球价值链、全球供应链、全球产业链。中国已把供应链战略提升为国家战略。

许多国家也把供应链战略作为产业发展战略的重点,即以全球地域为空间布局,打造某些优势产业的"微笑曲线",建立从战略资源、金融资本到制造生产再到销售与服务市场的全产业链与价值链。日本在第二次世界大战之后迅速崛起,依靠的就是全球产业供应链战略。德国提出的"工业4.0",不仅预示着一次新的工业革命,也是德国推出的产业供应链战略。

在互联网与物联网时代,人们开始研究与打造智慧城市。实际上,一个城市的管理是商流、物流、信息流、资金流、人流等各种资源的优化组合,以实现发展模式、产业结构、空间布局、运作流程的最优化。

英国经济学家克里斯多夫早就指出,"市场上只有供应链而没有企业","真正的竞争不是企业与企业之间的竞争,而是供应链与供应链之间的竞争"。世界五百强企业无一不把全球供应链战略作为自己的核心战略,如美国的沃尔玛、苹果,韩国的三星,日本的丰田,德国的西门子,中国的阿里巴巴、华为等。在经济全球化的今天,全球供应链战略已成为跨国公司的头号战略,优化供应链管理已成为成功企业的重要标志,实施与不断优化供应链管理已成为中国企业的必然选择。

笔者把供应链国家战略区分为国家供应链战略、产业供应链战略、城市供应链战略与企业供应链战略四个层面,并指出在这四大层面战略中,企业供应链战略是基础,国家供应链战略是根本。

第一章　国家供应链战略

没有整个国家供应链的准确定位与成功运转，任何链条上的企业都不能持久获得成功。健康有竞争力的国家供应链网体系，不仅关乎产业的竞争优势，关乎链条上各企业的生死存亡，而且影响到相应客户市场的国计民生。

一、国家供应链战略的定义

国家供应链战略，是指一国对本国供应链发展重大、全局性问题的总体谋划，是国家经济社会发展战略意图在供应链领域的具体化。

国家供应链战略既要考虑供应链绩效的提高与成本的降低，更要考虑供应链相关的价值链网整体效益最大化(即考虑在重点领域占领供应链制高点，同时使国家整体供应链网价值最大化)。国家供应链战略突出前瞻性、全局性、宏观性、指导性与政策性，充分体现国家发展对供应链的要求。

二、国家供应链战略对提高国家竞争力的影响

供应链战略对国民经济发展、社会进步、产业结构调整、改善投资环境和提高企业竞争力所具有的巨大作用越来越受到各界的关注，供应链竞争力已经成为衡量一个国家国际竞争力的重要标志。物流产业的繁荣对国家竞争力的提升有着巨大的作用，供应链竞争力对于国家竞争力的影响主要体现在国家经济实力和国际化程度的影响。

(一) 对国家经济实力的影响

国家经济实力主要反映一国宏观经济的总体状况。供应链绩效水平体现一国第一、二、三产业的综合水平和能力，是一国经济发展综合实力的晴雨表。21世纪的市场竞争将从企业之间的竞争上升到更高层次的“扩展的企业”——供应链之间的竞争。

(二) 对国家国际化程度的影响

一国与世界其他各国的联系首先体现在两个环节：一是贸易；二是投资。贸易是产品的流动，投资是资金的流动，两者都与供应链息息相关。推进供应链绩效会降低产品的成本，从而提高产品的国际竞争力，促进国际贸易，同时会加强基础设施建设，改善投资环境，提高产业吸引力，吸引国际资金的投入，促进国家的国际化发展。

三、国家供应链战略的国际影响因素

在经济全球化和互联网等信息技术迅猛发展的背景下，全球供应链体系在全球范围内不断为社会生产带来惊人的利润，供应链系统能力的高低已经成为经济全球化背景下反映

各国综合实力的一个标志。

供应链涉及跨行业、跨部门、跨地区的系统功能链网，随着国际贸易和国际合作的不断发展，国际环境的变化对全球供应链有着极其重要的影响，总体而言，影响一国供应链的国际因素主要有：

1. 国际贸易活动

经济全球化导致国际贸易的全面繁荣，也导致原材料和产品在全球范围的流动。由于各国对于贸易利润的不断追逐，国际贸易中对于原材料和产品的配置效率及流通效率也就有了进一步的要求。在这些要求下，各国开始重视并发展供应链，供应链理念、模式与实践在全球获得了难得的发展契机。

2. 国际经济同盟

目前，全球区域经济一体化进程加快，国际经济同盟在全球范围内得到发展，最大的经济同盟实体是以美洲、欧洲和东亚地区为主的三大自由贸易区。由于贸易区内关税减低或关税壁垒消除等原因，自由贸易区的形成会让经济同盟中的国家获得保护性的发展。由于区域内国家间保护性壁垒的消除，资源得以在区域内得到更好的配置。同时，由于国家间保护性壁垒的降低，商品流通效率得以提高。这些都对促进区域内供应链的发展起到了积极的推动作用。

3. 国际交通区位

国际交通区位对于国家供应链也有重要的影响，不同的交通区位特点决定了该区域中的国家在国际供应链基础设施链网中的地位及其发展的侧重点。

4. 国际经济制度

国际经济制度的不同直接决定了市场的自由化程度，也影响了资源配置和流通的自由化程度，从而影响各个国家供应链的绩效。所以，经济制度是国家供应链战略发展至关重要的外界环境之一。

5. 国际金融

商品与物流在价值实现这一环节都离不开资金流，资金链条的断裂必然影响物流运作。每当金融危机来临，物流服务需求应声锐减，各类物流量也随之出现明显的缩水。国际金融的风险转移到供应链领域，将严重影响全球各国产业的繁荣与安全。2008 年爆发的全球性金融风暴使国际供应链断链。

6. 资源与环境

全球原材料的供给日益匮乏而需求却增长强劲，这有力地拉动了国际市场原油、煤、铁矿石、铜、锌、铝等产品价格持续大幅上扬。资源与环境问题也是世界性的难题，各国在供应链发展中要注重在节能减排、绿色供应链等全球性的产业环境保护运动中得到竞争力提升或者被淘汰。

7. 跨国公司发展

跨国企业的运营不仅涉及国与国之间的贸易、全球范围内的资源配置，而且将大力发展与所在国家的经济联系。全球化与本地化并存的全球战略已使与之相关的国家不由自主地参与到了国际竞争的“角斗场”。本土的供应链企业得到了参与跨国企业供应链的机会，同时伴随着服务跨国企业全球市场，许多国际供应链企业涌入世界各个角落。

8. 国际性产业转移

在全球性的产业转移浪潮中，发展中国家得到了发展全球供应链的难得机遇。目前，以中国为代表的发展中国家正在由跨国公司的加工组装基地向制造基地转变，而与之密切联系的物流业因之获得了更加强大、稳定的市场需求。反过来，供应链的延长与完善又将有助于这些制造业国家发展成为制造业强国。

供应链的发展会受到来自国际、国内竞争的双重压力和挑战。由于供应链活动与国民经济、社会生活的方方面面深度融合，关系错综复杂，某一国家供应链发展的结果除了起决定作用的本国内部因素外，全球化层面的外部国际环境的影响已经越来越不容忽视。然而，供应链发展运行过程中出现的非效率（竞争力低下）之处总是不能被轻易发现，也直接影响了国际供应链的效率，这一问题已经成为各国管理者、研究者共同关注的焦点。识别国家供应链竞争力相关影响因素、构建国家供应链国际（国家）竞争力模型及评价指标体系，运用科学有效的方法进行国际（国家）竞争力评价，是解决这一问题的首要工作。

四、国家供应链战略的主要内容

制定国家供应链战略，需要科学、准确把握国家供应链发展的背景和总体情况、存在的主要问题和矛盾、全球供应链发展形势与趋势，以及对本国供应链未来发展方向、目标与任务的预见和谋划。国家供应链发展战略的主要内容应包括国家供应链发展战略的愿景与目标、国家供应链战略重点、战略实现途径、战略组织与实施、控制与评价、战略实现的支撑保障措施与条件。

五、国家供应链战略制定的原则

（一）服务经济，带动产业

国家供应链战略应从国家社会经济总体战略角度出发，以实现全社会资源的最优配置和经济社会的可持续发展为目标，推动经济产业转型与合理增长、提高产业竞争力、维护国家整体利益。

（二）全球视野，系统设计

国家供应链战略要求站在国家立场上放眼全球供应链体系，审时度势全面分析、谋划本国在全球供应链体系中的地位、优劣势与未来发展态势。同时，要统筹兼顾、系统设计并完善总体战略和配套战略，考虑供应链系统的结构优化、合理布局，相关综合运输、财税、贸易、海关、金融、监管等配套，注意供应链系统的内外衔接。

（三）降本增效，持续发展

可持续发展要求减少对资源的浪费和对生态环境的伤害，国家供应链战略要考虑供应链整体成本的逐步降低和系统效率的提高，发展资源节约型、环境友好型的国家供应链系统。在制定国家供应链战略中要结合社会经济发展面临的实际问题，充分考虑人口、环境保护和产业结构、能源结构，重视发展高效节能型的供应链模式与技术。

（四）与时俱进，动态调整

国家供应链战略要具有一定的柔性，能够随着时间的推移、国家政治经济秩序变化、全球供应链体系的变更而做出适时的调整、完善，确保本国长期利益。

六、国家供应链战略制定的工作目标

总体目标：基于经济社会系统现在及未来发展需要，建立并保护全球供应链系统，使货物可以安全及时地在全球范围内运输，保障商业贸易、工农业生产有序运转，在优势产业领域形成全球供应链组织与服务中心，提升国家供应链的国际竞争力与可持续发展能力。

(1)建立具有全球竞争力的国家供应链服务保障体系；

(2)保障国民经济、社会发展和国防需要；

(3)保障供应链安全，尤其是应急保障能力建设；

(4)完善供应链服务体系；

(5)完善和优化基础设施优化布局；

(6)支持并提升供应链服务主体建设；

(7)建立并完善国家骨干供应链信息系统；

(8)推动金融、贸易、海关、监管等服务的功能完善与升级。

七、国家供应链的风险管理

市场、资源、技术、成本、政治、经济、外交等诸方面都会给国家供应链带来巨大的风险。这些与国家供应链有关的机遇都伴随着供应链风险水平的提高。尤其是国家供应链跨越国界和各种地理环境，一旦发生突发事件，很可能会出现供应链中断。因此，国家供应链面临极大的挑战。风险源及其特征如图 1-1-1 所示。

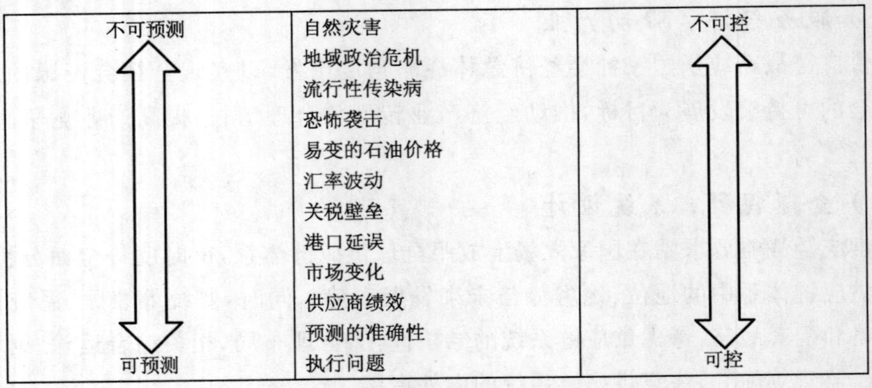

图 1-1-1　风险源及其特征

不可预测的风险可能产生巨大的供应链灾害，需要构建弹性供应链予以应对。解决的方法有：进行供应链再造，投资不同地区的生产缓冲能力以防止可能的中断风险；提高供应链敏捷性，加快对供应商或市场突发事件的感应和应对速度；建立适应性强的供应链，以通过供应链成员的密切合作尽快从灾难中恢复；等等。弹性供应链有以下优势：

（一）生产转移

支持本土企业走出去在全球建立工厂，同时吸引国外企业集团到本国建立工厂，在全球范围内实现生产转移与协作。弹性供应链的柔性化工厂、富余的生产能力和多个供应商等特性，便于实现生产从一个地区向另一个地区转移，以利用各地区具有的不同优势，如基础设施、汇率、劳动力成本的变化等，进行生产的重新选址，将风险降低。

（二）信息共享

弹性供应链需要建立先进的信息系统，对跨越多个地区与市场的产品设计、采购、生产和订单履行等进行可视化管理。因此，可以通过供应链上下游成员间有关工厂、供应商和库存状态等信息的有效流通与共享，及时预测和快速响应市场变化，防范供应链中断风险。

（三）全球协调

弹性供应链能够形成全球工厂与全球市场。例如：工厂分布在世界各地，从而具有市场规避和反击的机制。由于不同的宏观经济条件，在不同时期一些地区的工厂盈利较高，一些则较低，可以规避单个工厂出现巨额亏损的风险。如果竞争对手攻击其中一个工厂，可以调动其他市场的资源进行有效的协作反击。同时，全球市场资源的协调避免了一个区域市场需求的疲软带来的风险。

（四）政治杠杆

在供应链的国际运作中，国家可以通过国际合作等外交手段、关税等对外贸易政策措施，降低国家供应链的风险。

第二章　产业供应链战略

一般来讲，产业是指国民经济中生产相同或相近产品的生产单位的总称。产业可以理解为由利益相互联系的、具有不同分工的、由各个相关行业所组成的业态总称。尽管它们的经营方式、经营形态、企业模式和流通环节有所不同，但是，它们的经营对象和经营范围是围绕着共同产品而展开的，并且可以在构成业态的各个行业内部完成各自的循环。

一、产业供应链战略

产业不是孤立的，产业内部和产业之间有着千丝万缕的联系，往往用产业供应链来表达产业内与产业间的供需关系。具体来讲，产业供应链是指经济布局和组织中，产业内部、不同地区、不同产业之间或相关联行业之间构成的具有链条绞合能力的经济组织关系。

产业供应链战略，是指对产业内部纵向上、中、下游关系或产业之间横向协作关系的供应链发展重大、全局性的总体谋划。一般来说，任何一个产业内的各个部门以及关联产业间的各个部门都具有供给者和需求者的双重身份，通过供应链相互联系、相互依存、相互影响，从而形成产业内部及产业之间有序的、协同的供需网链状关系。

从产业内部来看，产业内供需关系体现为垂直分工划分的产业上、中、下游关系，从产业之间来看，产业间供需关系体现为横向协作关系，即相关产业的服务与配套。从维度角度分析，产业供应链的长度是产业核心产品加工深度的体现。供应链越长，表明加工深度越深，产品延伸越好，附加价值越高。产业供应链的宽度则是产业核心环节协作程度的体现。供应链越宽，表明协作程度越高，产业整体规模越大，协作效应越明显。从功能角度分析，产业供应链有机地实现了企业内部、企业之间核心竞争力的整合以及产业内外部供应链的整合。通过这种整合将产业内的企业、同质企业集群以及产业间的相关企业形成一个集成性关联系统，实现产业各要素、功能、环节以及各企业组织之间的有机联系和高效协作，在产业的范围内实现资源、流程的优化以及功能、组织上的重组，从而可以产生单个企业甚至单个产业所不能实现的集成式规模经济效益以及协同价值效益。

因此，产业供应链战略的目的在于在产业内及关联产业间，通过资源整合，降低各种业务运作成本、交易成本，杜绝无效资源内耗以及低效、重复使用现象，形成产业强大的聚集效应和竞争优势，以利于产业的结构调整和转型升级。

二、产业供应链战略与国民经济发展

产业供应链战略对国民经济的增长有着至关重要的作用。主要体现在产业结构调整。一个国家的产业结构合理程度，很大程度上决定了这个国家国民经济所能达到的高度。而产业结构的合理程度，一定是和本国的自然禀赋、人口状况、科技水平等比较优势紧密相连的。产业结构较合理的国家，经济就会健康快速地增长；而产业结构不尽合理的国家，经济增长就会受到很大的制约。

库兹涅茨产业结构演进规律指出：随着经济的增长，第一产业总产值占整个国民经济总产值的比重将不断下降，同时第一产业就业人数占全部劳动力的比重也随之下降，即农业在国民经济的作用越来越低。第二产业在国民经济中的比重随着经济的增长而不断上升，但第二产业就业比重基本保持不变或小幅度上升，表明工业对国民经济的作用越来越大。第三产业总产值占国内生产总值的比重随着经济的增长有上升趋势，却不是始终如一的上升，而第三产业的就业比重却一直保持上升趋势。钱纳里工业化阶段理论认为：随着人均国民收入的提高，产业结构呈现规律性变化，即工业在国民经济中的作用越来越大（即工业总产值占国民经济总产值的比重不断上升），农业所占的比重不断下降，第三产业的份额呈现缓慢上升。

因此，按照库兹涅茨产业结构演进规律和钱纳里工业化阶段理论，无论是发达国家还是发展中国家，其产业结构的演进都是有一定规律的。从纵向比较上来说，这种规律主要体现在第一产业、第二产业和第三产业的比重变化上。随着国民经济的发展和生产力水平的不断提高，第二产业、第三产业将会占据越来越大的比重，经济总量的增长主要依靠第二、三产业的拉动。反过来讲，产业结构的变动，会对国民经济的增长产生显著而深远的影响。与单纯的经济增长不同，产业结构的变动还会对国民经济发展的质量产生直接的影响。产业结构的不断优化，会提高人类开发和利用资源的合理化程度，使得国民经济增长动力持久而强劲。

产业供应链战略是实现国家产业结构调整、优化升级，对国民经济发展具有重要意义。其目的是满足国家战略需求，实现和维护国家利益，通过国家、产业、企业三个层面主体对于产业竞争力的培育提升，使得国家战略性产业不断获得竞争优势。

三、产业供应链战略与经济结构调整

在产业供应链中，产业内部和产业之间的经济组织关系并不是一成不变的，产业之间的界限也不是固定的，当原来互相独立的产业相互渗透，产业边界逐渐模糊或消失时，产业融合就出现了，产业融合后又形成新的产业供应链。

产业供应链战略通过产业融合促进经济结构调整。产业融合的发展对经济结构的影响非常显著，产业融合通过技术创新、业务创新、降低企业生产成本与提高生产效率等途径对产业结构、要素结构、需求结构、区域经济结构等经济结构产生重要的影响，有利于促进经济结构转型。产业融合主要通过技术创新、形成新型竞争关系、降低成本和提高效率促进经济结构转型，因此，产业融合对经济结构转型的影响最主要集中于对产业结构的影响。

一是产业融合将直接推进传统产业的改造升级，促进产业结构转型。产业融合导致现代产业对传统产业改造升级，提升其生产效率或提升其产品质量以及竞争力等，促进传统产业的优化与升级，进而推动产业结构转型。

二是产业融合促进新型产业的形成与发展，促进产业结构高级化。产业融合导致一大批新兴产业发展，促进了传统产业的优化升级。例如：如信息技术与服务业的融合而形成了一个新兴产业——信息服务业，随着产业融合的不断深化，信息服务业不断催生出新兴产业。例如：信息技术与其他高新技术产业如生物、航空、汽车工业、海洋等相关产业的融合，产生了新兴的生物信息产业、航空电子信息产业、汽车电子产业以及海洋信息产业等边缘产业，创造出了新的产业门类及新的需求，进而促进了经济结构升级。

三是产业融合导致产业边界的模糊或消失，改变了企业或产业间竞争与合作关系，成为促进产业结构转型的内在驱动力。产业融合有利于促进互补技术的相关企业通过合作，利用共有资源进行技术创新，减少研发费用，进而降低企业的生产成本与交易成本，提升企业的竞争力。

同时，产业融合导致原本不同市场的产品或不具有替代性的产品市场成为相互替代关系，从而使原本不具备竞争关系的两个企业或产业被动地处于竞争关系当中，在这种竞争压力下，企业不得不采用相应的行动来提升自身产品的竞争力，如提高产品质量或改善企业管理水平节约劳动力，或采用新技术提升生产率，促进产品生产成本或销售成本的下降。

从空间范畴看，国民经济是由许多产业构成的有机整体。每个产业都有其自身的发展规律，产业内部即组成产业的各个部分之间是相互联系和影响的。同时各个产业之间也相互作用和影响。产业之间只有联系的强弱、繁简之分，没有绝对不联系的。产业供应链反映了产业内部和产业间的这种关联关系，并且具有整体性、层次性、兼容性、开放性的特点。从时间范畴看，产业供应链是一个发展变化的过程。首先，产业是一个由低级向高级发展的过程。其次，产业间不断演进的总体上升趋势是既定的，但不同条件下的演进速度是不同的。最后，产业融合、产业升级的过程是产业内部矛盾运动形成的替代过程。

产业供应链战略的目标是促进产业融合和产业结构升级。产业融合对促进传统产业创新、催生新兴产业、推进制造业与服务业融合发展、大力发展现代服务业均具有重要的指导意义。产业融合这一种新型创新模式必然极大地扩散渗透效应，推动产业结构的转换与升级，从而推进经济结构转型。

第三章　城市供应链战略

城市是商流、物流、信息流、资金流和人才流的汇集中心，并以此影响和带动周边地区的发展。城市人口的增加，城市规模的扩大对城市供应链系统提出了严峻的挑战。目前，大多城市普遍面临着中心区交通拥堵而外围交通设施利用率较低、运输车辆空载率高实载率低、场站设施的货物集散与城市商流人流疏解矛盾、城市生活及通勤交通功能与货物贸易集散冲突等问题。这些问题的产生一方面反映出城市的生产、生活、游憩、交通四大主体功能之间的矛盾冲突；另一方面也反映出城市在发展主体功能的同时，没有对与这些功能相伴而生的城市供应链系统进行分析、有效引导与优化提升。

一、城市供应链定义

城市供应链是指支撑一个城市生产与生活的供应链生态体系，它是主要围绕城市生活、工业生产、商贸流通过程展开，通过对商流、人流、物流、信息流、资金流的控制，将供应商、制造商、分销商、零售商以及最终用户连成一个整体的功能网链组织。

二、城市供应链与其他供应链系统的区别

城市供应链与其他供应链的区别在于：城市供应链的服务对象是整个城市，不是某个企业或某个行业；其追求的是以最小的社会消耗完成整个城市的社会活动，并为城市的经济发展提供服务性保障作用。城市供应链不单单是经济问题，它还与城市的总体发展目标、城市环境和交通、人口等问题紧密相关，而不是某个企业或行业的成本最低和利润的最大化；城市物流所配置的资源包括全社会的供应链资源，不仅仅包括运输工具、运输线路，还包括信息资源、金融服务、贸易便利化措施以及社会其他行业的资源。

三、城市供应链战略研究的重要意义

（一）城市是消费集聚、货物集散、价格形成等重要功能的枢纽节点

城市一方面往往是综合交通运输网络中的枢纽节点，发挥货物集散、转运、分拨功能的功能实体聚集区域；另一方面又是企业总部、金融机构、供应链服务机构的主体活动区域，为供应商、生产厂家、销售商进行商业贸易活动、资金结算与融通活动提供载体空间，是供应链网系统中极其重要功能载体。

（二）城市供应链服务能力与水平是城市整体竞争力的体现

城市供应链服务能力和水平是反映城市整体竞争能力的重要方面，是一个城市与竞争对手相比在竞争和发展过程中所具有的吸引资源、创造产品、占领市场，为居民提供福利的

能力。城市供应链服务能力不仅仅表现为城市物流基础设施资源的供给水平，还表现为城市供应链服务的需求水平。

（三）城市供应链发展有利于提高城市相关产业运行效率与效益

城市供应链服务水平的提升有利于工商业企业将制造业物流与商贸物流分离出来交由专业的供应链服务商，制造企业和商业企业集中精力抓自己的核心竞争力，并引入精益生产或定制化服务，实现准时化、柔性化生产与个性化服务，一体化运作既节约了物资、人力与时间成本，又增强了相关企业的核心竞争力。同时，城市供应链体系的打造营造了良好的城市发展软硬实力，有助于城市内的企业单元参与更大区域或国际的产业分工，也有利于城市招商引资与扩大再生产等活动的展开，可以吸纳更多、更优质的核心企业与服务机构加入城市系统，提高城市影响力与竞争力。

（四）提高社会资源利用率，降低城市运营成本

城市供应链采用系统方法协调供应链上下游主客体，整体优化配置资源，以使整个供应链总成本最低、效率最高、资源节约为目标。研究显示供应链管理的有效实施可以使运输成本下降 5%～15%，库存下降 10%～30%，总成本下降 20%左右，整个供应链的运作费用下降 10%～25%。

（五）城市往往是最便于组织供应链的技术与模式创新的场所

城市是区域功能配套相对较完善的空间单元，供应链系统赖以发展的软硬件环境齐备，既是电子商务、大数据与移动互联网等支撑的技术创新与模式创新的智库单位汇集地，又是最便于组织技术创新与模式创新应用推广的区域。

四、城市供应链的研究目标

城市供应链系统是在一定的城市规划和企业动作发展环境下，为满足城市经济发展要求和城市发展特点而组织的区域性物流设施与供应链服务功能共同构成的复杂系统。城市供应链的研究目标是实现一个城市的供应链合理化问题，包括在一定的时间和空间范围内，由城市的供应链服务提供企业、相关基础设施、服务对象和信息等要素构成的具有组织城市供应链运转的有机整体。其中，城市供应链系统是企业供应链系统的综合，也是各产业供应链系统在城市空间、设施载体上运行的外化表现。

五、城市供应链的发展目标

城市供应链的发展目标可从功能、效率、资源环境与体系运作安全等角度界定。

功能目标：为城市及其辐射影响范围内的生产与生活系统中相关的商流、人流、物流、资金流与信息流系统提供最为便利和最具竞争力的供应链服务。

效率目标：以不影响产业竞争力的供应链成本与效率提供优质的供应链服务。

资源环境目标：建立能够应对供应链发展相关能源问题、环境问题、交通安全问题等的供应链系统。

六、影响城市供应链发展的因素

城市供应链发展主要受其自身的产业基础、地缘特色及所处的经济发展阶段等诸多因素所制约。

（一）产业基础

产业是城市发展的基础，城市是产业发展的载体，城市特色优势在经济领域主要表现在产业特色优势上。依托城市特色资源发展特色优势产业，将城市供应链与产业特色有机结合，有利于提高城市的核心竞争力，也有利于城市个性的塑造和竞争力的培育。

（二）交通区位

城市一般基于相对优越的交通区位逐步发展起来，或依托干线公路相交，或基于公路铁路联运枢纽繁忙的中转集散，或面临海港河港发展，等等。例如：青岛、宁波等港口城市依托水港的资源优势，培养临港工业和港口物流业等特色产业，将供应链与临港产业结合形成了城市发展的特色。

（三）地缘经济

地缘经济成为城市发展的基础，决定了该城市基本经济部类的发展方向和内容。基本经济部类是城市向外部提供产品和服务的经济活动，是促进城市发展的主要动力。因而，城市供应链除为城市的非基本经济部类服务外，更多的是为城市的基本经济部类服务，由此，地缘经济成为影响城市供应链发展的主要因素。例如：苏州市依托长三角经济圈发展保税物流；深圳市依托珠三角经济圈发展物流总部经济、航运衍生服务等高端物流业态；天津市依托京津冀经济圈构建“交易＋物流＋金融及信息服务”“三位一体”的国际型港航物流服务体系。

第四章　企业供应链战略

一、企业供应链战略

所谓企业供应链战略，是指从企业战略的高度对供应链进行全局性规划，它确定原材料的获取和运输，产品的制造或服务的提供，以及产品配送和售后服务的方式与特点。供应链战略突破了一般战略规划仅仅关注企业本身的局限，通过在整个供应链上进行规划，进而实现为企业获取竞争优势的目的。供应链战略管理所关注的重点不是企业向顾客提供的产品或服务本身给企业增加的竞争优势，而是产品或服务在企业内部和整个供应链中运动的流程所创造的市场价值给企业增加的竞争优势。

费希尔根据产品的需求模式将供应链战略划分为两类：有效性供应链战略和反应性供应链战略。按需求模式将产品分为两类：功能性产品和创新性产品。功能性产品包括可以从大量零售店买到的主要商品，这些产品满足基本需求，需求稳定且可以预测，并且生命周期长。但是，稳定性意味着竞争较激烈，进而导致利润较低。创新性产品指满足特定需求而生产的产品，企业在产品式样上或技术上进行创新以满足顾客的特殊需求。尽管创新性产品能使企业获得更高的利润，但是，创新性产品的新颖却使需求不可预测，而且产品的寿命周期一般较短。

有效性供应链战略是指能够以最低成本将原材料转化成零部件、半成品、成品，以及在供应链中的运输等的供应链战略。由于功能性产品的需求可以预测，生产该类产品的企业可以采取各种措施降低成本，在低成本的前提下妥善安排订单、完成生产和产品交付，使供应链存货最小化和生产效率最大化。因此，生产功能性产品的企业应该采用有效性供应链战略。反应性供应链战略是强调快速对需求做出反应的供应链战略，所对应的产品是创新性产品。这是因为创新性产品所面临的市场是非常不确定的，产品的寿命周期也比较短，企业面临的重要问题是快速把握需求的变化并能够及时对变化做出有效反应以适应需求的变化。

二、企业供应链战略核心理念

面对激烈的全球竞争、日益严格的环保和企业责任要求，企业必须运用供应链战略管理，以迅速行动提供质优价廉的产品，来满足瞬息万变的顾客需求，才能在国际市场上屹立不倒。企业通过供应链进行战略部署，应主要把握以下七个理念：

(1)以顾客为中心，以市场需求为原动力。以需求拉动供应的生产和流通模式，不但能快速地响应市场的变化、迅速满足消费者需求，而且可以减少因产品过时而减价促销的风险，有利减少库存，促进企业资金流转，并增加企业盈利。

(2)强调企业应专注于核心业务,建立核心竞争力,在供应链上明确定位,将非核心业务外包。这样,企业才能够更有效地集中利用资源,强化主业,并通过企业间的合作增加业务的弹性。

(3)各企业紧密合作,共担风险,共享利益。从原料供货商到最终用户,供应链上成员除了追求自身利益外,还应该共同去追求供应链整体的竞争力和盈利能力。通过合作减少各环节的交易成本,有效提升供应链的长期竞争力。

(4)设计工作流程、实物流程、信息流程和资金流程并持之有效执行、检讨和不断改进,将各个流程有机地结合,提升供应链的整体效率。

(5)利用信息系统优化供应链的运作。利用先进的信息系统,使供应链各成员更快速地获得信息和处理信息,及时就最新的市场变化做出适当反应,从而使供应链做到实时回馈,以配合顾客的要求。

(6)缩短产品完成时间,使生产尽量贴近实时需求。使供应链各环节的企业实现按需生产,响应瞬息万变的市场,以减少存货积压的风险。

(7)减少在采购、库存、运输等环节的成本。通过企业合作和流程整合使供应链更有效率,提升企业以及整条供应链的竞争力。

一件产品的价值是由整条供应链所创造的,该件产品的竞争力实质上体现了整条供应链上各个环节的整体竞争力。当最终客户选择一件产品,整条供应链上的成员都会受惠;如果最终客户不选择这件产品,整条供应链上的成员都会有损失。

三、企业供应链战略管理对策

(一)正确认识供应链管理思想

企业在实施供应链管理之前必须建立正确的供应链管理思想,并以此来指导供应链战略规划和实施。供应链管理的基本管理思想主要包括:"横向一体化"的管理思想,也就是集中资源建立核心竞争优势;非核心业务外包,与业务伙伴结成战略联盟关系;供应链企业形成一种合作性竞争关系;以顾客满意度作为目标的服务化管理;追求物流、信息流、资金流、工作流和组织流的集成;借助信息技术实现目标管理等。企业必须树立这些管理思想,并在供应链管理过程中认真贯彻,以保证供应链管理的成功实施。

(二)从战略高度规划供应链管理

供应链管理不是一种单纯地对生产和供应进行优化的方法,而是需要从战略层上来考虑的一个重要问题。供应链管理是对传统的企业内部各业务部门间以及企业之间的职能从整个供应链角度进行系统的、战略性的协调,目的是提高供应链以及每个企业的长期绩效。企业必须从战略上重视供应链管理,并对其进行战略上长远的规划。

(三)全面系统规划供应链及相关战略以实现战略匹配

企业在开展供应链管理时,需要从系统的观点出发,通过全面规划相关战略,以实现供应链战略、企业基本竞争战略以及其他职能战略之间的协调一致。

首先,企业的供应链战略必须和企业竞争战略相互匹配。波特提出了三种基本竞争战略，即低成本战略、差异化战略和目标集聚战略。而企业供应链战略可以分成有效性供应链战略和反应性供应链战略。其中，有效性供应链战略需要与低成本竞争战略相匹配，而反应性供应链战略需要与差异化或者目标集聚的竞争战略相匹配。

其次，供应链战略作为一种职能战略，需要与新产品开发战略以及市场营销等其他职能战略相互匹配。对于反应性供应链战略而言，新产品开发和营销战略都需要围绕提高反应能力来设计。新产品开发战略就需要使顾客和供应商及时参与新产品的设计和开发，提高企业的反应能力。市场营销战略就要求建立足够的零售网络、避免缺货、与客户进行良好的沟通、有效的广告和促销活动；对于有效性供应链战略而言，新产品开发和营销战略都要围绕降低成本来设计。新产品开发战略需要通过尽量采用标准件和通用件来降低成本。营销战略的目的则要求定位于在扩大市场占有率的基础上，尽量降低销售成本。

（四）建立供应链管理的战略支撑体系

中国企业在开展供应链管理的过程中，需要建立起供应链战略的支撑体系，以保证供应链战略的成功实施。所谓供应链管理的战略支撑体系，是指培育企业的核心竞争力、实施业务外包以及建立战略合作伙伴关系。

核心竞争力是企业供应链战略规划、实施的基础和前提，企业在进行供应链管理时，必须了解自己核心竞争力，并以此为基础来规划和构建供应链，而且在实施过程中集中有限资源不断培育核心竞争力；业务外包是供应链战略实现的有效途径。供应链管理的目的在于建立竞争优势，为了实现这一目的，必然要求在集中资源于核心业务的同时开展业务外包。通过业务外包减少长期资本投资、合理利用资源以及有效平衡企业的关键能力，最终实现提高竞争优势的战略目的。战略合作伙伴关系是供应链战略成功的保证。供应链战略突破传统战略规划仅仅关注企业内部的局限，实现整个供应链价值最大化，这必然要求供应链各节点企业之间的连接和合作，以及相互之间在设计、生产、竞争策略等方面良好的协调，也就是建立战略合作伙伴关系。只有建立并不断培育战略合作伙伴关系，才能实现供应链战略的目标。

第二篇　中国供应链国家战略

第一章　中国国家供应链战略
第二章　中国产业供应链战略
第三章　中国城市供应链战略
第四章　中国企业供应链战略

第一章　中国国家供应链战略

第一节　中国供应链管理历程

国际上对供应链管理的早期研究主要集中在供应链的组成、多级库存、供应链财务等方面，主要解决供应链操作效率方面的问题。近年来的研究主要把供应链管理看作一种战略型的管理体系，研究扩展到所有加盟企业的长期合作关系，特别是在合作制造和建设战略合作伙伴关系方面，而不仅仅是供应上的链接问题，更偏重于长期计划的研究。

几十年来，我国从计划经济走向市场经济体制，几乎所有商品都实现了由卖方市场向买方市场的转变，供应链相应地由生产者推动型转变消费者拉动型。随着经济全球化程度的不断加深以及市场需求的多元化，以合作理念、双赢或多赢为目标的现代新型供应链管理模式逐步为企业所接受。供应链管理的发展经历了如下历程。

一、职能部门阶段，强调物流管理过程

第一阶段由 20 世纪 50 年代至 80 年代末。此时期的研究者认为：供应链是指将采购的原材料和收到的零部件，通过生产转换和销售等活动传递到用户的一个过程。因此，供应链仅被视为企业内部的一个物流过程，它所涉及的主要是物料采购、库存、生产和分销诸部门的职能协调问题，最终目的是优化企业内部的业务流程，降低物流成本，从而提高经营效率。供应链管理的研究是从物流管理研究起步的。起初，研究者并没有把供应链管理和企业的整体管理联系起来，主要是进行供应链管理的局部性研究，如研究多级库存控制问题、物资供应问题，较多的是研究分销运作问题，如分销需求计划等。基于这种认识，在早期有人将供应链仅仅看作物流企业自身的一种动作模式。

产业环境的变化和企业间相互协调重要性的上升使人们逐步将对供应环节重要性的认识从企业内部扩展到企业之间，从而，供应商被纳入了供应链的范畴。这一阶段，人们主要是由某种产品从原料到最终产品的整个生产过程来理解供应链的。在这种认识下，加强与供应商的全方位协作，剔除供应链条中的“冗余”成分，提高供应链的运作速度成为核心问题。

在这一阶段，供应链执行决策是由各独立业务部门的核心管理人员制定的，很少考虑与其他部门的相互影响。由于业务信息缺乏标准化、数据完整性较差，分析支持系统不足、各自完全不同的技术系统，以及缺乏推动信息共享的激励机制，管理层在此环境下试图进行集中供应链计划的努力往往是徒劳无功的。

二、集成供应链阶段，强调价值增值链

这一阶段由 20 世纪 80 年代末至 90 年代后期。进入 90 年代，人们对供应链的理解又发生了新的变化：由于需求环境的变化，原来被排斥在供应链之外的最终用户、消费者的地位得到了前所未有的重视，从而被纳入了供应链的范围。这样，供应链就不再只是一条生产链了，而是一个涵盖了整个产品"运动"过程的增值链。

所谓供应链就是原材料供应商、生产商、分销商、运输商等一系列企业组成的价值增值链。原材料零部件依次通过"链"中的每个企业，逐步变成产品，交到最终用户手中，这一系列的活动就构成了一个完整的供应链（从供应商的供应商到客户的客户）的全部活动。

从这一阶段开始，供应链管理进入了集成供应链阶段。高级计划排程（APS）系统、企业资源规划（ERP）系统与业务流程重组（BPR）相结合，是这次转变的主要推动因素。在 20 世纪 80 年代末到 90 年代初，随着 BPR 的出现，企业领导人逐渐认识到：把企业的组织结构与主管人员的相关业务目标和绩效激励机制结合起来，可获得效益。技术的进步以及计算处理成本的降低，加快了全企业范围的业务处理系统，如 ERP 系统的渗透。如今，高层管理者可以容易地得到标准化的业务信息，以及一套一致的不同业务、职能部门和地球区域的评价指标。随着 APS 系统的引入，供应链优化成为一项切实可行的选择。这也提高了日益集中的供应链计划流程效率。跨职能部门团队的协作推动供应链计划流程更加一体化，并将企业作为一个整体来看待。

各行各业的领先性企业均开始认识到：如果要尽可能地提高效益，需求预测、供应链计划和生产调度作为一个集成的业务流程来看待。因此，越来越多的跨职能部门团队以定期开会的方式，相互协调，制定最佳的销售和运营计划行动方案。与供应链计划一样，供应链执行决策也逐渐朝跨职能部门的一体化方向发展。现在，采购和制造部门能够共同进行原材料的采购决策，从而实现产品总体生产成本的最小化。

三、价值链网阶段，强调价值网络

进入 21 世纪，随着信息时代的到来和全球经济一体化的迅猛发展，供应链管理进入了一个新的发展阶段：价值链网络阶段。与此同时，人们对供应链的认识也正在从纯属的"单链"转向非线性的"网链"，实际上，这种网链正是众多条"单链"纵横交错的结果。正是在这个意义上，哈理森将供应链定义为："供应链是执行采购原材料，将它们转换为中间产品和成品，并将成品销售到用户的功能网链。"国家标准《物流术语》（GB/T 18354－2006）将供应链定义为：生产及流通过程中，涉及将产品或服务提供给最终用户活动的上游与下游企业，所形成的网链结构。

供应链的概念已经不同于传统的销售链，它跨越了企业界线，从扩展企业的新思维出发，并从全局和整体的角度考虑产品的竞争力，使供应链从一种动作工具上升为一种管理方法体系，一种运营管理思维和模式。供应链是一个范围更广的企业结构模式，它包含所有加盟的节点企业，从原材料的供应开始，经过链中不同企业的制造加工、组装、分销等过程直到

最终用户。它不仅是一条增值链，物料在供应链上因加工、包装、运输等过程而增加其价值，给相关企业都带来收益。

现阶段的供应链更加注重围绕核心企业的网链企业战略合作关系。如核心企业与供应商、供应商的供应商乃至与一切前向的关系，与用户、用户的用户及一切后向的关系。此时的供应链概念形成一个网链的概念，如丰田、耐克、尼桑、麦当劳和苹果等公司的供应链管理都从网链的角度来实施，强调供应链的战略伙伴关系问题。供应链中战略伙伴关系是很重要的，通过建立战略伙伴关系，可以与重要的供应商和用户更有效地开展工作（见表 2-1-1）。

表 2-1-1　供应链管理发展的三个阶段

阶　段	职能部门化阶段	集成供应链阶段	价值链网络阶段
时期	20 世纪 50 年代至 80 年代末	80 年代末到 90 年代后期	21 世纪以来
供应链计划	在各独立职能部门内进行供应链计划	关注业务流程变革	协同计划
	信息缺乏横跨企业的标准，可视性有限，供应链计划的效率低下	由于企业内信息的标准化供应链效率得以提高	反企业计划流程扩展到企业之外，包括签约制造商、主要客户和供应商
供应链执行	基于独立部门的供应链执行，通常是被动反应	集成的跨部门决策，仍主要属于被动反应模式	决策由企业内最适当的管理层制定
	决策通常由部门经理及其主要助手制定	有限的协作	更高比例的协同、预见性决策

资料来源：Aspen Tech《供应链管理的演变》，赛迪网。

第二节　中国发展的驱动力与国家供应链竞争力

一、中国经济进入中高速增长阶段

中国作为人口大国，在改革开放 30 多年的时间里人均 GDP 由 1978 年的 154 美元上升到 2016 年的 7962 美元，由一个低收入国家跨入了上中等收入国家行列；由货物贸易占世界份额不足 1%到成为第一货物出口大国；制造业增加值超过美国，成为全球第一制造大国；2015 年 GDP 总量 10.39 万亿美元，连续六年保持世界第二大经济体的地位（2010 年中国 GDP 总量超过日本，成为仅次于美国的全球第二大经济体）。

纵观工业革命以来各国（经济体）增长史，经济有起飞，就有降落，没有一个国家可以永续保持高速增长。中国作为一个追赶型经济体，在经历高速增长期后，增速已有所回落。未来十年中国经济将由过去年均 10%左右的高速增长阶段转而进入 6%～8%的中高速增长阶段。当前中国经济回落具有混合特征，增长阶段转换已经开启。一是基础设施投资的潜力和空间明显缩小；二是东部发达地区经济增长明显回落；三是地方融资平台、房地产市场风险明显增加。

未来十年，投资率将触顶回落（由接近50％降至40％左右），消费率逐步上升（达到55％左右）超过投资率。中国经济将过渡到以服务经济为主的阶段，农业比重继续下降，投资需求和出口需求增长速度的下滑导致第二产业和服务业的增长速度都有所下降，但第二产业下降幅度更大；消费结构升级促进服务业较快发展，未来十年服务业比重不断上升逐步达到56％左右。未来20年中国经济总量与社会结构变化趋势见表2-1-2。

表2-1-2　未来20年中国经济总量与社会结构变化趋势

年　份		2010	2020	2030
GDP/亿美元		5.93	21.4	—
城镇化率/％		51.3	60	67
经济结构/％	工业比重	46.7	42	35
	服务业比重	43.2	52	60
	农业比重	10.1	6	5
	投资率	48.1	43	34
	消费率	48.2	55	66
主要工业品产量/亿t	钢铁	6.29	10.5	8
	水泥	18.6	20	15

注：根据国务院发展研究中心中长期增长课题组预测。

二、全球制造中心遭遇工业发展瓶颈

（一）全球制造中心在全球范围内转移是历史规律

在经济学领域尚无“全球制造业中心”的明确定义。一般认为“全球制造中心”是指为世界市场大规模提供工业品的生产基地。《经济学人》杂志发表的关于“第三次工业革命”的文章指出：第三次工业革命是指以数字化、人工智能化制造与新型材料的应用为标志的工业革命，它直接的表现是工业机器人代替流水线工人，从而引起生产方式的根本改变，其结果将导致直接从事生产的劳动力快速下降，劳动力成本占总成本的比例越来越小，规模生产将不会成为竞争的主要方式，个性化、定制化的生产会更具竞争优势。英国、美国、日本都曾成为“全球制造业中心”，且前者都是被后者所取代，全球制造业中心转移是历史的客观规律。让我们看一下“全球制造业中心”在国际间转移的历程。

19世纪初，英国作为工业革命的先驱国在蒸汽机革命的带动下，以其发达的纺织业、采掘业、炼铁业、机器制造业和海运业确立了“全球制造业中心”地位，成为世界各国工业制成品的主要供应者。1820年，英国在世界贸易总额中所占的比重为18％，1870年上升为22％，其制成品产量占全世界40％，铁和煤产量超过全世界50％，1837年机器出口总值为49万英镑，而到1866年就达到476万英镑，美国和欧洲大陆工业革命所需要的技术装备基本都是来自英国。英国全球制造业中心的历程延续了70年，培育了全方位的优势产业，形成了发达的纺织、冶炼和机器制造业、采掘业和海运业，以及在此基础上形成的服务业。

19世纪后期到20世纪中叶，在电力革命的带动下，美国取代了英国，成为世界工业强国，19世纪80年代，美国制成品上升为世界第一位，1929年达到了全球制造业43%的最高点。在钢铁、汽车、化工、机器设备、飞机制造、电气产品、医药以及军事装备等制造业的各个领域，其生产规模和出口份额都位居世界前列，成为世界工业品出口的重要基地。第二次世界大战后，美国凭借其“全球制造业中心”的地位，成为全球经济霸主，并确立了世界科技创新中心的地位。

第二次世界大战后，日本经济飞速增长，经过30年的发展，一跃成为世界第二大经济强国，成为历史上第三个“全球制造业中心”。20世纪60—80年代，日本以“机械振兴法”和“电子振兴法”为推力，从以出口重化工业产品为主导逐步转向以出口附加价值高的机械电子产品为主导，成为机电设备、汽车、家用电器、半导体等技术密集型产品的生产和出口大国。日本经济年均增长高达9.8%，20年内制造业生产增长了10倍。20世纪80年代中期，日本许多工业制成品的产量都名列世界前三名，在国际市场上具有很强的竞争力和很高的市场占有率，成为世界上家用电器、汽车、船舶和半导体的主要生产国。

20世纪末，在改革开放的推动下，中国以土地、劳动力和规模经济为主导，形成了新的制造业优势，取代日本成为全球制造业中心。2007年，中国的高新技术产品出口跃居世界第一位；2008年，超过德国，成为世界第一大工业制成品出口国。2015年，家电、皮革、家具、羽绒制品、陶瓷、自行车等产品占国际市场份额达到50%以上。同时，中国也成为全球最大的制造业生产国，占全球制造业总产值的19.8%，超过美国。工业品产量居世界第一位的已有210多种。以上数字表明中国已处于全球制造业中心的发展阶段。

（二）制造业竞争力分析

1.“中国制造2025”战略提出我国由制造大国向制造强国迈进

2012年，中国制造业增加值为2.08万亿美元，占全球制造业20%，与美国相当，但却大而不强。主要制约因素是自主创新能力不强，核心技术和关键元器件受制于人；产品质量问题突出；资源利用效率偏低；产业结构不合理，大多数产业尚处于价值链的中低端。

“中国制造2025”规划应对新一轮科技革命和产业变革，立足我国转变经济发展方式实际需要，围绕创新驱动、智能转型、强化基础、绿色发展、人才为本等关键环节，以及先进制造、高端装备等重点领域，提出了加快制造业转型升级、提升增效的重大战略任务和重大政策举措，力争到2025年从制造大国迈入制造强国行列。

2. 制造业竞争力指数分析

2013年全球制造业竞争力指数研究显示：中国在当年及其未来五年位居首位。从制造业外部发展环境看，我国目前在全球具有一定竞争优势，这从2013年全球制造业竞争力指数研究的结论中可见一斑。但我们要清醒地认识到：我国制造业的资源利用效力、产业结构不合理，生产的产品本身在自主知识产权、品牌、质量、附加值等方面与发达国家的先进制造业仍存在较大差距。2013年全球制造业竞争力指数见表2-1-3。

表 2-1-3　2013 全球制造业竞争力指数

当前竞争力			五年后竞争力		
排名	国家或地区	指数评分 10＝高 1＝低	排名	国家或地区	指数评分 10＝高 1＝低
1	中国	10	1	中国	10
2	德国	7.98	2	印度	8.49
3	美国	7.84	3	巴西	7.89
4	印度	7.65	4	德国	7.82
5	韩国	7.59	5	美国	7.69
6	中国台湾	7.57	6	韩国	7.63
7	加拿大	7.24	7	中国台湾	7.18
8	巴西	7.13	8	加拿大	6.99
9	新加坡	6.64	9	新加坡	6.64
10	日本	6.6/	10	越南	6.5
11	泰国	6.21	11	印尼	6.49
12	墨西哥	6.17	12	日本	6.46
13	马来西亚	5.94	13	墨西哥	6.38
14	波兰	5.87	14	马来西亚	6.31
15	英国	5.81	15	泰国	6.24
16	澳大利亚	5.75	16	土耳其	5.99
17	印尼	5.75	17	澳大利亚	5.73
18	越南	5.73	18	波兰	5.69
19	捷克共和国	5.71	19	英国	5.59
20	土耳其	5.61	20	瑞士	5.42
21	瑞典	5.5	21	瑞典	5.39
22	瑞士	5.28	22	捷克共和国	5.23
23	荷兰	5.27	23	俄罗斯	5.04
24	南非	4.92	24	荷兰	4.83
25	法国	4.64	25	南非	4.77
26	阿根廷	4.52	26	阿根廷	4.58
27	比利时	4.5	27	法国	4.02
28	俄罗斯	4.35	28	哥伦比亚	4.01
29	罗马尼亚	4.09	29	罗马尼亚	3.98
30	阿拉伯联合酋长国	3.93	30	比利时	3.63
31	哥伦比亚	3.85	31	西班牙	3.63
32	意大利	3.75	32	阿拉伯联合酋长国	3.58
33	西班牙	3.66	33	沙特阿拉伯	3.46
34	沙特阿拉伯	3.57	34	意大利	3.45

续表

当前竞争力			五年后竞争力		
排名	国家或地区	指数评分 10=高 1=低	排名	国家或地区	指数评分 10=高 1=低
35	葡萄牙	3.39	35	埃及	3.45
36	埃及	3.24	36	爱尔兰	3.03
37	爱尔兰	3.23	37	葡萄牙	2.87
38	希腊	1	38	希腊	1

注：全球制造业竞争力指数是美国竞争力委员会与德勤有限公司于 2013 共同发起的研究项目，旨在了解首席执行官如何看待全球不同国家制造业的竞争力状况。通过一项全球性首席执行官调查，552 名首席执行官和高管给出了回答，并就推动制造业竞争力的关键因素提出了自己的观点。

制造业竞争力指数研究指出中国的一些关键优势：劳动力及原料成本优势、政府大力投资制造行业、完善的供应商网络、科技投资、雇员教育和基础设施建设等。通过深入分析来自世界各地 550 多名制造业公司首席执行官和高管的调查反馈，报告明确指出制造业的竞争格局正在发生巨大变化。美国、德国和日本等 20 世纪的制造业中坚力量在维持其竞争优势方面将面临中国等新兴国家的挑战，印度、巴西将在 5 年后由 2013 年的第 4、8 位分别提升到第 2、3 位，而德美两国将由 2013 年的第 2、3 位变为第 4、5 位。同时，越南、印尼等亚洲边境市场正在崛起。制造商正在将发展的关注重点转向这些边境市场，以获取日益增长的本土消费需求并作为全球供应链的战略制造中心。

3. 制造业竞争力指数研究中驱动因素的不足

我们的制造业不仅规模庞大，而且竞争力真的如此强吗？

从该制造业竞争力指数驱动因素（见表 2-1-4）可以看出，该指数重视的因素依次是：人才驱动的创新，经济、贸易、金融与税务体系，劳动力与原材料的成本与可获得性，供应商网络，法律法规体系，基础设施建设，能源成本与政策，本地市场吸引力，医疗保健体系，政府对制造业的投资。

这套驱动因素没有考虑制造业发展的其他一些关键因素（见表 2-1-4）。例如：制造业的边界与制约因素（如资源约束、环境承载力），各国在制造业发展的阶段性和结构特征（如发达国家制造业产品的品牌优势与自主知识产权优势、信息化发展水平以及各国不同的产业结构），影响制造业发展的供应链管理模式，而这些因素恰恰是像中国这个新兴的世界第二大经济体在制造业发展中的重要制约因素。

从该套指标考虑的因素自身来看，我们真正具优势的是第 6、8、10 三项，而在其他因素方面我们离全球最佳还有一段距离。例如：就人才驱动的创新而言，我国还没有真正进入创新驱动阶段，而美、德、日等发达国家已经进入创新驱动阶段几十年；从经济、贸易、金融与税务体系来看，我们的制度建设方面还有许多不足；我们的劳动力成本已经大幅度上升，在人均大宗原材料方面也相对匮乏；我国的社会主义法制体系还尚不健全，法制建设还需要不断改革完善；石油、天然气等资源短缺，能源成本没有绝对优势；医疗保健体系仍在深化改革。综合来看，在十项指标中的多数因素上我们与发达国家相比还有很多需要努力改善和上升的空间。

表 2-1-4　制造业竞争力指数驱动因素

序号	美国竞争力委员会与德勤纳入考虑的因素	未纳入对中国制造业发展起重要作用的因素
1	人才驱动的创新	资源约束
2	经济、贸易、金融与税务体系	环境承载力
3	劳动力与原材料的成本与可获得性	产业结构
4	供应商网络	品牌优势
5	法律法规体系	自主知识产权优势
6	基础设施建设	信息化
7	能源成本与政策	供应链管理模式
8	本地市场吸引力	
9	医疗保健体系	
10	政府对制造业的投资	

三、新增长阶段、新增长点及改革推动

（一）中国经济由要素驱动向创新驱动转换

世界经济论坛（WEF）将经济增长阶段划分为五个阶段：要素驱动阶段、要素驱动向效率驱动转换阶段、效率驱动阶段、效率驱动向创新驱动转换阶段、创新驱动阶段，如图 2-1-1 所示。

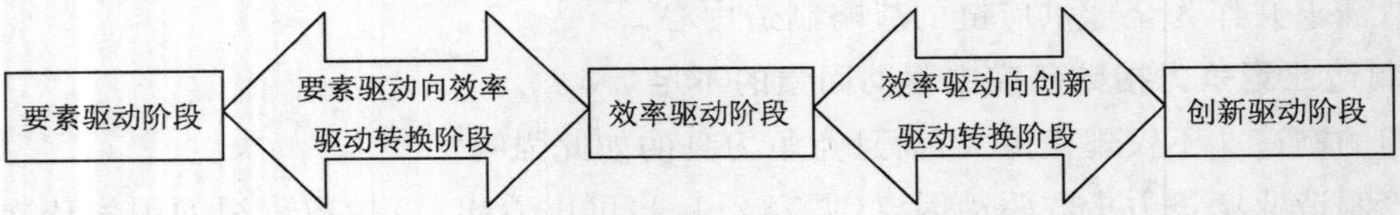

图 2-1-1　世界经济论坛定义的五个增长阶段

世界经济论坛五个增长阶段划分标准与示例（2006 年）见表 2-1-5。

表 2-1-5　世界经济论坛五个增长阶段划分标准与示例（2006 年）

增长阶段	人均 GDP		典型国家
	2006 年现价美元	国际元	
要素驱动阶段	<2000	<1351	越南、印度
要素驱动向效率驱动转换阶段	2000～2999	1351～2026	埃及、菲律宾
效率驱动阶段	3000～8999	2027～6080	中国、马来西亚、南非
效率驱动向创新驱动转换阶段	9000～17 000	6081～11 486	巴西、智利、俄罗斯
创新驱动阶段	>17 000	>11 486	美国、日本、德国

按照以上标准，中国 2011 年人均 GDP 水平满足第四个阶段（即效率驱动向创新驱动转换阶段）进入要求。

按照 WEF 的标准，一个国家人均 GDP 超过 17 000 美元（2006 年现价美元），就进入了创新驱动阶段。如果以国际元计算，美国、德国、日本和韩国分别在 1962 年、1973 年、1976 年和 1995 年进入创新驱动阶段。这些国家由效率驱动向创新驱动的转换阶段分别经过了 5～13 年

的时间，且越是后发国家所用的时间越短。按照这些先进国家的经验，中国可能在2016—2020年间进入创新驱动阶段。

（二）新的经济增长关注点与改革落脚点

以往30多年的高增长阶段，主要由农业转向以工业为主的非农产业，一方面农村大量的潜在失业人口提供了就业机会和人口红利；另一方面大大提高了劳动生产率。进入新的增长阶段后，提升效率的重点将转向非农行业内和行业间。国际经验表明：行业内的竞争和重组淘汰低效率企业，能够显著提升生产率。下一阶段，我国将进入工业化、信息化、城镇化和农业现代化同步推进的过程。新增长阶段可能的新增长点有：

1. 基础设施投资

例如：高铁、地铁、中西部地区的交通设施等，以及伴随“一带一路”等国际区域合作建设产生的基础设施投资模式出口等。改革的重点可能在以放宽准入、引入外部投资者为突破口，发掘基础设施领域的投资潜力。

2. 城镇化

未来20～30年，中国的城镇化率仍有20个以上的百分点增长空间，涉及2亿多人口。现有城镇常住人口中，有近20%的非户籍人口。城镇化改革将以加快土地、户籍、财税体制改革，提高城镇集聚效应和生产率为突破口。

3. 产业升级

与日本、美国相比，我们的工业增加值率还有30%～70%的提升空间。工业增速放缓后，工业快速扩张期结束，产业内的竞争和重组将加剧，出现并购、重组的高峰期，从而产业集中度将大大提升。我国工业转型升级的四个关键点是自主知识产权、信息化、供应链管理模式、品牌提升与市场开拓。而农业进入现代化和产业化发展关键期，用地红线将严格控制，推行土地流转、贫瘠土地生态改造、农业技术创新与应用推广，重点调整农产品生产供应销售相关利益分配格局。从国际经验来看，一个国家不可能在所有行业都具有全球竞争优势，这将是一个产业内部和产业之间深度融合、提高效率的过程。能在全球范围内有效配置资源的全球供应链系统建设一定是产业界创新、发展的重点领域。

4. 消费升级

收入倍增规划的实施将有助于提升消费比重。中等收入者是拉动经济增长的主要力量，预计2020年中等收入者的比重将达到45%。促进升学、就业、创业等方面的机会均等，提高社会的横向与纵向流动性，调整收入分配结构、完善公共服务、发展消费金融将是改革重点。

5. 创新

技术创新、商业模式创新是创新的两大重点领域。

6. 更大程度、更高质量地融入全球分工体系

通过改进贸易和投资活动，提高在全球价值链中的位置，并在某些领域形成新的竞争优势，如与基本建设能力相关的对外贸易、劳务输出和投资等。要谋求更高水平和更高质量地融入全球分工体系。例如：以人民币国际化推动国内金融体系改革；以与有关国家达成自贸区协议和参与区域经济合作为契机，推动国内相关领域特别是服务业领域的改革；利用国际研发、人才等高级生产要素，并使之与国内产业链有机衔接。

四、国家供应链竞争力的国际研究

国际国内市场竞争推动产业升级、技术创新和供应链绩效提高。国家供应链竞争力的评价是在理论分析的基础上，按照一定的体系对研究对象进行实证分析的实践过程。在这方面，世界银行会同国际运输代理协会等机构对全球150个国家和地区的物流业进行了分析评估，并根据货物清关速度、运费、基础设施质量、货物准时到达率、国内物流业竞争情况等指标进行全球物流业竞争力排名。

美国每年发布总统的“国家供应链竞争力报告”，世界银行每两年发布“全球供应链绩效指数(LPI)”报告(2014年中国在全球排名28位)，亚太经合组织提出成立“亚太供应链联盟”，推进贸易便利化，不少国家都把供应链战略列为国家安全战略。全球供应链绩效指数即LPI是一个国家或一个地区国内物流水平与参与全球供应链能力的国际性指数，由世界银行每两年发布一次，2012年参与的有155个国家和地区，2014年参与的有160个国家和地区。其由6个指数构成，每个指数的满分为5分，2012年排名第一的为新加坡，2014年排名第一的为德国。中国全球供应链绩效指标见表2-1-6。

表2-1-6　中国全球供应链绩效指标

绩效指标	2012年	2014年
海关和边境管制机构清关的效率	3.25	3.21
贸易和运输基础设施的质量	3.61	3.67
安排具有竞争性价格货运的便利性	3.46	3.50
物流服务的竞争力和质量	3.47	3.46
追踪和追溯货物运输的能力	3.52	3.50
货物运输在既定或预期时间的到货率	3.80	3.87
总分	3.52	3.53
全球排名	26	28

中国的全球供应链绩效指数位于全球的第二梯队，即总分为3分以上的51个国家和地区的中间，高于所有的金砖国家。

世界银行2012年发布的报告指出，以下七个方面值得重视：一是物流的基础设施建设水平，特别是综合运输体系，是供应链绩效指数的基础；二是物流服务水平，核心物流提供商的服务和竞争力，是整个国家供应链绩效的重要方面；三是海关和边境手续效率，这涉及交易所用的时间节约；四是物流环境的优劣，包括法制环境、政策环境、政府效率，是否存在腐败性支付等；五是区域贸易便利化和一体化水准，反对贸易保护主义，实现广泛的信息共享；六是供应链发展的可持续性，绿色物流必须提上日程；七是软硬同步发展，经验表明，软硬件干预措施，可以互为补充。

2014年世界银行发布的报告又指出以下三点：第一，不同的国家都在采取措施提高国家的供应链绩效指数，低收入国家注重基础设施的改善以及边境特别是海关管理的改善；中等收入国家注意力主要在改善物流服务特别是专业化物流服务；高收入国家主要关注绿色物流的改善对环境的影响。第二，全球金融危机以来，世界经济格局正在改变，互联网、大数据、新能源等使世界复杂多变，面临新的挑战，供应链绩效成为国家竞争力的重要指标。第三，贸易便利化可以降低交易成本，降低物流成本，提高全球 GDP，WTO 出台的《贸易便利化协定》显得格外重要。

五、中国供应链国家竞争力

（一）以往研究关注点

中国针对供应链竞争力以及绩效的相关研究目前集中于企业领域和相关产业链领域。国家供应链竞争力的宏观研究目前重点集中在国家物流竞争力。

王圣云和沈玉芳对我国 1997 年和 2004 年省级区域物流竞争力进行定量评价，分析了我国区域物流竞争态势，划分出我国区域物流竞争力的动态类型，并对我国区域物流竞争力特征进行研究。韩彪在生产要素成本、组织成本和要素质量三个方面对深圳和香港物流业的竞争力进行了实证分析。研究表明，深圳的要素成本比香港有明显的优势，但是深圳的制度成本比香港要高出很多。在生产要素质量方面，深圳与香港的“硬要素”差距不大，“软要素”差距比较大。深圳中低端物流业务的竞争力正在接近甚至超越香港，将促使原本在香港境内的此类业务向深圳、珠江三角洲等地区转移。宋则与张弘等人提出从物流总规模、对国民经济的贡献、流通效率、流通环境、流通效益、流通组织化程度、流通结构、流通人才素质、流通信息化水平、流通方式、流通资本等方面建立了中国流通现代化评价指标体系，但没有给出各个指标的权重及具体的评价方法。汪波与杨天剑等人提出从物流合理程度、物流子系统效率及服务水平、外部环境三方面建立评价指标体系。

姚建华提出从基础设施水平、产业基础水平、产业竞争潜力、产业经营效率等方面对物流产业竞争力进行测评，其评价体系影响物流产业竞争力的指标体系分解为 4 个一级指标，11 个二级指标，13 个三级指标，并对 31 个省、直辖市物流产业竞争力系数进行计算。所提出的评价指标体系有明显改善，但仍忽略了对区域物流竞争力影响较大的政府管理、制度、信息等指标，而且对所有指标都采用统计数据，没有考虑软指标。

邵万清从物流产业规模、物流产业效益、物流产业结构、物流产业资源、物流产业潜力五大要素，17 项具体评价指标对物流产业进行综合评价。但由于物流产业数据不完整，没有运用该指标体系对我国物流产业发展水平进行实证分析。

（二）国家供应链竞争力研究

陈功玉等曾对国家物流竞争力做出如下概念界定：国家物流竞争力指一国在经济全球化的背景下于国内和国际两个市场中体现出来的现有物流服务能力与未来发展潜力的总和，是一国物流业的市场占有能力和物流生产力水平的集中体现。

借鉴以上研究成果，可以将国家供应链竞争界定为：国家供应链竞争力是指一国在全球供应链体系中的于国内和国际两个市场中体现出来的现在供应链服务能力与未来发展潜力的总和，是一国供应链组织与管理体系所体现出来的对资源的控制能力和对市场的服务能力的集中体现。

根据上面概念可知，国家供应链竞争力是国家参与国内、国际市场互动的国家能力的一种表现形式。概念中供应链服务能力又表现为服务实力和服务效率两个主要方面。随着国际市场的进一步开放，各国之间长期持续的竞争不可避免，这使得国家供应链竞争力不仅与本国的供应链发展水平有关，而且与国家参与市场竞争的深度及市场互动的激烈程度有关。所以，对国家供应链竞争力的衡量本质上是对该国供应链发展的稳健性和可预见性的一种量化诠释。更进一步地，根据以上的概念界定以及产业竞争力的一般表述，可以从现实和未来两个角度来刻画国家供应链的总体竞争力，而现实竞争力和未来竞争力又可以分别从软实力和硬实力两个方面来描述。整个概念可以用图 2-1-2 加以说明。

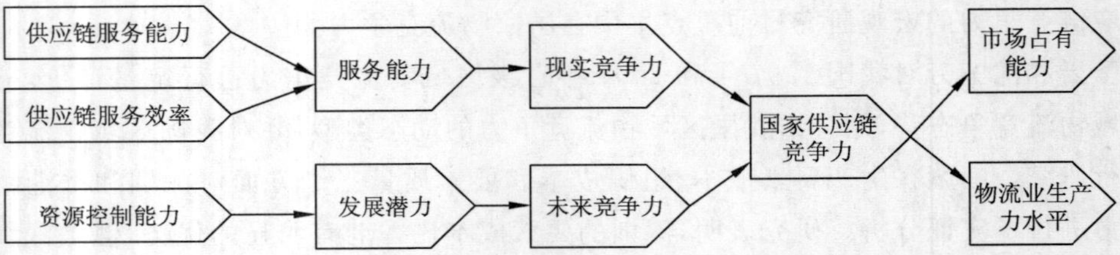

图 2-1-2　国家供应链竞争力概念框图

六、提升国家供应链竞争力的动因

（一）影响国家供应链竞争力的动因分析

国家供应链竞争力成因与全球供应链环境下各国对于供应链优化与服务能力的追逐有关。全球市场、国家制度、产业转型升级以及企业市场行为等方面是推动供应链发展的原动力。从影响与推动便于供应链发展的宏观、中观与微观三个不同层面可以归纳出如下三大动因：

1. 获取国际市场资源配置的有利地位

全球化的资源、生产与消费的时空分配不均衡，各国需要通过提升供应链竞争力以取得国际市场资源配置的有利地位。不同国家气候、地理、矿产资源、生物资源位置等方面的差异，使得国家经济发展的起点大相径庭。各国根据自身的资源、资金与人力等的比较优势重点发展不同的产业，这直接形成了社会分工专业化程度的加深，已形成了国际产品供应和消费需求的不对称。全球统一市场中各种原料、产品时空分布的不均衡性以及市场需求的国际化，推动了全球供应链的活跃发展。现代物流与供应链管理一直被人们看成是实现物质资源配置的便捷渠道和最终途径。强有力的运输、仓储、配送能力，高效、协调、敏捷的物流供应链体系是各国在获取并控制资源之后必须从战略上考虑建立的“软环境”。

2. 强化国家产业竞争优势

全球产业发展不断升级与转移，加强各国相关产业的竞争优势需依赖全球供应链服务能力的迅速提升。产业竞争是国家竞争的主要战场，随着由资源、资金驱动的竞争发展到由创新、增值驱动的新型竞争，国际产业竞争日益加剧，竞争的广度与深度不断拓展。在这种情况下，产业升级是积极应变的关键。传统生产产业如制造业、采矿业以及加工工业，在技术进步导致总成本下降的同时，采购、运输和仓储成本所占比重却逐年上升。原材料运不进，产品运不出的矛盾时有出现。产品销售渠道的不畅通，物流配送组织的不力，则直接制约了企业客户服务水平的提高。供应链不仅从整体最优的角度考虑产品的运输、包装和仓储，而且其目标是提高服务满意度，这将使具有优势的传统产业服务能力得以延伸，价值链也随之得到延伸。总之，传统生产企业的现代化转型依赖现代物流与供应链的发展。农业现代化的发展也亟需物流业的大力支持。通过建立城乡一体的物流体系、农资配送体系等措施，现代物流在服务于新农村建设的同时，也为农业经济的发展拓展了空间。值得一提的是：随着第三方物流出现，企业物流需求向专业物流市场释放，更多的第一产业和第二产业向第三产业转移。因此，物流与供应链竞争力的加强将使三次产业的比例更加合理，产业结构得到优化。

3. 挖掘企业新的生产力机会

企业发展需要不断寻求利润空间，提升国家供应链竞争力，使各国为本国企业挖掘新的生产力提供了机会。如何摆脱资源禀赋、劳动力等自然属性在激烈的国际竞争中获胜是各国政府积极探寻的问题。根据比较优势和竞争优势理论，各国可以选择有比较优势的产业发展，同时通过技术创新、管理创新来获取竞争优势。供应链可以对传统物流进行流程再造，需要对技术和管理方式进行改革，而该领域的改革创新将提高相关产业生产资料的利用水平和劳动者的工作效率，从而释放出更多的生产力，突破现有的利润空间，并将这些潜力转变成综合实力。

（二）影响国家供应链竞争力的关键因素分析

1. 供应链绩效

国家物流与供应链竞争力在国际市场上的最直观体现就是一个国家的供应链绩效如何。无论该国的物流设施网络资源如何丰富，组织上如何合理，信息技术如何先进，顾客所能感受到的只能是最终的服务。服务效率低下不利于产业的良性发展。

2. 网络规模

如果说效率指标带有一定的偶然性，那么供应链网络规模因素则是对国家供应链竞争力基础的客观度量。试想，企业为了向顾客展示其服务水平的高低，可以不计成本地通过挪用、暂借甚至冒用其他部门或者企业的人、财、物等来提高服务效率，从而取得短期的顾客信任并借此拿到不菲的订单。而这些表象并不是企业真正实力的体现，一旦遇到资金链断裂、客户需求调整等服务过程中的突然变化，企业却没有实力来适应这些变化。所以，企业自身资源局限和额外成本剧增的长期积累必然会带来服务效率的骤降。一个企业如此，一个国家也是如此。效率与规模的相互制衡是国家供应链竞争力研究必须考虑的问题。

3. 发展潜力

从竞争优势理论的观点出发，一国如果想摆脱资源禀赋因素的约束来提高自身竞争力，则需要以更加广阔的视野，通过主观能动性的发挥，在动态发展的竞争中取得优势。波特认为：除了资源要素外，需求要素、产业支持、企业战略、机遇和政府引导等多种因素将会从不同层面对国家整体竞争力产生影响。需求要素、战略以及政治环境等都是国家供应链竞争力产生和发展的基本土壤。这里强调的发展潜力，就是说竞争力的分析和评价不能只停留在现状上，而是考虑各国发挥主观能动性提升服务水平的积极作用。发展潜力因素所覆盖的指标将进一步刻画形成和发展国家供应链竞争力的间接基础。

综上所述，国家供应链竞争力的分析和评价可以以三类主要因素为切入点进行全面、立体地剖析。

七、国家供应链竞争力评价指标体系

采用因子分析法对国家供应链竞争力进行综合评价。采用因子分析方法可以帮助人们建立起一个逐步优化,而且客观性较强的综合评价指标体系。这样的综合评价指标体系由两个部分构成:一部分是初步的指标体系,它根据关键因素分析和描述模型的结果,形成以实力、效力与潜力为大类的描述指标系统,每一大类指标系统中又有起主导作用的核心描述指标,其他指标起支持和补充作用;另一部分是在因子分析的基础上,将描述指标体系进行科学的内部调整,最大限度地抽取有用信息形成解释性更强的竞争力综合指标体系,同时也能够对各指标进行客观的加权,得到最终的国家供应链竞争力综合得分。两部分是一个有机整体,形成了一个动态化的国家供应链竞争力综合评价指标体系,见表 2-1-7。

表 2-1-7 国家供应链竞争力综合评价指标体系

类 别	评价体系	描述指标	相关指标
效力类	物流成本效率(核心指标)	物流总成本占 GDP 比重	物流总成本
			国内生产总值
			产业结构
	资金效率	服务贸易的资金效率	服务贸易进口额
			服务贸易出口额
		投资回报率	流动资产总额
			流动负债总额
		偿债能力	流动比率
			速动比率
	设施设备使用效率	运输设备效率	运输车辆空驶率
		仓储设施设备效率	仓储设施使用效率
			仓储设备使用效率
		港口设施设备效率	港口设施使用效率
			港口设备使用效率
		铁路设施设备效率	铁路设施使用效率
			铁路设备使用效率
		基础设施共享率	线路公共设施共享率
			枢纽节点专业设施共享率
	信息资源效率	信息资源访问率	物流信息资源日访问量
		信息资源共享程度	物流信息资源共享率
	流程运作效率	仓储运作效率	库存周期
		运输运作效率	平均运距
		进出口通关运作效率	通关时间期
			进口时间期
			出口时间期

续表

类　别	评价体系	描述指标	相关指标
实力类	物流网络实力	物流网络连通度(核心指标)	网络节点和线路连接程度
	资金实力	资产总额	物流业固定资产总额
		供应链相关物流业投资规模	物流业投资总额
	基础设施实力	通道与枢纽基础设施规模	物流园区数量
			大型港口数量
		通道与枢纽基础设施密度	物流线路里程
			国土面积
	信息设施实力	客户端信息化实力	上网比率
			电话普及率
		服务端信息化实力	大型物流信息平台数量
	从业人员实力	从业人员规模	相关行业物流从业人员总量
			工业企业物流从业人员总量
		从业人员质量	核心行业物流人才比重
			核心行业中高级技术人员比重
潜力类	管理革新潜力	供应链管理水平(核心指标)	原材料供应企业供应链数量
			制造企业供应链数量
			服务企业供应链数量
	需求潜力	产业结构调整空间	产业结构比例
		需求产业资金投入	采矿业资金投入总额
			建筑业资金投入总额
			制造业资金投入总额
			服务业资金投入总额
	供应链科技潜力	技术发展潜力	国家专利数
		科学研究潜力	专业刊物发表数
	人才培养潜力	人才培养规模	物流专业教育招生规模
			物流专业在校生人数
			从业人员在职培训人数
		人才培养容量	相关专业高校数量
			相关职业培训机构数量
	发展环境潜力	政策法规完善程度	相关政策法规数量
		政策法规执行情况	相关政策法规数量
		行业标准化水平	行业标准数量

八、中国国家供应链战略关注重点

中国已明确以"一带一路"建设为重心的全球供应链战略。下一阶段中国国家供应链战略的重心应以提升竞争优势和建立长期稳定的全球供应链体系为主,积极主动参与并调整全球化参与方式。

主动调整供应链全球化参与方式，关键在于确立开放创新理念，更加积极、透明、可预见地融入全球分工进程；以供应链服务水平提升与效率提高为突破口推动贸易结构升级，全面提升配置全球资源的能力和竞争力；在全球供应链公共产品领域和全球供应链治理中发挥积极的建设性作用，承担与中国全球制造中心和第二大经济体相适应的全球供应链建设责任，逐渐形成有中国特色的、开放创新、优势升级、内外协调、互利共赢的全球供应链体系。

（一）搭建全球供应链体系，提高全球资源的整合能力

提升企业参与国际分工和全球供应链的深度和广度，提高制造服务业与商业服务业的国际化水平，有序推进供应链相关领域的对外开放。支持各种所有制企业开展国际供应链经营业务，加快培育一批竞争力强、影响力大的跨国公司及跨国供应链服务商。加强国际能源供应合作，实现重要战略资源供应的多元化。提高海外利益安全保障能力，加强对海外人员和投资的保护。

（二）实施金融开放和人民币区域化，维护金融安全稳定

按照"主动、可控、渐进"原则，推进资本账户完全可兑换，增加人民币在重点区域和重要商品的经济交往中的应用。有序推动金融市场的对外开放，提高外汇储备投资的安全性和战略效益，维护金融稳定和供应链领域金融安全。

（三）推动区域经济和供应链服务一体化，促进商品和服务贸易自由化

以全球供应链、全球价值链的共赢和发展为出发点，促进多边贸易体系发展，积极推动区域经济一体化、供应链服务一体化。在多边贸易体系中发挥更加积极的作用，推动商品和服务贸易自由化。加快实施自由贸易区战略，大力推动"一带一路"等区域经济合作。处理好与主要贸易伙伴的经贸关系与供应链联系，深化与新兴市场国家的供应链合作，协同推动沿海、内陆、沿边开放与供应链区域合作。

（四）参与全球供应链治理，争取有利的供应链一体化国际环境

按照"开放、公平、包容、可持续"原则，积极参与全球供应链治理及相关标准、规则的修订制定，推动全球供应链治理改革。在全球供应链基础设施与骨干信息平台建设中发挥建设性作用，提升我国官、产、学、研、商各界融入全球化的能力。在维护好自身利益的基础上，与全球供应链各方形成长期的、较为稳定的互利共赢格局。

（五）强化国际供应链组织中心与国际物流中心功能，提高渠道运营质量和能力

从维持和提高我国国际竞争力的观点来看，要重点改善和提高大型国际交通枢纽、核心国际港口及大城市圈中心机场、高等级干线公路等网络与节点，畅通国际物流通道，并有效使用信息技术与大数据应用来提高现存设施的管理运营质量和能力，强化国际商流、物流、资金流、信息流汇聚功能。

（六）加大供应链治理模式和技术创新，推进新模式示范与应用

虽然中国创新水平与发达国家的差距在缩小，但在创新效率和成果产业化方面不仅落后于发展国家当前水平，也低于多数发展国家在相同发展阶段的表现，创新对经济增长的促

进作用还没有得到充分发挥。建议在目前及将来有一定竞争力的产业领域营造公平、宽松、有序的供应链模式创新、技术创新环境，大力推进新模式示范与应用。

第三节　“一带一路”倡议与国家供应链战略

一、“一带一路”提出背景与概况

2013年9月和10月，中国国家主席习近平出访中亚和东南亚国家期间，先后提出共建“丝绸之路经济带”和“21世纪海上丝绸之路”(简称“一带一路”)的重大倡议，得到了国际社会高度关注。

2013年11月，十八届三中全会审议通过《中共中央关于全面深化改革若干重大问题的决定》，要求“加快同周边国家和区域基础设施互联互通建设，推进丝绸之路经济带、海上丝绸之路建设，形成全方位开放新格局”。2015年2月1日，张高丽主持召开推进“一带一路”建设工作会议，成立“一带一路”建设工作领导小组，安排部署重大事项和重点工作。

2015年3月，李克强在《政府工作报告》中多处阐述“一带一路”。2015年3月28日，发改委、外交部、商务部联合发布了《推动共建丝绸之路经济带和21世纪海上丝绸之路的愿景与行动》，标志着“一带一路”从设想、规划进入实施阶段。

“一带”指的是新陆上丝绸之路经济带，起点是中国，中亚和俄罗斯是桥梁，欧洲是终点，非洲是延伸线，其重点方向有三个：一是由中国经中亚、俄罗斯至欧洲的波罗的海方向；二是中国经中亚、西亚至波斯湾、地中海方向；三是中国至东南亚、南亚、印度洋方向。“一路”指21世纪海上丝绸之路，起点是中国东海和南海，贯穿太平洋、印度洋沿岸国家和地区，其重点方向有两个：一是从我国沿海港口过南海到印度洋，延伸至欧洲；二是从我国沿海港口过南海到南太平洋。从途经路线和辐射范围看，“一带一路”是以我国为起点和中心，向北与俄罗斯的交通线连接，东边连接东亚日本和韩国，向西通过中亚连接西欧，向西南通过印度洋连接到北非，把东亚、东南亚、南亚、中亚、欧洲、非洲东部的广大地区联系在一起。

“一带一路”贯穿亚欧非大陆，一头是活跃的东亚经济圈，一头是发达的欧洲经济圈，中间广大腹地国家经济发展潜力巨大，辐射范围涵盖东盟、南亚、西亚、中亚、北非和欧洲，沿线65个国家，总人口约44亿，经济总量21万亿美元，分别占全球63%和29%。应该说，“一带一路”构想创造经济增长新动力，改进全球治理新途径，对中国以及其他覆盖的国家具有重要的意义。

二、“一带一路”倡议促进未来国家30年全球供应链建设

“一带一路”重大倡议秉承开放包容的丝路精神，不限国别范围，不是一个实体。这不仅是中国自身的战略构想，更是沿线各国的共同事业——契合沿线国家的共同需求，为其互补互利互惠开启新的机遇之窗。

国家主席习近平 2017 年 5 月 14 日在“一带一路”国际合作高峰论坛开幕式上发表题为《携手推进“一带一路”建设》的主旨演讲，强调坚持以和平合作、开放包容、互学互鉴、互利共赢为核心的丝路精神，携手将“一带一路”建成和平、繁荣、开放、创新、文明之路。

习近平指出，“一带一路”建设植根于丝绸之路的历史土壤，重点面向亚欧非大陆，同时向所有朋友开放。不论来自亚洲、欧洲，还是非洲、美洲，都是“一带一路”建设国际合作的伙伴。“一带一路”建设共商，成果共享，是伟大的事业，需要伟大的实践。需要一步一个脚印推进实施，一点一滴抓出成果，造福世界，造福人民。

经济全球化、区域经济一体化已成为世界经济发展的主流趋势，在经济一体化潮流的推动之下，各种多边经济合作机制不断涌现，跨境跨区域合作成为新时代的重要特征。“一带一路”倡议既有利于全球经济复苏和发展，也同时为沿线国家的发展和赶超带来新的机遇。

“一带一路”倡议的实施也意味着将来中国与沿线国家在物流、人流、资金流、信息流实现互联互通，是构建全球供应链体系的重要倡议，这将带动我国与沿线国家对外开放实现一个新的历史性突破。古丝绸之路绵亘万里，延续千年，促进了东西方不同文明、不同国家、不同民族之间的贸易往来和文化交流。习近平指出，“一带一路”倡议顺应时代潮流，适应发展规律，符合各国人民利益，具有广阔前景。我们要乘势而上、顺势而为，推动“一带一路”建设行稳致远，迈向更加美好的未来。

第二章　中国产业供应链战略

第一节　中国产业供应链概况

中国在改革开放后，产业结构不断演进。30多年来，中国的第一产业的比重在不断下降，让位于第二产业和第三产业。第一产业比重从改革开放初期的30%左右下降到目前的10%左右。工业化程度不断加深，第二产业逐步上升至42%～50%的区间。第三产业也有较快发展，2015年占整个经济比重为50.5%，首次突破50%。虽然经历了类似于发达国家的产业结构不断演进，但是中国的产业结构还存在着一定的问题。例如：第一产业和第二产业比重仍然过高，第三产业内部房地产比重过高，除房地产之外的金融业、信息产业、文化产业等第三产业均与发达国家存在巨大差距。此外，除了通过三次产业分类法分析第一、二、三产业与国民经济发展，还可以通过基础产业、新兴产业和战略性产业分析与国民经济发展。

一、中国产业供应链与经济结构转型

改革开放30多年来，中国经济以平均每年接近10%的增长速度快速发展，创造了世界经济史上的奇迹。然而当我们享有快速经济发展带来的工业化与城市化进程的成果时，也付出了极大的代价。这种依靠能源与资本的高投入并导致了严重的不平衡和对资源环境的过度消耗的传统工业发展道路是不可持续的。所以，必须实现经济增长方式与发展方式的转变，而这个转变的主要内容是经济结构转型。

产业融合作为一种新兴经济活动，可以有效地促进技术创新、形成新型竞争关系、降低成本及提高效率，形成新的产业供应链，产业供应链战略通过产业融合促进经济结构调整，从而促进经济结构转型。主要可通过提高现代服务业与制造业的融合度、加快高新技术产业与传统产业融合步伐、以信息化带动工业化等手段加快经济结构转型升级。

2012年7月发布的《“十二五”国家战略性新兴产业发展规划》明确提出了我国发展战略性新兴产业的指导思想，将新兴产业和战略性产业进行产业融合，将节能环保、新一代信息技术、生物、高端装备制造、新能源、新材料、新能源汽车等七大行业作为我国的战略性新兴产业。通过推动战略性新兴产业快速健康发展，抢占经济科技竞争制高点，促进产业结构升级和经济结构转型，实现经济可持续发展。

2016年3月出台的《中华人民共和国国民经济和社会发展第十三个五年规划纲要》提出优化我国现代产业体系，围绕结构深度调整、振兴实体经济，推进供给侧结构性改革，培育壮大新兴产业，改造提升传统产业，加快构建创新能力强、品质服务优、协作紧密、环境友好的

现代产业新体系。2016 年 12 月国务院印发《“十三五”国家战略性新兴产业发展规划》，对“十三五”期间我国战略性新兴产业发展目标、重点任务、政策措施等做出全面部署安排，提出到 2020 年，战略性新兴产业增加值占国内生产总值比重达到 15%，形成新一代信息技术、高端制造、生物、绿色低碳、数字创意等五个产值规模 10 万亿元级的新支柱，并在更广领域形成大批跨界融合的新增长点，平均每年带动新增就业 100 万人以上。产业结构进一步优化，产业创新能力和竞争力明显提高，形成全球产业发展新高地。

二、产业供应链微笑曲线

随着分工的深化，一个企业或经济组织难以“一体化”地创造价值，而只能专业化于价值链的某一个环节；一个产业也难以“一体化”地创造价值，而只能专业化于其产业本身；一个国家也难以“一体化”地创造价值，而只能专业化于价值链的某一环节。由此，国际分工的深化产生了全球产业链。在全球产业链中，价值创造活动不再局限于微观的企业组织，而是扩展至整个产业链上的所有参与者，整个产业链条的附加价值是向上弯曲的曲线。如果将“流通”理解为有关商品或服务的采购和销售活动，那么可以将全球产业链简化为研发、生产和流通三个主要的阶段或环节，如图 2-2-1 所示。

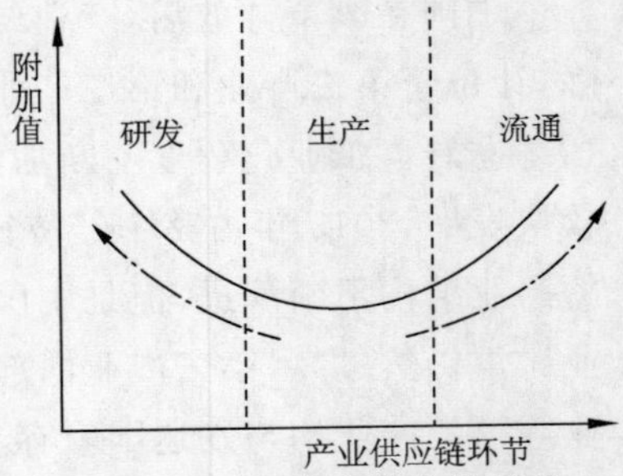

图 2-2-1　基于产业供应链环节附加值的微笑曲线

这三个阶段或环节都是价值创造的必要阶段，都在创造价值。但是，从实际结果来看，在既有的分工与竞争体系下，上述各个阶段的价值创造能力或价值贡献额往往是不同的，形成了两头高、中间低的价值链，即产业供应链“微笑曲线”。产业供应链“微笑曲线”看似简单，却能揭示出经济全球化过程中深刻的经济组织变化。

（一）产业供应链环节中，生产制造收益少

随着科学技术的不断进步，人类获得产品生产或制造的知识与能力变得相对容易，从而降低了商品制造或加工环节的相对难度，降低了产品生产或制造环节的“稀缺性”。由于不够“稀缺”，因而必然“廉价”，这就是生产环节为什么处于“微笑曲线”最低端的根本原因。因此，在国际分工体系下，一个企业乃至一个国家如果缺乏“研发”与“流通”能力，那么就只能被迫接受相对“廉价”的价值创造环节或阶段。

（二）产业供应链环节中，生产制造风险大

在富士康公司参与的产业链中，高端的研发、流通环节处于其他企业的控制中，也就是说，富士康公司处于“两头在外”的中间（生产）阶段。这也是出口导向的中国制造业整体的现状。有报告指出，在中国 28 个主要工业行业中，外资在 21 个行业中拥有多数的资产控制权。在开放的产业中，高新技术产业总体外资控制度已经达到近 70%的水平。“两头在外”暗藏着巨大的风险。首先，微薄利润难以承受环境波动，如人民币升值、原材料涨价等。其次，市场需求信息被高端环节控制，低端生产不得不依赖于大型采购商发出的订单，而大型采购商对低端制造区位选择的灵活性较大，有可能将订单转移。因此，“两头在外”将我国产

业置于高度不安全的风险地带，一旦世界市场或各国经济发生变化，极易遭受致命打击。

（三）产业供应链环节中，生产制造牺牲多

“两头在外”不仅收益少，风险大，而且还要承受整个产业链的绝大部分成本或负效应。一方面，低端生产制造对工人的不公正待遇越来越受关注。另一方面，低端制造在微利、高风险中承受着不对称的资源环境压力。高端研发、流通环节低能耗、低污染、高附加值的优势是建立在低端制造高能耗、高污染的基础之上的。因而，发达国家通过掌控产业链高端环节的跨国企业，将资源环境压力转嫁给了处于低端生产制造的发展中国家。由此可见，低端生产制造是一种收益少、风险大、牺牲多的发展方式，国内外学者称之为“悲惨式增长”或“贫困化增长”。“中国制造”面临的人民币升值、工资上涨、就业和资源环境压力等问题显然都与这种贫困化增长密切相关。

三、基于微笑曲线的中国产业供应链升级

根据产业供应链微笑曲线分析结论，产业供应链生产制造等低端环节收益少、风险大并且牺牲多。企业在追逐价值过程中，必然向附加值较高的产业链两端转移，产业在追逐价值过程中，必然向附加值较高的新兴产业升级，如图 2-2-2 所示。

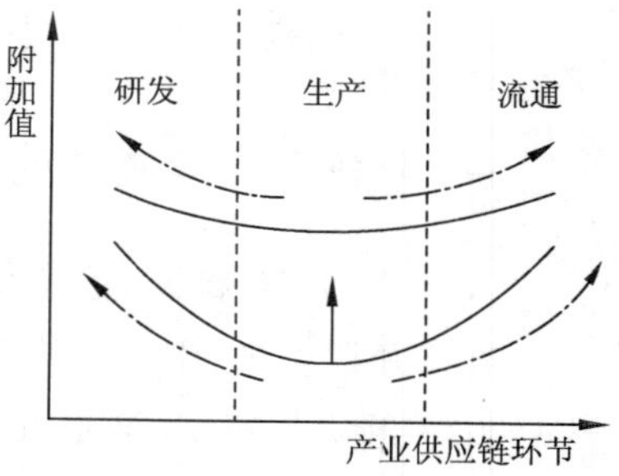

图 2-2-2　基于微笑曲线的产业供应链升级

著名经济学家吴敬链指出：升级就是提高毛利润，增加销售额；提升生命力，提高抗风险能力。产业或企业转型升级反映在微笑曲线上，就是向曲线高附加值两端转型，向高附加值的新兴产业升级。对产业供应链而言，从宏观层面分析，产业升级就是当资本相对于劳动力和其他资源禀赋更加充裕时，国家在资本和技术密集型产业中发展比较优势。从中观层面分析，产业转型升级和创新就是制造商成功地从生产劳动密集型低价值产品向生产更高价值的资本或技术密集型产品这样一种经济角色转移的过程。从微观层面分析，企业的转型升级是提升自身的竞争力，可以通过技术引进、消化吸收、自主创新、科技研发、功能升级等向微笑曲线高附加值的研发端转移，也可以通过创立品牌、整合营销渠道、提高服务水平等向微笑曲线高附加值的流通端转移。

中国产业整体处于全球产业链低端的状态，这不是对“选择”这种经济增长方式的声讨与批判。事实上，这种处于产业链低端的经济增长方式，并非是我们的“主动选择”，而是在既有国际分工体系与国际竞争格局下的“被动选择”，是一种能够充分发挥比较优势的竞争战略，也是一种不如此就无以快速增长的发展道路。但是，经过 30 多年的快速增长，这种竞争战略将付出越来越大的成本与代价：劳动力成本低廉的优势将逐渐丧失，低成本外向型发展战略正在遭遇国际经济、政治等的多维“抵抗”，国内资源与环境压力将难以承受。这一切都迫使我们不得不加快经济发展方式转变与产业结构适时调整。从微笑曲线可以看出，低端制造有两条升级路径：一是向产品研发和流通两端转移；二是向高附加值的新兴产业升级。

然而，中国是否具备了全面攀升全球产业链高端的基本条件，是否一定要追求产业链高

端？应该说，沿着“微笑曲线”攀升，并非一朝一夕之功，需要的是一步一步脚踏实地的远行，需要培育高端要素。与发达国家相比，目前中国在高端要素，尤其是创新型高端要素供给方面仍然存在较大差距。目前我国大量关键和核心技术依然严重依赖进口，高端技术人才还严重不足。从国家层面来看，企业的技术进步和自主创新的社会环境也还有待进一步完善，技术和创新要素还有待向企业集聚，技术进步和创新投入还有待进一步加大。因此，总体而言，目前中国本土企业和产业全面沿着“微笑曲线”而向两侧高端攀升，还要结合企业或产业实际。考虑到中国劳动力市场制度性分割以及劳动力素质级差所形成的特有二元结构在短期内还难以消除，大量的劳动力还难以与其他高端要素进行匹配而进入中高端行业。应该指出的是，即便是在所谓“微笑曲线”低端，只要能够做实做专，同样也能成为价值链中具有极强竞争力的关键环节。总而言之，加工和生产制造低端也有高附加值部分，高附加值新兴产业链也有低附加值环节，企业或产业应立足实际，选择适合自身的发展方向才是关键。

第二节 中国产业供应链存在的问题与对策

一、中国产业供应链问题分析

（一）中国粗放型经济增长方式尚未根本改变

改革开放以来，中国经济取得了巨大的发展，1978－2011 年间国内生产总值平均保持了近 10％的增长速度，这是世界经济史上从未出现过的奇迹。尤其是 2002 年中国加入世界贸易组织（WTO）之后，中国经济取得突飞猛进的发展，投入主导型与出口主导型的经济增长迅速，工业化和城市化进程加速，经济结构发生了巨大的变动。虽然中国经济增长取得了显著的成绩，但是中国经济发展过程中也呈现出了一些新问题。例如：结构性失衡、产业结构不合理，低高度化、需求结构不合理，对外依赖过大、要素结构不合理、环境污染过度、区域经济发展不平衡等。这种主要依靠出口与高投入的粗放型增长方式，造成了中国大量的产能过剩、资源的低效率运转以及环境的破坏。

经济发展是由劳动力、资本、技术与信息等多种要素投入决定的，在多种要素投入结构中，经济发展是依靠物质资源要素消耗还是主要依靠技术进步、劳动力素质提高以及管理创新等来推动经济增长与发展，由此形成两种完全不同的路径依赖。在中国经济快速增长的 30 多年里，其采用以物质资源、能源消耗以及劳动力的大量投入推动的发展模式，这种依靠资源大量投入的发展模式不可持续。国家“十二五”规划纲要中明确指出：“我国经济发展中存在经济增长的资源环境约束强化，投资与消费关系失衡，收入分配差距较大，科技创新能力不强，产业结构不合理，城乡区域发展不协调，就业总压力与结构矛盾并存等问题。”

事实已充分证明：中国的物质资源和环境资源无法承受粗放的经济增长方式。我国人均资源占有量低，能源资源消耗大，单位产品能耗高。我国石油、天然气人均储量都不足世界平均水平的 1/10；即使是比较丰富的煤炭资源，人均储量也不到世界平均水平的 40％。但我国已经成为资源消耗大国，比如钢铁的消费占全球的比例达到 50％，水泥占 40％，煤炭占 40％。我国已成为全球第二大能源消费国，但能源效率不高，一些重化工行业单位产品能耗比世界先进水平高10%～50%，矿产资源总回收率比世界先进水平低20%，加剧了能源资源短缺的状况。目前，我国石油、铁矿石、铝土矿、铜矿等重要能源资源消费对进口的依存度都超过了50%。我国生态环境在不断恶化，对经济社会发展形成严重制约。虽然在大气污染治理上取得了一定成效，但城市空气污染问题尚未有效改观，水污染问题更加突出，工业污染依然严重，一些地方长期积累的重金属污染严重威胁当地群众健康。环境污染已经成为关系社会和谐稳定的一个重大问题。

（二）中国产业结构和空间分布尚不均衡

近年来，中国产业结构失衡的矛盾非常突出，在工业产品与产能过剩严重的情况下，中国第三产业多年来得到了一定发展，中国第三产业增加值占GDP的比重由2012年的45.3%上升到2016年的51.6%。但是相对发达国家而言，我国第二产业的比重过大，第三产业的比重较低。发达国家第三产业增加值占GDP的比重基本保持在70%～80%之间，就业比重在50%～75%之间。此外，2016年中国第一产业增加值占GDP比重仅为8.6%左右，而就业比重却达到27.7%，第二产业占GDP比重为39.8%，就业比重仅为28.8%，这充分说明中国产业结构与就业结构不匹配，其主要原因是第一产业释放的劳动力由于素质水平低，无法有效地进入第二、第三产业，因此导致结构性失衡。结构失衡将制约着中国经济的进一步快速发展。

建国60多年来，中国经历了均衡发展（1949－1978年）、非均衡发展（1978－2000年）和协调发展（2000年以后）三种经济发展阶段，每个阶段都在一定程度上存在区域经济发展不协调和产业空间布局不均衡的问题，没有有效发挥产业联动的跨区域协调作用。均衡发展时期主要表现为不顾经济发展的客观规律强行推进均衡发展，大规模在内陆地区发展重化工业，工业偏向策略拉大城乡差距，沿海与内地投资比例失衡，区域资源配置与需求脱节。非均衡发展时期为提高资源配置效率支持东部沿海优先发展，进一步拉大了区域产业发展差距，产业同构现象加剧，极大地限制了区域间的产业联动。当前，我国区域经济发展不协调问题依然存在，而且区域间在发展中的基本利益关系还没有理顺，各类配套补偿和保障体系依然不健全；行政与计划手段在解决地方与国家、地区与地区之间的经济矛盾和利益冲突时效力有限，简单的行政命令难以切实保障国家级区域发展规划落实到位。例如：我国的广东、江苏、山东、浙江、河南一直以来在各省份的按不变价格计算的经济总量位居排名前五，排名最后的甘肃、海南、宁夏、青海、西藏的2016年经济总量为18 069.17亿元，只有当期广东省经济总量79 512.05亿元的22.7%，尚不足1/4，体现了我国区域间经济发展极不平衡的情况。

（三）中国全球产业供应链布局尚不掌握主动权

从国内看，尽管我国经济总量已列世界前茅，但生产力水平总体上还不高，产业结构不合理，城乡、区域发展不平衡，长期形成的结构性矛盾和粗放型增长方式尚未根本改变，工业化、城镇化快速发展同能源资源和生态环境的矛盾日益突出。我国科技自主创新能力还不够强，总体上经济发展技术含量不高，很多关键技术和核心技术受制于人，先导性战略高技术领域科技力量薄弱，重要产业对外技术依赖程度仍然较高。

从全球范围来看,“欧美消费—中国制造—中东和俄罗斯提供资源”的全球经济模式仍是主流,中国在全球产业供应链中仍处于微笑曲线低附加值区域,在全球产业供应链中处于附属地位,不掌握主动权,我国粗放型的外贸发展方式仍未改变,货物贸易结构仍不合理。

二、中国构建全球产业供应链对策探讨

(一)着力推进产业融合联动,促进中国经济增长方式转变

目前我国产业结构呈现严重的不合理现象,如三次产业比重失衡,第一产业、第二产业比重过大,第三产业比重较低。可采取的对策如下:一是通过生产性服务业融合促进我国产业结构转型,即随着生产性服务业的发展能有效地促进我国第三产业的发展,使第三产业与第二产业比值不断上升。二是通过信息产业融合促进我国产业结构调整,即随着信息技术的发展,信息产业融合了研发、生产、流通等各个环节,促进了产业供应链的发展。三是通过收入水平、对外开放以及政府财政支出等措施引导产业结构升级。如提高对外开放和政府财政支出,对我国产业结构转型产生积极作用。具体对策如下:

(1)提高现代服务业与制造业的融合度,转变经济增长方式。现代服务业由于具有高附加值、高技术、高知识含量、高人力资本投入以及高产业带动力等特点,因此能够提高科技创新能力与信息化水平,着力构建功能完善的现代化服务支撑体系,提高服务业与制造业的融合度。重点推动现代物流业、通信、计算机服务与软件业、研究与试验发展业、综合技术服务业等与制造业密切相关的生产性服务业发展,促进制造业内部服务化比重的提高,形成生产性服务业与制造业互动的格局,进而推动经济结构转型,转变经济增长方式。

(2)加快高新技术产业与传统产业融合步伐,促进经济增长方式转变。通过高新技术产业与传统产业的融合,促进传统产业的生产技术及节能减排技术的提升,能有效地降低传统产业的能耗率与污染排放率,提升传统产业的生产效率,对促进我国走资源节约型、环境友好型的发展道路具有重大意义。

(3)以信息化带动工业化,走新型工业化道路,促进经济增长方式转变。以信息化带动工业化,能有效地协调劳动密集型产业、资本密集型产业以及技术密集型产业、虚拟经济与实体经济、三次产业之间的相关关系,最终实现国民经济结构总体转型与优化升级,从而促进经济增长方式转变。

(4)建立完善的要素市场,大力发展职业教育,促进经济增长方式转变。信息时代的现代化产业发展,对就业者的素质提出了更高的要求,要想促进产业融合快速发展,就必须培养大量精通新技术、新经济的高素质人才,高技能型人才是推动产业融合发展的重要力量,是实现经济增长方式转变的关键。

(5)完善社会保障体系,增加居民收入水平,促进需求结构由外向型向内生型转换,推进增长方式转变。虽然改革开放以来,我国经济发展取得了巨大的成就,居民收入水平不断提高,但是消费率并没有显著提升。其深层次的原因是我国社会保障体系尚不完善,居民未来保障力度不足,由此导致我国居民储蓄率较高,消费率较低。由此建立健全社会保障体系,能有效地促进我国居民消费率,扩大内需。完善社会保障体系,增加居民收入水平能有效地促进我国居民消费,从外向型经济向内向型经济转型。

(6)创造良好的产业融合支持外部环境,促进产业融合快速发展和经济增长方式转变。产业融合使得原有产业价值链发生转移,多个产业间的重新组合,需要一个良好的外部支持环境。首先,政府应加强促进产业融合发展的法律法规等制度建设,积极促进产业融合机制的建立,主要包括组织协调机制、企业为主体机制以及创新服务支撑机制,并进一步放松对相关产业的管制水平。其次,重点扶植优势产业,如通信、计算机与软件业、研究和试验发展业、综合技术服务业、教育、文化与娱乐业、高新技术产业,把这些产业培育成国民经济支柱产业。再次,加大对信息安全的监管力度。在信息化的产业融合中,常常面临着个人信息与隐私的保护、电子交易中的法律保护等问题,如果没有一个良好的信息安全环境,就会阻碍产业融合的发展。

(二)重点发展战略性新兴产业,构建中国全球产业供应链体系

1. 大力发展战略性新兴产业,促进中国产业供应链向高附加值产业升级

中国主要依靠高资源投入来提高产量的粗放型经济增长方式已经受到资源供给约束并带来了自然环境恶化、经济环境恶化的严重后果,这些问题迫切需要向主要依靠提高资源利用和效率提升产量的集约型经济增长方式转变。基于此,2009 年我国首次提出战略性新兴产业概念,并于 2010 年 10 月 18 日颁布了《国务院关于加快培育和发展战略性新兴产业的决定》,将节能环保产业、新一代信息技术产业、生物产业、高端装备制造业、新能源产业、新材料产业、新能源汽车等七大产业作为现阶段重点培育和发展的产业。这些战略性新兴产业将新兴技术与新兴产业深度融合,引起社会新的市场需求,技术门槛高、带动能力强、综合效益好、成长速度快、市场潜力大、产业规模大,在产业供应链微笑曲线中处于高附加值位置,对中国提高产业供应链掌控权和对全球产业供应链体系的构建以及国民经济全局和长远发展都具有重要意义。因此,要加强政府宏观指导,提高科技创新能力,完善相关体制机制,统筹战略性新兴产业规划和政策导向,推进战略性新兴产业发展,促进中国产业供应链向高附加值转移升级。此外,美国的市场化为主、日本的政府主导扶持发展和韩国的政府与民间相结合的发展模式对我国发展战略性新兴产业发展都具有一定的借鉴意义。

2. 强化产业布局,实现中国产业供应链资源整合

目前我国战略性新兴产业初步形成了以长三角、珠三角及环渤海地区为主的产业布局,且产业集聚趋势日益明显。由于在地方产业规划中看重短期利益,跟风现象严重,结果导致有些产业出现产能过剩、而有些产业满足不了市场需求的现象。此外,还存在地区优势产业趋同、产能分布不均的现象,并没有形成国家范围内的产业分工及产业供应链条。因此,应该对优势产业集中区域做出统一的产业规划,分别选择不同的重点发展方向,使战略性新兴产业在全国范围内协同发展,实现我国产业供应链的资源整合。首先,根据各地区生态资源环境和区域特色优势,优化我国产业总体布局,在形成多个专业性生产基地的基础上形成区域间优势互补,相互促进的机制和格局。其次,加强经济发达地区的辐射带动作用,形成区域分工明确、优势产业互补的产业布局。最后,对于产能过剩部门及时转变生产方向,进行统一规划、实施产业结构调整。注意战略性新兴产业各子行业的协调发展,通过相关政策措施调整资源流向,加强弱势产业的技术研究开发,避免产生“瓶颈”行业。

3. 优化产业结构，建立完整的中国产业供应链条

未来的产业发展不仅是孤立的横向产业间竞争，更是纵向的产业链的竞争。目前我国战略性新兴产业各细分行业中普遍存在产业链条关键环节缺失、各环节之间缺乏有效的联动的问题。因此，必须进行产业链有效整合，从而占据产业链的高端地位。在产业链整合过程中，重点发展产业链条的薄弱环节及未来有可能成为“瓶颈”的产业链，使我国战略性新兴产业链条各环节间实现平衡、协调发展，进而形成完善的产业体系。围绕结构调整和升级换代，提高产业的持续发展能力，进行技术、市场、金融多资源的整合。鼓励企业进行资源整合兼并，壮大企业规模，形成一批大规模的优势企业。鼓励产业中介机构及服务行业的发展，促进产业间的垂直整合，有利于形成高端产业链条，完善产业体系。

此外，还应考虑战略性新兴产业的规划发展与传统产业的改造升级相结合，在有发达的传统产业基础的领域及地区，注意通过注入先进的生产管理技术，完成传统产业顺利改造。同时，通过培育一批具有国际竞争力的大型企业集团，发挥其在产业中的引领带动作用，鼓励优势企业抓住国际产业结构调整的机遇，充分利用国内外两种资源，力争在国际产业分工格局中占据更加有力的位置，提高中国在全球产业供应链中的掌控力。

4. 搭建物流网络和信息平台，协调中国产业供应链成员关系

产业供应链构建要有效地发挥其对于经济的推动作用，必须处理好产业供应链上的“四流”：物流、商流、信息流和资金流，其中物流和信息流又是关键所在。一是要重视产业供应链物流资源的整合，建立和产业发展有机衔接的物流网络；二是要加强信息平台的建设，建立风险管理系统；三是要针对不同的产业供应链，构建与之相适应的产业供应链信息平台，并处理好长远规划和当前需要的关系。

此外，产业供应链构建更要协调好节点成员关系。产业供应链的目标是形成协同与规模优势，只有参与供应链各方利益达到相对均衡，才能实现真正的协同。而产业供应链上的各个节点企业都是独立自主的“有限理性经济人”，利益目标不完全一致，信息结构也不对称，而且性质相同的企业存在着“同极相斥”的内在驱动机制，这些都易造成冲突和矛盾。产业供应链不仅存在着产业内部的竞争与合作，也存在着产业间的竞争与合作，产业供应链成员间有着更为复杂的竞争与合作关系。因此，要研究产业内企业之间如何实现有效分工，产业间的相关企业如何消除体制性壁垒，实现有效协作，使各个企业依托产业供应链，体现出系统化的管理和协同化的操作。

（三）优化我国货物贸易结构，提高在全球产业供应链中的主动权

2014 年 3 月，李克强总理在政府工作报告中指出：“从战略高度推动出口升级和贸易平衡发展。”因此，新时期要以提升我国在全球产业链分工中的地位，促进外贸平衡发展，优化和调整我国的货物贸易结构，提高我国在全球产业供应链中的主动权。就优化货物贸易结构而言，主要应提升我国出口在全球产业链分工中的地位，创造外贸竞争新优势，积极扩大进口，促进外贸平衡发展。

1. 提升我国出口在全球产业链分工中地位，推动产业出口升级，创造外贸竞争新优势

2013 年我国货物贸易总额首次超越美国位居全球第一，占全球货物贸易总额的 12%。但在全球产业链分工中，我国出口仍基本集中在中低端，质量和效益不高。出口产品主要依

赖劳动力密集、技术含量较低、附加值不高的加工组装环节，附加值和技术含量高的研发、设计、营销等环节仍主要掌握在发达国家手中。虽然机电产品和高新技术产品已成为我国出口商品的主体，但具备自主知识产权、自主品牌、自主营销渠道的产品比重低。据测算，我国自主品牌产品出口金额比重不足10%。我国很多出口商品的核心技术掌握在发达国家跨国公司手中，如集成电路和电子元器件的对外依存度达到85%，高端核心芯片与电子元器件99%依靠进口，石油化工装备的80%、数控车床的70%，光纤制造设备近100%依赖进口。在2013年我国出口产品中，机电产品61.2%是外资企业生产的，51.1%是加工贸易方式出口的；高新技术产品73%是外资企业生产的，65.3%是加工贸易方式出口的。

以往我国凭借低廉的劳动力成本和资源价格一举成为"世界工厂"，外贸发展主要依靠价格竞争优势，但未来劳动力价格持续上涨，"人口红利"的低成本竞争优势将持续减弱。与此同时，资源、能源和环境约束加剧，成为制约我国经济贸易可持续发展的重要因素。因此，传统产业出口升级应增加更多技术、品牌、质量和服务的含量，延伸出口产业链，提高我国在全球产业链分工中高端价值增值环节上的供给能力和性价比，增强综合竞争力。2010年9月我国提出的新能源、生物、高端装备制造、新材料、新能源汽车、新一代信息技术、节能环保等七个战略性新兴产业应加快研发、制造、营销等各环节的国际化发展水平，提升全产业链竞争力；在积极促进战略性新兴产业出口规模扩大的同时，着重提升发展质量和全球产业链分工地位，形成我国参与国际竞争新的比较优势。

2. 积极扩大进口，促进外贸平衡发展

长期实施"重出口、轻进口""奖出限入"的外贸政策，虽然使我国成为世界货物贸易第一出口大国，但由于出口增长明显快于进口增长，形成了巨额贸易顺差，也由此带来贸易摩擦不断升级、能源资源供应紧缺、环境污染严重、人民币升值压力加大等诸多问题。现以不可再生的重要自然资源稀土外贸为例作简要介绍。稀土因其独特的物理化学性质，广泛应用于新能源、新材料、节能环保、航空航天、电子信息等领域，是现代工业中不可或缺的重要元素，中国拥有较为丰富的稀土资源，近年来，中国在稀土的开采、生产、出口等方面的发展，不仅满足了国内经济社会发展你的需要，而且为全球稀土供应作出了重要贡献，当前，中国以23%的稀土资源承担了世界90%以上的市场供应。

在快速发展的同时，中国也为此付出了巨大代价：一是资源过度开发。因超强度开采，中国稀土资源保有储量及保障年限大幅下降，主要矿区资源加速衰减，原有矿山资源大多枯竭；二是生态环境破坏严重。稀土开采、选治、分离存在的落后生产工艺和技术，严重破坏地表植被，造成水土流失和土壤污染、酸化，使得农作物减产甚至绝收，一些地方因稀土过度开采，还造成山体滑坡、河道阻塞、突发性环境污染事件，甚至造成重大事故灾难，给公众的生命健康和生态环境带来重大损失，而生态环境的恢复和治理，也成为一些稀土产区的沉重负担；三是产业结构不合理。冶炼分离产能严重过剩，稀土材料及器件研发滞后，低端产品过剩，高端产品匮乏；四是价格严重背离价值。一段时期以来，长期低迷、资源的稀缺性没有得到合理体现，生态环境损失没有得到合理补偿；五是出口走私比较严重。2006年至2008年，国外海关统计的从中国进口稀土量，比中国海关统计的出口量分别高出35%、59%和36%，2011年更是高出1.2倍。针对稀土出口出现的突出问题，中国政府加大了对稀土行业的监管力度,把保护资源和环境、实现可持续发展摆在更加重要位置。

因此,开放不是一味出口,我们还应发挥好进口的作用,促进外贸平衡发展。进口先进技术设备等投资品,可以提高国内生产效率和技术水平,提高出口产品竞争力;进口消费品可以产生消费示范效应,并传导至生产环节,提升国内同行业制造水平,提升出口产品档次、质量。因此,实施积极的进口战略,对促进我国经济可持续增长、实现产业结构升级、提高居民生活质量、缓解贸易保护主义压力、维护国家经济安全、提升我国的国际竞争力与影响力具有重要意义。

第三节 供给侧结构性改革与中国产业结构调整

一、供给侧结构性改革背景

回溯改革30多年,四大动力成就了中国经济的高速增长:改革红利形成的制度激励、要素红利形成的成本优势、全球化(WTO)带来的国际分工与外部市场、后发优势带来低成本学习与模仿的技术进步。但是,任何动力都无法避免边际减弱甚至消失的周期约束,经过30多年的高速发展,随着中国成为世界第一大贸易国和第二大经济体,全球经济格局发生了重大调整,经济失衡的现象日益严重。

同样,中国渐进式二元制改革所提供的效率动力也逐步衰弱,在经济分工和发展模式上难以持续。一是国内的要素成本不断攀升,巴萨效应逐步显现;二是后发优势急剧减弱,学习与模仿的红利日益缩小;三是2008年金融危机之后,全球需求收敛,出口动力进一步塌缩;四是周期性的过量刺激对策造成货币超发、杠杆过度、产能过剩、金融泡沫高起。驱动中国经济高速增长的几大动力都在衰竭,中国经济越来越有陷入中等收入陷阱的危险。目前,除了要尽快解决出清产能与"僵尸"、消减杠杆与债务、降低系统成本、提高产出效率之外,构建新的增长动力和发展模式,启动新一轮增长周期,是摆在中国面前的重大议题。只有再一次的制度重构和路径再造,才能打破过去30多年发展周期的路径依赖和转型困局。

2015年11月10日,习近平总书记在中央财经领导小组会议上提出:在适度扩大总需求的同时,着力加强供给侧结构性改革,着力提高供给体系质量和效率,增强经济持续增长动力,推动我国社会生产力水平实现整体跃升。这就是说"供给侧改革"在"十三五"是一场重头戏。2015年12月18—21日,中央经济工作会议对供给侧改革提出要打组合拳,在需求与供给两端发力,去产能、去库存、去杠杆、降成本、补短板。这标志着我国经济增长模式和宏观经济调控政策正在发生重大改变。

讲到供给侧改革,必然要提到西方经济学中的凯恩斯主义与供给学派。20世纪70年代,以美国为首的西方发达市场经济国家发生严重经济"滞胀"与物价通胀,凯恩斯主义政策失效,凯恩斯主义主张经济发展的需求拉动,实施政府干预、加大投资、赤字财政、福利保障、温和通胀、充分就业,但这种在需求不足时扩张,需求过多时紧缩的需求管理政策已严重阻碍了经济的发展。在这一背景下,供应学派应运而生,供应学派从供应入手,以经济主体为重点,以"供给能自动创造需求"的萨伊定律为基准,主张通过改善与刺激供给来给经济发展注入新的活力。他们认为：放松管制、市场调节、减税减负、创新驱动、有效供给才是唯一出路；经济增长决定于生产要素的合理供给及有效利用，经济发展的标志是供给的水平和能力，光在需求和分配上做文章是远远不够的。美国里根总统时期就采纳了供应学派理论，渡过了经济滞胀的“鬼门关”。

不论西方经济学还是马克思主义政治经济学，供求规律是市场经济的基本规律，供给与需求是经济杠杆的两端，政府在某些情况下通过扩大需求来拉动经济增长，抑或通过增加供给来拉动经济增长，这是每个市场经济国家的必然选择，也是我国经济发展的必由之路，关键在于对经济形势的判断与出手时机的把握。

第一，根据中国经济发展的阶段与实际情况，我们强调靠消费、投资与进出口三驾马车，即靠需求拉动，确保了经济的高速与中高速增长，2001—2014 年年均增长 9.8%，现在经济下行压力加大，进入新常态，究其原因，有全球经济萎缩的原因，有中国经济发展周期的原因，有政府主动调控的原因，更有经济自身粗放式发展、供需错位的结构性原因。所以，对今后经济发展模式必须做出调整，对经济发展动力做出新的判断。

第二，中国政府采取了许多措施来促进消费，取得了一定的成效，消费仍然是国民经济发展的首要动力。但很明显，有效需求不足，社会消费品零售总额 2001—2014 年年均增长 14.9%，而 2014 年只有 12%。生产资料销售总额 2001—2014 年年均增长 14.76%，而 2014 年只有 8.8%。基本建设投资 2001—2014 年年均增长 22.4%，而 2014 年只有 14.9%。有效需求不足，有消费本身的问题，但在某种意义上，反映的则是供给出了问题。一方面，由于金融危机后过度扩张，造成一些产业产能过剩；另一方面，需求在变，特别是居民的个性化需求（商品与服务）逐渐增加，但有效供给不足，供给适应不了需求结构的变化，所以必须在供给侧发力。

第三，供给的核心本质就是一个生产函数，是为生产企业提供资金、土地、劳动力、服务、管理、技术等要素，确保需求方的供给，但实际情况是不少生产企业不能提供有效供给，却占用了大量公共资源，造成资源错配，而使许多能提供有效供给的生产企业短缺生产要素，造成供给侧的结构性矛盾，导致整个国民经济运行的高成本与低效率。

因此，从国民经济全局看，提出供给侧结构性改革非常及时，也非常重要。要进一步推动行政制度性改革，给企业营造更加宽松的环境，调整与改善要素配置，让人口与劳动、土地和资源、资本和金融、技术和创新、制度和管理一起发力，放松供给约束，解除供给抑制，提高供给效率，降低供给成本，特别是解决高税收成本、高融资成本、高行政成本约束，通过刺激新供给，创造新需求。

二、供给侧结构性改革主要内容

供给侧改革的主战场：一是工业，要提高产品供给的数量、质量与效率；二是服务业，要提高服务供给的数量、质量与效率；三是政府，要提高制度与要素供给的质量与效率。

如果用一个公式来描述“供给侧改革”，那就是“供给侧＋结构性＋改革”。其含义是：用改革的办法推进结构调整，减少无效和低端供给，扩大有效和中高端供给，增强供给结构对需求变化的适应性和灵活性，提高全要素生产率，使供给体系更好适应需求结构变化。

（一）供给方式

供给侧改革实质上就是改革政府公共政策的供给方式，也就是改革公共政策的产生、输出、执行以及修正和调整方式，更好地与市场导向相协调，充分发挥市场在配置资源中的决定性作用。说到底，供给侧改革，就是按照市场导向的要求来规范政府的权力。离开市场在配置资源中的决定性作用谈供给侧改革，以有形之手抑制无形之手，不仅不会有助于经济结构调整和产业结构调整，也会损害已有的市场化改革成果。

（二）供给结构

从中国中央政府"推动供给侧结构性改革，着力改善供给体系的供给效率和质量"等明确表示看，供给侧改革就是以市场化为导向、以市场所需供给约束为标准的政府改革。从供给侧改革的阶段性任务看，无论是削平市场准入门槛、真正实现国民待遇均等化，还是降低垄断程度、放松行政管制，也无论是降低融资成本、减税让利民众，还是减少对土地、劳动、技术、资金、管理等生产要素的供给限制，实际上都是政府改革的内容。

（三）改革角度

从中国政府改革的角度看，供给侧改革可谓中国改革开放近 40 年时间里最深刻的一次政府功能转变。经济结构调整，产业结构调整，要求政府在公共政策的制定和执行上，多方面降低对中国经济的供给约束，使产业、企业的自然活力非受限于作为公共政策供给方的政府约束。

三、供给侧结构性改革与中国产业结构调整

当前中国的经济结构有很大的问题，是供给侧结构性改革的重点。从短期来看，两个产业的问题最严重：一个是房地产业；一个是服务业。对这两个产业进行调整是短期内最能够发挥作用的。房地产业背后是一个利益问题，它根本不是一个价格平均的问题，现在搞绝对化、"一刀切"就不行了，应该分类指导，区别对待。我国的服务行业正逐渐从劳动密集型、资本密集型向知识密集型过渡，发展越来越依赖于技术、知识和人力资本，以知识和技术为主的、高附加值的知识密集型的服务行业发展会十分迅速。在这一背景下，以服务为主导的产业供应链发展成为典型。实践证明，在世界经济发展中，服务业是增长最快的行业，越来越多的生产企业由提供产品向提供产品和服务转变，进而再向提供服务解决方案转变，服务化已成为制造业发展的重要方向，制造产业呈现出服务为主导的发展新趋势。

从中长期来看，结构调整也是两个产业：一个是制造业；一个是战略性新兴产业。这两个产业对中长期增长有巨大意义。从制造业来说，我国现在仅仅是一个传统制造业大国，而不是现代制造业强国。现在制造业市场被美国和欧盟这两大经济体瓜分。从未来增长角度来看，必须重视对现代制造业的发展，才能对传统制造业进行转型。许多传统制造企业从销售产品到销售服务，通过服务创造差异化优势，最终是通过提供比竞争对手更好的服务来吸引消费者。越来越多优秀的生产企业从"以生产为中心"向"以服务为中心"过渡，一方面，制造业和服务业的界限越来越模糊，最为明显的是通信产品，某些信息产品也可以像制造业一

样进行批量生产;另一方面,制造业部门的功能也日趋服务化,以服务为导向的制造业还体现在越来越多的制造业务进行"外包"。

另外,一个中长期要发展的重要产业是战略性新兴产业。战略性新兴产业涉及节能环保、新兴信息产业、生物产业、新能源、新能源汽车、高端装备制造业和新材料七个方面。从中长期来看,战略性新兴产业既是战略性的又是新兴的,在未来将有巨大的发展空间。

对中国经济进行深度调整都离不开供应链管理,因为当今世界的产业发展需要站在供应链管理的高度来考虑,这是发达国家经济发展实践所验证的。与传统的管理模式不同,供应链管理包括从原材料采购到最终消费整个过程中上下游所发生的与商流、物流、信息流、资金流相关的所有活动。

以制造业为例,我国的制造企业在供应链管理上面临着"牛鞭效应"困境,这个现象在中国很普遍。这是结构性的问题,是供应链中无法回避的问题。我国的制造业处于全球产业链的末端,市场需求的一点变化,给我们带来的扰动却是放大的。这就要求我国的传统制造业从重视产品转向关注产品的整个生命周期,包括市场调研、产品研发、制造、营销、服务。从而实现整个供应链的信息管理,提高整个供应链的敏捷性与可视化。

为了克服资源约束、成本约束、需求约束,我国的制造企业必须对供应链进行有效的整合和管理,加强与上下游企业的协作,建立协同供应链,降低内外部供应链成本。通过信息技术,实现对采购、仓储、运输和配送等过程的有效规划、控制与管理。供应链管理是中国改变经济发展方式的必然选择。

第四节　"中国制造 2025"与中国产业升级

一、"中国制造 2025"背景

制造业是国民经济的主体,是立国之本、兴国之器、强国之基。18 世纪中叶开启工业文明以来,世界强国的兴衰史和中华民族的奋斗史一再证明,没有强大的制造业,就没有国家和民族的强盛。打造具有国际竞争力的制造业,是我国提升综合国力、保障国家安全、建设世界强国的必由之路。

中华人民共和国成立尤其是改革开放以来,我国制造业持续快速发展,建成了门类齐全、独立完整的产业体系,有力推动工业化和现代化进程,显著增强综合国力,支撑世界大国地位。然而,与世界先进水平相比,中国制造业仍然大而不强,在自主创新能力、资源利用效率、产业结构水平、信息化程度、质量效益等方面差距明显,转型升级和跨越发展的任务紧迫而艰巨。

当前,新一轮科技革命和产业变革与我国加快转变经济发展方式形成历史性交汇,国际产业分工格局正在重塑。必须紧紧抓住这一重大历史机遇,按照"四个全面"战略布局要求,实施制造强国战略,加强统筹规划和前瞻部署,力争通过三个十年的努力,到中华人民共和国成立一百年时,把我国建设成为引领世界制造业发展的制造强国,为实现中华民族伟大复兴的中国梦打下坚实基础。

2014 年 12 月,“中国制造 2025”这一概念被首次提出。2015 年 3 月 5 日,李克强在全国两会上作《政府工作报告》时首次提出“中国制造 2025”的宏大计划。2015 年 3 月 25 日,李克强组织召开国务院常务会议,部署加快推进实施“中国制造 2025”,实现制造业升级。也正是这次国务院常务会议,审议通过了《中国制造 2025》。2015 年 5 月 8 日,国务院正式印发《中国制造 2025》。

2015 年 6 月 15 日,李克强先后考察中国核电工程有限公司与工业和信息化部,在考察中,李克强说:中国制造在国家综合国力提升中功不可没,但要看到,我们在国际产业分工中总体还处于中低端水平。新形势下,实施“中国制造 2025”,推动制造业由大变强,不仅在一般消费品领域,更要在技术含量高的重大装备等先进制造领域勇于争先。2016 年 8 月 24 日,李克强总理在国务院常务会议上,部署促进消费品标准和质量提升,增加“中国制造”有效供给满足消费升级需求。

“中国制造 2025”是在新的国际国内环境下,中国政府立足于国际产业变革大势,做出的全面提升中国制造业发展质量和水平的重大战略部署。其根本目标在于改变中国制造业“大而不强”的局面,通过十年的努力,使中国迈入制造强国行列,为到 2045 年将中国建成具有全球引领和影响力的制造强国奠定坚实基础。

二、“中国制造 2025”原则目标

(一) 原则

1. 市场主导,政府引导

全面深化改革,充分发挥市场在资源配置中的决定性作用,强化企业主体地位,激发企业活力和创造力。积极转变政府职能,加强战略研究和规划引导,完善相关支持政策,为企业发展创造良好环境。立足当前,着眼长远。针对制约制造业发展的瓶颈和薄弱环节,加快转型升级和提质增效,切实提高制造业的核心竞争力和可持续发展能力。准确把握新一轮科技革命和产业变革趋势,加强战略谋划和前瞻部署,扎扎实实打基础,在未来竞争中占据制高点。

2. 整体推进,重点突破

坚持制造业发展全国一盘棋和分类指导相结合,统筹规划,合理布局,明确创新发展方向,促进军民融合深度发展,加快推动制造业整体水平提升。围绕经济社会发展和国家安全重大需求,整合资源,突出重点,实施若干重大工程,实现率先突破。

3. 自主发展,开放合作

在关系国计民生和产业安全的基础性、战略性、全局性领域,着力掌握关键核心技术,完善产业链条,形成自主发展能力。继续扩大开放,积极利用全球资源和市场,加强产业全球布局和国际交流合作,形成新的比较优势,提升制造业开放发展水平。

(二) 目标

坚持“创新驱动、质量为先、绿色发展、结构优化、人才为本”的基本方针;坚持“市场主导、政府引导;立足当前、着眼长远;整体推进、重点突破;自主发展、开放合作”的基本原则,

通过三步走实现制造强国的战略目标。

1. 第一步:力争用十年时间,迈入制造强国行列

到2020年,基本实现工业化,制造业大国地位进一步巩固,制造业信息化水平大幅提升。掌握一批重点领域关键核心技术,优势领域竞争力进一步增强,产品质量有较大提高。制造业数字化、网络化、智能化取得明显进展。重点行业单位工业增加值能耗、物耗及污染物排放明显下降。

到2025年,制造业整体素质大幅提升,创新能力显著增强,全员劳动生产率明显提高,两化(工业化和信息化)融合迈上新台阶。重点行业单位工业增加值能耗、物耗及污染物排放达到世界先进水平。形成一批具有较强国际竞争力的跨国公司和产业集群,在全球产业分工和价值链中的地位明显提升。

2. 第二步:到2035年,我国制造业整体达到世界制造强国阵营中等水平

创新能力大幅提升,重点领域发展取得重大突破,整体竞争力明显增强,优势行业形成全球创新引领能力,全面实现工业化。

3. 第三步:中华人民共和国成立一百年时,制造业大国地位更加巩固,综合实力进入世界制造强国前列

制造业主要领域具有创新引领能力和明显竞争优势,建成全球领先的技术体系和产业体系。

三、"中国制造2025"主要内容

《中国制造2025》是我国实施制造强国战略第一个十年的行动纲领,提出了九大任务、十大重点领域和五大重点工程,是着眼于整个国际国内的经济社会发展、产业变革大趋势所制定的一个长期战略性规划,不仅要推动传统制造业的转型升级和健康稳定发展,还要在应对新技术革命的发展当中,实现高端化的跨越发展。

(一)九大任务

九大任务包括提高国家制造业创新能力、推进信息化与工业化深度融合、强化工业基础能力、加强质量品牌建设、全面推行绿色制造、大力推动重点领域突破发展、深入推进制造业结构调整、积极发展服务型制造和生产性服务业、提高制造业国际化发展水平。

新一轮工业革命的主要特征是信息技术与制造技术的深度融合,以实现国家制造业创新能力的提升。在深度融合的过程中,一方面,从工业自身来说,要强化工业基础能力、加强质量品牌建设、大力推动重点领域突破发展;另一方面,从工业环境来说,需要全面推行绿色制造、深入推进制造业结构调整、积极发展服务型制造和生产性服务业、提高制造业国际化发展水平。

(二)十大重点领域

十大重点领域为新一代信息通信技术产业、高档数控机床和机器人、航空航天装备、海洋工程装备及高技术船舶、先进轨道交通装备、节能与新能源汽车、电力装备、农机装备、新材料、生物医药及高性能医疗器械。

1. 新一代信息技术产业

(1)集成电路及专用装备。着力提升集成电路设计水平,不断丰富知识产权(IP)核和设计工具,突破关系国家信息与网络安全及电子整机产业发展的核心通用芯片,提升国产芯片的应用适配能力。掌握高密度封装及三维(3D)微组装技术,提升封装产业和测试的自主发展能力。形成关键制造装备供货能力。

(2)信息通信设备。掌握新型计算、高速互联、先进存储、体系化安全保障等核心技术,全面突破第五代移动通信(5G)技术、核心路由交换技术、超高速大容量智能光传输技术、"未来网络"核心技术和体系架构,积极推动量子计算、神经网络等发展。研发高端服务器、大容量存储、新型路由交换、新型智能终端、新一代基站、网络安全等设备,推动核心信息通信设备体系化发展与规模化应用。

(3)操作系统及工业软件。开发安全领域操作系统等工业基础软件。突破智能设计与仿真及其工具、制造物联与服务、工业大数据处理等高端工业软件核心技术,开发自主可控的高端工业平台软件和重点领域应用软件,建立完善工业软件集成标准与安全测评体系。推进自主工业软件体系化发展和产业化应用。

2. 高档数控机床和机器人

(1)高档数控机床。开发一批精密、高速、高效、柔性数控机床与基础制造装备及集成制造系统。加快高档数控机床、增材制造等前沿技术和装备的研发。以提升可靠性、精度保持性为重点,开发高档数控系统、伺服电机、轴承、光栅等主要功能部件及关键应用软件,加快实现产业化。加强用户工艺验证能力建设。

(2)机器人。围绕汽车、机械、电子、危险品制造、国防军工、化工、轻工等工业机器人、特种机器人,以及医疗健康、家庭服务、教育娱乐等服务机器人应用需求,积极研发新产品,促进机器人标准化、模块化发展,扩大市场应用。突破机器人本体、减速器、伺服电机、控制器、传感器与驱动器等关键零部件及系统集成设计制造等技术瓶颈。

3. 航空航天装备

(1)航空装备。加快大型飞机研制,适时启动宽体客机研制,鼓励国际合作研制重型直升机;推进干支线飞机、直升机、无人机和通用飞机产业化。突破高推重比、先进涡桨(轴)发动机及大涵道比涡扇发动机技术,建立发动机自主发展工业体系。开发先进机载设备及系统,形成自主完整的航空产业链。

(2)航天装备。发展新一代运载火箭、重型运载器,提升进入空间能力。加快推进国家民用空间基础设施建设,发展新型卫星等空间平台与有效载荷、空天地宽带互联网系统,形成长期持续稳定的卫星遥感、通信、导航等空间信息服务能力。推动载人航天、月球探测工程,适度发展深空探测。推进航天技术转化与空间技术应用。

4. 海洋工程装备及高技术船舶

大力发展深海探测、资源开发利用、海上作业保障装备及其关键系统和专用设备。推动深海空间站、大型浮式结构物的开发和工程化。形成海洋工程装备综合试验、检测与鉴定能力,提高海洋开发利用水平。突破豪华邮轮设计建造技术,全面提升液化天然气船等高技术船舶国际竞争力,掌握重点配套设备集成化、智能化、模块化设计制造核心技术。

5. 先进轨道交通装备

加快新材料、新技术和新工艺的应用，重点突破体系化安全保障、节能环保、数字化智能化网络化技术，研制先进可靠适用的产品和轻量化、模块化、谱系化产品。研发新一代绿色智能、高速重载轨道交通装备系统，围绕系统全寿命周期，向用户提供整体解决方案，建立世界领先的现代轨道交通产业体系。

6. 节能与新能源汽车

继续支持电动汽车、燃料电池汽车发展，掌握汽车低碳化、信息化、智能化核心技术，提升动力电池、驱动电机、高效内燃机、先进变速器、轻量化材料、智能控制等核心技术的工程化和产业化能力，形成从关键零部件到整车的完整工业体系和创新体系，推动自主品牌节能与新能源汽车同国际先进水平接轨。

7. 电力装备

推动大型高效超净排放煤电机组产业化和示范应用，进一步提高超大容量水电机组、核电机组、重型燃气轮机制造水平。推进新能源和可再生能源装备、先进储能装置、智能电网用输变电及用户端设备发展。突破大功率电力电子器件、高温超导材料等关键元器件和材料的制造及应用技术，形成产业化能力。

8. 农机装备

重点发展粮、棉、油、糖等大宗粮食和战略性经济作物育、耕、种、管、收、运、贮等主要生产过程使用的先进农机装备，加快发展大型拖拉机及其复式作业机具、大型高效联合收割机等高端农业装备及关键核心零部件。提高农机装备信息收集、智能决策和精准作业能力，推进形成面向农业生产的信息化整体解决方案。

9. 新材料

以特种金属功能材料、高性能结构材料、功能性高分子材料、特种无机非金属材料和先进复合材料为发展重点，加快研发先进熔炼、凝固成型、气相沉积、型材加工、高效合成等新材料制备关键技术和装备，加强基础研究和体系建设，突破产业化制备瓶颈。积极发展军民共用特种新材料，加快技术双向转移转化，促进新材料产业军民融合发展。高度关注颠覆性新材料对传统材料的影响，做好超导材料、纳米材料、石墨烯、生物基材料等战略前沿材料提前布局和研制。加快基础材料升级换代。

10. 生物医药及高性能医疗器械

发展针对重大疾病的化学药、中药、生物技术药物新产品，重点包括新机制和新靶点化学药、抗体药物、抗体偶联药物、全新结构蛋白及多肽药物、新型疫苗、临床优势突出的创新中药及个性化治疗药物。提高医疗器械的创新能力和产业化水平，重点发展影像设备、医用机器人等高性能诊疗设备，全降解血管支架等高值医用耗材，可穿戴、远程诊疗等移动医疗产品。实现生物 3D 打印、诱导多能干细胞等新技术的突破和应用。

（三）五大重点工程

五大重点工程包括国家制造业创新中心建设、智能制造、工业强基、绿色制造、高端装备创新。

1. 制造业创新中心(工业技术研究基地)建设工程

围绕重点行业转型升级和新一代信息技术、智能制造、增材制造、新材料、生物医药等领域创新发展的重大共性需求,形成一批制造业创新中心(工业技术研究基地),重点开展行业基础和共性关键技术研发、成果产业化、人才培训等工作。制定完善制造业创新中心遴选、考核、管理的标准和程序。

到 2020 年,重点形成 15 家左右制造业创新中心(工业技术研究基地),力争到 2025 年形成 40 家左右制造业创新中心(工业技术研究基地)。

2. 智能制造工程

紧密围绕重点制造领域关键环节,开展新一代信息技术与制造装备融合的集成创新和工程应用。支持政产学研用联合攻关,开发智能产品和自主可控的智能装置并实现产业化。依托优势企业,紧扣关键工序智能化、关键岗位机器人替代、生产过程智能优化控制、供应链优化,建设重点领域智能工厂/数字化车间。在基础条件好、需求迫切的重点地区、行业和企业中,分类实施流程制造、离散制造、智能装备和产品、新业态新模式、智能化管理、智能化服务等试点示范及应用推广。建立智能制造标准体系和信息安全保障系统,搭建智能制造网络系统平台。

到 2020 年,制造业重点领域智能化水平显著提升,试点示范项目运营成本降低 30%,产品生产周期缩短 30%,不良品率降低 30%。到 2025 年,制造业重点领域全面实现智能化,试点示范项目运营成本降低 50%,产品生产周期缩短 50%,不良品率降低 50%。

3. 工业强基工程

开展示范应用,建立奖励和风险补偿机制,支持核心基础零部件(元器件)、先进基础工艺、关键基础材料的首批次或跨领域应用。组织重点突破,针对重大工程和重点装备的关键技术和产品急需,支持优势企业开展政产学研用联合攻关,突破关键基础材料、核心基础零部件的工程化、产业化瓶颈。强化平台支撑,布局和组建一批"四基"研究中心,创建一批公共服务平台,完善重点产业技术基础体系。

到 2020 年,40%的核心基础零部件、关键基础材料实现自主保障,受制于人的局面逐步缓解,航天装备、通信装备、发电与输变电设备、工程机械、轨道交通装备、家用电器等产业急需的核心基础零部件(元器件)和关键基础材料的先进制造工艺得到推广应用。到 2025 年,70%的核心基础零部件、关键基础材料实现自主保障,80 种标志性先进工艺得到推广应用,部分达到国际领先水平,建成较为完善的产业技术基础服务体系,逐步形成整机牵引和基础支撑协调互动的产业创新发展格局。

4. 绿色制造工程

组织实施传统制造业能效提升、清洁生产、节水治污、循环利用等专项技术改造。开展重大节能环保、资源综合利用、再制造、低碳技术产业化示范。实施重点区域、流域、行业清洁生产水平提升计划,扎实推进大气、水、土壤污染源头防治专项。制定绿色产品、绿色工厂、绿色园区、绿色企业标准体系,开展绿色评价。

到 2020 年,建成千家绿色示范工厂和百家绿色示范园区,部分重化工行业能源资源消耗出现拐点,重点行业主要污染物排放强度下降 20%。到 2025 年,制造业绿色发展和主要产品单耗达到世界先进水平，绿色制造体系基本建立。

5. 高端装备创新工程

组织实施大型飞机、航空发动机及燃气轮机、民用航天、智能绿色列车、节能与新能源汽车、海洋工程装备及高技术船舶、智能电网成套装备、高档数控机床、核电装备、高端诊疗设备等一批创新和产业化专项、重大工程。开发一批标志性、带动性强的重点产品和重大装备，提升自主设计水平和系统集成能力，突破共性关键技术与工程化、产业化瓶颈，组织开展应用试点和示范，提高创新发展能力和国际竞争力，抢占竞争制高点。

到 2020 年，上述领域实现自主研制及应用。到 2025 年，自主知识产权高端装备市场占有率大幅提升，核心技术对外依存度明显下降，基础配套能力显著增强，重要领域装备达到国际领先水平。

第三章　中国城市供应链战略

第一节　中国城市供应链战略概况

一、城市供应链对城市发展的影响

目前，我国正处于一个空前发展的城市化进程阶段。市场经济的发展推动着城市经济的高速增长。根据国家统计局公布数据显示，截至2013年底，我国内地有4个直辖市、286个地级市（333个地级行政单位）、368个县级市（2853个县级行政单位）。2013年我国内地总人口为13.6072亿，其中城镇人口53.7%、乡村人口46.3%。未来20～30年，仍将有2亿人口进城，城镇化率将继续提高近20%。

城市人口的增加，城市规模的扩大对城市供应链系统提出了严峻的挑战。城市供应链对城市发展的影响包括：

(1)城市作为工业集中地，供应链发展可以降低生产成本，提高市场竞争力。

(2)城市供应链系统环境的优劣，是引进内外资的重要条件，是能否进入全球采购系统的重要条件。

(3)城市作为一个人口居住的集中地，供应链服务水平是人们生活质量和水平的重要标志之一。

(4)城市供应链的发展，可以起到对周边城市的辐射作用，尤其对采购、销售相关的供应链物流集聚作用较强。

(5)城市供应链发展是进出口贸易能否正常进行与加速发展的重要条件。

(6)城市供应链绩效水平的提高，有利于提高城市综合实力、竞争力、经济效益。

(7)城市供应链的优化升级，有利于优化产业结构，全面推动城市经济发展，促进城市发展环境的改善，提升城市整体形象。

二、基于基础产业特色的城市供应链模式

由于自身资源禀赋和区域分工不同，各个城市的产业结构各不相同，相应的供应链发展模式也各具特色。

（一）以农产品供应链为主的城市供应链

我国大部分中小城市在发展初期都由农产品供应链的区域组织中心发展起来的。我国是农业大国，农产品是我国农业的主要产出品，也是城市居民生活的必需品，其生产和流通是农业现代化的组成部分。农产品供应链就是在农产品生产和流通过程中，从农业生产资料的采购到农产品的生产、加工，最后到将农产品和服务提供给最终消费者的上、下游所有

组织形成的网链结构。目前我国农产品供应链发展还存在技术设施不完善、物流成本高、农产品物流企业服务能力不强、农产品供应链信息化水平较低、农产品供应链标准缺乏等诸多问题。目前，我国主要的农产品供应链组织模式有四种：

1. 以加工企业为核心的农产品供应链

以农产品加工企业为供应链的核心，与上游种植户，下游批发、零售企业签订长期购销合同，就利润分配、统一管理、风险共担等方面内容达成一致。农产品加工企业整合生产与销售信息，提供给农户及销售商，实现各环节信息协同。呼和浩特市有“中国乳都”之称，拥有“伊利”“蒙牛”两大国内知名乳业品牌，其供应链就是该种模式。

2. 以批发市场为核心的农产品供应链

批发市场是我国农产品流通的主要渠道，据调查，我国农产品通过批发市场流通的比率超过 70%，在北京、上海等大中城市比例超过 80%。农产品批发市场在供应链中处于核心地位，链接上游农户或生产基地和下游的次级批发商、零售企业及消费者。该种模式下，批发市场为农产品消费和服务层的各成员提供交易信息和场所，集成供给和需求双方信息，实现供应链成员信息共享。山东省寿光市、栖霞市就是该种供应链模式。

3. 以零售企业为核心的农产品供应链

在西方发达国家，农产品大多数在连锁超市销售，欧美等发达国家连锁经营的生鲜食品占总消费的 80%，美国和德国甚至高达 95%。我国农业产业化程度较低，超市等大型零售商一般采取集中大批量、多品种采购，超市一般拥有配送中心，其农产品加工配送中心向上游延伸，将生产环节与超市有效衔接，在配送中心进行产品的加工，减少上游流通环节，增加了农产品的附加值；向下游延伸，与消费者直接对接，使农产品直接进入零售市场，避免了流通过程中的损耗。超市根据市场需求进行统一采购、统一加工、统一配送，有效降低流通成本。

我国农业生产中农药、化肥超标严重，农产品质量和食品安全问题已经成为 2015 年中央一号文件的关注点。以零售商为中心的农产品供应链模式有利于保证农产品的质量及促进农产品流通标准化的实施。在这种模式中零售商与农户签订协议或自建生产基地，严格控制农产品质量，从源头上解决农产品质量问题。目前，我国的武汉市拥有中百、中商、武商、仙桃富迪等企业都是采用此种供应链模式。

4. 以第三方物流企业为核心的农产品供应链

以第三方物流企业为核心的农产品供应链是农产品供应商和销售商将其自营的一部分或全部的农产品物流活动委托给专业的第三方农产品物流企业来实现的。第三方物流企业组织生产者把分散的农产品集中到物流企业的物流配送中心，然后由物流企业再统一配送到整条供应链下游的各个企业。第三方物流企业是采购和配送的组织者，也是供需信息集中中心，在整条供应链中起到领导和协调的作用。

（二）以第二产业为特色的城市供应链

1. 以制造企业为核心的工业供应链

以制造企业为核心的工业供应链，该种模式中生产企业拥有自己完整的供应链，对上游原材料供应节点企业、中间物流服务企业、下游产品销售节点企业和贯穿整个链条的信息进行管理。德国的大型工业企业一般采用 SCOR(supply-chain operation reference model)模型,该模型由美国供应链管理协会推荐,可优化企业当前的供应链。

2. 以商贸企业为核心的工业供应链

在这种模式中,商贸企业作为整个供应链的核心企业,领导和管理整个供应链的运行。商贸企业直接面对消费者,可以及时掌握和分析复杂变化的市场需求,根据市场需求向上游生产制造企业做出订单安排,使生产和销售无缝衔接。临沂市、温州市等商贸城市主要发展该种供应链模式。

3. 以第三方物流企业为核心的工业供应链

以第三方物流企业为核心的工业供应链就是生产商或者零售商同物流企业签订较为长期的合同,把整个物流环节外包的模式,即合同物流。该种模式主要为汽车、配件、工业产品等提供个性化物流增值服务,为客户提供一个完整的、动态发展的可操作的物流供应链。

(三) 以第三产业为特色的城市供应链

第三产业指不生产物质产品的行业,即服务业。目前,我国服务业占 GDP 的比重为41%,西方发达国家普遍达到70%左右,纽约、伦敦等国际大都市的服务业比重达到90%左右。现代服务业已成为西方发达国家增长最快的产业,越来越多的生产企业,诸如 IBM,已从提供产品转变到提供产品和服务再到提供服务解决方案,以服务为主导的供应链蓬勃发展。在我国,服务业还有很大的发展空间。以生产性服务为主导的集成供应链,各参与者交易、交往的基础是服务,虽然在服务供应链中也会存在大量的物质产品生产和制造活动,但这些活动只是价值创造和实现手段,价值实现的真正来源是服务以及差别化的服务体系。服务供应链区别于产品制造供应链的链条结构,是一种网络拓扑结构,基于供需双方不同视角,产生了嵌入式、链接式、拓展式、模块式和产融结合式五类服务供应链创新模式。北京市、上海市等知识密集型城市采用此种供应链模式。

三、基于地缘经济特色的城市供应链模式

目前国内外多数城市的供应链发展受其地缘经济特色包括区位交通条件及在国家或区域中的政治、经济地位等的制约发展模式也各不相同。

(一) 基于地理区位的城市供应链

基于地理区位的城市利用自身的航空、港口、铁路、高速公路等交通枢纽条件,通过综合交通运输系统的建设,延伸交通基础设施的功能,构成物流基础设施平台,形成物流产业集聚和配套,构建集约化的产业发展模式。该类城市的供应链发展模式是通过综合运输服务系统、各类物流运输场站设施构成的多层次、多元化的区域物流服务系统,建设强大的物流服务系统支撑环境与条件,发展区域供应链服务。郑州市依托铁路枢纽优势发展此种供应链模式。

(二) 基于区域经济的城市供应链

该类城市的供应链,一方面主要依托区域的资源、经济条件,通过构建区域综合性物流中心为区域城市提供一体化供应链服务;另一方面主要根据城市在国家和区域中的政治、经济地位,发展特色城市供应链,促进特色城市品牌的形成。

四、基于不同经济发展阶段的城市供应链模式

城市在不同的经济发展阶段，其经济侧重点各有差异，相应的城市供应链也各具特色。在城市发展初期，城市供应链主要满足本地流通消费需求，供应链短且简单。在城市发展中期，产业链特色形成后，城市供应链主要为扩大流通和增加集聚辐射能力服务，供应链长且复杂。大城市或特大城市发展阶段，城市供应链为跨国经济和全球经济服务，供应链向一体化、全球化方向发展。

（一）新兴城市供应链

该阶段城市发展的主要是基于产业基础及满足本地流通消费的经济，相应的城市供应链也是基于城市的资源、产业基础，为非经济部类服务。在企业层面，供应链主要是企业内部功能的集成和企业内部的一体化管理，供应链短且简单，链状结构尚未形成。

（二）发展中期城市供应链

该阶段城市发展的是扩大流通，增加集聚辐射能力的大流通，产业链特色显现。相应的城市供应链也是基于城市产业基础和区域经济，为城市基本经济部类服务。在企业层面，供应链发展成为由供应商、生产商、批发商、零售商等多个企业共同参与的链状结构，供应链长且复杂。

（三）大城市或特大城市发展阶段供应链

由于现代技术革命，尤其是信息技术的快速发展，制造业的全球化趋势不断加强，全球化战略成为指导各跨国公司利用全球资源，开发全球市场，追求全球效率的首选战略。随着全球制造的不断发展，城市供应链向全球化、一体化方向发展。该阶段城市供应链的全球化主要有两种模式：一是通过引进大型跨国企业，鼓励本地企业积极嵌入其全球制造和流通网络中去，逐步发展成为跨国企业的战略合作伙伴；二是培育企业构建企业自身主导的全球供应链，积极开展国际分工和产业结构调整。吉利汽车所在的杭州市即采用此种供应链模式。

五、城市供应链战略发展趋势

（一）基于大数据和移动互联技术的城市供应链网协同

供应链可视化技术的发展，使销售计划与供应商信息、生产计划等所需的大部分输入信息已经可以从底层迅速传递到供应链上相关企业或部门，以及更多的数据直接来自最终用户，一体化的集中供应链计划将极大程度提高城市供应链系统的整体效率。城市商业供应链中的购买方和销售方有关产品季节性、促销活动以及新产品发布等信息的共享，将进一步强化此趋势的发展，从而提高城市供应链体系中相关各方的效益，如更高的客户服务水平、更快的响应速度以及更低的供应链成本和更集约的配送系统。

（二）决策分散化、服务个性化

供应链执行决策将变得日益分散化。随着供应链从供应推动模式（面向库存）发展到需求拉动模式（面向需求），成功地运作供应链需要四大关键因素：横跨整个供应链的实时的可视性、对于供应和来源选择的灵活性、针对终端客户需求多变和订交货周期缩短的响应性、

根据市场潮流和新型设计的快速的新产品上市。

（三）城市供应链流程管理、事件管理与跨部门协调能力显著增强

对供应链效率的不断追求将越来越强调分散与集中相结合的结构和方法，即集中计划与分散执行相协调的模式。这对城市供应链的实时可视性提出了很高的要求，必须具备基于事件监控管理和快速反应的机制，优化城市配送车辆高度管理系统和城市配送中心布局，对出现的问题进行迅速调整和补救。

更高的可视性和更易于访问的实时信息，将大大提高供应链执行决策的预见性。供应链的实时可视性，以及与事件监控和管理系统的结合，将提高预见性决策的比例，最大程度地减少计划外情形所造成的不良影响，或提高利用该事件所创造的机会。城市重大决策将越来越多地由跨部门协调配合解决。

（四）城市供应链更加智慧化与柔性化，交流与共享氛围增强

在互联网与物联网时代，智慧城市建设提倡智能型、柔性化的城市供应链组织生态链，要求城市供应链的管理对商流、物流、信息流、资金流、人流等各种资源实现全程可视化优化，服务产品实现个性化定制化，要求城市供应链在发展模式上不断创新，供应链组织与发展模式的创新往往带来产业结构、空间布局、运作流程的巨大改变，有时甚至改变城市整体面貌。以前，城市供应链成员企业在企业文化、经营理念上存在差异，从而产生由企业边界所形成的技术交流与共享的障碍。随着城市供应链系统的融合，企业逐步认识到充分的技术合作和交流对于实现供应链双赢目标的重要性，通过供应链成员企业间经常性的沟通，扩展原先只存在于企业员工之间的内部技术交流，实现各成员企业技术交流的集成和汇合，形成一种鼓励技术交流与共享的城市供应链文化氛围。

（五）城市政府相关部门要引导业界建立供应链学习培训体系

供应链各成员企业拥有的是自己领域内的专业技术，虽然这些技术大多可以被其他合作企业通过技术交流中得到，但是像员工技能等却不能通过这种方式得到共享。所以，城市公共部门引导行业内部及其行业之间建立完善的供应链学习培训体系，不仅能够使技术最大限度地在供应链中得到共享，而且有利于提高城市整个供应链网的稳定性，促进供应链合作共赢氛围的形成。

第二节 城市供应链优化途径

城市供应链系统的优化与完善，应以建立满足商流、物流、人流、资金流、信息流五流合一、高度聚集并有序发展为主线，力图从城市供应链组织建设发展的角度建立“最佳城市”。参考国内外各城市在供应链发展方面的实践，可以考虑从以下方面着手优化完善城市供应链系统。

一、建立活跃有序的市场竞争环境，提供多种供应链选择

创建公平有序的竞争环境，鼓励供应链上下游主客体企业参与市场竞争。通过更加高

效的经营者的加入以及供应链服务范围的不断扩大，提供公平公正高效率的供应链服务，增强市场的活力。为了应对多样化的供应链需要，新型的经营业态及服务内容将不断出现，创造出富有魅力、充满活力的城市供应链服务环境。

通过放松管制和引入社会资本建立各种运输方式的互相联合的一体化综合运输体系，使各种运输方式按照市场机制与遵循低成本和便利性的市场原则进行竞争并互相合作，同时给予新兴业态与新型服务内容宽松的发展环境，为城市及其辐射区域的社会经济系统提供最适合的服务以满足多种多样的需要。

二、建设多业态采购交易平台，改造提升基础设施系统

根据城市产业经济特点与居民生活水平需要，科学合理并适时地推进现有批发市场、零售网点的优化升级与改造；根据市场产业基础、商业环境等条件，因地制宜地发展电子商务、大宗商品交易等采购交易平台；推进金融、物流、信息等相关产业的融合发展。

三、跨部门跨行业协调配合

城市供应链内部及其输入输出端涉及各个产业领域和公共管理部门，要在政府各部门之间、各行业之间、系统内各类运营管理人员之间形成协调配合联动发展的机制。例如：为了改善物流节点便利性、解除货物运输发展的瓶颈问题，各相关政府机关要联合起来共同努力，积极进行基础设施的整合并加强信息化管理等软件方面互联互通。另外，在进行共同配送等活动的每个自主处理的经营者、货主和政府部门及社会团体等各种供应链主体之间协调地、综合地进行协作非常重要。

四、加强仓储物流和商贸物流节点的整合

（一）近城节点整合

物流园区、配送中心等物流节点是城市供应链服务重要的空间载体之一，充分利用市区周边的物流节点，除有助于城市供应链服务的顺畅运行以外，还可以有效地控制进入城市内卡车的运输总量。同时，规模化、集约化动作的物流节点，对城市供应链的国际化、信息化、物流单位的大型化、食品等温度管理的需求强化、防灾、废弃物物流等一系列的发展极其有益。

（二）城内节点整合

应加强城市内的末端客户货物的集散和配送等节点的整合。建立并完善城市共同配送系统，优化城市配送中心与末端节点网络，解决城市供应链末端“最后一公里”配送问题。

（三）通道与运输路径优化

推进城市连接高等级公路的干线公路、高速公路的出入口周边、工业园区以及临港或临空物流基础设施的建设。研究制定城市货运通道系统的通过能力及其路径优化策略，通过信息化、自动化的保管、配送、流通加工等物流活动，提高各种业务的处理能力，完善各种设施的功能。

五、提升城市供应链组织的综合服务能力

（一）大力推进智慧城市与智慧物流发展

信息技术的发展极大地推动了智慧城市的建设步伐。移动互联技术和电子商务业态的普及极大地提高了库存管理、订货、发货、分拣、拣选、出货、配送、检验、店面管理等供应链活动的业务效率。在城市供应链的货物交易以及在运输保管的领域中，要解决经常出现的多数终端机设置等重复投资建设问题，还要不局限于同业种之间，要在不同行业的企业之间也可以使高效的信息交换。在管理进出口贸易、出入港口或机场等的行政手续中，要利用信息化的技术，率先实现无纸化办公以及为客户提供一站式服务。

（二）通过标准化推进城市供应链组织的流转效率

在进行城市供应链信息化建设的同时，要大力推进 RFID、数据传送和数据交换的标准化应用，以及通过标示的普及和商品信息数据库的建立，制定对应 EDI 票单及捆包标签的标准化。通过政策引导，鼓励企业购买一体化的托盘装卸运输系统等便利的物流机器、开发并改善货物运输包装等的支持策略。

（三）新技术的开发和应用

在城市综合运输领域，推进定位系统的有效利用，用于导航、货物位置确认等，提高城市供应链可视化水平与安全性、可靠性。促进冷藏车、冷冻仓库等冷链物流的设施、设备及功能性薄膜、保冷容器等新鲜度保持材料的开发、引进，推进从产地到消费地的低温物流一体化系统的建设。

六、重视发展建设城市逆向物流体系

要努力掌握企业生产的状况、大型社区生活垃圾处置以及废弃物资再利用节点的设置规划及有关节点间的实际运输状态，对建立高效率的城市逆向物流体系进行研究，制定具体的发展规划与推进措施。制定推动废弃物资再利用等相关公共事业发展的指导方针与实施路径。

七、将城市供应链系统相关设施纳入城市规划法定体系

在城市总体规划中考虑将货物运输通道与物流设施节点纳入法定的城市规划系统。同时，在城市建筑物的结构设计要求中要考虑改善、排除以前制定的阻碍仓储配送与装卸搬运活动的不合理指导方针。在市内建筑物内要附设货物处理设施，大型商业区或商业中心要设置公共的货物处理设施及处理货物时所需的路边停车设施。

第三节 中国城市供应链案例

一、长三角重要经济中心城市——苏州

苏州城市供应链主要依托港口物流和保税物流提升国际物流发展水平，同时依托长三

角强大的制造业基础提高全球供应链物流服务能力。

（一）港口物流为依托

随着江苏省委、省政府支持太仓港发展各项政策的全面落实，太仓港区集装箱码头二期、三期的全面投运、四期的开工建设和航线航班开辟力度的加大，2015 年太仓港区集装箱吞吐量将达到 370 万 TEU，货物吞吐量将达到 2.3 亿 t。同时，随着张家港市、常熟市经济的快速发展，张家港港区、常熟港区港口配套设施的不断完善，2015 年张家港港区、常熟港区的货物吞吐量分别完成 2.8 亿 t 和 8507 万 t。

（二）保税物流为特色

江苏省的三个综合保税区、一个保税港区均在苏州，苏州的保税物流在全省独树一帜，在国内外也有较大的影响。同时，太仓港正在积极申报保税港区，常熟国际物流产业园、吴江保税物流中心、吴中出口加工区也将全力争取叠加进口商品展销、展示、集散等功能，升级成为综合保税区。根据苏州市政府 2017 年 6 月 1 日发布的《苏州市开放型经济“十三五”规划》，苏州市“十二五”期间进出口年均增幅达 2.19%，进出口总额增长 10.95%，苏州市“十三五”期间主要贸易伙伴经济疲软，苏州企业生产经营成本上升，力争五年间进出口规模保持基本稳定。增长速度有所放缓，加工贸易占进出口总额的比重有所下降，但保税物流占进出口总额的比重将会明显上升。在国内有较大市场空间的进口中高档消费品（如进口红酒）、生产原料和备品配件将会有较大幅度的增长。

（三）持续发展 IT 供应链

苏州市规模以上通信设备、计算机及电子设备制造业具备较强竞争力，电子信息产业门类齐全，总量规模名列全国前茅。苏州 IT 物流的发展壮大，一方面将得益于三星半导体、快捷半导体等多家跨国公司在苏州建立的分拨中心，这类面向全球或亚洲地区分拨中心的年营业额可达数百亿元。另一方面，苏州本土为电子信息产业服务的 IT 物流企业也在迅速成长，如江苏新宁物流、江苏飞力达物流、昆山世远物流、苏州得尔达国际物流、苏州天天物流、中外运苏高新物流等。部分物流企业的经营服务范围已经从苏州扩展江苏全省，乃至重庆、成都等电子信息产业新兴地区。

二、珠三角窗口城市——深圳

2015 年，深圳现代物流业增加值 1782.7 亿元，同比增长 9.35%，占全市 GDP 比重约 10.19%。作为我国改革开放的窗口，深圳市在城市供应链发展上也走在全国前列。深圳的城市供应链发展源自城市的创新动力，由大量的供应链管理公司兴起带动城市供应链组织的整体发展，同时依托电子商务近几年的强劲发展，创新电商物流发展新模式。

（一）集中大量供应链管理公司总部

目前深圳现有物流公司 14 800 多家，供应链公司 300 多家，且集中了全国 80%以上的供应链管理公司的总部。其中包括怡亚通、飞马国际、普路通、华富洋等行业龙头企业。

（二）不断提升物流效率

深圳市自 2006 年以来先后建成布吉批发市场物流园、金鹏物流园、现代物流园、南山物流园、光明物流园等十多个物流园(物流基地)。此外,以周谷堆农产品批发市场、金鹏批发市场、龙岗材市场、深圳国际汽车城、深圳汽配城等为代表的批发市场正在逐步转型为现代化的物流配送中心。据了解,深圳市更加注重物流效率与效益,至2020年,社会物流总费用控制在3400亿元以内,占GDP比重降到13%左右。领军企业方面,至2020年,力争培育1家以上深圳物流企业进入世界500强,4～6家深圳物流企业进入全国500强。千亿投资工程立足前瞻性、战略性要求,实施深圳现代物流业创新发展"千亿投资工程",重点在"一带一路"、航运航空物流、供应链管理、陆路物流通道、物流园区、物流信息平台、电商物流、民生物流共八大领域开展37项工程,总投资金额超过1500亿元(其中,企业投资约700亿元,政府投资约800亿元)。

(三)积极探索电商物流发展新模式

从2009年创建国家电子商务示范城市以来,深圳的电子商务交易额保持在年均50%左右的增长,电商交易总额位列国家第一梯队。2014年,深圳市正式发布《关于促进深圳电子商务物流业发展的若干措施》并开始实施,这是全国首个规范和促进电商物流业发展的地方政策性文件,政府的支持更将促进深圳市电商物流业的发展。

第四章　中国企业供应链战略

第一节　世界物流发展已进入供应链管理时代

一、物流业进入供应链管理时代的发展背景

（一）物流业发展及进入供应链时代的思想变革

物流本质上是人类社会的一种实践活动，普遍存在于物质资料的生产、交换、分配和消费等各项社会活动过程中。物流对于经济、社会发展的作用，就好比人体中的动脉与静脉，起到了基本的流通与循环作用，是支撑经济运行不可或缺的组成部分。但物流作为一个独立的产业并不是一开始就有的，物流产业是由于分工的不断深入以及物流社会化、专业化发展而逐渐形成的一种复合型服务产业。著名经济学家吴敬琏指出：分工的深化大大降低了生产产品的制造成本，却加深了人们之间的相互依赖关系，交易关系日益频繁，交易成本随之增加，现代物流业及其应用的供应链管理正是在降低交易成本的迫切要求下应运而生。20 世纪 60 年代，美国经济学家彼得·杜鲁克预言：物流将成为每个国家经济增长的"黑大陆"，现代物流产业作为一门新兴的服务产业已成为经济新的增长点。

从物流发展历程看物流思想经历了持续变革的过程。权威物流学者鲍尔索克斯教授对物流思想的演变过程做了总结，20 世纪 50 年代以前强调运输效率；50 年代强调物流成本、客户服务；60 年代强调综合外包；70 年代强调运作整合、质量；80 年代强调财务表现和运作优化；90 年代强调客户关系和企业延伸；21 世纪强调供应链整合管理。

美国物流管理协会（CLM）的两次更名体现了物流的两次质的飞跃。1963 年协会成立时，名字是"实物配送协会"。1965 年更名为"物流管理协会"，源于运输和配送增加了越来越多的内容。2005 年，美国物流管理协会更名为"供应链管理专业协会"，表明了从物流到供应链的演进。

进入 21 世纪，物流产业在科技进步和管理技术创新的驱动下，经历了从量变到质变的过程，全球物流已经进入供应链时代。其中，最有影响的变革是电子商务模式给物流带来的变化，强调在变革中建立战略伙伴关系成为 21 世纪第一年的主题，战略伙伴关系第一指物流服务商与供应链服务需求商之间在不稳定的经济中建立稳步的关系；第二指在物流供应商之间建立战略合作伙伴关系。与供应链合作伙伴在不稳定的经济中建立稳步的关系，首先需要获取足够的知识和技巧，以便在这个以技术为导向且快速发展的领域发展上述关系。这不仅是为了企业的成功，而且是为了企业能够生存下去。

（二）我国物流业向供应链时代发展的实践

从我国物流产业发展状况来看，中国物流产业的成长阶段可划分为传统物流时期（1949

年至20世纪80年代初期)、萌芽期(20世纪80年代初期至90年代中期)、起步期(20世纪90年代中期至2003年)和发展期(2004年至今)四个阶段。目前处于发展期的中国物流业已经进入全面开放时代,物流作为第三利润源得到了广泛的认同,对物流的重视程度与日俱增,特别是物流业作为战略性、基础性行业的提出,进一步加快了向供应链管理时代的进程。

在《国民经济和社会发展第十个五年规划纲要》中,物流被列为国家大力发展的新型服务业;2001年,国家经济贸易委员会会同原铁道部、交通部、信息产业部、对外贸易经济合作部、民航总局联合下发了第一个有关物流发展的政策性指导文件《关于加快我国现代物流发展的若干意见》;2004年,国家发展和改革委员会等九大部委共同下发了《关于促进我国现代物流发展的意见》;自2004年起,社会物流统计及社会物流总量核算的试算工作正式展开;2005年,我国正式成立了由13个部委和2个协会参与的全国现代物流工作部际联席会议制度,加强对全国现代物流工作的统一组织协调;在《国民经济和社会发展第十一个五年规划纲要》中,我国进一步明确提出了优先发展交通运输业和大力发展现代物流业的战略思路;在《国民经济和社会发展第十二个五年规划纲要》中,我国进一步明确提出"营造环境,推动服务业大发展",要"大力发展现代物流业,加快建立社会化、专业化、信息化的现代物流服务体系"。现代物流业是"十二五"期间加快经济结构战略调整、经济重心转向扩大内需得以落实的基础支撑和有力保障。2009年2月,国务院常务会议审议并原则通过有色金属产业和物流业调整振兴规划,物流业与钢铁、汽车、船舶、石化、纺织、轻工、有色金属、装备制造和电子信息被列入十大产业振兴规划。2011年8月,国务院印发了《关于促进物流业健康发展政策措施的意见》(俗称"国九条"),从税收、土地政策、公路收费、物流体制改革、资源共享、技术创新、政策扶持及重点发展领域等方面做了进一步明确,针对以上方面制定了相关政策,旨在解决目前物流业存在的新问题。2014年10月,国务院印发了《物流业发展中长期规划(2014—2020年)》,把物流业定位为支撑国民经济发展的基础性、战略性产业,物流业是融合运输、仓储、货代、信息等产业的复合型服务业。

从我国物流业发展实践来看,物流业日益受到重视,已成为战略性、基础性产业,其在产业链中的重要作用日益得到发挥,对其他产业的支撑作用更加突出。从物流企业来看,物流活动从以企业的运输、仓储、包装、装卸搬运、采购等分割的形式向企业上下游延伸,物流活动各环节的密切配合更加重要,物流已进入供应链管理时代。

二、物流业进入供应链管理时代的动因分析

(一)宏观动因分析

从宏观角度上讲,物流进入供应链管理时代是各种动力相互作用的结果。

1. 外在拉动力

(1)随着商业运作的全球化以及工商企业物流外包规模的不断扩大,物流外包成为主流趋势。随着社会分工的深入,企业生产经营专业化程度不断增加,企业经历了管理模式从纵向一体化向横向一体化发展,物流从企业内部职能部门剥离,逐步实现物流服务外包,进一步发展到供应链,物流呈现网络化、专业化和独立化状态,这是社会分工不断深化的结果,也是社会分工与专业化发展的必然产物。

(2)物流服务的需求种类增加。全球市场的增长和国外采购的增加使得物流功能需求增加。对比三次中国物流市场供需状况调查表明,物流服务的需求种类不断增加。工业企业和商业企业物流需求的种类都有不同程度增加,且工商企业选择物流服务的意愿有大幅度增长。

(3)物流服务标准提高,不确定性增大。三次国内调查结果比较表明,物流服务已经从单项作业质量转变为综合物流满足能力和物流作业的经济性,物流服务更加强调服务的标准,强调能力的满足性。

上述物流市场需求的外在拉动力使得物流市场需求主体对物流服务的标准有了大幅度提高,要求物流企业能够有效地降低物流成本,提高物流服务效率。

2. 内在推动力

从内在推动力来看,主要表现为传统的物流企业服务模式存在较大的缺陷,主要表现在以下几点:

(1)物流企业运营能力不足。随着顾客多变的要求以及全球经济一体化的需要,客户越来越强调柔性化的物流运作,尤其是JIT(Just In Time)运作模式对物流企业运营能力提出了新的挑战,单一物流企业在运作物流服务过程中,仅依靠自身的运营能力不能满足客户柔性化的需求,物流运营能力存在缺陷。

(2)服务功能有限。从目前的物流企业服务功能来看,传统物流企业往往只能将自己的服务功能定位在主要的几个模块,如运输、仓储等。但随着客户需求的柔性化,其他相应的很多物流增值服务也伴随而生,物流服务越来越多样化,单一物流企业不可能穷尽所有的物流服务。

(3)技术投入不足。现代物流业是一个依靠科技进步带动和发展的服务业,虽然其中蕴涵着高科技可能带来的高回报,但与其高投入的期望回报及其行业规模资金累积相比,物流行业的整体利润率应该说是非常低的,很多时候甚至不及传统行业。单一的物流企业很少在某些较为先进的物流技术上进行大规模投资,导致先进的物流技术投入不足,而长期停留在低层次上竞争。

(4)非核心服务的单位运作成本过高。核心竞争力的出现使得物流企业越来越注重做自己擅长的物流服务项目,因此,核心服务的单位运作成本较低,在市场上具有较强的竞争力,而非核心服务的单位运作成本过高,缺乏竞争力。

(5)物流资源的过剩。长期以来,国内的物流资源低水平重复建设严重,物流资源严重过剩,很多专家指出,21世纪初期物流资源整合是中国物流产业发展的重点。传统的物流企业如何面对严重的物流资源过剩,提高自身竞争力,赢得市场和客户成为企业发展成败的关键。

上述模式的缺陷使得传统物流企业不能适应多变的需求,物流企业利润率不断下降。因此,实施传统物流运作模式的变革成为强大的内在推动力。

3. 催化作用力

(1)信息技术的促进。现代信息技术的飞速发展也给物流企业管理模式变革提供了催化剂的作用。企业管理越来越离不开有效的信息技术支持,各种专业的物流信息技术的使用和物流信息平台的构建，为物流企业实施新的管理模式创造了有利的市场环境。

(2)政府政策的支持。政府政策的支持是物流企业管理模式变革的关键。2009 年国务院印发《物流业调整和振兴规划》，2011 年国务院印发《关于促进物流业健康发展政策措施的意见》(俗称“国九条”)，2012 国务院发布《关于深化流通体制改革加快流通产业发展的意见》，2014 年国务院印发《物流业发展中长期规划(2014—2020 年)》等重要政策，这些政策旨在解决目前物流业存在的新问题，有利于促进物流向供应链管理时代迈进。

(二) 微观动因分析

从微观角度上讲，物流服务向供应链发展离不开物流企业之间的紧密合作。

1. 物流服务集成商和上游的物流服务提供商的合作动因

从物流服务集成商角度上看，物流服务集成商和上游的物流服务提供商的合作动因大致有以下四种情况：

(1)基于能力不足的动因。当物流服务能力需求数量比较大的时候，物流集成商本身能力不足，可能需要从上游物流服务提供商提供能力。能力不足是双方合作的最常见的动因之一。

(2)基于资金收益的动因。物流集成商如果经营全部的物流业务需要大量的资源投入，用于信息系统、仓储、运输等设施建设，从投资到资金回收再取得收益，这其中蕴藏着风险，特别是耗资较大的物流固定资产投资，这使得物流集成商不得不有所顾虑。同时，在社会上存在大量的闲置资源，资源的利用并不存在壁垒，因此，通过合作，减少在固定设施等资源上的不必要投资，能够大大降低物流服务集成商的资金压力，物流服务集成商就存在资金收益的动机。

(3)基于技术的动因。物流集成商拥有完成物流业务所必需的全部设施，但是企业当前不具备先进的物流软件技术，如先进的物流集成软件、流程重组设计等，集成商想在短时间内取得物流技术和软件方面的领先地位，需要付出巨大努力，于是，选择与其他服务提供商进行技术合作，成为必然。

(4)基于功能互补的动因。由于客户运作的多变性以及在各个地区的自营物流运作成本过高，物流集成商拥有物流服务所需的部分功能，但不能完全提供所需的全部功能，为此将功能欠缺的部分进行外包，成为具有能够提供多种物流服务的服务集成商，这是目前物流服务集成商与物流服务提供商最常见的合作动因。

2. 物流服务提供商与集成商的合作动因

从功能型物流服务提供商角度上看，由于物流服务提供商处在被集成的地位，因此，物流服务提供商与集成商的合作动因大致有以下三种情况：

(1)发挥功能型服务优势的动因。功能型物流服务提供商由于自身能力的局限(如功能局限、地域局限、技术局限、资金局限等)，不能提供全程一体化的物流服务，但它具有某一专业功能服务运作的优势，愿意和物流服务集成商进行整合，成为物流服务集成商的服务提供商，发挥了自己专业优势和区域优势。

(2)扩大业务规模，提高服务水平的动因。通过与物流服务集成商合作，功能型服务提供商扩大了自己的业务量，提高了物流资源的利用率，实现物流企业内涵式扩大再生产的目的，提升了自己的运作利润。同时，由于物流服务集成商尤其是全球物流服务集成商在物流服务水平上的要求比较高，通过给其提供功能型物流服务，物流服务提供商能够提高自己的服务水平，增加自己的服务声誉。

(3)降低物流运作成本的动因。传统的功能型物流服务提供商由于自身能力的局限，不能实施大规模物流运作，通过与物流服务集成商进行战略合作，形成供应链，这样就节省了功能型物流服务提供商单独进入市场所不得不支付的搜寻、加工、整理市场信息的成本，以及谈判、签约、督促履约的成本等，大大降低了物流运作成本。

第二节　中国改革开放30多年来企业的革命性变革

自从1978年确立了“改革开放”的发展战略以来，我国经济社会发展经历了30多年。经过这30多年的快速发展，我国经济社会的各个方面已经发生了巨大变化，取得了令人瞩目的成就：GDP和国民收入大幅增长，财政收入大幅增加，对外贸易迅速发展，金融业快速发展，城市化水平大幅提高。在改革开放30多年我国经济发展取得的诸多成就中，企业变革无疑是非常重要的一个内容。

一、中国30多年企业改革思路与措施的回顾

自1978年改革开放以来，中国的企业改革分为四个阶段。第一阶段是1978－1992年的放权让利，探索两权分离阶段。该阶段改革的主要内容是在既有产权制度的框架下，探索各种形式的灵活经营机制。主要的改革措施包括：1978年试行的“扩大企业自主权”，1983年开始的“利改税”，1987年推行的“承包制”等。第二阶段是1992－2002年的建立现代企业制度阶段。该阶段改革的主要内容是以产权制度改革为核心，以公司制企业制度为方向，全面构建现代化的企业微观产权制度、经营体制、管理体制。主要的改革措施包括：1997年开始的以“债转股”为主要方式的国有企业脱困，以公司制改制为主要内容的现代企业制度试点等。第三阶段是2002－2012年国有经济战略性调整阶段，股份制成为公有制的主要实现形式。该阶段成立了国务院国有资产管理委员会，改革的主要内容是国有经济和国有资本逐步向关系国民经济命脉的重要产业和关键领域集中，从一般性、竞争性产业中逐步退出。主要的改革措施包括通过兼并、收购、资产重组、剥离等方式和手段实现“抓大放小”的国有经济战略调整。第四阶段是2013年至今改革深化阶段，以供给侧结构性改革为指导，加速企业兼并重组，优化产业结构，国有经济从国有资产管理向国有资本管理转变。

从中国企业改革的过程来看，中国的企业改革遵循着一条较为明确的线索，即在改革的内容方面，遵循从寻求既有产权制度框架下的经营机制创新，到实现企业产权制度变革的改革路径；在改革的领域方面，遵循着从企业制度改革到国有经济战略调整的、从微观领域到宏观领域的改革线索。其核心的目的是实现企业实力提升，真正成为市场经济中富有活力的微观主体。

在这一改革思路的引导下，中国的企业改革包含了四方面的主要内容：

（一）以产权制度改革为核心的现代企业制度建设

在产权制度改革方面，除极少数特殊垄断性的国有企业改组为国有独资公司以外，大多数企业改制为有限责任公司，做到股权多元化；一部分效益好、规模大、有发展前途和较强竞争能力的企业，改组为股份有限公司，吸收多方面的资金入股，实现股权社会化。股东按股权比例，分别派出人员组成董事会，或通过股东大会，选举组成董事会，作为所有者的代表，全权负责企业重大问题的决策，打破原有国有企业处于政府主管部门控制之下、很难避免主管部门对企业生产经营随意干预的现象，从制度上促使政府与企业之间分离。

在管理体制方面，建立起明确的公司治理机制。股东会是最高权力机构，由股东会选出的董事会，负责企业重大问题的决策，总经理在董事会的领导下，负责企业的日常生产经营工作；监事会负责进行监督。从而在企业的所有者、决策者、执行者和监督者之间，确立起一种既能相互协调合作，又能相互制衡监督的机制。在制度上促使所有权与经营权的合理分离及其正常实施。

（二）以管理原则、管理组织和管理方式创新为主要内容的国有资产管理体制创新

国有资产监管体制创新，是从整体上搞好国有经济、确保国有资产安全增值的一项重要的基础性工作。国有资产所有者代表的行政化、多环节化与多元化，是国有资产利益主体结构中存在的一个重大问题。这种多元化的管理体制导致在国有经济的战略性调整中决策难、操作难。国有资产管理体制创新主要包括管理原则创新以及管理组织和管理方式创新等方面。在管理原则方面，从以往管理具体的资产运行向确保资本保值增值转变；在管理组织和管理方式方面，国有资产营运机构的设置，要符合精简、效能的原则，管理幅度要适当。同一级政府国有资产营运机构设置不宜过多，行业性的资产营运公司要逐步予以归并，设立综合性、开放式的营运机构。县市一级一般不设或只设一个国有资产营运公司，继续保留国有经营的企业资产可转入授权经营的集团公司或者划转给上一级政府的资产营运机构管理。同时，加快建设国有资本经营预算制度，真正实现管资产和管人、管事相统一。

（三）以抓大放小为主要思路的国有经济战略性调整

由于国有企业数量庞大，涉及产业众多，且与国有经济职能无关或关系不大的产业所占比重太大，因而伴随着市场竞争的日益激烈，国有企业的经营状况从 20 世纪 90 年代初开始不断下降。在国有经济分布过宽、整体素质不高、资源配置不合理等一系列问题的状况下，国有企业继续大规模发展，只会继续大量占用社会资源，而且还降低了资源的使用效率。因此，必须改变以往从微观体制、机制对国有企业进行改革的思路，从宏观视角探求国有经济布局调整。由于国有企业在投资大、建设周期长、规模效益显著、社会效益突出的领域有较明显的优势，因此，需要推动国有资本向关系国家安全和国民经济命脉的重要行业和关键领域集中，向大企业集中，加快形成一批拥有自主知识产权和较强国际竞争力的优势企业，把大多数国有中小型企业放开搞活。为此，按照“抓大放小”的思路，通过兼并、收购、资产置换、资产剥离等手段，将国有资产从一般竞争性产业退出，放开国有中小型企业，允许民营和外资进入，同时将国有资本集中于关系国民经济命脉的重点产业和大型企业，着眼于国有经

济的整体发展，在宏观层面对国有经济进行战略调整。

（四）以民营企业和外资企业为主要形式的非公有制企业发展

在大力推进国有企业改革的同时，中国逐渐认识到，在存量改革之外寻求增量发展对于企业改革和经济发展的重要性。以民营企业和外资企业为主要形式的非公有制经济由于产权关系相对清晰、历史负担较轻、发展空间巨大等优势，具备了快速发展的前提条件。在明确了“以公有制为主体、多种经济成分并存”的所有制结构之后，非公有制企业发展获得了良好的发展机遇和环境。政府通过政策引导、配套支持、金融扶持等措施大力推动非公有制企业发展，为国有企业改革的进一步推进创造了良好条件。

二、中国 30 多年企业改革的成就总结

在明确的改革思路引导下，在各项改革措施的实施中，中国 30 多年的企业改革取得了巨大的成就。主要体现在：

（一）现代企业制度初步建立

以公司制为主要内容的现代企业制度初步建立。首先，大部分国家重点企业和国有中小企业完成了股权多元化改制。其次，截至 2016 年底，作为国有企业主干的中央企业，已有 85 家企业按照公司法转制，开展董事会试点，实现企业决策层与执行层分开，改善了公司治理结构。最后，股权分置改革基本完成。股权分置改革的顺利推进使国有股、法人股、流通股利益分置、价格分置的问题不复存在，各类股东享有相同的股份上市流通权和股价收益权，各类股票按统一市场机制定价，并成为各类股东共同的利益基础。股权分置改革为中国资本市场优化资源配置功能的进一步发挥奠定了市场化基础，使中国资本市场在市场基础制度层面上与国际市场不再有本质的差别。目前中央企业普遍加大了劳动、人事、分配制度改革力度，通过市场化方式选用的各级经营管理人才约占总数的 30%，一批企业建立了比较完善的面向社会公开招聘和全体员工竞争上岗、量化考核、薪酬与业绩挂钩的机制。

（二）国有经济结构日趋合理

从 1998 年到 2016 年的 18 年中，国有和国有控股工业企业的数量大幅减少，总资产由 7.49 万亿元增加到 131.72 万亿元，增长约 16 倍；所有者权益由 2.68 万亿元增加到 44.68 万亿元，增长约 15 倍；实现利润由 525 亿元增加到 23 157 亿元，增长了 44 倍。在中央企业方面，2003 年国务院国资委成立以来，中央企业进行了百余次重组，特别是 2013 年以来，进一步聚焦重点领域搞重组，加快推进了煤电行业、重型制造装备行业、钢铁行业等领域的重组整合，探索境外资产整合，不断探索有效重组方式，加大重组后融合力度，企业数已经从 196 家下降到 102 家。

（三）国有企业效益不断提高

经过长期的企业改革，虽然国有企业数量不断减少，但是资产规模大幅增加，经济效益和运行质量显著提高。2016 年全国国有企业累计实现销售收入 45.9 万亿元，同比增长 2.6%；实现利润 2.3 万亿元，同比增长 1.7%；上缴税金 3.81 万亿元。2016 年，中央企业实现销售收入 27.68 万亿元，同比增长 2%；实现利润 15 259.1 亿元，上缴税金 29 153 亿元。

截至 2016 年底，中央企业资产总额达到 131.7 万亿元，同比增长 9.7%。

（四）民营企业和外资企业的快速发展

改革开放以来，中国民营企业的发展，逐步得到了恢复，民营经济已经成为我国国民经济的重要组成部分，在解决社会就业、保持社会稳定、促进经济发展、增加财政收入等方面都发挥着重要作用。

根据 2016 年中国民营企业 500 强发布报告：2015 年，中国民营企业 500 强入围门槛达 101.75 亿元，比上年的 95.09 亿元净增 6.66 亿元，首次突破百亿元大关；民营企业 500 强中有 12 家入围世界 500 强榜单，比上年净增 5 家，增幅达 71.43%。民营企业 500 强营业收入总额达到 161 568.57 亿元，户均 323.14 亿元，增幅达 10.06%。2015 年，民营企业 500 强资产总额为 173 004.87 亿元，户均 346.01 亿元，增幅达 25.16%。民营企业 500 强税后净利润总额稳步提升，达 6976.60 亿元，比上年增长 17.67%。民营企业 500 强纳税总额达到 6420.58 亿元，比上年增长 12.1%，占全国税收比重达 5.14%。纳税额超过 200 亿元的企业共有 4 家。

与此同时，随着中国改革开放的深入，中国的外资企业也获得了快速发展。2016 年吸收外商直接投资（不含银行、证券、保险）新设立企业 27 900 家，比上年增长 5.0%。实际使用外商直接投资金额 8132 亿元（折合 1260 亿美元），增长 4.1%。其中"一带一路"沿线国家对华直接投资新设立企业 2905 家，增长 34.1%；对华直接投资金额 458 亿元（折合 71 亿美元）。此外，外资经济也快速发展。根据 2016 年国民经济和社会发展统计公报：2016 年外商及港澳台商投资企业 17 352 亿元，增长 12.1%。

三、中国企业 30 多年革命性巨变

改革开放前，中国基本上没有企业，因为在计划经济的背景下，市场经济意义上的企业几乎是不存在的。在最早的 15～20 年，中国企业基本上是没有战略的。在计划经济到市场经济的巨大转型期，各种机会层出不穷。处于其中的企业，很自然地选择"机会导向"。企业发展的重要手段，便是抓住这些机会，迅速扩张、成长、壮大。在这样的生存环境下，企业的成功并不一定依赖于高瞻远瞩的战略或者优异高效的管理，而是看企业能否抓住关键性的稀缺资源，并充分利用每次机会。从机会导向到战略导向的演变可以将中国企业发展分为三个阶段。

（一）中国企业发展的三个阶段

第一阶段是 20 世纪 80 年代改革开放初期至 90 年代初期，我们称为"寻租"阶段。在"寻租"阶段，企业追求的是"好买卖"，就是抓住市场某个空缺，获取一次性的暴利。企业生存发展最需要的是"拉关系、找资源"的能力。在中国改革开放的前十年，短缺经济使市场在很长一段时间内保持了卖方市场的状态。企业每天考虑的都是如何获取资源，抓住更多的机会。

第二阶段是 20 世纪 90 年代初期至 21 世纪初期，我们称为"一招鲜"阶段。在这个阶段，中国从短缺经济走向了过剩经济。在一些最先开放的行业，例如家电行业，卖方市场逐渐向买方市场过渡。消费者开始享有了选择权，也就对产品有了差异化的要求。差异化的第一步往往是通过广告实现的。广告之外常见的另一招是销售渠道。在这个阶段，企业追

求的是“好项目”，打一枪，换一炮。对于企业来说，这个时期最重要的是通用能力，包括对资源的掌控能力、广告能力以及销售能力等。这也是我们前些年经常看到、听到的所谓“一招鲜”。然而，当整个市场的竞争逐渐成熟，单靠某一方面能力而获得发展的企业，如果不能迅速把这种能力扩展到其他方面，就很难保持快速发展的势头。这也就是为什么 90 年代有一大批企业迅速崛起，又很快陷入绝境的根本原因。

第三阶段是 21 世纪初期至今，我们称为“全面竞争”的阶段。中国经济发展的总体趋势是走向一个与世界接轨的，全面竞争的市场经济。在这个阶段，企业想保持领先的地位，需要高层次的战略能力、全面的管理能力和组织架构的搭建能力。只有在这个阶段，企业家才会真正关心如何建立“基业常青”的企业，也只有在这个阶段之后，才会出现真正意义上的“好企业”，才需要战略思考。

（二）中国企业的三大巨变

1. 巨变之一：中国企业实现了量级跨越，从“作坊时代”到“跨国时代”

1978 年，中国离世界很遥远，中国企业处在世界的边缘。《读卖新闻》驻香港记者松永二日当年参观了上海一家集成电路厂后，对工厂的落后状况深为惊讶：“简直是马路工厂。工厂方面说，产品多半不合格，卖不出去。”而他的同行在重庆炼钢厂竟然发现了一台 140 年前英国造的机器还在使用。

我们已经很难确知当年最大企业的规模究竟有多大，但我们知道，1984 年，刚刚当上副经理的柳传志被问及对公司有何打算时，他信誓旦旦地回答：“将来我们要成为一家年产值 200 万元的大公司。”

1978 年，全国国有企业的存款和财政存款之和只有 1089.9 亿元。如今，国资委监管的 102 户中央企业一月的利润平均就有 1200 亿元。大型国企的家数在减少，但规模在扩大，从“作坊时代”走向“跨国时代”。2016 年，全国国企资产总额增至 131.7 万亿元。在关系国家安全和国民经济命脉的重要行业和关键领域，国有经济的控制力和影响力占据主导地位。

国企的贡献度正在增大。据国税总局公布，2016 年全国企业所得税纳税中，国企应交税金 3.8 万亿元，是我国绝对纳税大户。

民企的发展速度与规模同样惊人。全国政协副主席、全国工商联主席黄孟复说：民营企业创造了中国 GDP 总量的约 40%、增量的约 60%，解决了城镇就业和农村劳动力转移的一大半、社会新增的非农就业的 80%以上。

外企搭上中国经济的快车，在发展中实现双赢。短短 30 多年，中国已经成为全世界吸收外资最多的国家之一，连续 16 年居发展中国家的首位。2016 年吸收外商直接投资（不含银行、证券、保险）新设立企业 27 900 家，比上年增长 5.0%。

2. 巨变之二：企业的市场主体地位跃升，从政企不分、民企戴“红帽子”到建立现代企业制度

2008 年 9 月，上海出台规定，国企领导人不再沿用行政级别。这只是国企市场化改革的再次深化。如今，股份制已成国企改革的重要形式，国企法人治理结构在逐步完善。管理者能上能下、职工能进能出、工资能升能降的市场化机制在国企初步建立。

民企市场主体地位的提升突出地表现在市场准入平等方面。2005 年 2 月，“非公经济

36条”由国务院公布，允许非公有资本进入垄断行业和领域，在电力、电信、铁路、民航、石油等行业和领域，进一步引入市场竞争机制。两年后，十七大报告明确，对非公经济实行“两个平等”，即法律上的“平等”保护和经济上的“平等”竞争，民营企业迎来腾飞的新契机。

3. 巨变之三：企业社会责任意识的觉醒，从利税挂帅到企业公民

英国人胡润在做中国富豪榜的同时还做慈善榜，记录企业家们关注慈善的行为。2008年5月26日，他第二次发布了“2008慈善榜”，百富榜上榜企业家中有80人为地震灾区捐款。自2004年以来，胡润连续五年发布慈善榜，100位慈善家共捐赠了近129亿元。历30余载岁月淘洗，国企、民企都在从单纯对利润、税收的追求到构建“和谐企业”，经济、社会效益并重中走向成熟。

当前，进入2017年，中国的企业还不断发生着变化，因为新时代的到来，互联网和新商业模式对传统产业造成重大改变。30多年前中国企业从无到有，企业的发展从机会导向向战略导向的转变，面对互联网、大数据等新技术和新的商业模式带来的影响，企业管理从内部向上下游延伸，企业的战略从自身向供应链战略转变等，都在进一步推动中国企业的变革，敢断言，下一轮的企业变革已经到来，有些甚至是颠覆式的，中国的企业未来将一定成为全球的中枢，引领这个时代的发展。

第三节　走供应链管理之路是中国企业的必然选择

一、走供应链管理之路是中国企业30多年历程的自发选择

（一）中国企业30多年企业战略的转变

改革开放以来，中国从短缺经济、计划经济走向了充分竞争的市场经济，中国企业也基本上是从没有战略向“机会导向”转变，又从“机会导向”向战略导向转变。

而只有当市场机制越来越规范、竞争越来越激烈时，企业才必须考虑如何以差异化的手段确立市场竞争优势，才产生了对战略的需求。同时，战略的本质要求企业放弃暂时的利益，追求长远的目标。只有当政策环境，产权保护等使得企业家对企业的长期运营产生预期和期望时，他们才有长期规划，持续投入的战略思考动力。从机会导向到战略导向的演变经历了20世纪80年代改革开放初期的“寻租”阶段、90年代初期的“一招鲜”阶段和21世纪初至今的“全面竞争”阶段。

经过市场30多年的优胜劣汰，如今公认的标杆性企业，其实都是战略最清晰的企业。例如华为，1997年成稿《华为基本法》，它所包含的战略思考、企业定位、模式选择是非常清晰的，华为战略的前瞻性令人肃然起敬。这也是华为能够在过去的几年突飞猛进的重要原因。再如万科，这家从1993年就开始以“做减法”进行战略聚焦的企业，其战略即使到2002年还经常被人诟病。但从2003年以来，房地产行业快速市场化，万科长期积累的战略和系统管理能力，开始爆炸性地发挥出来，大大拉开了和跟随者的距离。

加入WTO以后，中国的市场经济，包括和国际接轨的资本市场，越来越成熟，战略驱动的企业也因而越来越多，涌现了一批如阿里巴巴、盛大、蒙牛、如家、分众等有着清晰战略的

新一代领军企业。当市场资源调配的能力越来越强时,战略的优势很容易被释放出来,快速拉大和对手的差距。这个趋势会越来越明显,而战略的重要作用在未来将更加凸显。

(二) 走供应链管理之路是中国企业30多年的实践结果

战略最重要的作用是指导企业发展的方向。正是由于中国经济处在新产业快速成长,传统产业升级的转折点,是否有前瞻性的战略眼光将在很大程度上决定一个企业发展的大格局和最终的成就。战略的重要性将被极大地放大,这将是战略主导的时代。战略就是找出你既想做、又可做、又能做的,就是你该做的。战略的精髓在于选择、放弃、与众不同。卓越的战略最需要企业领导者的见识和胆略。在越来越充分的市场竞争中,清晰、明确、可行的战略,是企业走向成功的第一步。

然而,中国经济在结构性巨变的时候有高度的不确定性,企业又必须在这时候完成战略布局,抢占下一回合竞争的制高点。大变革的时代要求良好的大局观和敏锐的战略眼光。当前,企业战略中最为重要的是,企业的战略制定已不能仅从企业自身考虑,一定要向企业的上下游延伸,企业之间的竞争已经转变为供应链之间的竞争;同时,企业战略的制定已经不能仅局限于区域甚至国内市场,要有全球的视野。因此,走供应链管理之路是中国企业制定战略的自身需求,也是适应企业未来发展的自发选择。

著名经济学家吴敬琏指出:"最近30年来,全球制造业、流通业、农业发生了革命性的变化。这种变化的核心内容,是由于分工的高度和信息网络技术的迅猛发展,使企业之间的竞争演变为供应链之间的竞争,也使许多企业从单个企业生产和销售活动的组织者演变为链条的组织者和集成商。然而直到最近,中国企业对这种发展还跟进得很不够。中国供应链管理方面的落后自全球金融危机以来所遭遇的冲击中已经明显地表现出来。因此,发展现代物流业,把供应链管理确定为发展新的流通方式的首要任务,就变得十分紧迫。"

二、走供应链管理之路是中国企业顺应时代发展的必然选择

(一) 中国企业供应链管理现状

由平安银行联合中国经营报、北京中物联物流规划研究院、中华商务网、现代物流报、华南理工大学供应链整合与创新服务研究所及精确市场研究集团等共同发起"2012年中国供应链管理(金融)调查"对中国企业供应链管理现状做了较为全面的描述,根据调查报告,在改革开放的30多年中,中国借鉴和汲取了发达国家的先进理念和实践,取得了长足发展。但两者之间的差距依然明显。阻碍企业供应链管理提升的因素可能是多方面的,既有体制和理念上的,同时也有信息化水平、风险及诚信体系方面的原因。

1. 组织管理方面

调查发现,一是公司高层对供应链管理的熟悉程度一般。79%的受访企业高层对供应链管理的熟悉程度停留在熟悉或比较熟悉两个状态,而只有10%的企业高层显示对供应链管理非常熟悉。二是大多数企业(72%)没有在企业内部设置供应链管理部门,企业内部缺乏统一协调和组织计划、采购、生产、销售等活动的专职部门,无法对客户需求和变化做出快速反应。三是供应链管理方面人才短缺。调查显示90%的企业缺少供应链管理方面的专业

人才。四是资金投入方面相对不足。有专门的资金与拨款的受访企业仅占14%，必要时才投入或资金不足的占53%。五是大部分企业对上下游合作共赢基本形成共识。调查发现，75%的企业认为公司建立的上下游供应链体系需合作共赢；同时在产品设计和业务流程设计上都希望与供应链合作企业开展广泛的合作。

2. 成本方面

调查显示，成本控制列为供应链管理的重要任务。59%的受访企业特别是钢铁、煤炭行业的企业明显感受到成本压力；47%的企业认为成本是非常重要的考虑因素。IBM在2009年对北美、西欧和亚太地区400位负责企业供应链策略制订和运营的高级主管采访之后发现，供应链主管们将成本控制列为头等任务。调查认为：通过改进业务流程、运用IT技术、使用供应链金融等手段去提升供应链的可视化、自动化，提高供应链的运作效率，降低运营成本，保持供应链整体的稳定性。调查发现：企业对供应链在降低公司成本上起到的作用总体持正面态度。同时，企业的规模越大，对公司成本的降低越明显。

3. 风险方面

供应链管理的各个环节存在着形形色色的风险。总体来说，由生产所需原料、零部件断货，不能足额供货，不能按时供货等原因引起的供货风险成为影响企业供应链管理的最主要风险，其次为与生产安全、运输安全，产品本身的安全性等相关的安全风险及受政策法律法规、环保要求等影响的政策风险，环境风险的影响相对较小。但煤炭行业和钢铁行业将政策风险列为与供货风险同等程度的影响要素。大型企业和中小企业对影响供应链管理的风险要素排序上基本无差异。调查显示：有超过一半的企业已经开始在风险识别，风险规避或风险监控上有所动作；有38%的企业已开始进行思考如何管理风险；只有不到一成的企业还未进行任何动作。大型企业在风险管理机制建设方面要远远领先中小型企业。大型企业在风险识别、规避或监控上开展行动的比例占受访企业的75%左右，而中小型企业的比例仅约为47%。

4. 可视化方面

无论是企业内部可视化，还是企业所在供应链上下游的可视化对提升供应链各成员的反应速度、决策质量及风险管理能力等至关重要。本次调查显示：大多数企业由于缺乏支持内部业务流程的系统，或有系统但缺乏与上下游及外围系统之间的延伸和集成能力，供应链的可视化程度不高，物流运输环节尤为明显。调查显示：只有46%的受访企业采用了ERP或核心业务系统支持供应链管理流程。其中，采用的ERP或核心业务系统也没有对企业的业务流程做到全覆盖，主要支撑采购、生产、销售、仓储等环节，但是对运输管理模块的系统支持相对较弱。大部分企业往往不能直接在系统中看到货物在途信息，而需要单独登录到物流企业的网站去查询此类信息。总体来看，整个物流过程中的信息透明性一般，有70%的受访企业只能看到部分数据或由于缺乏系统支持，看不到数据；同时能看到的部分存在数据更新不及时、不准确等现象。

5. 数据分析和挖掘方面

调查显示，绝大多数企业（74%）缺乏商业智能类（BI）的系统支持，不能对采集到的数据进行有效的加工和解读。零售和医药行业对BI系统的应用相对较其他行业广泛。大型企业在ERP或核心系统及商业智能类系统的应用方面较中小企业普及，系统模块所支持的供应链各环节也比中小企业全面。

6. 在上下游的协同方面

企业与其上下游之间的数据传递有相当部分还采用纸质文件、电子邮件等比较原始的方式完成，通过系统接口的比例少，也一定程度上影响了上下游信息的共享。企业对从下游最终客户或经销商处获得的库存、实际销售、销售预测等数据的满意度不是很高，只有30%左右的企业认为该类数据能满足需求。同时，在与上游分享数据方面，有33%的受访企业与上游供应商没有分享任何数据；在有数据分享的企业中，与上游分享产品库存数据是主流趋势，其次为生产预测计划。钢铁和汽车两行业的企业与上游供应商分享数据的程度较其他行业高。

（二）走供应链管理之路是中国企业构建全球供应链体系的重要途径

当前我国正处于经济转型与产业升级的关键时期，中国企业面临着外需乏力、原材料与劳动力成本上涨，以及产能过剩与竞争加剧的多重压力和严峻挑战，从单个企业竞争发展到供应链条相关伙伴协同增效、协力发展日渐成为商界共识。从更宏观的视角来看，供应链涉及一个国家的经济发展和人民生活。美国国土安全部2012年发布的《全球供应链安全国家战略》阐述了美国政府在加强全球供应链，保障美国人民的福利和权益以及国家经济繁荣等方面的策略。2014年北京APEC会议上，习近平主席提出了全球价值链、全球供应链与全球产业链互联互通的战略构想。

随着全球化、市场化、信息化和网络化的发展，全球采购、全球制造、全球销售已成为国际企业新的生产经营模式。因此，全球供应链管理在现代企业管理中被引入并得到普遍应用，成为跨国企业的一种新的管理模式。世界已进入全球供应链时代，中国企业无论是制造企业还是物流企业都需要找准企业在全球供应链中的位置，制定适应新的格局的供应链管理发展战略，构建全球供应链体系。

1. 确定供应链战略，提升核心竞争力

供应链是物流管理在深度和广度方面的扩展。制造业企业、物流企业都应重视供应链。供应链取代物流，不仅是理论的发展更是时代的变革。它对制造业所起的作用应引起中国企业的足够重视。研究供应链发展趋势，分析所处区域的供应链结构，打造供应链服务基地，不仅关系到物流产业发展的问题，更涉及未来区域竞争优势和可持续发展的深层次问题。因此，建议加强供应链战略研究，走供应链管理之路，提升中国企业核心竞争力。

2. 建立健全组织机构，为构建全球供应链体系提供组织保证

供应链管理涉及企业内部采购、销售、财务、物流等多个职能部门，同时协同上游供应商与下游客户的决策与流程也跨越了企业的产权边界。如此复杂而重要的管理活动，需要顶层设计和管控。建议核心企业设立首席供应链管理官，面向市场统筹协同计划、采购、生产、销售、物流等供应链管理目标与活动。首席供应链管理官的设立也有利于推动企业与上下游之间的协同作业，帮助企业放眼供应链全局去思考与优化供应链，以系统最优替代个体最优，提升供应链敏捷性和实现及时生产，降低供应链运作成本，系统管理供应链风险，创造各方共赢的局面。

3. 加快供应链新技术的应用

日新月异的互联网和IT技术带动了电子商务的应用和发展，企业的可视化、GPS、GIS、

RFID、物联网、大数据和云服务等新技术的应用，促进供应链模式的变革。大型企业是新技术应用的主力军，如实力雄厚的大型企业采用自建供应链管理平台实现供应链电子商务，并通过其对上下游的影响力，带动上下游和产业群的电子商务应用。在国内，越来越多中小企业利用第三方电子商务平台开展在线销售、采购等活动，随着在线 B2B 商务技术的日渐成熟稳定，大中型企业也可以考虑采用外包、在线租用第三方电子商务平台服务的轻资产方式，提高生产经营和流通效率。在美国，有不少大的零售商和制造商，通过第三方的供应链云服务平台，连接供应链的上下游。

4. 加强标准化建设，提高供应链体系的统一性

就商品编码而言，企业、物流公司、银行等各方现时对同样商品的识别表达和编码根据不尽相同。各方系统的对接，实现物流、资金流、信息流的交互与共享的一个前提条件是实现商品编码的统一。同时，系统与系统之间的对接和平台与平台之间的交互也涉及接口、传输协议、数据类型等标准问题。在行业内部及行业与行业之间无法做到统一的情况下，应该鼓励从事不同标准间的数据传输和交互的中间型平台的孵化和培育。政府部门和行业协会也应推动制定行业化的标准，并在推广应用方面发挥更大的作用。

5. 政府推动，鼓励企业供应链体系建设

一方面，引进世界一流的物流供应链公司到国内投资企业，并鼓励本地企业与国际企业的合作，学习国际企业先进的物流供应链理念和实践；另一方面，政府制定确实的计划帮助本土物流供应链企业走出国门，发展成为国际企业，加快中国企业供应链体系建设。

6. 培养人才，为企业供应链管理提供专业人才保障

供应链管理人才缺失是一个全球化的问题，近年来蓬勃发展的电子商务和供应链金融，进一步扩大了供应链管理的人才缺口。电子商务的广泛应用，正在加速供应链优化变革的进程，特别是各类垂直网站、电子商务平台发挥了巨大的产业集聚效应，掀起了去渠道化的产业升级和商业模式创新浪潮，给供应链管理学科发展与人才培养带来了空前的挑战。

撰稿人：丁俊发　中国物流与采购联合会原常务副会长、研究员
王　辉　北京中物联物流规划研究院副院长、博士后
董天胜　中国铁路国际有限公司高级工程师、高级经理

参考文献

[1] 王迅，陈金贤. 供应链管理在不同历史时期的演化过程和未来趋势分析[J]. 科技管理研究，2008(10).
[2] 田学军. 供应链管理[M]. 北京：中国财富出版社，2013.
[3] 魏际刚. 物流战略[M]. 北京：中国财富出版社，2013.
[4] 刘世锦. 中国经济增长十年展望(2013－2022)[M]. 北京：中信出版社，2013.
[5] 霍建国. 巩固提升中国"全球制造业中心"地位[J]. 中国对外贸易促进，2012(7).
[6] 中华人民共和国工信部，中国科学院. 中国制造 2025 规划[EB/OL]. 2015.
[7] 丁俊发. 中国物流竞争力研究[M]. 北京：中国物资出版社，2011.

[8] 唐晋. 大国崛起[M]. 北京:人民出版社,2006.
[9] 江涌. 猎杀中国龙[M]. 北京:经济科学出版社,2009.
[10] 宋鸿兵. 货币战争[M]. 武汉:长江文艺出版社,2012.
[11] 张捷. 资源角逐[M]. 太原:山西人民出版社,2010.
[12] 叶柏青,陈秋红. 基于全球价值链的唐山陶瓷产业集群发展研究[J]. 中国集体经济,2009.
[13] 张永凯,王刚. 基于全球价值链的温州制鞋产业转型与升级[J]. 浙江经济,2009(4).
[14] 谢勤龙. 供应链战争[M]. 北京:机械工业出版社,2010.
[15] 维克托·迈尔-舍恩伯格,肯尼思·库克耶. 大数据时代[M]. 杭州:浙江人民出版社,2013.
[16] 中华人民共和国国家统计局. 2014 中国统计摘要[M]. 北京:中国统计出版社,2014.
[17] 丁俊发. 中国供应链管理蓝皮书(2013)[M]. 北京:中国财富出版社,2013.
[18] 丁俊发. 中国供应链管理蓝皮书(2014)[M]. 北京:中国财富出版社,2014.
[19] 邵平. 2012 年中国供应链管理调查报告[M]. 北京:中国财富出版社,2013.
[20] 何明珂. 物流系统论[M]. 北京:高等教育出版社,2006.
[21] 赵新华. 产业融合对经济结构转型的影响:理论及实证研究[D]. 长沙:湖南大学,2013.
[22] 孙毅. 日本钢铁产业国际竞争力研究[D]. 吉林:吉林大学,2013.
[23] 陈爱雪. 我国战略性新兴产业发展研究[D]. 吉林:吉林大学,2013.
[24] 吴慧聪. 产业供应链成因分析及其发展策略[J]. 物流科技,2013(8).
[25] 王现太,鞠晓生. 产业供应链的企业联合结构与效益关系研究[J]. 黄海学术论坛,2010(14).
[26] 牛立超. 战略性新兴产业发展与演进研究[D]. 北京:首都经济贸易大学,2011.
[27] 聂正安,戴沛如. 本土中小企业转型升级研究[J]. 中国商界,2009(12).
[28] 夏春玉,丁涛. 从微笑曲线看流通与结构调整[J]. 中国流通经济,2012(1).
[29] 张二震. 中国外贸转型:加工贸易、"微笑曲线"及产业选择[J]. 当代经济研究,2014(7).
[30] 李艳君. 新时期优化我国货物贸易结构的战略目标和路径[J]. 中国经贸导刊,2014(5).
[31] 曹秀莲. 日本综合商社的国际战略学解析[D]. 吉林:吉林大学,2004.
[32] 严复淇. 日本综合商社面临的挑战、经营变革及启示[J]. 企业经济,2003(8).
[33] 张凌,邵振伟. 三井布局中国钢铁股[J]. 环球财经,2006(12).
[34] 白益民. 三井资本迷宫[J]. 环球财经,2006(12).
[35] 王国文. 中国物流:走向供应链时代[J]. 运输经理世界,2005(4).
[36] 丁俊发. 中国实体经济需要革命性变革[J]. 中国储运,2013(11).
[37] 程俊秀. 物流供应链管理的信息化造就世界 500 强[J]. 企业导报,2011(13).
[38] 高煜,任保平. 中国 30 年企业改革:回顾与发展展望[J]. 贵州财经学院学报,2009(1).
[39] 陈又星. 企业变革比较研究[D]. 成都:西南财经大学,2003(5).
[40] 陈小洪. 中国企业 30 年创新:机制、能力和战略[J]. 管理学报,2009(11).
[41] 鄢飞. 物流服务供应链的协同机理研究[D]. 西安:长安大学,2009.
[42] 刘伟华. 物流服务供应链能力合作的协调研究[D]. 上海:上海交通大学,2007.
[43] 吴涛. 集成供应链运作与物流管理的研究[D]. 武汉:武汉理工大学,2003.
[44] 张德海. 物流服务供应链的协调机制研究[D]成都:电子科技大学,2007.
[45] 国务院新闻办. 中国的稀土状况与政策[N]. 经济日报,2012-06-21(11).
[46] 让-弗朗索瓦,莫妮卡,劳里,等. 世界银行物流债效指数报告 2012 年[N]. 王波,译. 北京:中国财富出版社,2013.

第三篇　美国供应链国家战略

第一章　美国供应链管理的演进

第一节　美国物流业的发展历程

一、美国物流业总体发展概况

2006年，美国物流总成本占GDP比重为9.7%。2006—2015年十年间，美国物流总成本占GDP比重呈现小幅波动的趋势，于2007年升至9.9%，随后下降到2009年的7.8%，之后一直保持在8.5%左右。2006—2015年，美国物流总成本占GDP的比重如图3-1-1所示。

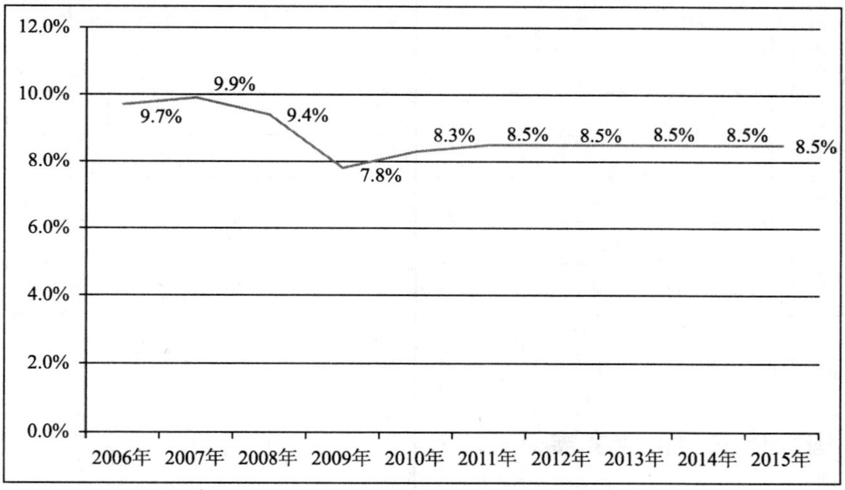

图3-1-1　美国物流总成本占GDP的比重

根据美国供应链管理专业协会(CSCMP)第27次美国物流年报，近十年来，美国总商业库存水平居高不下，且主要呈上升趋势。2008年，美国总商业库存升至约2.2万亿美元，随后于2009年降至1.9万亿美元。2015年美国总商业库存(农业、采矿业、建筑业、服务业、制造业、批发业以及零售业)高达2.5万亿美元。2006—2015年美国总商业库存如图3-1-2所示。

2008年，美国商业物流总成本为1.2万亿美元，随后于2009年降至十年间最低水平，为1万亿美元，并于2015年升至十年间最高水平，达到1.4万亿美元。2006—2015年美国商业物流总成本如图3-1-3所示。

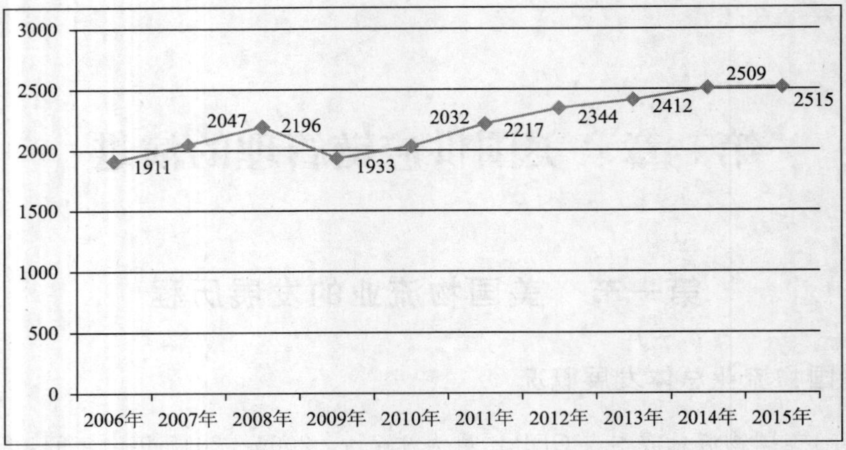

图 3-1-2　2006—2015 年美国总商业库存(单位:十亿美元)

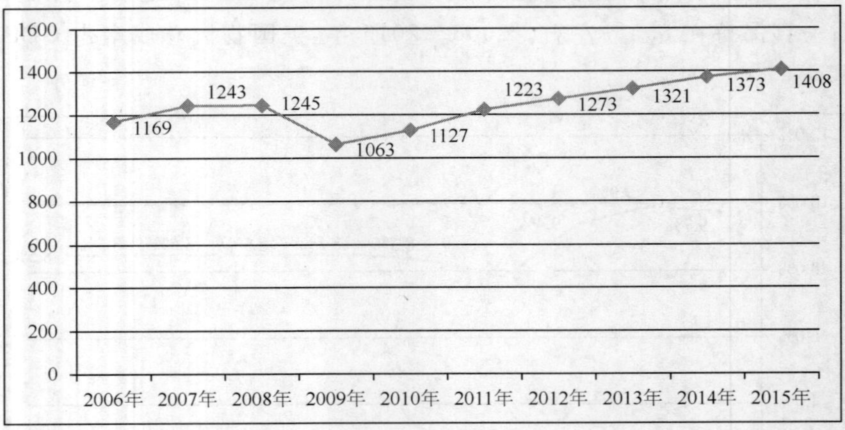

图 3-1-3　2006—2015 年美国商业物流总成本(单位:十亿美元)

二、美国物流主要行业发展概况

(一) 公路货运业

汽车运输是美国规模最大的运输方式,2015 年实现收益 5830 亿美元。根据美国货车运输协会(American Trucking Associations)的消息,全美汽车运输业雇员超过 700 万人。营运业务开支,包括零担运输(less-than-truckload)和整车运输(full truckload),占到行业总支出的 59%。整车运输子业务可以细分为干货运输、温控(或冷藏)运输、平板车运输、散装运输、罐装运输、短驳联运以及使用其他专业设备进行运输。

对于汽车运输承运人及其客户来说,2015 年的主要特点就是运力过剩,这使得运价在连续多年增长之后出现下跌。年初,运价开始出现疲软,随着时间推移运价迅速下跌。大部分承运人通过提高运营效率和减少订单,来应对物流环境的恶化。运价骤降并不是汽车运输公司面临的唯一困境,随着劳动力市场的紧缩,规则制度更加严格,招聘和保有卡车司机变得越来越困难并且价格不菲,货车运输的职业也失去了吸引力。

（二）铁路货运业

美国拥有世界上最庞大的货运铁路运输系统，总长达 140 000 英里（约 225 308 km），2015 年账面收入超过了 800 亿美元。根据美国铁路协会（Association of American Railroads，AAR）的数据，全美范围内，铁路雇员达 18.5 万人。该行业高度集中，AAR 的统计表明，七条 I 级铁路（class I railroad）创造了 95%的收入。跟其高速公路及航空系统的同行不一样，货运铁路公司不仅要负责维护其所经营的铁路网，还要进行资产运营。

煤炭和原油的铁路运量大幅下滑，宏观经济疲软，加上联合运输增长停顿，这导致 2015 年整体铁路货运量下降 2.5%，与 2014 年 4.5%的增量形成鲜明对比。

AAR 的数据显示，因为"廉价"的天然气和环保法规造成美国煤炭需求下降，煤炭的铁路运量在 2014—2015 年间下降了 14%。在此前货运量已连续四年平均每年稳定下滑 3%的基础上，2015 年煤炭运量下降速率大幅加快。很显然，煤炭已失去了其重要性。根据美国能源信息署（Energy Information Administration，EIA）的数据，燃煤发电的比重已从 2000 年的 56%跌至 2015 年的 33%。事实上，得益于水力压裂法的应用，天然气于 2015 年首次超过煤炭成为发电的主要燃料。《清洁电力计划》（*Clean Power Plan*）的颁布使现有法规发生改变，与此同时，大众舆论也支持寻找替代燃料，这更加剧了煤炭使用的下降。

2015 年，能源市场发生多个变化——尤其以发现储量丰富的低成本天然气和很多公共设施煤改气这两件事影响最大——从根本上改变了美国铁路运输的商品种类。对于美国铁路来说，煤炭运量下跌可能是其自 1980 年《斯塔格斯铁路法》（*Staggers Act*）颁布以来遭遇的最大的结构性变化。该法令部分解除了对美国铁路的管制。能源市场动态也导致通过铁路的原油运量减少，对支持额外新的良好发展的商品产生了甚至更大的影响。好消息是：铁路在显著增加的多式联运中占有一席之地，而且卡车货运的联运潜在转化率依然强劲。铁路效率直接有助于节省燃油，从而降低成本，减少排放，这不仅有利于供应链，也有利于整体经济。为吸引更多的此类型运输，铁路继续专注于新方法，以提高效率和可靠性，通过其联运通道的额外转换，将继续发挥以上优势。此外，多亏私营铁路的大量投资，国家铁路网的状况非常不错。政府（主要是州和地方一级的政府）需要下达许可来支持及促进多式联运和其他部门持续增长所需的投资。一流的基础设施，再加上内在的环境优势和经济优势，铁路交通成为铁路客户和政策制定者的最佳选择。

联合运输在最近几年里都是铁路行业收入增长的稳定来源，在 2015 年却遭遇了瓶颈。燃油附加费和公路货运的基础费率双双下降，许多托运人可能选择通过卡车而非铁路来运输货物。然而，如果能够消除货运行业的运力过剩，解决西海岸的港口问题，并且持续投资铁路基础设施，以改善联运服务，2015 年的小难题或可得到解决。

总体而言，与公路交通相比，铁路交通有许多与生俱来的好处，比如对环境的影响更小，燃料效率更高，而且是由其使用者负责维护。随着铁路网不断完善，铁路覆盖面增大，托运人或可更多受益。

（三）水路航运业

港口水运基本上以国际业务为主：在进出美国的国际远洋运输上，美国的承运人占据很大份额，然而，在美国内河水运上，例如沿密西西比河而下的散装货物运输，仅占美国商业物流成本中相当小的份额。美国的水运在2015年的货运周转总值为476亿美元。从广义上讲，货物通常以集装或散装的方式运输（不论干湿），集装箱货物主要为制成品，而散装货物则主要为原材料，如石油、液化天然气、煤炭、矿石或谷物。

集装箱运输运力过剩明显，为美国承运人创造了一个运费有利的环境。根据Alphaliner公司的数据，2015年，集装箱船增加了8.5%的TEU容量，而集装箱运费则在2016年4月达到了历史新低：根据上海航运交易所（Shanghai Shipping Exchange）的数据，东向运费2015年已遭压低，此时更是触底至753美元/FEU。与此同时，进入美国的入境集装箱货运量有温和增长。这种动态很可能会进一步推动产业整合。阿拉伯联合国家轮船公司（United Arab Shipping Company，UASC）与赫伯罗特公司（Hapag Lloyd）、韩进海运（Hanjin）和现代汽车株式会社（Hyundai）的潜在合并可能会增加过往交易产生的中断。2015年，马士基（Maersk）和地中海航运（Mediterranean Shipping Company，MSC）组成了2M联盟，2016年两个新超级联盟的诞生，即THE和海洋联盟（Ocean alliances）。这些协定会导致船舶共享协议发生调整，而这可能会显著影响依赖于跨太平洋服务的美国承运人和进口商。

蔓延开来的运力过剩正在削低干散货部门的运费。据彭博新闻社报道，尽管大宗商品水运需求下降，自2015年12月以来，干散货运输船的总载重量已经增加了超过280万t，因此这一切就不会令人感到惊讶：波罗的海干散货指数（baltic dry index）在2015年8月达到1222的高点之后，连续六个月下降，并于2016年2月跌至最低点290。

与集装箱货物和干散货物运费面临的境况相反，因为运输能力的增长更为温和，液体散货的运费变化不大。然而，2016年运输能力的增长速度还是高于需求。

（四）航空运输业

美国企业，特别是高附加值产业，其投入和产出中相当大的份额都是通过国际空运来进出口的。这使得航空货运成为供应链中的关键环节。（另一方面，对承运人来说，严格意义上的国内航空货运，不论是规模还是重要性都微不足道）。

2015年，美国承运人相关的航空运输量（国内空运和进出口）价值超过670亿美元。波音公司（Boeing）的报告指出，按照收入吨公里（revenue ton－kilometer）来计算，亚洲的航空公司占据了全球市场份额36%，与之相比，北美为25%，欧洲为21%。装货的空间有两种来源：一是来自货运航空公司，它们可提供整架飞机来运货；二是来自客运航空公司，它们可提供客机的货舱。

因为经济的不确定性，对航空货运服务的需求依然低迷，而与此同时，货运和客运航空公司正纷纷转向启用宽体飞机，这使得本已运力过剩的境况雪上加霜。因此，理所当然地，运价一再被压缩：从上海到洛杉矶的德鲁里空运指数（Drewry air freight index）在2015年1月至2016年2月间下跌了37%。

第二节 美国供应链管理的发展历程

美国物流协会的两次更名,成为美国乃至全球物流产业两次质的飞越的标志。1963 年成立时,协会的名称为"全美实物配送协会",1985 年更名为物流管理协会,是由于运输和配送增加了越来越多的内容,从狭义的运输和仓储,发展到更广的物流领域。2005 年,美国物流管理协会更名为供应链管理专业协会,表明了从物流到供应链的合乎逻辑的演进。美国物流管理协会的更名,标志着美国乃至全球物流全面进入供应链时代。

一、步入 21 世纪的美国物流业

进入 21 世纪,管理科学和电子商务的发展使美国物流产业经历了质的飞越,在全球范围掀起了"物流革命"的浪潮。在发达国家,物流获得了前所未有的重视,物流产业经历了前所未有的发展,物流本身的变革伴随着变化永恒的主题,正改变着企业运行的方式,成为决定企业生存的基础和不可模仿的竞争优势。21 世纪初,物流产业受到了迅速变化的经济环境的挑战,产生了精细物流、六西格玛物流和闭环物流的新概念,使物流管理向高端发展。

(一)电子商务对物流的革命性影响

2000 年,美国物流协会将年会的主题定义为"重新定义物流·COM",拉开了物流变革的序幕。"·COM"的革命,将在美国乃至全球范围重新定义企业运行的方式,物流业在 21 世纪互联网爆炸性发展、竞争激烈的新经济环境下,强调了发展速度、完美、客户满意的新概念。电子商务的发展,对物流的各个环节都产生了革命性的影响,使物流的价值增值的能力和方式都发生了实质的变化,标志着一个新时代的开始。

物流产业在电子商务革命的基础上,更加重视了战略伙伴关系的建立。如何与供应链合作伙伴在不稳定的经济中建立稳定的关系,如何获取足够的知识和技巧以便在这个以技术为导向且快速发展的领域发展战略伙伴关系,成为全球物流领域关注的核心问题。

(二)迅速变化的经济环境对物流的挑战

2002 年以来,变化作为世界发展的永恒主题,成为领先潮流的物流精英所关注的焦点,物流游戏的规则在改变。21 世纪迅速变化的经济环境,对物流产生的挑战,主要表现在以下几点:(1)对未来的预测和分析变得越来越困难;(2)变化的速度远远超过人们学习的速度;(3)对物流人才的可供性提出了挑战;(4)全球化趋势为物流的发展提出了挑战;(5)对物流企业的发展战略提出了挑战。

物流领域的改变,表现在供应链管理规则方面,呈现出从供应链到价值链的演进。供应链发展经历了从 EOQ、MRP、MRPII、DRP、JIT、TQM、TOC、TBC、ERP、SCM、VMI、VCM 的过程,如图 3-1-4 所示。

迅速变化的经济环境,同样对第三方物流的发展带来了变化和新的挑战。首先,第三方物流产业迅速发展,成为发达国家经济增长最快的部门之一。根据美国物流管理协会的统计，1999—2002 年，美国的第三方物流产业以年均 20% 的速度增长，越来越多的企业使用第三方物流。美国制造业 500 强物流外包的比例，在 2002 年达到 78%，比十年以前增长了一倍多。

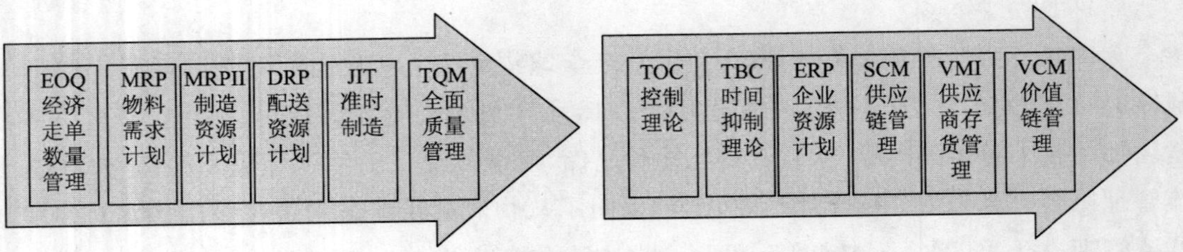

图 3-1-4 供应链到价值链的演进过程

其次，第三方物流服务越来越呈现出多元化的特征。第三方物流作为一个相对独立的产业形态，它包含了综合物流服务的内涵，如物流的计划职能、执行职能和控制职能。在服务内容方面，第三方物流由单一服务，到集成服务，再到综合供应链服务，服务的内容在不断扩大。在管理方面，第三方物流由单一的执行功能，向供应链设计功能、管理咨询功能方向发展。第三方物流的变化体现了将管理咨询的能力与物流操作执行的能力结合的趋势。

第三，第三方物流的传统角色和核心竞争力受到挑战。传统的第三方物流，往往是执行者的角色以及问题解决者的角色。这种角色正在向战略伙伴的角色、战略顾问的角色转化。其核心竞争力正在从提供服务，转向供应链管理设计能力方面。

第四，第三方物流服务的地理范围发生了变化。由于全球化的趋势的影响，企业的供应链覆盖了更大的地理范围，第三方物流业务的重心正在由区域范围转向国家范围，由国家范围转向全球范围。第三方物流在 21 世纪所面临的挑战更大，其中包括了有限的能力与客户无限的需求的挑战、由于竞争而带来的利润边际不断下降的挑战、发展和维护第三方物流伙伴关系的挑战、全球物流与文化冲突的挑战以及维持高水平物流服务的挑战等。

（三）闭环物流与精细物流将物流管理推向高端

进入 2003 年，物流管理呈现了向高端发展的趋势，主要表现在闭环物流与精细物流概念的发展。

物流的吸引力在于它对最新的信息技术和管理技术的吸纳能力，使这个产业具有旺盛的生命力。物流与供应链是否成为企业的利润源泉，关键在于如何设定供应链基准点和考量供应链绩效。将供应链的操作环节与企业的财务指标挂钩，是考量供应链绩效的一个最基本的分析方法，精细供应链概念的出现，就是这样一个结果。精细供应链（lean supply chain）来源于精细管理。精细供应链的出现，成为减少浪费、降低成本、缩短操作周期、提供强化的客户价值从而增强企业的竞争优势的一种“伟大的方法”。精细物流的基本内容是通过设立企业目标、部门目标和操作目标，认定现有绩效与目标值的差别，制定达到预期目标的时间框架和所采取的应对策略。精细供应链的建立分为五个步骤，分别是工具、原则、战略、价值、领先方法的适应性实施。精细物流使企业在物流环境中创造产出文化，形成成功的精细环境要素，最大限度避免非产出行为，推动了企业供应链绩效的提高。精细物流甚至应用于铁路物流，使“铁马”与“精细”结合，提高了铁路物流的绩效。

六西格玛作为新的管理技术，被迅速应用到物流领域，使精细物流又实现了概念创新：精细＋六西格玛＝六西格玛物流。企业开始通过使用六西格玛创造供应链过程的价值，用六西格玛的方法定义绩效基准点和最佳服务规范，并使用指标驱动外包伙伴的绩效提升。

2003 年以来发展的另一个新概念是闭环供应链(closed loop supply chains，CLSC)。闭环供应链是指企业从采购到最终销售的完整的供应链循环，并包括了产品回收与生命周期支持的逆向物流。闭环物流在企业中的应用越来越多，市场需求不断增大，成为物流与供应链管理的一个新的发展趋势。

（四）RFID 领导供应链技术潮

2003－2004 年以来，美国物流的生命力和吸引力之一就是将最新的信息技术与管理技术与物流活动相结合。“RFID 进入供应链”成为美国业界所探讨的、引领未来供应链潮流的技术手段。关于 RFID 的讨论，涉及基本技术、标准与体系、发展前景、在不同产业中的应用、在全球供应链中的角色等问题。

RFID 作为一种成熟的技术，在物流和供应链领域的应用需要一个持续发展的过程。从技术发展阶段分析，初始阶段的任务是建设基础设施，进行 RFID 的技术准备；然后是订立标准。目前，美国和欧洲对 RFID 的技术标准已经达成了一致；第三阶段是技术创新阶段，要使技术的成本不断降低，以适应大规模商业应用的需求；第四阶段使规模化应用；第五阶段使成本和绩效的均衡，使技术发挥最大的产出。对于 RFID 在供应链中的应用使一个复杂的过程，因此，把它比喻成“与大象共舞”，形象地说明了技术能力与掌握技术的挑战性。

RFID 在物流领域中的应用是由美国国防部和沃尔玛发起的，因此，在 RFID 物流应用方面，美国军方的实践再次吸引了物流业界的关注。美国军方后勤保障的目标，使建立知识驱动的供应链保障体系，RFID 的应用是后勤保障的需要，而不是终极目标。作为一种现金的技术手段，国防部通过 RFID 在物流领域中的应用，使美军的平均补给时间从 33 天降低到 11 天。

国防部在 RFID 应用方面同样充分利用了民间资源。它采用了商品电子编码标准，按物品、小包装、托盘、集装箱分级使用标签，在托盘、集装箱、重点设备上使用主动(有源)标签。但标签的数据格式采用国防部的定制。

沃尔玛是美国国防部的供应商，它的意义在于使美军在任何战场上，能够“过上像在家里一样的生活”。沃尔玛实施 RFID 也是分步进行的。2003－2004 年，主要是标准和技术的准备阶段，2004 年在托盘和纸箱层测试应用，主要是在与国防部的合约中使用 RFID。目前在德州的配送中心的八个供应商、七个商店全部的纸箱和托盘上应用。

二、全球物流进入供应链时代

进入 21 世纪，变革成为永恒的主题。美国物流管理协会于 2005 年正式更名为“供应链管理专业协会”。美国物流管理协会的更名，标志着美国乃至全球物流全面进入供应链时代。

按照 CLM 2003－2004 届主席伊莱贾 · 雷(Elijah Ray)的说法，做出更名是供应链管理专业人员委员会的决定，只有一个原因——满足会员和这个职业的变化的需要。在过去的十年甚至过去的五年间，物流职业的专业人员所包括的范围越来越大，在企业中扮演的角色越来越关键。物流的专业人员在组织内部和组织外部与越来越多的人打交道。物流专业人员的角色已经发生演变，物流管理协会的更名，就是为了反映供应链中正在发生的变革。协会更名后，也增大了对供应链环节中其他起重要作用的专业人员的包容性。

供应链取代物流，不仅是理论的发展，更是时代的变革。供应链对物流产业本身和物流所服务的主体——制造业，都产生了重要的影响。传统的贸易、运输、仓储等环节，都被纳入了供应链管理的范畴之内。

（一）供应链绩效考量成为提升企业竞争优势的解决方案

随着21世纪以来供应链管理流程与绩效量手段的成熟，2005年，CSCMP制定了《供应链管理流程标准》，成为指导供应链运作的通用指南。《供应链管理流程标准》致力于帮助企业确认供应链操作流程中的差距，提供一个通用的工具和指南。业界可以借助这个工具，确定供应链流程中的优势和劣势，然后将注意力集中到可以驱动最大收益的提升努力上。这些结果也可以与供应链上的其他组织分享和比较，以提升供应链的总体效果。

《供应链管理流程标准》包括计划、采购、制造、交付、回收、执行六个部分。其中，计划部分包括供应链计划、供应链需求协同、库存管理3个二级流程；采购部分包括战略资源外取、供应商管理、采购、进向物料管理4个二级流程；制造部分包括产品设计工艺、伙伴和协作、产品或服务定制化、制造过程、精益制造、制造基础设施、支持流程7个二级流程；交付部分包括订单管理、仓储/完善、定制化/延迟、交付基础设施、运输、电子商务交付、管理客户伙伴关系、售后技术服务、客户数据库管理9个二级流程；回收部分包括收货和仓储、运输、维修和翻新、沟通、管理客户预期5个二级流程；执行部分包括战略和领导艺术、竞争性标杆管理、产品/服务创新、产品/服务数据库管理、过程变异与控制、度量、技术、业务管理、质量、安全、行业标准等11个二级流程，如图3-1-5所示。

2009年9月22日，在CSCMP芝加哥年会上，CSCMP发布了《供应链管理流程标准》第二版。第二版将原来的五个流程，修改为十个流程，分为五个基本流程和五个支持流程。五个基本流程分别是"建立愿景与战略""产品与服务开发、管理""产品、服务营销""产品、服务交付""客户服务管理"，五个支持流程是"人力资源开发""信息技术管理""财务资源管理""环境与健康管理""知识与变化管理"。

（二）供应链全球化的趋势不断凸显

继2005年美国物流管理协会更名为美国供应链管理专业协会以来，全球化在物流和供应链领域的影响日趋明显。全球供应链涉及从运输和仓储等主要物流环节和基本业务的全球化，到全球化采购、外包、供应链流程的全球化；从主要发达国家到南美、非洲、中东、亚洲等新兴物流市场，以及全球供应链安全的挑战、全球供应链的速度、敏捷性与成本效益优化等领域，供应链全球化已经深入影响到企业商业活动的方方面面。

物流外包已经发展到供应链管理流程的全球化外包。供应链管理是企业内部和企业之间所有物流活动和商业活动的集成。随着运输时效、信息技术的开展，运输、仓储等主要的物流活动的全球化已经开始了很长时间，从全球采购、全球配送等物流环节，近年来的全球化趋势明显，而供应链商业过程，如制造、研发、IT、客户服务，近年来外包发展迅速，供应链商业流程外包增加了企业的价值增值能力。

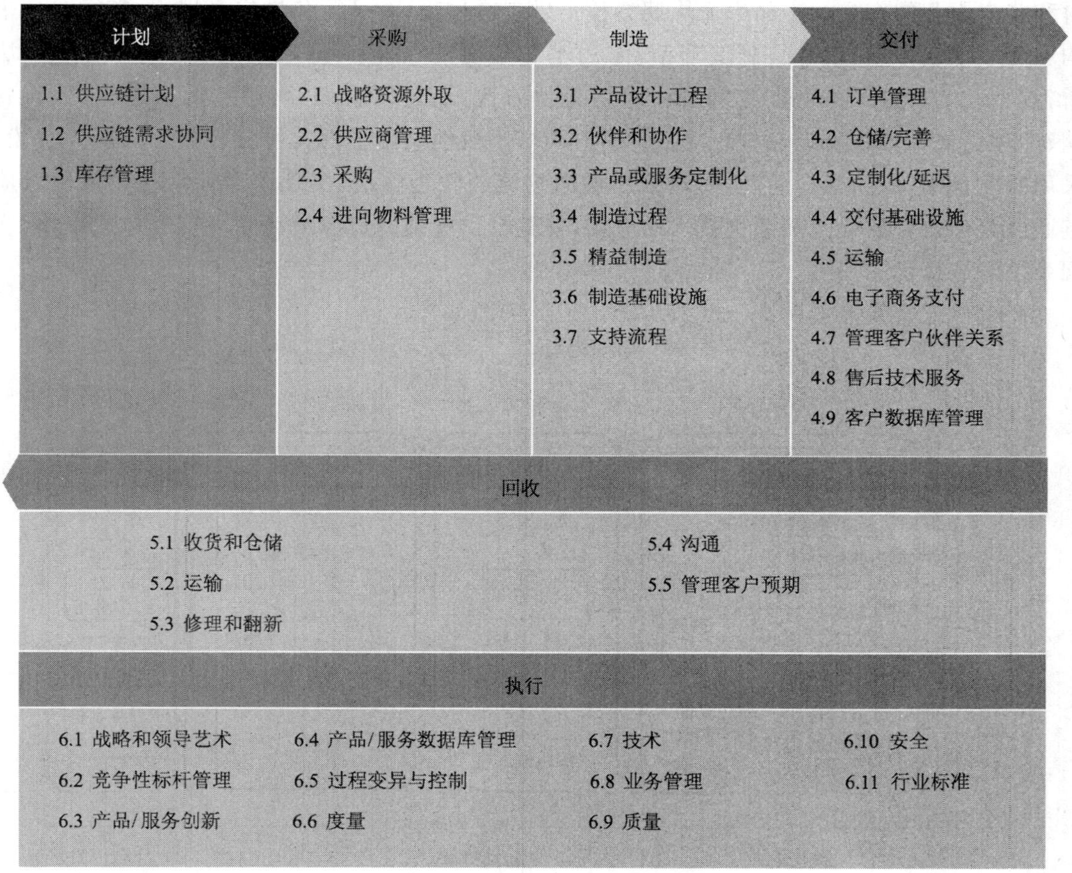

图 3-1-5　供应链管理流程

领先的全球化物流服务供应商已经从提供全球物流服务向提供全球供应链服务转化。仅仅具备资产和物流服务能力已经不能满足跨国企业的要求。物流企业要具备供应链管理技术，从提供物流能力，转化到提供知识管理服务的层面，其中涉及供应链战略、供应链网络设计、供应链流程再造和优化，为生产企业提供完整的供应链管理服务。锐得(Ryder Logistics)和戴姆勒·克莱斯勒(Daimler Chryslers)的全球供应链合作提供了典型的案例。

供应链全球化的趋势表明：物流企业的能力，必须从提供以资产为基础的物流服务，向以管理能力为核心的完整供应链服务转型，才能在竞争中处于优势地位。

（三）绿色与低碳供应链成为新的发展方向

随着环境意识的提高，民众对绿色环保的诉求也越来越强烈。这一趋势势必在全球范围内影响到供应链的管理，越来越多的企业认识到了建立起绿色环保供应链的重要性。在这方面，企业的关注点主要集中在使用可持续循环材料的产品，采购更多地建立在减少能源消耗上，更好地监控制造流程，要求和有环保经验的供应链伙伴合作等方面。

按照供应链管理流程，绿色供应链流程也可以相应由计划、采购、制造、交付、回收流程构成。在供应链计划环节，绿色理念贯穿了从供应商到内向物流、生产过程的物料处理、交付和客户服务的客户的产品生命周期的整个供应链过程；在采购和供应商流程，实行绿色采购和分享绿色计划；在产品制造环节，采用基于环境的设计、绿色生产方式、精益管理方法（精益实际上贯穿了整个供应链过程）；在交付阶段，通过网络设计优化、低碳运输、低碳仓储、库存优化等管理手段，实现了绿色交付（同样手段也应用于内向物流）；在客户服务阶段，采用绿色营销、产品生命周期管理，采用逆向物流的管理方法，实现了循环使用。绿色供应链通过管理效率的提升和绿色技术的应用，使整个供应链的资源消耗和环境副作用最小，实现系统环境最优的目标。

绿色供应链模型如图 3-1-6 所示。

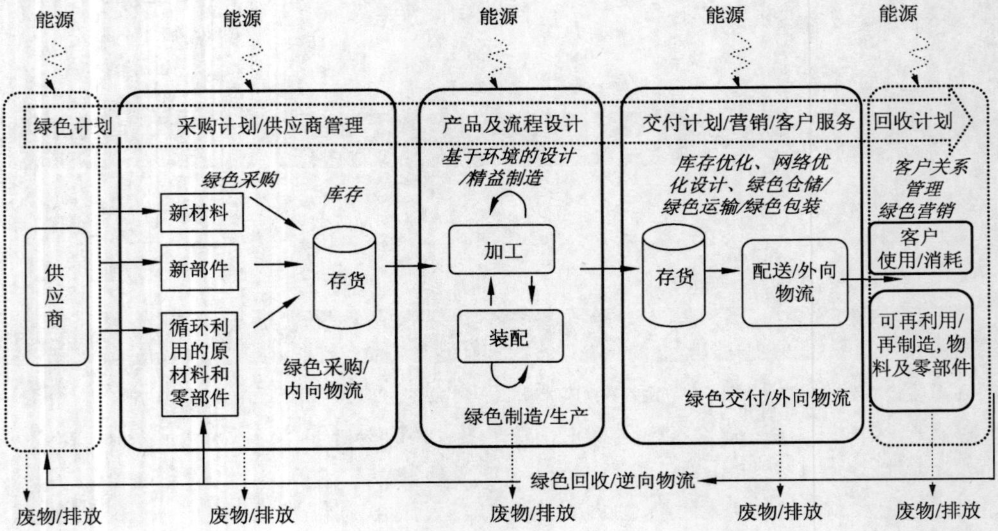

图 3-1-6　绿色供应链模型

2008 年，美国佛罗里达杰克森维尔港务局（JAXPORT）已经在环保方面做了一系列的制度安排，在港口设备操作、海运操作等方面均采取了一系列的环保措施，包括废气排放、对泄漏问题的应对、汽油储存、珍稀海洋动物的保护、能源和水的保护等方面。美国环保署、运输部门、美国国家海洋大气局、国际港口协会、国际海事组织等部门在环境保护领域的也做出了制度安排，制定了相关的计划。这体现了环境保护问题在全球供应链领域得到了越来越多的关注。

对于越来越多的关注绿色和环保的企业来讲，打造绿色供应链主要通过降低排放和提高供应链效率两个途径来实现。

在降低碳排放方面，建立“碳仪表板”，控制所有供应链环节的碳排放，在采购、制造、交付等供应链环节，建立监控体系。包括使用可持续循环材料的产品，引入相应的技术降低运输、仓储、港口装卸等环节的排放。发展多式联运也是实现低排放的一个有效途径。

在提高供应链管理效率方面，业界提出了“精益就是绿”的口号，从供应链的管理流程中消除浪费。供应链分析软件和供应链网络设计开始也将环保作为一个重要的考虑因素。基于环保考虑的软件可以分析出产品的所有组成部分，是否含有不符合环保的原材料。而基于环保考虑的供应链网络，可以在最初的阶段预防这一问题。同样，在全球温室效应、燃油价格高涨的背景下，企业对运输业也要加于重视，设法不断优化运输网络，在最小的环境代价和成本代价的基础上，尽可能提高运输工具的效率。

（四）城市物流为未来的城市提供了物流解决方案

城市问题已经成为21世纪的世界性问题。伴随城市化进程的加快、城市规模的扩张，城市化的负面效应开始逐步影响城市的可持续发展。竞争的全球化和日益严峻的环境约束，使城市发展面临严峻挑战。城市物流作为城市问题、大都市问题的物流解决方案，将瞄准2030年大都市的可持续发展需求，重新定义城市物流的概念。通过综合利用城市交通运输基础设施，引入现代通信技术、智能技术、物联网技术，建立高效的城市物流体系，在有效降低城市交通运输总量、缓解城市拥堵的同时，大幅度降低碳排放，形成可持续的、绿色的、智能的物流都市。

城市物流是伴随着城市化进程、针对城市问题而形成的物流解决方案。城市物流的目标是通过建立多层次的城市物流体系，实现有效减少城市交通流量、解决城市拥堵、减少碳排放的目标。

目前，世界部分国家与地区（如波恩、迪拜、墨西哥）已实施了城市物流项目，着手建立城市物流体系。根据德国邮政DHL对城市物流试验项目测试的结果，在迪拜珍珠区设立的城市物流项目，使城市配送车辆数量降低了53%，物流配送空间节约了12%，二氧化碳排放量降低了29%。

从技术手段上，如波恩实施的智能卡车（smart truck）项目，通过RFID、GPS技术和智能线路规划软件，能够针对城市交通状况和车辆配载的目的地要求，实时更新城市配送线路，有效避免城市交通拥堵，降低车辆行驶的时间，减少城市碳排放。

第二章　美国供应链管理的理论与方法

第一节　供应链管理的绩效考量

从字面意义理解，绩效考量是对成绩和效果进行分析、衡量的过程。供应链管理的绩效考量是指综合使用各种衡量和评价的工具，对供应链管理过程的绩效进行分析和衡量的过程。

一、供应链绩效考量理论的发展历程

在全球经济一体化背景下，高效的供应链管理成为企业保持竞争力的核心。而准确评估供应链管理绩效，实现供应链管理的持续改进，已成为企业发展的战略手段。美国供应链绩效考量理论完成了从成本指标、服务指标到战略指标的跨越，实现了从单一指标的绩效考量到多指标的绩效考量的发展。

（一）从成本指标、服务指标到战略指标的跨越

早期供应链绩效考量指标集中在物流成本方面。Beamon① 于 1999 年分析得出：成本指标成为很多供应链考量模型的绩效指标，但成本指标具有缺乏分类关联、缺乏对库存成本的考虑、缺乏灵活性等明显的缺陷。这些问题（比如前期成本问题）被成本会计方法放大了，而忽略了库存成本。

客户服务指标包括提前期、断货率和订单满足率等。成本、作业时间、客户反应度、灵活性等指标，先后被单独或并行用于供应链绩效考量。这些指标在单独使用时，具有操作简单的吸引力。但单一指标在很多情况下不能够系统地描述绩效。

Maskell② 于 1991 年提出制造业的绩效考量指标应与制造业的战略直接相关。因为企业可以决定绩效指标有没有满足战略要求，人力资源是否将注意力集中在需要考量的方面，这样绩效才能指导企业的方向。

（二）从单一指标的绩效考量到多指标的绩效考量的发展

Beamon 在总结之前的供应链绩效指标基础上，提出了将供应链绩效指标分为资源指标（R）、产出指标（O）和灵活性指标（F）三类。Beamon 认为：每类指标有不同的目标，而供应链绩效考量体系必须同时考量三类指标，才能对供应链的成功进行总体绩效考量。

---

① BEAMON B M. Measuring supply chain performance. International Journal of Operations and Production Management, Vol. 19, No. 3, 1999: 275-292.

② MASKELL B H. Performance Measurement for World Class Manufacturing: A model for American companies. Productivity Press, 1991.

Chris Caplice 和 Yossi Sheffi① 认为绩效考量体系有四个方面的基本原则。首先，考量体系具有综合性，要从不同的角度捕捉绩效。其次，考量体系不仅要反应结论，还要反应绩效指标的驱动因素；第三，绩效考量体系应将企业战略与具体的组织层面的特定决策相关联；第四，绩效考量体系应该横向相关，或按照流程协同。

从综合性的角度，典型的多维度绩效考量体系是卡普兰和诺顿的平衡记分卡，提出了客户（服务质量）、股东（财务结果）、内部（流程效率）、学习与创新四个维度来考量企业的绩效。

基于以上分析，Caplice 和 Sheffi 将绩效考量体系分成六个类别：

（1）综合性指标体系——为流程捕捉相关的和利益相关者信息；

（2）根源性指标体系——跟踪影响现在和未来绩效的活动和指标；

（3）纵向整合指标体系——将决策者的企业战略与适当的回报相关联的指标；

（4）横向整合指标体系——包括反应流程上的活动、功能和部门的指标；

（5）内部比较指标体系——不同绩效表现之间的相互抵消和比较；

（6）应用指标体系——由被决策者容易理解的指标组成，提供随时付诸行动的指引。

二、供应链绩效考量方法

（一）平衡供应链绩效考量

平衡记分卡（BSC）作为全方位企业绩效考量的工具，与供应链管理流程相结合，为供应链流程与企业战略的结合、实现平衡的绩效考量提供了一个完整的框架。

Brewer 和 Speh② 对 BSC 应用于供应链管理绩效考量进行了系统的阐述。将 BSC 应用于 SCM 的绩效考量主要的立论依据是 BSC 与 SCM 概念之间的相互关系，二者的结合将创造供应链竞争优势的源泉。

Brewer 和 Speh 首先将供应链绩效分成供应链目标、客户收益、供应链提升、财务收益四个方面，将供应链绩效的目标分别于客户满意度、企业财务绩效以及企业如何学习、创新和成长相关联，以此为基础，建立了 SCM 和 BSC 指标之间的对应关系，如图 3-2-1 所示。

将供应链的目标和绩效指标代入平衡记分卡的体系内，就形成了平衡供应链计分卡。

这个供应链计分卡模型强调了供应链跨企业主要功能和跨企业的本质，提出了企业之间以平衡的方法管理企业内部和供应链伙伴的关系。最主要的是这个模型给出了企业员工和管理层在供应链上获取均衡目标的工具和方法论。

斯佩等的供应链记分卡模型，不是在于给出所有的供应链均衡考量指标，而是提出了一个研究和应用的框架。这个框架为供应链绩效考量的细化提出了基础，如图 3-2-2 所示。

---

① CAPLICE C，SHEFFI Y. A Review and Evaluation of Logistics Performance Measurement Metrics，The International journal or Logistics Management，Vol6，No. 1，1995：11-28.

② BREWER P C，SPEH THOMAS W. Using the Balanced Scorecard to Measure Supply Chain Performance，Journal of Business Logistics. Vol. 21. No. 1，2000：75-93

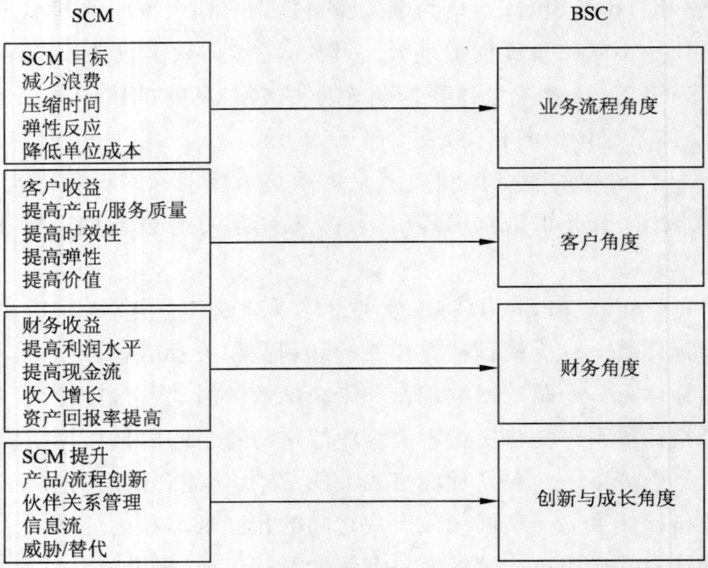

图 3-2-1　SCM 和 BSC 指标之间的对应关系示意图

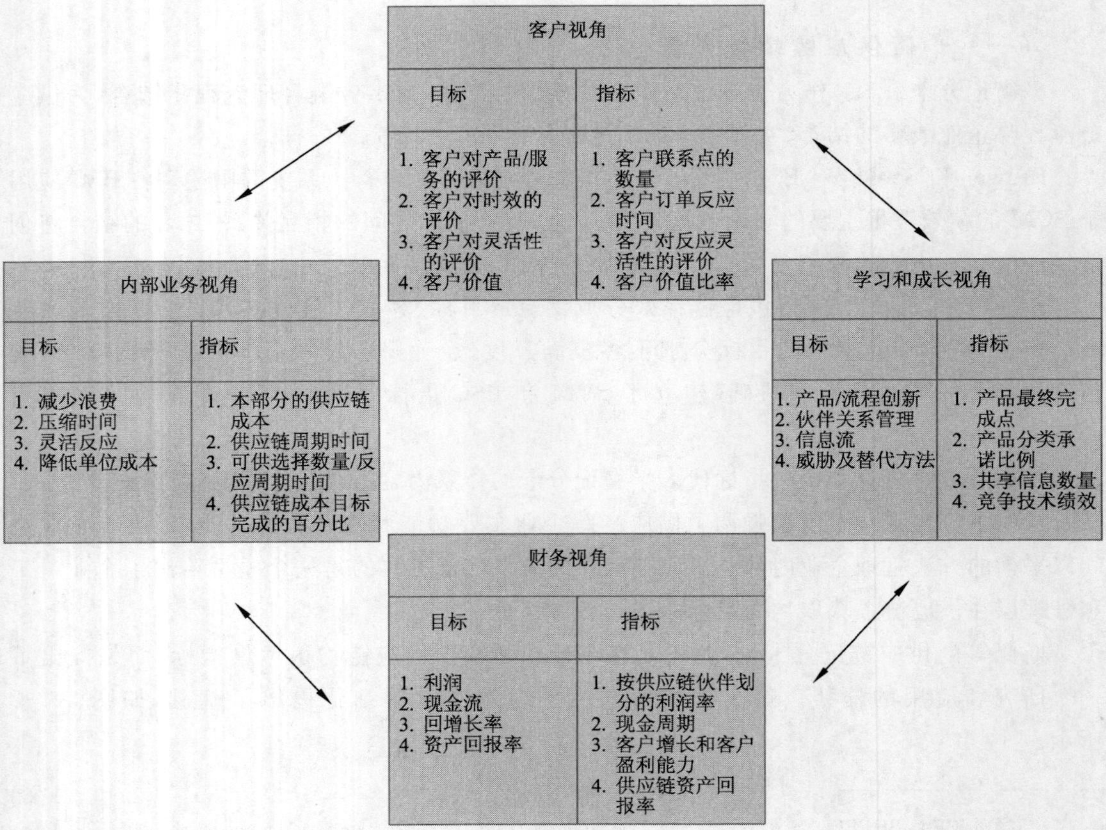

图 3-2-2　平衡供应链记分卡模型

（二）ABC和EVA与跨企业供应链绩效考量

为更好地考量企业之间的供应链绩效，Lambert、Pohlen和Coleman提出和发展了将ABC与EVA法结合起来考量供应链绩效的模型。

ABC法决定什么驱动成本和绩效，并将非财务指标转化成为作业成本和财务指标。组合EVA分析评估流程变化如何同时驱动每个企业的价值，建立符合供应链目标的协同表现测量方法；EVA和ABC组合，测量跨整个供应链绩效。

ABC-EVA法从客户价值和供应商价值的两端，测量供应链对EVA的驱动因素，将客户价值、供应链价值与股东价值结合起来，建立了企业内部和企业之间从行动到利润之间的路线图。采购端和销售端将企业之间供应链流程中的作业转化成成本和收益的绩效指标，作用于企业的EVA，最终作用于股东价值。

图3-2-3～图3-2-5分别给出了供应链协同手段驱动供应商价值的ABC与EVA分析、驱动客户价值ABC与EVA分析、组合EVA分析的框架。

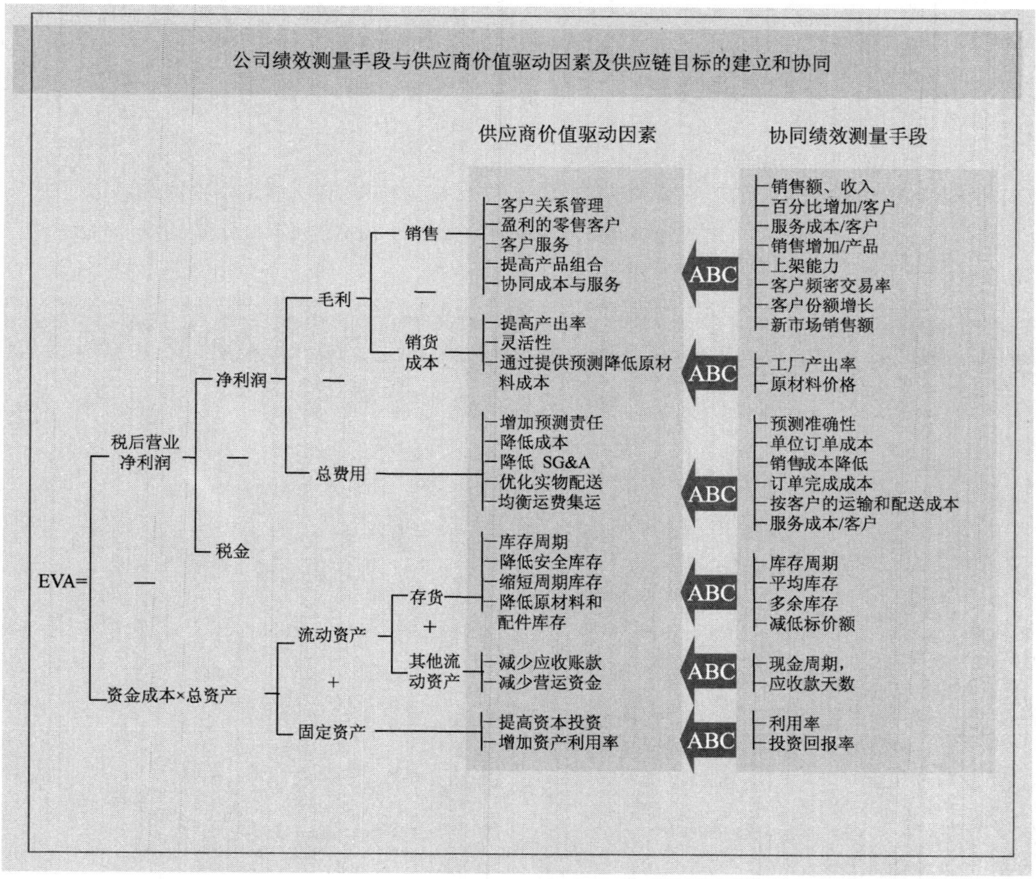

图3-2-3　供应链协同手段驱动供应商价值的ABC与EVA分析

资料来源：根据Pohlen and Coleman，Evaluating Internal Operations and Supply Chain Performance Using EVA and ABC，SAM Advanced Management Journal，Spring 2005，P.45-58相关图表编辑制图，图3-2-4和图3-2-5同。

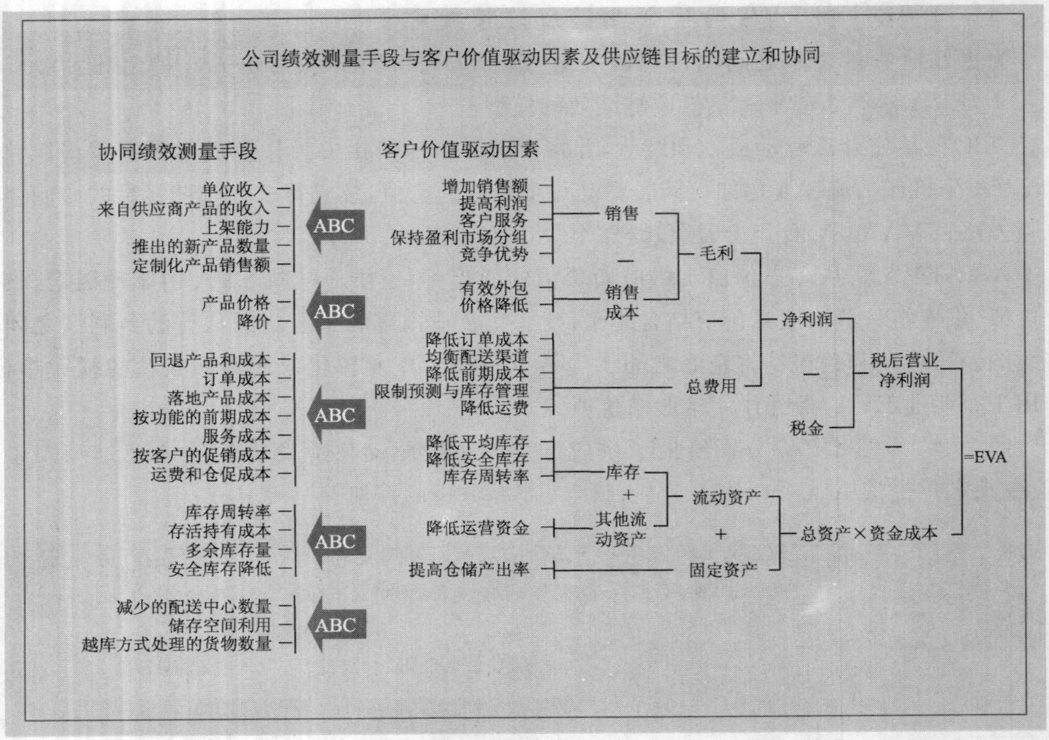

图 3-2-4 供应链协同手段驱动客户价值的 ABC 与 EVA 分析

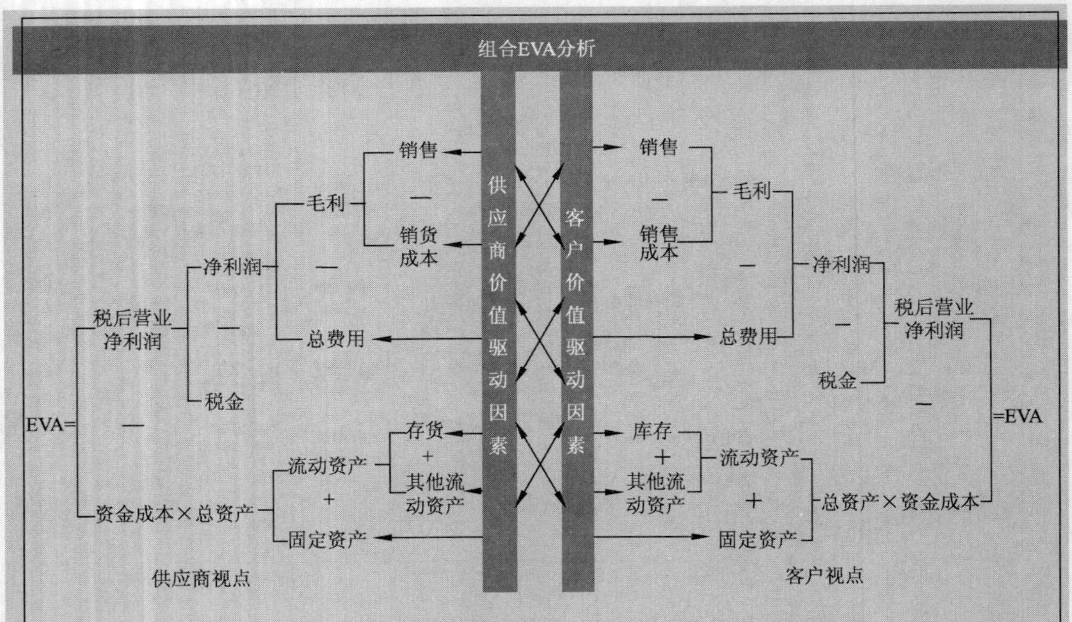

图 3-2-5 供应链协同手段驱动 EVA 组合分析

（三）BSC 与 ABC、EVA 的跨企业供应链战略绩效考量

Pohlen 等将 ABC-EVA 模型与平衡供应链记分卡整合，提出了将 BSC、ABC 和 EVA 方法结合的供应链绩效考量框架。

EVA 避免了与传统财务报告相关的典型问题——没有考虑产生收入和收益的资本。ABC 更加准确地将直接成本和间接成本分摊到业务活动（作业），分摊到消费这些活动的产品、服务和客户。BSC 则整合了 EVA 和 ABC 分析，确保管理层考虑影响企业绩效的所有因素。

这个模型对平衡供应链记分卡进行了优化（见图 3-2-6），解释了三种绩效考量方法之间的关系（见图 3-2-7），并进行了跨企业延伸（见图 3-2-8）。

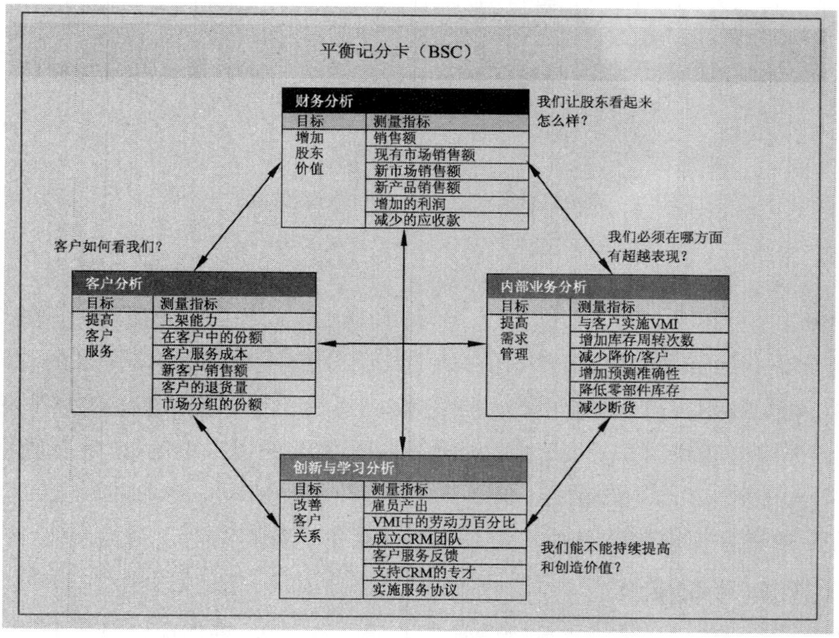

图 3-2-6　平衡供应链记分卡

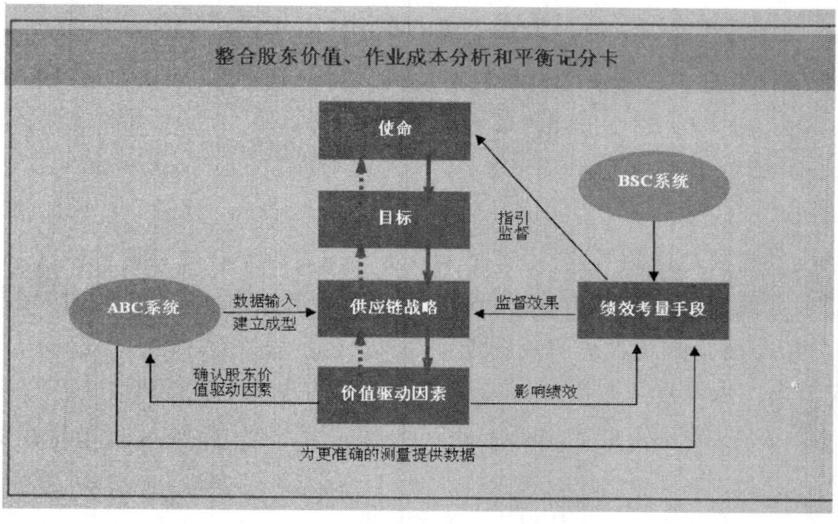

图 3-2-7　EVA、ABC 与 BSC 的综合绩效考量框架

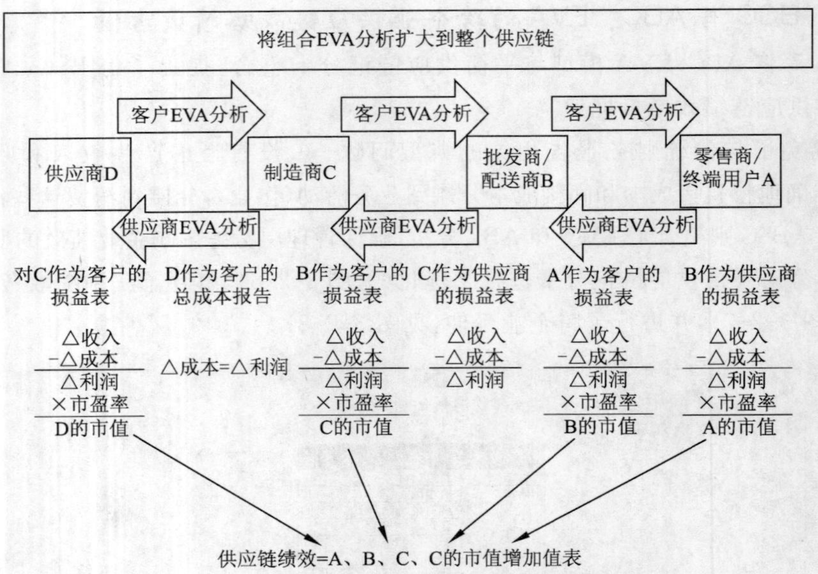

图 3-2-8　EVA-ABC-BSC 框架的跨企业延伸

将组合 EVA 分析从供应商—客户关系，延伸到供应链中其他主要关系，整个供应链的绩效是由每个企业的资本市值（市价总值）的变化（利润变化×市盈率）决定的。零售商 A 对批发商 B 将通过盈亏（P&L）分析报告评价它们之间的关系。与批发商相关的任何收入和成本的变化，都将追溯到盈亏平衡表中，从而对零售商 A 的资本市值（市价总值）带来变化。

将 ABC 与 EVA 组合方法结合，推导了跨企业供应链对单一企业的影响的传递过程，得出了企业在供应链上实施跨企业绩效考量而获得竞争优势的结论。

（四）现金周期模型

美国物流最新的发展，是将供应链管理与企业财务衔接，将供应链管理与财务表现的主要驱动因素连接，对供应链实现的绩效进行考量。主要的财务指标包括收益、利润和企业的资金利用率三个方面。主要方法是利用主要财务指标的差距作为寻找供应链过程、活动、任务提升的线路图，并与主要操作绩效指标对应，以案例研究探究供应链解决方案的真实价值，研究供应链总成本（操作支出和资本费用），使用财务指标建立供应链绩效和有效性度量的目标。

现金周期模型（Cash-to-Cash Cycle），其基本方法是将企业的应付款、存货、应收款三个指标折算成以天为单位的数值，用存货天数加上应收款天数减去应付款天数，得出的数值就是企业现金周期。数值越小，说明现金周期越短，企业盈利能力越强。根据北得克萨斯大学的研究，美国企业高水平的现金周期为 62.1 天，平均水平为 81.7 天，较低水平为 96.8～185.1 天。以零售企业为例，美国 JC Penny 公司的现金周期为 26 天，而戴尔的现金周期是－16 天，也就是完全使用别人的现金在周转，据分析戴尔的现金周期还有提升的潜力。

这种现金周期模型的优势是数据容易采集。从度量企业流动性的角度可以度量企业价值，应用贯穿供应商、制造商、销售（客户）的供应链活动，可以动态评估整个供应链的绩效在上下游企业中的均衡关系，现金周期提升的方法有延长应付款、缩短应收款、降低存货水平三种，而通过提升供应链绩效降低存货周期是核心的方法，将整个供应链的成本降低、提高速度，可以使制造商、供应商和客户同时受益。

三、企业战略供应链绩效考量框架

Pohlen 提出的 EVA、ABC 与 BSC 的综合绩效考量框架，没有对 BSC 将企业战略转化为指标的分析进行深入展开。跨供应链的绩效考量指标分析的目的，不仅是操作上的过程分析，也不只是将公司指标与供应链目标的整合，而应该是将企业战略转化为跨企业的供应链行动的演绎。讨论的重心应将是单一企业采取什么战略而取得什么结果的问题—也就是跨企业的供应链战略对企业自身的影响问题。

BSC 应是化战略为行动的“机制”，在供应链框架内结合 ABC、EVA 方法，将得到一个明确的从行动到战略、再从战略到行动的传导机制。跨企业的竞争优势，归根结底是企业战略问题。

所以，企业供应链绩效考虑应首选从企业战略出发，根据战略确定供应链绩效考量的体系和重点，通过 ABC 法对供应链流程进行绩效考量，再通过标杆法找到提升的空间，从而达到提高客户价值、提高企业价值和股东价值的目标。企业战略供应链绩效考量的逻辑框架体系如图 3-2-9 所示。

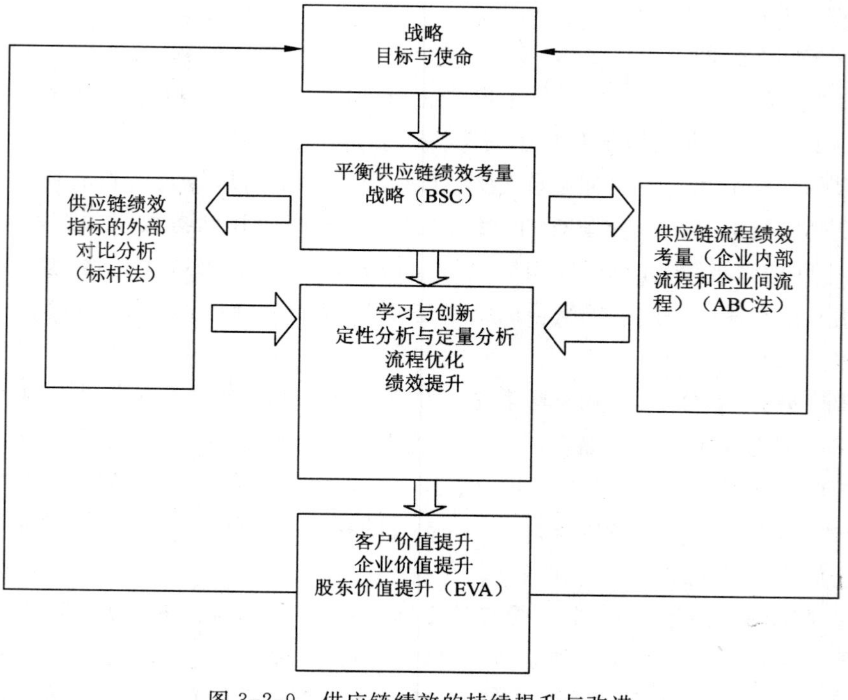

图 3-2-9　供应链绩效的持续提升与改进

图 3-2-9 提出的企业战略供应链绩效考量框架，综合使用了 ABC、EVA、BSC 和标杆绩

效考量方法，建立了一个企业根据自身战略需求、同时考量内部供应链绩效和企业之间供应链整体绩效并利用标杆数据进行对比分析，达到提升绩效、提升客户价值、企业价值和股东价值的目的。

第二节 供应链视角下的美国仓储管理

在历史上最早的《创世纪》中，就有仓储的描述，人们将粮食储存起来，以防止灾害造成的短缺，可以说仓储是一个古老的行业。在行业发展的过程中，企业不断追求零库存的目标，但管理方法与科学技术的进步，并没有使零库存成为事实。仓储发展到今天，表现的事实是越来越多的托盘货进库，越来越多的散件出库。对完美订单的追求和无缝操作的越库手段，使仓储成为了供应链运作的核心节点。而仓储中的价值增值服务，则创造了惊人的成绩。

一、传统仓储的角色转变

在供应链运作中，仓储的角色越来越容易把握。与繁杂的供应链计划、强大的现代信息系统、复杂的运输计划、像猜谜一样的需求预测手段相比，仓储则变成了“纸箱进、纸箱出”的游戏。而在全球物流进入供应链时代的今天，在供应链的视角下，仓储存在的意义表现在两个方面：管理空间和管理时间。

（一）管理空间

拥有多少空间是最合适的？总体来说，太多总比太少好一些。但太多空间也存在弊端，如忽略空间规划、空间利用原则对企业成功甚至企业生存的作用。

虽然限制仓储空间会对仓储运作造成威胁，但这却是高层管理者所青睐的解决方案。主要原因是高管层面存在一种固有的思维：“总能在仓库中找到再放一件东西的地方。”然而，当仓储空间达到极限的时候，物料就会开始摆放在通道上，摆在分拣区，摆在月台上，或摆在预留给其他产品的空间上。这样的结果是：库存精确度降低，效率下降，绩效滑坡，最终导致客户服务水平下降。

最大限度地利用仓储空间就意味着成本的大幅度降低，这种诱惑在以储存为主导的仓储环境下比以配送为主导的仓储环境下要大得多。“储存”的概念是最大限度利用“立方英尺”(1 立方英尺≈28.3 L)，将仓储空间填满到最大极限。而今天的现实是，立方英尺的利用率，只是成本/服务均衡的考量因素之一，而有效的移动——快速地进出——则可以有效抵消增加的仓储空间的成本。

一个最基本的原则是：配送中心的有效空间计算，必须考虑通道、分拣区和其他非储存空间所占的建筑物空间。基于这种原则，如果说仓储的空间“满”了，则意味着从实际操作的角度，储存的空间已经达到了80%～85%，这也意味着仓储空间布局已经正确地体现了各种仓储模式的组合（地面堆存、托盘货架、流动货架等）。几乎每个仓储顾问、学者和资深经理人都经常将这些基本参数挂在嘴边。不论这个参数是否绝对正确，不论这个参数是否得到了验证，业界对这个基本数的认可，反映了一个集体思维，就是仓储的角色已经从单纯的储存转向了移动和速度。

有效管理空间的一个关键是有效规划空间。要有效规划空间，就要对产品和产品的流动进行反复分析，制定仓储设施和储存模式（订单拣选模式）的动态布局。也就是说，如果没有切合实际的空间布局，不理解分类的需要，不理解摆位和补货的原则，那么整个运作就会很快出现问题。

（二）管理时间

今天，对时间的需求驱动着仓储运作的内容，包括订单完成时间、每小时分拣数量、月台（进）到月台（出）的时间、当日配送/隔日配送的要求等。从某种意义上说，技术应用和流程再造可以提高时间效率。但很多情形下，管理时间实际上就是管理人。

在仓库中研究时间和移动的问题具有相当大的挑战性，因为人在仓库中一直处于移动状态。因此，仓储经理必须认识到每个工作需要多长时间完成的重要性。仓库主管需要把握时间概念，以便分配工作，考量员工绩效；经理需要把握时间概念，以便实现预算的成本和收益；第三方物流服务提供商需要把握时间概念，以便按照服务的时间性要求设定费率。

尽管时间标准已经逐步建立，产业工程界对时间的认识更加明确，信息系统高度发达并将绩效管理报告整合在一起，但很多仓储运作企业尚未找到如何提高时间效率的方法，只有少数的公司执行了很好的绩效考量方法和基于时间的最佳管理实践。

总而言之，存在空间元素和时间元素的冲突时，时间更为重要。空间的利用以满足时间要求为前提。换一种说法，速度比储存的密度要更加重要。如果一定要在某些运作中牺牲速度，那么在摆位的地方可以紧缩空间，但在分拣/包装和订单完成的地方需要保持快速操作的空间。

仓储支持着（并应该支持）企业的终极目标。管理仓储的方式，反映了企业的目标和重点，不论这些目标是高增长、高水平服务、低成本还是增加产量。高效的仓储管理，体现在将仓储运作组织、下属及其绩效按照公司的战略目标协同到一起。仓库或配送中心不仅与企业的绩效密切相关，也是连接生产和客户之间的桥梁，是创造成功供应链的强有力角色。

二、仓储管理系统的评估与选择

所有仓储活动的管理都需要有信息系统作支撑。供应链信息系统的最基本要素是选择适合企业产品、市场和企业运营方式的仓储信息管理系统（WMS）。仓库管理系统项目通常包括三个阶段：评估和选择；系统设计和安装；系统实施和运行。其中，WMS 的评估与选择是系统实施的第一步，也是关键的一步。系统实施过程费时费力，如果选对了系统，就会赢得时间，也能更有效地管理仓储空间。

WMS 评估与选择阶段一般需要 2～6 个月的时间，主要看变量的多少。这些变量包括本阶段的资源多少、团队对系统的了解程度，现有单证化水平情况及可供选择方案的数量等。WMS 的评估和选择一般分为 12 个步骤，如图 3-2-10 所示。

每个步骤持续的时间取决于公司实际业务情况和项目本身的目标取向。如果公司对仓库或配送中心在整个供应链中的作用已经有了很深的了解，步骤 3 就只需要确认。同样，若已经有现成的适合新系统的商业案例，步骤 6 就只需更新系统总结和整合成本要素。

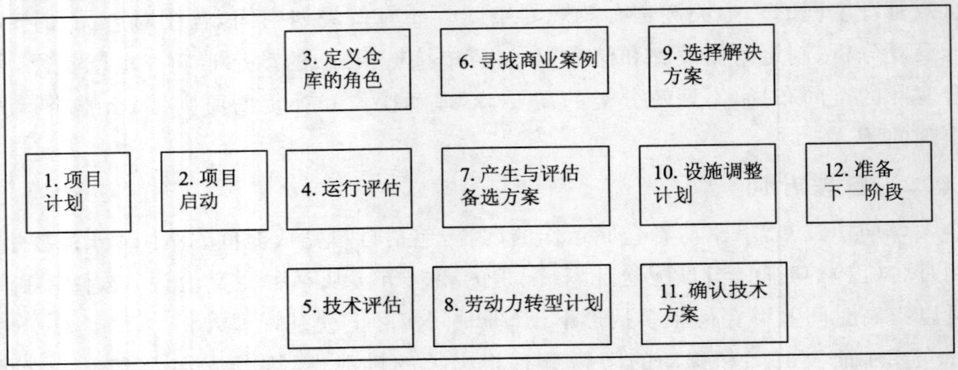

图 3-2-10　WMS 评估和选择的步骤

（一）项目计划

1. 项目计划内容

制定一个详细、清晰、表格式的工作计划有助于按时按量地完成项目工作。工作计划要列出所有参与人员的工作职责，这样不仅能让参与人员发挥他们的最大潜能，还能使项目风险降到最低，保证准时完成。

制定计划可帮助工作人员不遗漏任何重要步骤，确保所有步骤有条不紊地进行。流程、设备、设施布局、培训、预算等在计划中都应该有所安排。

制定计划之前必须弄清楚项目团队的工作目标是什么，以确保计划中的每一步都是为了实现既定额工作目标。

2. 确定工作目标

项目团队的工作目标就是新系统开始运行的时间。应将此日期牢记在心。WMS 项目工作计划应该包含所有的时间安排。

3. 建立项目团队

在制定项目计划的过程中，一个很重要的工作就是建立项目团队，包括项目组的大小、成员及其在项目中的角色。总的原则是：具有项目管理经验和领导才能的项目组成员应该成为 WMS 项目的负责人。由于项目组织的复杂性，项目负责人应该是全职的。如果项目负责人不能全职，就有必要聘请第三方集成商或咨询公司。

项目团队至少应该包括公司如下部门人员，如运行部、信息技术部（IT/MIS）、人力资源部（HR）、财务部。利用这些资源，能够有效地定义仓库运行需求（运行部）、系统技术需求（IT/MIS）、调节系统对职员工作环境的影响（HR），以及选择具有最大经济效益的系统（财务部）。

确定项目团队后，根据 12 个步骤及工作流程来确定每个组员的职责范围。从项目团队职能矩阵（见表 3-2-1）中可以清楚地看出哪些职责是公共的，以及团队成员如何通力合作最终达到目标。表中全黑圈●表示一级责任，半黑圈◑表示二级支持。

表 3-2-1　项目团队职能矩阵

项目任务	运营	管理信息系统	人力资源管理	仓储管理系统提供商	其他
1. 项目计划	●	●			执行领导
2. 项目启动	●	◑			执行领导
3. 定义仓库的角色	●				执行领导
4. 运行评估	●				
5. 技术评估		●			
6. 寻找商业案例	●	◑		◑	财务
7. 产生与评价备选方案	●	◑	◑	◑	
8. 劳动力转型计划	◑		●		
9. 选择解决方案	●	◑			
10. 设施调整计划	●	◑			
11. 确定技术方案		●		◑	
12. 准备下一阶段	●	◑	◑	◑	

4. 为变革做好准备

一个新 WMS 对仓库的现有运作方式会有非常大的影响。因为人性本身比较抗拒变革，所以很多项目失败的原因都可以由此得到解释。为了将新系统实施带来的影响将到最低，有必要列出变革管理计划，包括沟通计划和劳动力流动计划。

(1)沟通计划。不论新系统实施后是否会减少员工数量，从一开始就应该和员工进行沟通。有效的沟通可以让员工更好地接受现实，也能将项目可能带来的不便降到最低。因此，至少需要一位项目组成员负责完成沟通计划。沟通计划的内容包括：沟通媒介类型，包括广大职员会议、工作小组会议、轮岗会议、信件、公告牌、沟通代表、工资单内信件、室内视频、项目组会议；时间安排。

(2)劳动力流动计划。劳动力流动计划会详细全面地说明在引入新流程和系统用户界面之后对操作人员产生的影响。计划的内容包括：说明引入新系统后操作员会有什么变化；预估操作员个人对系统发生变化的反感程度和在新环境中的操作能力；根据他们的喜好方式制定培训计划；考虑个别人员在培训过程中的特殊需求。

（二）项目启动

项目启动的方式对整个项目成功至关重要。仅仅通过邮件的方式通知员工一个星期之后会参与一个新系统开发项目是远远不够的。正确的做法是：发送邮件后应该就他或她为什么被选入项目组，以及参与该项目对其工作和职业发展会带来什么影响进行个人访谈。

在多数情况下，项目启动被看作第一次正式的项目组会议，所以在会上可以就项目特点进行交流，包括：(1)新系统的预期实施日期；(2)新系统的优点；(3)第一阶段步骤的详细信息；(4)将采用的项目管理方案；(5)项目规划图；(6)个人及团队角色和职责；(7)系统运行的预期效果。

（三）定义仓库的角色

仓库或配送中心的角色和公司的物流战略息息相关。提出物流战略必须先确定物流系统需要达到的性能标准——服务水平和成本目标。

要想选择最好的系统，首先需要了解仓库在支持物流战略方面的功能定位和未来的作用。例如：仓库主要用来处理集装箱货物和中转发运吗？在不久的将来，越库可能实现吗？

再次评价仓库的具体功能目标。可能的功能目标包括降低库存、提高订单履行率、减少货运成本、和减少运送次数等。

同时考虑仓库作业可能发生的变化。例如：在未来三年里，是否有可能为顾客提供基于网络的库存可视性？能让客户看到订单在仓库中的执行情况吗？或是在看到订单执行情况后和系统进行互动？这些问题的考虑对选择最佳 WMS 系统有非常大的影响。

（四）运行评估

运行评估分为两个步骤：第一步，确定现有的和提出的业务流程，包括建立流程图、描述现有流程，必要时提出处理意外情况的流程；第二步，是优化仓库运作，然后基于已经优化的运作，建立系统功能需求。

（五）技术评估

技术评估的目的是确保新的 WMS 不是自动化，而是适合公司整体 IT 战略的举措。通过技术评估将得出技术需求草案，用来评估系统供应商。

技术评估可以与运行评估一起进行。包括以下内容：

1. 对 WMS 实施的技术需求进行初步评估

技术需求问题要力求简练，容易回答。有效的方法是在表格的左侧列出问题和需求。问题涉及系统供应商偏爱的服务器、数据库和操作系统（应该量化供应商的这些偏爱。例如，若更倾向使用英孚美数据库，那么询问供应商是否在这种数据库上实施过系统以及实施的次数）。

要充分了解各个系统供应商的开发战略、版本控制方式、产品的科技视角。项目团队可以在表格上量化供应商的答案。评价等级设定要力求简单，例如：1＝完全满足，2＝在下个产品发布中将会满足，3＝近期没有计划。

(1)新系统与公司主系统的接口能力（以前有无类似经历、多少次、与什么的主系统版本接口）；

(2)客户信息；

(3)软件能否与未来硬件产品兼容；

(4)系统可否在分布式处理应用系统上运行；

(5)应用安全的任务类型（现场层、菜单层、交易层）；

(6)与公司主系统供应商是否有合作关系；

(7)系统是否有审计跟踪功能；

(8)是否有标准的电子数据交换翻译机；

(9)系统客户硬件需求是什么；

(10)是否支持射频硬件；

(11)公司发展/支持部人数多少；

(12)系统实施是基于什么数据库(给出每种数据库的安装次数)；

(13)系统用的是什么编程语言；

(14)支持什么样的平台，给出每种平台的安装次数；

(15)技术需求问题。

2. 评估公司 IT 标准、现有的硬件、软件、局域网/广域网负载能力、备份和修复能力

WMS 系统的发展很快。一些新公司正在兴起。他们提供的最新解决方案包括基于 Java 的、网络激活的、适应性的、灵活的、自动启动、自动运行的、包办一切的，等等。

项目组成员在系统选择过程中的作用也要体现创新。不仅要为选择已经被事实检验过的技术设立标准，而且在采用前卫技术时要充分了解了公司技术战略和整体风险。

3. 设计系统接口概览图

图 3-2-11 中显示的是连接到 WMS 的可能的接口系统。

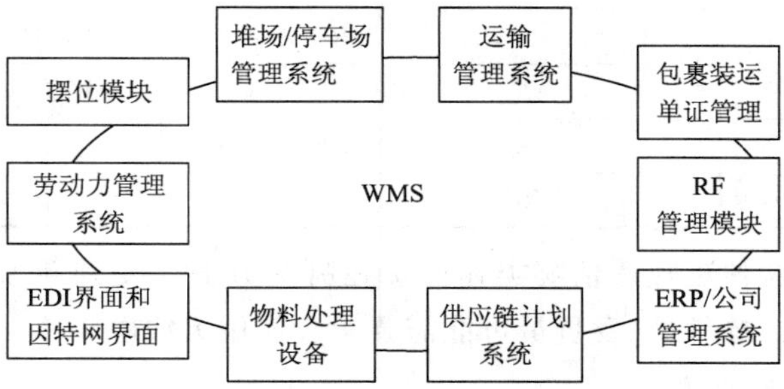

图 3-2-11　连接到 WMS 可能的接口系统①

（六）寻找商业案例

优秀的商业案例对新系统获得管理层和员工支持非常重要。这些案例包括财务绩效证明和大量能够证明技术路线的文字材料，还需对预期的无形效益进行说明。

财务部人员可以担当提出商业案例的任务。他们应该确定公司整体风险容忍度及实施新系统之后不同利益目标的可接受程度。如果项目团队将减少库存作为项目实施的一个目标，那么财务部人员就需要确认实际可接受的库存削减程度，并确定库存的削减是一次性的还是循环的。

商业案例将用事实说明公司新系统投资的预期收益，内容包括：(1)软件和硬件；(2)系统集成；(3)供应商的帮助；(4)主系统的改进；(5)公司内部成本；(6)意外准备金；(7)年维护费用。

商业案例还应预估新系统上线后公司未来现金流收益和投资回报率(ROI)，显示成本/收益的敏感性，内容包括：(1)库存减少幅度；(2)生产率增加幅度；(3)库存可视性增强；(4)售后服务改善；(5)空间利用率增加；(6)设备利用率提高。

（七）产生与评估备选方案

选择过程中的核心步骤是确定满足业务需求的候选软件供应商名单，并挑选出进入最

① BANES C R. Warehouse Management System Phase 1: Assessment and Selection, 2007.

后一轮角逐的供应商。

WMS解决方案种类多样，包括WMS软件包，现有企业资源计划系统（EPR）中提供的仓储管理功能模块，或者一般性仓储管理解决方案。

WMS选择的主要标准包括：标准；WMS产品性能/能力；产品战略和远景；与现有系统的兼容性；系统灵活度，结构性和可量测性；内在技术；实施能力强；供应商资质和以历史记录；供应商/产品支持；培训和单证支持；成本；和供应商可能的合作情况。

（八）劳动力转型计划

有效的方法是利用表格建立一个矩阵，将软件使用者和技术影响直接表现出来。矩阵左边列出操作员，上边列出不同的功能。如表3-2-2所示，RF代表射频；CRT代表阴极射线管。

表3-2-2　技术影响评估矩阵

用　户	收　货	存　储	拣　货	装　运	影　响
用户1	RF/CRT	RF	RF/拣货单	RF/CRT	多
用户2	X	X	RF/拣货单	RF/CRT	有一些
用户3	X	X	RF/拣货单	RF/CRT	有一些
用户4	X	X	RF/拣货单	X	无
用户5	RF/CRT	RF	X	X	无

项目组可以根据这种矩阵评估哪类作业员在哪些方面会受到新系统的影响。例如：新系统实施之后，收货员、拣货员、发货员可能需要学会使用无线电频率扫描器来获取数据。

（九）选择解决方案

在确定进入最后一轮角逐的系统提供商以后，如四个或更少的备选方案，项目组就可以着手准备供应商概念验证。需要详细地对每个候选供应商进行评估。详细分析包括通过"实地考察"系统、核实顾客资料、根据系统需求和能力的差异来确认和评估解决方案、分析实施成本。

（十）设施调整计划

若想充分利用实施WMS的机会再造仓储作业流程，就需要列出一个详细的计划，确定发生变化的时间、地点和事件。

例如：项目团队想利用新系统来控制拣货区和存储区域以及相关库存。假设给定了项目编号，在紧靠发货区的拣货区仅保留总库存的一小部分，剩余的库存仍然放在存储区。这可以提高操作员的工作效率，也能缩短订单处理时间。

但是，将拣货区前置可能需要不同种类的货架，现有的设施就可能要更换。如果需要这样做，项目组就应该编制相应的设施调整计划并入整个的项目工作计划中。

从提高仓储管理自动化的要求来看，企业应该将现有的仓储管理系统和所有货位、工作站等标签系统条码化。如果不能预留足够的时间，就可能拖延项目的启动。若准备在现有设施中实施条码系统，就必须给每个存储单元贴上条码标签，给每个库存单元贴上唯一的标识号码。贴标签计划包括确认单位负荷、地点和数量，如何生成标签，标签中介类型等。

如果存储单元已经贴上标签，仍然需要核实标签条码的格式是否能被新系统读入并接受。若将检验数位作为质量检验的方法，就需要确保现有的单位地址标签上有检验数位。

（十一）确定技术方案

一旦确认了运行战略和软件解决方案，就可以确定整体信息技术影响，并可将具体集成/接口步骤写入工作计划。这包括确认解决方案符合公司IT战略计划、硬件需求、获取关键流程演示的硬件。

在这一阶段，发展主机数据通信和获取WMS运行硬件是两个重要的任务。由于完成这两个任务需要的时间往往比工作日程上预期的时间长，所以需要尽早处理和解决。

同时，项目组必须对已经完成的技术评估重新回顾和确定，包括确认接口点和WMS与仓库主业务系统以及其他各种专业系统的接口控制点。WMS硬件的大小取决于仓库运行特点、系统操作员数量和仓储业务交易量。因此，这一阶段的工作实际上是要试着确定新系统有效运行所需的合适的计算机处理能力。

服务器大小由以下几个方面共同决定：期望并行操作的操作员数量、订单的处理数量、日配送量，以及仓库活动在接下来的几年中的增长幅度。

另一个需要考虑的是需要保存多少历史交易记录以便将来查询。一般来说，保存半年的交易数据对大多数公司的运行来说已经足够。更多的数据等于更大的服务器，这需要更高的硬件成本。

此外，还需要确定将使用的射频设备（RF）。通常情况下，软件供应商会推荐曾经合作过的RF供应商并提供建议以供参考。

（十二）准备下一阶段

在确定技术方案以后，项目推进工作就将进入系统设计和安装阶段。这一阶段的工作包括详细的任务、资源需求、预期的外部成本和总体上线时间安排。同时，项目组应开始计划从现有主机系统或过去的WMS中进行数据转换。

本阶段工作的一个关键成果是流程演示议程草案。这个草案将有助于推进系统设计和安装阶段的工作。

三、仓储管理中的逆向物流

在产品回收/逆向物流战略中，仓储扮演着重要的角色，因为大多数情况下回收物品是在仓库或者配送中心（DC）处理的，所以用于逆向物流方面的仓储管理费数目庞大，成本节约的空间也相应比较大。因此，产品回收和逆向物流活动应该得到有效的管理。

通过总结近年来美国逆向物流的运营情况，通常产品的回收过程可分为五个阶段：

（一）第一阶段：收货

在产品回收处理的第一个阶段，员工在仓库/DC中的专门退货口或是公用收货口接收退货。收货的第一步是卸货，接着摆放好等待进一步处理。如果产品是装在托盘内的，就要用特殊的处理装置将它们运往堆放地点（staging area）。如果产品是用纸箱运过来的，则先把它们装到托盘里或者传送带上运至初级处理站；如果产品就是单个被运过来的（如通过UPS、USPS、FedEx、DHL），则先把它们放到装载箱里再放到传送带上。

如果公司的回收产品处理过程和制成品分配过程在同一个仓库/DC 中进行，公司会用专门的作业窗口接收回收产品。而在有些情况下，负责向外发货的作业窗口也用来接收回收品，有时在同一天中错开时间分别进行（和运输商约好时间），有的时候就是随意进行。也就是说，运输商随时到达仓库，随时开始接货。

通常情况下，在仓库或配送中心中，回收产品专用接货作业窗口在回收产品加工地点附近。把回收产品加工地点安排在接货通道附近，或是把输送机安排在接货作业窗口附近主要是出于这样的考虑：运送单个产品的成本要比一次运送大量产品的成本高。因此，缩短产品接货地点和产品初步分类和加工地点间的距离，对公司来说是有益的。当回收产品的大小和重量都比较标准的时候，就可以使用传送带将产品从接收点送到仓库中的其他地点。这时候，回收产品的加工地点就可以在仓库中任意选取，甚至可以选在两层楼之间的隔层中。

整托盘或者整箱退货是最容易操作的流程。这和发送给客户的制成品的初步处理是一样的要求。可惜的是，大多数被退回的物品并不能保存初级制成品的模样。从零售商那里退回的物品中往往混杂着许多不同种类的产品，有的上面有原始包装，有的则没有。其他一些物品是最终消费者用 UPS 运回来的，包装或箱子必须一个一个地处理，这和产品发送出去给客户时候的程序大不相同。

接收产品时，特别是当它们装在托盘里或集装箱里运来的时候，必须要对它们的到达时间做一个记录。将一张纸附在托盘上，上面记录着回收产品到达仓库/DC 的时间，以及从同一个客户那里运来的托盘数量、托盘里装有多少纸箱等信息。

在第一阶段如何接收产品将会对第二阶段中的分类和摆位产生重大的影响。

（二）第二阶段：分类和摆位

在这一阶段会对回收产品进行分类，也会收集回收产品的一些初级数据。另外，还有一些甄别工作要做，挑出那些非本公司的产品，还有在运货过程中损坏的产品，这些报损都必须记录在案。

仓库或配送中心对回收产品进行分类的方式包括以下几种：根据 UPC/SKU 分类（58%）；根据产品种类分类（33%）；根据处置方案分类（31%）；根据供应商名称分类（19%）；根据客户名称分类（17%）。也可能是同时使用以上几种方式，然后再进行下一步的细分。

第二阶段和第一阶段往往被合起来当作一步操作。若把这两步合起来看待，则制定的时间标准一般是 3 天或不到 3 天，大多数的公司给收货和分类阶段制定的时间是 1～2 天。

（三）第三阶段：回收品处理

货物从分类清理地点送到处理地点。在这里，工人们根据产品接收顺序（FIFO）、产品的种类、客户类型和地点、产品的大小或是根据综合因素对产品进行处理。例如：在一个电子公司，产品从商店里用托盘回收回来，托盘被运到靠近处理站的地方堆放。根据要求，工作人员从不同的托盘里拿取货物，有时候也允许从同一个托盘里拿取，只要托盘里的货物不是最容易处理的货物。把难易程度不同的物品混合起来处理有助于平衡工作速度，也更容易制定单件处理的指标和标准。

在消费品公司，回收物品在接收之后会用传送带进行传输，操作员会确保每一条处理线上等待处理的产品数量基本相等。由于回收标签注有信息(如客户 ID 和编号等),回收自同一客户的物品能够被送到同一条传送线上同时进行处理。物品上附有 RA 授权证、条形码或者 2-D 标签等可以扫描的电子信息都可以使这一过程能更加顺利地进行。

1. 数据收集

大部分回收产品的必要信息都是在初级处理过程中收集的。例如:一个直销公司会使用 PC 终端或者扫描仪将处理产品的必要信息输入系统中,这些信息雇员在以后的产品修复阶段会用到。输入系统的信息包括:公司名称;处理回收产品的雇员 ID;日期和时间;SKU 编号;产品描述;处理产品数量;产品在库存中的位置;包装码;状态描述;退货原因以及其他一些和产品处理与最终产品处置有关的数据。

另外,在这个阶段还要把和产品一起退回的文件产品上拿开,放到处理站上面或旁边的空位中。这些文件被送到行政部门与电子记录进行比较,以免发生错误。如果没有问题,这些文件就被立即销毁或者存档。

2. 原因码

在回收管理方面做得很出色的公司大都有一张清单,上面详细地排列着一长串的"原因码"用来分析退货的原因。有的电子公司拥有的原因码就超过 100 条。每个退货产品基本上都要用 20～40 条原因码来注明它被退货的原因。

有一些公司会对回收产品进行分析,看哪些回收是"可控的",而哪些是"不可控的"。通常管理人员都会审阅回收产品的原因码总结报告,以采取一定的措施来尽量避免退货事件的发生。例如:如果是由于在正向物流过程中的某个阶段处理不当而导致退货,那么就可以采取措施减少或消除这些操作问题。一流的公司都会尽量将"可控的"回收率降到零,这样可以降低成本和加快处理速度(因为回收产品数量减少了),从而更好地满足客户要求。

(四)第四阶段:分析回收处理

这个阶段可能是回收处理过程中最重要的步骤,因为最终的处置决策要在这一阶段做出。回收产品可能要重装箱、重新包装、修复、重新制造、返还供应商或者被送去进行其他处理以保证能获得最大的投资收益。

参与检查和处理活动的工作人员必须受过良好的培训,必须要有丰富的工作经验。通常,在其他产品回收阶段工作很长时间并且工作效率和精确度比较高的工人会被调配来参加第四阶段的工作。

在第四阶段完成的时候,公司应该已经将所有关于产品、客户、销售商的信息输入系统了,一些只能在产品处置之后才能记录的信息除外。另外,也应该收集到与处理效率相关的信息。

仓库或配送中心如果使用装载箱和传送带的话,一旦做出了最终的产品处置决定,就会把产品放进不同颜色的装载箱中等待进一步的处理。一个大型的消费品公司可能会使用三种不同颜色的装载箱,分别表示三种不同的对产品的处置策略。一些较大的产品如果不适宜放在装载箱里,就会把它们装在其他箱子里。而那些将直接退还给销售商的产品,会直接用运输箱装载。

在客户看来,也许回收过程中最重要的步骤就是发送退款,所以发送退款必须确保准确性和及时性。一般的公司都会等到产品处理过后或者正在进行处置活动的时候才会给客户退款。少数时候,仓库/DC 一旦收到退货就会给消费者退款,在这种情况下,一般是销售代表先前已经退款给客户(销售代表对产品做了粗略的检验,如果认为产品还是可以卖出去的,就会立即给予客户退款),因此,产品一旦送到仓库,退款就直接退给销售代表。当然,这样的情况并不普遍。

(五) 第五阶段:支持操作

在这一阶段进行的许多活动和在正向物流过程中的许多活动很相似。在此阶段,根据货物要运送的地点进行货物分配。如果货物要返送回商店,那它们就被送去入库。此处的"库"可能是真正的仓库,也可能只是仓库里划出的一块地方,用来专门摆放准备投入二次销售的回收产品。当消费者、商店或者其他买家发出订单的时候,公司就可以直接从库存里拣货。

1. 修理产品

如果产品需要修理、修复和重新包装,那么就必须采取一系列诊断、修理、集合/分解等措施,以此使货物达到适于销售的标准。产品修复或修理的程度应该和产品修复之后的潜在价值相挂钩。经过修复和修理的产品的回收利用率比起作为"废品""垃圾"卖掉的产品或者捐赠的产品要高得多,因此能够低成本高效率地执行修理或修复活动对于公司的投资回报率是很重要的。同时,如果能迅速地使产品恢复到适于销售的状态,也能降低存货的成本。另外,从客户服务的角度来看,这些恢复了销售状态的产品也能更快地送到客户手中。当产品的需求量很大而常规的库存又已经消耗殆尽的时候,这一点就显得尤为重要了。

2. 销售产品

处理过的回收产品有可能会拿到处理品商店去销售或作为保修期维修的替代品销售,也有可能卖给批发商或便宜促销的零售商。如果货物不能卖给一些正规的商家,那么就有可能卖给一些废品商,价格就跟零部件的价格差不多。

3. 捐赠产品

回收的产品还有可能被捐赠给当地的或者国家的慈善组织或福利组织。

4. 销毁产品

有些货物必须被销毁,特别是食品、药品、化妆品这些特殊产品或者是被划归为危险品的产品。这时候就必须由公司或者提供此类服务的第三方出面安排销毁事宜。另外,如果是在回收产品处理的初级阶段发现回收品不可能恢复了(例如,不能再用,严重磨损或污损的衣物),就要将这些物品卖给废品商、销毁掉或者直接扔掉。

5. 退还产品

当判定产品是不可回收的产品,也就是说不应该被退回的产品的时候,公司就会将它返还给客户或者商店,并告知不应退货的原因以及不支付退款的原因。有时,公司还就如何处理这些不可回收的产品征求客户的意见,是销毁它们、捐赠出去还是返还给客户,但公司是不会退款给客户的。如果货物要被返还给愿意接收回收产品并愿意运输的供应商,那么就要仔细考虑供应商愿意接收的产品数量和合理的时间安排。

第三章　美国供应链管理实践

管理创新和技术进步推动了物流产业的变革。21世纪全球物流进入供应链时代。企业的竞争转变成为供应链的竞争。美国作为全球供应链研究与实践的前沿，拥有诸多成功的案例。本章将从低碳供应链管理实践、全球化供应链网络设计的最佳实践、美国国家供应链战略概况、美国把全球供应链列为安全国家战略的思考、美国孟菲斯城市供应链五个方面，对美国供应链管理实践进行阐述。

第一节　低碳供应链管理实践

对气候变化影响人类生存的深刻认识，使降低碳排放、保证可持续发展成为全球性重大议题。随着低碳技术和低碳理念的推进，以“低碳”为标志的绿色行动将彻底改变人类社会的生产方式和生活方式。物流作为重要的经济活动，在发展低碳经济的过程中扮演者重要的角色。

一、向更小的碳足迹进发[①]

随着全球温室气体排放的增加，越来越多的企业将减少温室气体排放作为企业发展的一个目标。酸奶制造商石原农场(Stonyfield Farm)缩减公司碳足迹的模式为其他关注供应链温室气体排放量的公司提供了一个可行的方案。

石原农场位于美国新罕布什尔州(New Hampshire)和伦敦德里(Londonderry)，竭力缩减了其碳足迹，即在其整个商业过程中作为副产品而被生产出的全部二氧化碳。

以2006年10月的数据为基准，石原农场仅用两年就将运送每吨货物的二氧化碳排放量缩减了一半，如图3-3-1所示。这是公司从产成品运送方面着手来减少二氧化碳的排放的原因。

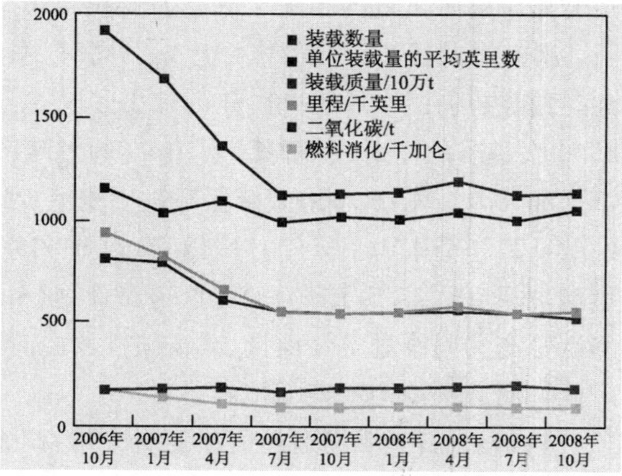

图3-3-1　每运送1t而减少的二氧化碳减少量

(以2006年为基准，2008年和2006年的对比示意)

(一) 规划与测度

作为一个有机产品制造商，石原农场

---

① COOKE J A. On the road to a smaller carbon footprint, Quarter 4, 2009.

一直积极致力于环保项目。在2001—2006年的一次碳足迹评估中，审计了从商旅到废物处理的各项业务环节，包括包装、用电、采购、用料（如牛奶、糖及果味调料）及原材料和成品的运输等。在完整的评估之后，发现牛奶生产、包装和产成品运输为排放二氧化碳最多的环节。

通过完整的碳足迹研究，牛奶生产和包装是造成气候变化的两大元凶。因为现有牲畜养殖方法会从多方面造成温室气体排放，其中包括牛的自然消化过程中产生的甲烷、肥料中的甲烷、种植及运输饲料所耗能源、生产肥料所耗能源、农场耗能，如冷却牛奶所耗电力。就碳排放量而言，一分子甲烷相当于25分子碳，故相较碳而言甲烷的温室效应更加强效。

为了解决环境问题，实现公司的环保目标（包括减少二氧化碳排放）。石原农场于2006年12月设立了任务行动方案（Mission Action Program，MAP）小组。物流主管赖安·波切利（Ryan Boccelli）被任命为小组组长，负责减少产成品运输过程中二氧化碳排放的目标。小组包括来自市场、销售、自然资源及各供应链职能部门的代表。

小组决定，方案第一年的目标应当是建立一个准确的基准来衡量由伦敦德里郡向全美客户的运输过程中产生的温室气体排放量。为此，运输MAP小组与位于迈阿密的锐得物流公司（Miani-based Ryder logistics）合作，该公司为石原农场提供专门运输队伍，管理其合作的30家运输公司（专门的运输队伍负责30%输出运输，余下均由运输外包商处理）。锐得公司拥有一个从区域和顾客两个方面统计的酸奶制造商运输量的数据库。经证实，这些数据对于描绘碳排放大有帮助。

运输MAP小组的目标是2014年实现公司全年碳排放量减少40%。相比绝对数而言，每吨产品运送过程中产生的二氧化碳量成为了关注重点。因为，如果减少每吨产品运送过程中的二氧化碳排放量，那么即使货物量保持不变，绝对吨数也会下降。

（二）取得的成绩

当排放基准确立了以后，MAP小组先进行了设备利用率的改进和运输里程的缩减，然后开始了对碳足迹的相关工作。具体做法是：将零担运输整合为整车运输，规定最小订购量，制定48 h提前订购的修订计划。同时，根据锐得公司提供的数据进行了线路优化。由此，石原农场在2006—2007年间减少了超过400万英里（约644万km）的送货路程和大约2500次卡车的往来，进而减少了40%的每吨产品运送二氧化碳排放量。

2008年，MAP小组开始探寻进一步减少运输过程中温室气体排放的机会，并在公司的绩效衡量积分卡中引入了环境因素，以此来考量运输商。公司也鼓励其运输商参加美国环境保护署（the U. S. EPA）的智能道路计划（Smart Way Program）。该计划旨在协调供货方和运输商共同改进空气质量，减少碳排放。而且，供货方在任何新签订的运输合同中都规定了运输商必须使用新型低排放装备。

当年末，石原农场通过一项网络分析，调查了自身的分销模式、库存分配及客户分布等情况。分析了为缩短冗长的全国线路而新增的工厂和配送中心。尽管石原农场仍未对其分销网络做出任何改动，但这些实践确实为公司指明了其他减少碳足迹的道路。

公司与锐得合作升级其专门运输队伍的牵引车和拖车等装备以实现向绿色模式转型。新型牵引车上所装车载计算机能监控司机是否遵守发动机怠速的限制及63英里/h

(约 100 km/h)的公司限速。其他方面的提升还包括特殊轮胎和直接传动变速器等能更好实现能源节约的功能。运输队现在每加仑汽油平均行驶 6.3 英里(约 10 km),比以前的 5.25 英里(约 8.4 km)有很大的提升。得益于新式设备的购进,运输队已实现 10.4%碳排放量的减少。

(三) 宏图大志

短时间内,运输 MAP 小组已经取得了骄人的成绩。公司获得多个奖项:美环保署洁净空气卓越奖(the U.S. EPA's Air Excellence Award),美环保署、美国能源部联合颁发的绿色能源领导奖(the EPA and U.S. Department of Energy's Green Power Leadership Award)和智能道路卓越奖(SmartWay Excellence Award)。同时,公司还被美环保署任命为智能道路运输供货商。然而石原农场并不满足,2010 年每单位酸奶运送过程中产生的碳排放减少了 50%,到 2015 年减少 75%(以 2006 年为基准)。同时,小组计划于 2014 年将年二氧化碳排放量减少 40%的目标也已实现。为了实现这些目标,石原农场扩大了其铁路运输服务范围,调整了生产位置和配送中心即优化了工厂及配送中心。

二、低碳供应链管理中的新型配送方式①

作为一种低碳、绿色的配送方式,协同配送(Collaborative Distribution)能够有效降低供应链成本和二氧化碳的排放,近年来在美国逐渐流行。在协同配送的情况下,对于发往同一配送中心的货物,大众消费品(consumer packaged goods,CPG)制造商能够共享它们的仓库和拖车。这一措施为产品的分销创造了一个高效、共享基础设施的环境,从而消除了多余的库存空间和车辆运输里程。

实践检验证明,协同配送是有坚实的现实基础的。首先,共享基础设施能降低高达 35%的供应链成本。此外,协同配送提供了一个"绿色的"操作方法,这将会更强烈的响应消费者的需求。

现有的模式充满了低效和冗余。卡车有 20%～25%的时间都是空载;美国二氧化碳排放量的 29%和石油消耗的 70%来源于运输工具。而导致如此令人震惊的低效率的原因在于每个制造商为每个客户实行货品单独配送的方式。正因为如此,两辆卡车可能同时停靠在高速公路上,而同类消费品中的 50%是来自同一地点并去向同一终点。

(一) 成本的节约

协同配送不仅仅是货物的集中运输,它更需要制造商、零售商和第三方物流服务提供商的积极参与,同时推动参与各方在实践上做出显著的变革。制造商(即使是竞争者)要共同设置存货。零售商采购团队要为不同的商品进行联合采购。第三方物流公司作为联络人和辅助服务提供者,需提供鼓励配送基础设施共享的流程、系统和新的价格策略。

协同配送的实施将节约 35%的配送成本,包括:减少仓储和库存持有成本;减少零担运输(LTL)成本;减少空载里程;减少退罚款。

(二) 传统模式的改变

如果制造商能够改变它们面向客户的单一的供应链条的思维模式,就能快速识别出在

---

① KANE C. An enlightened approach to distribution, Quarter 3,2010.

何处复制配送的成果。而零售商也要更多地认真思考它们存储的产品如何进行配送。假如分别订购的产品在同一辆车上同时到达,这将耗费更低的成本,排放更少的二氧化碳,为制造商创造更加有效的接货操作,也可能为制造商提供更有效的预测和更好的可视化运输的机会——一次配送远比多次更易管理和跟踪。

然而,传统模式的改变需要克服两大障碍:第一,零售商通常对运输缺少关注。传统模式中,制造商为运费买单,零售商采购仅关注于货物是否准时到达,因此零售商缺乏足够的动力去做出影响运输策略的变革。第二,如何让零售商运作的前端(订货端)关注产品成本,认识到公司在后端接收货物所能获得的好处。

在协同配送系统下,零售商有很多机会来分享节约的成果,而成本节约、效益提高也是显而易见的。例如:如果以协同配送的方式订购早餐谷物食品,产品将以单一装载的方式从共享的配送中心发货,而零售商的配送中心将以更少的批次接收相同规格的产品。此外,在新的模式中,零售商的物流团队要求第三方物流根据零售商的特殊尺寸构造货盘,甚至按顺序包装,以便更有效地卸载产品和存放货架。

（三）第三方引领

第三方物流服务提供商,作为制造商和客户之间联系的纽带,发挥着重要作用:一方面,第三方物流为配送操作有效整合的制造商提供合作的中间场所;另一方面,它们吸引零售商客户从这些供应商中以更同步化的方式订货。

这个新模式需要第三方物流的价格体系做出重大的变革。第三方需要从协同运输的共享仓储空间、集并运输、增加返程装载和其他高效率方式等方面来节约成本,并确定一个合理的方式来分摊成本和分享成果,同时需要提前识别和量化这些成果。共享期望的成果,并计算预期的碳足迹的减少量,将会使协同配送对零售商和那些希望响应客户绿色、可持续化的产品需求的制造商有更大的吸引力。

另外,第三方物流也是最合适最有效的仲裁者和执行者。实际上,技术是协同的关键促成因素,因为协同运输需要分析复杂的关系,将定制的数据转化为有效、可操作的计划,并将其快速分配到感兴趣的部门人员手上,这也是第三方物流服务提供商应该做到的。

（四）远景转化为现实

目前,制造商和零售商已经在促销计划、销售刺激和新产品发布方面建立了紧密的关系,从这个角度看,协同从营销和销售延伸到供应链将成为必然趋势。

设想一下未来,协同成为整个供应链上的关键组成部分。零售商将从多个购买者中整合订单,然后将订单传送给制造商。这些订单将由"先进的"第三方物流转发给协同配送中心,然后将相似商品在多个制造商(包括竞争者)的库存中智能下单。这些订单将根据零售商的特殊要求装盘,分阶段智能、合并的实施配送。零售商将利用给附近商店配送的卡车进行回程装载订货。配送到零售商的码头(通过物流管理系统进行跟踪),由了解货物去向的工人卸货。最后,第三方物流为每个参与方在有效、协同的运作下,计算总的空间和运费,以及基于产品总量百分比的每个制造商的账单。

数以千计的独立的供应链开始采用协同的模式交织成共享、智能、绿色的配送网络。然而，要建立更先进的供应链需要从公司内部开始。因为，低效率通常源于内部。真正的协同供应链需要参与各方的支持合作，否则这是不可能发生的。

三、供应链实现绿色与盈利的双重目标①

随着对气候变化关注的不断上升，商业行为对环境的长期影响成为关注的焦点。保持对商业和环境两者关系的敏锐洞察力对供应链管理有直接的影响。如何将绿色、可持续的实践纳入供应链的运作中？如何权衡可持续性与成本控制的关系？如何判断与增长和盈利能力同等重要的长期可持续发展的价值？这些问题将成为供应链实现绿色与盈利双重目标的关键。

盈利能力与可持续性两者并不是互斥的，为供应链网络分析设定财务目标时，纳入可持续发展的利益相关者和他们的数据，公司能够成功地平衡这些看似矛盾的目标。

（一）矛盾事项，冲突中的优先项

尽管有很多跨国企业将可持续性纳入传统企业增长和盈利目标中，但在实践中可持续性和盈利事项经常是矛盾的。这种矛盾可能导致不同组织间制定的决策有冲突，甚至可能削弱对方的决策效果。

更复杂的是在企业内部存在的可持续发展倡议方面的偏差。不同部门拥有各自的可持续性提议，使得在制定商业决策时做出一个正确的、最好的可持续性倡议。

但是，这种矛盾并不是不相关的，它们具有共同的目标，这样，这些事项也是可以被处理并解决的。当公司逐渐意识到供应链在跨功能业务流程运作的价值时，很多公司围绕共同目标和考核标准进行各部分的调整，以保持一致。表现出色的公司能够就跨项目的权衡取舍达成一致意见，如制造成本与库存、仓储成本与运输成本、客户服务与服务成本之间的权衡。

为了将可持续性整合进供应链最优流程中，管理者需要启动、管理并交付一个项目。这个项目将根据盈利能力和可持续性调整不同的候选项目，在这些候选目标中评估潜在的得失，推荐供应链解决方案，实现企业的管理目标，并用一致的评价方式来评估当前绩效。

带有环境数据的物料清单如图 3-3-2 所示。

1. 集合合适的利益相关者

这些利益相关者包括传统供应链的制造、计划、销售、营销、物流、采购和财务等活动，也包括符合环保规制的活动，产品及过程的设计与管理，企业可持续发展目标如减少碳足迹以及减少填埋垃圾。

接下来，团队应该区分出共同目标领域、冲突领域、能“屈服”满足共同目标的领域。这个阶段可以很好地对每一阶段的目标进行讨论，使之达成一个共同的目标或者最低成就目标。

在这一步，团队需要决定如何解决矛盾、清除障碍，何时向高层权威打破僵局。此外，需要就考核成功的指标和各种可能性达成一致。

---

① KOSANSKY A, SCHAEFER T. Can you be green and profitable? Quarter 3, 2008.

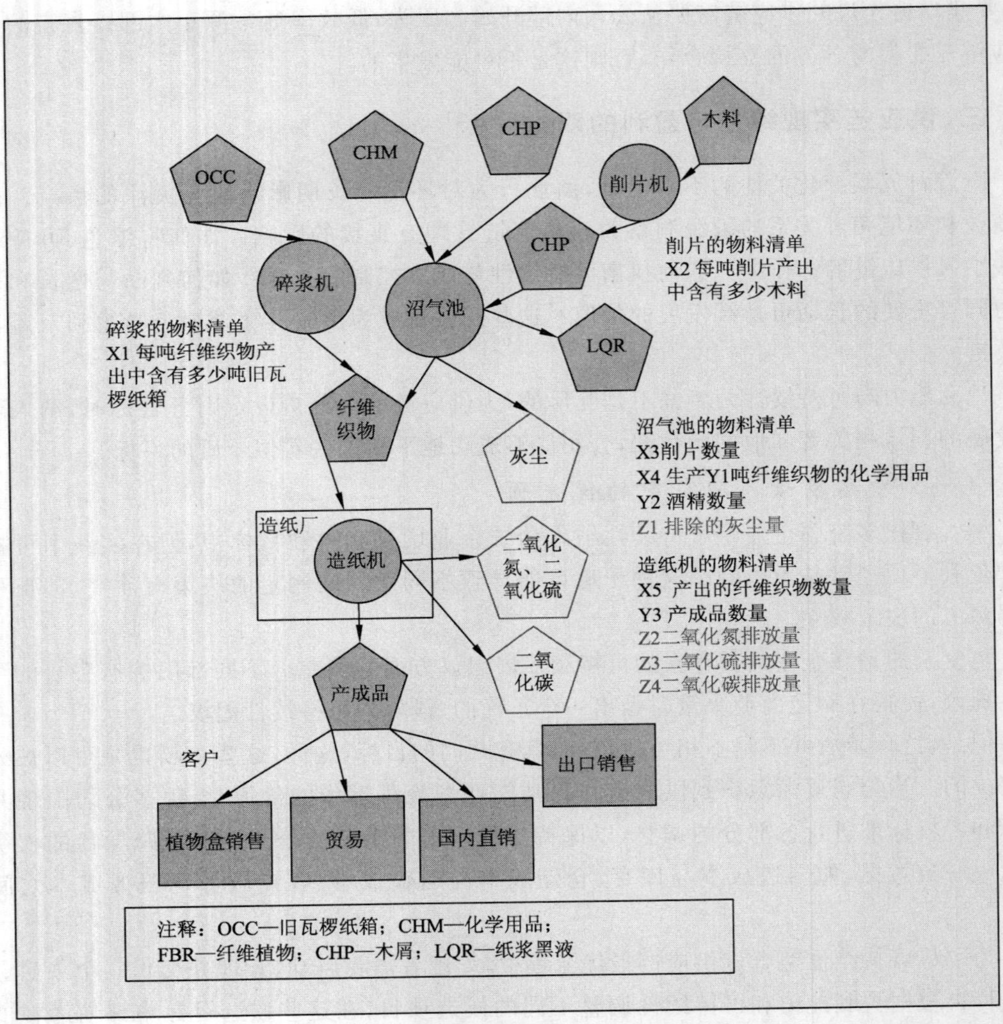

图 3-3-2　带有环境数据的物流清单

2. 收集正确的数据，创建一个基准

一旦关键利益相关者就总体目标、测评指标、主要假设等达成一致，就是组成工作团队的时候了。新团队的第一步是建立一套基准模型。基准的创建可以使团队成员了解他们的目标是如何联系的，并认识到矛盾的所在。这对接下来进行的有针对性的分析和建模是相当重要的。

基准应包括供应链的关键设备的运作成本、盈利贡献以及相关的生态足迹。此外，基准也包括材料的主要流向，从原材料到产成品再被递送到客户手中，还包括此过程的相关成本、盈利贡献和生态足迹。

对大多数公司来讲，虽然数据的收集是困难的，但是可以利用 ERP 系统对所需的资料进行不要的整合和处理来实现模型数据的收集。

最后，模型中还要考虑如下因素：任何扩张、能源效率测量、或者新的污染控制技术所带来的资本成本，以及产能增加或排放量减少的结果。例如：公司考虑关闭或扩建一个新的工厂，或者增加或关闭一个配送中心，团队必须要考虑这些改变将会对财务和可持续发展带来怎样的影响。已经做出但还没有实施的决定要慎重考虑。

3. 优化现有系统，消除浪费

第三步包括将基准模型转化为能反映利润目标和可持续发展目标的最优化模型。在这个阶段，团队重点关注产品整个生命周期中，从能源、原材料来源到包装、逆向物流所产生的污染排放。团队将对此采取措施，并分析现有的商业规则和已经达成一致的所有改变，而具体的改变将出现在下一个阶段。

4. 评估现有商业规则的影响，假设测量指标和完成目标

每个组织和流程都有一套商业规则来帮助其实现目标。这些规则常常是建立在特定的功能或组织上，可能对其他组织或流程产生阻碍。通过利用模型评估得失，这些规则将受到挑战，并被改变成为一个全局最优的目标。更有甚者，这个阶段会产生激烈的争论。因为，每个部门都会质疑公司是否应该继续那些在一定程度上即将过时的并且已经为其自身带来障碍的运营模式。

5. 评估供应链的结构改变以满足目标需求

整个过程中，到了这个时候，所有简单的解决方案都已经被使用了，是进行结构性变化的时候了，当然，这种变化很难实施。当考虑到重要结构的改变时，团队就会发现可持续性发展的目标与营利性目标之间存在矛盾。团队需要权衡得失并决定何种供应链能最好地平衡这些矛盾的利益。对所有这些情况来讲，确定最优解决方案可能需要定量和定性两方面的权衡。

6. 通过广泛的未来假设评估目标的情况

到目前为止，团队应整合少量潜在问题解决方案来实现健康平衡的目标。然而，很多分析是基于对未来情况的假设，如产品需求、汇率、劳动力成本、运输成本等。但是对未来的预测是避免不了错误的。问题是“错在哪里”和“应该向哪个方向”。因此，最后这个阶段涵盖了未来不同情况下可能存在的各个阶段的评估。评估时应考虑如下类型的改变：

(1)温和或剧烈的能源成本上升；

(2)新法规(碳税或者限制与交易机制)；

(3)在“低成本”城市的人口变动对工资与其他成本的通胀影响；

(4)需求敏感性，包括向上和向下的(如包括“绿色”真正售卖的情况)。

这也是决策的时候，要考虑外部“触发点”是否会导致团队决定去改变供应链的结构或运作模式。

（二）更好的平衡

出色的公司已经使用供应链网络分析和决策方法在目标平衡上取得了成功。将生态足迹与产品生命周期的利益相关者和数据纳入相关方法中去，以平衡可持续性发展目标和传统财务目标，这需要做两件事情：排除关于如何实现“绿色”的干扰；帮助公司在盈利目标和可持续发展目标上取得平衡。

根据经验，一个稳健的、有效的基础分析和网络设计流程是实现新目标所必需的能力。

关键在于要挑选合适的人来共享目标，利用合适的数据，构建一个被一致认同的框架去评价一个跨部门场景的价值和相关功能。一旦拥有合适的人选、数据和工具，公司就能执行"假设"计划来确定不仅仅在很多可能的未来场景中获利，而且能实现互补的目标，即维持一个更加可持续发展的商业模式。

第二节　全球化供应链网络设计的最佳实践

在全球竞争日趋激烈的现代社会，许多企业为了降低成本、提高效率以及增强核心竞争力，选择了全球化的经营策略。全球化的供应链网络设计成为企业研究的重点，其主要考虑生产设施和物流设施的选址及配送路径等问题。本节将通过两个案例来说明全球化供应链网络设计在全球化经营策略中的应用。

一、全球选址的税务因素[①]

公司跨国兴建或租赁生产设施时需要调查诸多因素以确保做出的决策是严谨、准确可行的。国际工厂的选址主要考虑因素之一是国外企业所得税，但该因素常常不被重视。税前财务模式产出和税后财务模式产出对比如图 3-3-3 所示。

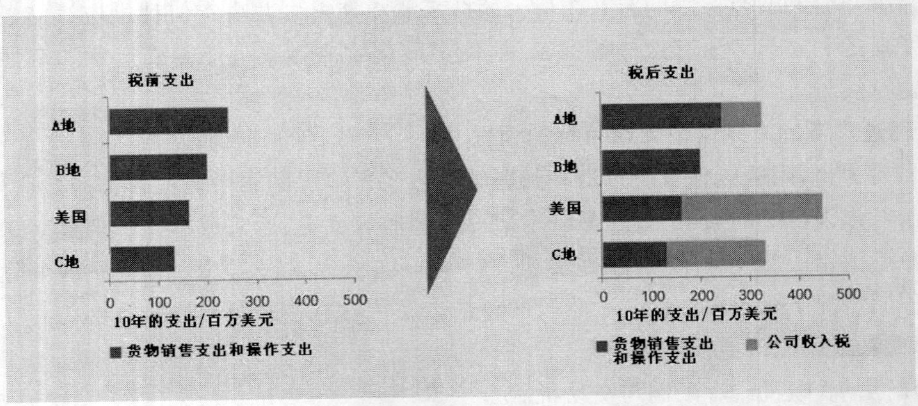

图 3-3-3　税前财务模式产出和税后财务模式产出对比

国际工厂的选址需要从整体分析，评估候选厂址的价值时要充分考虑税前及税后利润。一方面，制造企业直接投资的项目尤其是利润较高的项目常常会缴纳大笔所得税甚至在投资国承担重大税务负担；另一方面，税务因素也会影响投资选址的最优决策。

（一）选址决策的权衡

当考虑建立国际工厂时，必须仔细权衡经营成本投入及对项目财务绩效的影响。其中，成本因素包括劳动力、运输、物流、综合费用、土地成本、税费等。不同组织对绩效表现的评

① JACKSON M, HIGHFIELD M. The tax factor in global site selection ,Quarter 1,2010.

估方式有所不同，但通常包括投资回报率、每股收益、产品税前及税后单位成本。

对于许多制造企业而言，劳动力、运输、物流成本是地理上可变的考虑因素，它们对项目的财务绩效有着巨大影响。然而和以上因素相比，国外企业所得税会对项目财务产生更大影响。因此，这类产业在进行选址决策时会受到国内税率及该国准许的投资结构的严重影响。

虽然制造企业在选址时必须考虑很多因素，但通常情况下，单一的地理可变成本投入在选址决策中影响力最大。根据关键成本驱动力建立"投资优化模型"(investment optimization model)，模型包括三种模式：

1. 劳动力最优模式

当某产业劳动力资源对其地理可变成本的投入影响最大时，属于劳动力最优模式。其特点是低自动化、低利润，运输规格通常是容量大、质量小的产品。该类型最优选址地点包括印度、中国、泰国、越南。

2. 物流最优模式

当某产业运输因素对其地理可变成本投入影响最大时，属于物流最优模式。该模式的特点是产品多为沉重或笨重型，运输成本高，生产过程自动化程度稍高，产品毛利润较低，产品需要离目标市场即利润产生源非常近。该类型最优选址地点包括墨西哥，以及中欧和东欧。

3. 税务最优模式

当某产业税务因素对其地理可变成本投入影响最大时，属于税务最优模式。这种模式的特点是生产过程高度自动化，产品毛利润高但受到一定管制。因此，最优选址地点是那些对国外投资者净收入征收较低税率的国家，包括爱尔兰、新加坡、瑞士和波多黎各。

制造公司在做国际工厂选址决策时要考虑的不仅仅是以上这些模式。在实际操作中，优化直接投资决策，需要公司考虑一系列复杂的因素。另外，有些优化考虑只适用于特定行业，比如太阳能制造业的电力成本。

（二）税收改变成本

要了解企业所得税对选址的真正影响，唯一的方法就是建立财务模型，它能显示税前和税后的隐性投资额。以此来分析不同选址所带来的对于企业成本的影响。但是要模拟国际选址项目的税务因素并不容易。更复杂的是，许多公司使用模拟工具帮助选址时都把关注的重点放在税前，并不考虑直接税务因素的影响。为了弥补这一缺憾，公司可以并且应该从供应链、采购、税务、财务、销售、市场、工程、不动产、人力资源组织中成立内部专家团队，这些专家可以提供专业知识，帮助获得完整的投资财务视角。

（三）考虑成本的影响

对于那些生产高利润产品的行业而言，为制造工厂选址时考虑所得税非常重要。如果这项工作没做好，可能会选择一个失败的地点。当然，这个建议不仅限于高利润的产品，低利润产品同样适用。因为很多国家在相当长的时期减少投资者的税务负担以吸引投资，因此，这些优惠政策可能改变工厂的选址。

二、物流审核推动供应链网络优化[①]

如今的商业环境是动态的，通过比较企业服务和绩效，客户和市场需求来定期重新评估企业物流网络，是非常重要的。

这种被称为"物流审核"或"潜力分析"的评估是审查经营地点，物流过程以及整个物流网络结构的能力和容量。物流审核主要有三个目标：发现具有最大改进机会的区域；找出薄弱环节和解决这些问题的潜在方法；评估改善的经济价值，如图 3-3-4 所示。

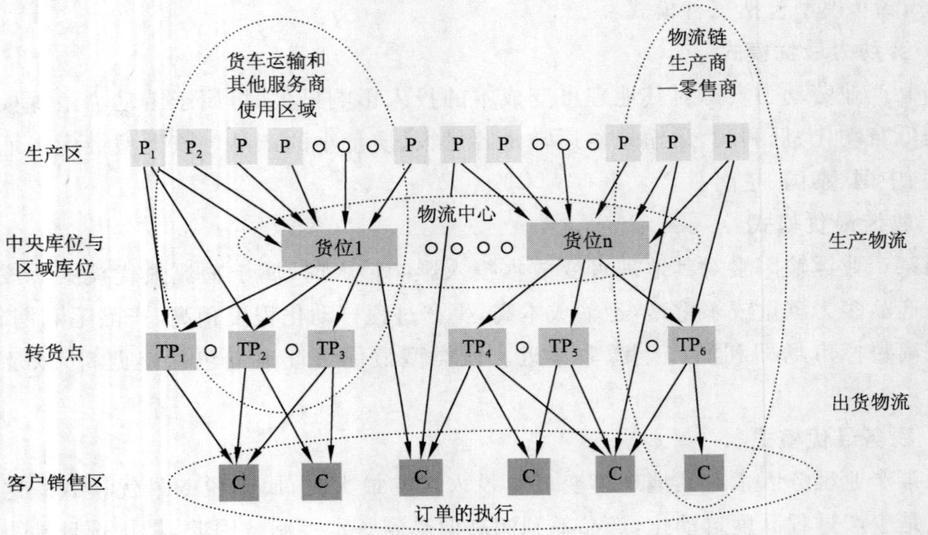

图 3-3-4　消费品物流网络改进区域图

过程分析样本清单见表 3-3-1。

表 3-3-1　过程分析样本清单

主　题　区	问　　题
装载单元	在内、外部物流链中，使用哪种装载单元（箱柜、木箱、托盘、集装箱和类似的工具与包装） 货物大小与装载单元是否协调 能否实现装载单元的利用率最大化 在供应链的不同阶段，谁负责选择和调整装载单元，采用什么样的标准 是否正确处理了闲置工具和包装
物流主数据	你是否拥有一个条理分明的物流信息数据库 执行、控制和优化物流过程的物流主数据是否是完整的，更新的，正确的 谁负责管理物流数据，包括数据的编辑，更新以及确保数据的准确性和完整性 谁负责对公司的物流主数据进行定义，并进行标准化 谁负责确保公司的物流主数据与供应商和客户的数据的一致性 公司是否充分利用了物流主数据 公司是否正确组织了在公司内部，供应商和客户之间交换的物流数据 你是否正在采用最恰当的、最有效的技术进行数据交换（如 EDI 或 XML）

① GUDEHUS T，KOTZAB H. Time for a checkup? Quarter 1，2010.

续表

主　题　区	问　　题
时间管理	订单交货期与时效性是否与市场要求相一致 如何在一定的期限内维持一致的生产能力 是否最有效地利用了时间 供应链内那些连续的平行节点的运行时间是否同步 是否具备适当的计划量与计划期 订单和物料的生成时限是否太长 是否以正确的方式运用了时间策略，例如同步策略、延迟策略、即时策略 是否拥有一个有效的系统进行最优化时间策略的开发、实施和控制 哪些是耗时瓶颈，失败点和延迟点
物流成本	你了解供应链中其他部分的运作成本么，这些成本是否合理 你是否采用了有效的方法控制物流成本 谁来决定内部物流服务的成本和外部物流服务的价格是否合理 每一产品或每一储存单元，每一客户订单，每种类别，每一供应商和每位客户的物流成本是多少 在不降低服务和绩效的前提下，哪些地方可以降低物流成本，如何降低 什么导致了主要物流成本 供应链中的哪些节点产生了最大的成本浪费，是不必要、多余的，或产生了最高成本
存储量与库存	谁决定了这些为存储而获得或生产的产品的种类(零部件、产成品、货物)，这种决策基于什么样的标准 谁决定存储产品的可存储量 组织网络中不同阶段的库存水平的设置是否必要，是否合理 是否有充足的缓冲库存和安全库存以确保有效的利用，连续的运作，以及市场驱动下的配送绩效 安全库存水平是根据基准还是根据客户的要求设置的
服务与物流质量	提供的需求服务是否满足充分的质量要求 是否具备适当的质量管理保证系统 是否有规律地记录了内外部质量过失 需要估计罚款的质量缺陷有哪些，罚金确定到多高 质量管理控制过程是否具备足够的灵活性以应对市场的不断变化 供应链中的失败点、延迟点、错误点是哪些
连接与沟通	供应链成员间的合作有多好 货物大小与换装单位是否协调 供应链不同节点间的物流与信息流是否不受限制与干预 供应链内部的沟通与信息交换有多有效
时序安排与过程控制	是否有效利用了所拥有的资源和能力 是否采用正确的策略进行订货安排、库存管理与补给和生产安排 在计划安排，过程控制和信息转换和控制过程中应用了哪种工具、方法和程序，这些工具、方法和程序应用得是否正确
物流过程	目前国内外物流过程的运作效率有多大 不同的物料、零部件和成品的物流过程是否已经完成并被优化 采用什么策略和标准进行物流过程的发展和实施 是否采用了所有可用的策略，并从中获得了最多的好处，例如最优集成序列
外部采购	物流运作中哪些部分构成了公司的核心竞争力 哪些服务与活动可以有效地外包给供应商、系统服务商或物流服务商 是否进行外包由谁决定？依据什么标准作决定

注：这个清单提供了一些主题区域作为例子，并提供了过程分析中的相关问题供参阅。

根据目前的情况，一项审核的潜在节余占物流总成本的10%～20%。有时，这种潜在的节余可能会更高。即使是10%的潜在节余对利润也会产生显著的影响。

下面来介绍如何通过五个步骤来完成一项物流审核：

（一）需求分析

第一步是对客户、市场和内部部门，如销售和营销部门所要求的物流服务和绩效水平做一个严格评估。审核小组应回答以下问题：

(1)考虑到该公司的整体服务目标，目前的物流绩效要求是否仍有必要。

(2)满足这些要求的收益是否大于成本。

(3)优先次序是否正确，是否对最重要的市场部分提供了足够的服务，最有利可图的客户群是否得到了最好的服务。

(4)零部件、产品或商品目前的品种和服务范围是否适当，是否过于多元化，是否存在无利可图的商品或在不影响公司竞争地位情况下可取消的服务。

(5)物流服务和质量可以降到何种程度？如此降低会造成何种后果。

分析需求时，要牢记适当的原则。提供任何改善服务时的成本都必须与因这种改善而获得的额外销售和利润做比较。

通过揭示各种物流服务水平的成本和收益，这种需求分析可以帮助解决公司内部中的一个重要冲突：销售部门做出的哪些承诺与操作部门实际上能做哪些。如果销售人员对提供的一项物流服务的费用一无所知，那么很可能会制定一个并不现实的目标。

在核查要求之后，审核小组可以推荐一种均衡的商品和服务搭配，建立起适当的服务水平并制定出不同的质量标准。

（二）绩效分析

在这一步中，审核人员要核查如何执行和管理好物流网络的“节点”和“绩效链”，包括采购、生产、配送和销售，如何并以何种成本满足这些要求。一个“节点”可以是一个单一的物理位置，如一个仓库或配送中心、转运点、制造工厂或销售办事处。在那里的订单、材料和资源的输入被看作投入，产品或服务的输出被看作产出。一条“绩效链”是由执行特定功能的一系列相关点构成的。

对于每一个节点，该小组应确定绩效限制，即生产或输出的最大量；经营、加工和生产时间；现有规模和空间，资源位置、设施和存货；缓冲和存储能力。通过开展对节点的投入产出分析，可以看到哪些资源是必需的以及完成一张订单的成本是多少。通过这种分析，可以发现并非最优的地点，并制定改善的初步思路来改进或者消除这些环节。

（三）过程分析

公司不仅要评估供应网络内各节点的绩效，而且也要评估这些节点间的订单流和物流。为了评估这种“端至端”的订单流和物流，记录和审查现有订单，物流和绩效流程是十分必要的。

这种过程分析以接收订单开始，经过订单排程、采购、生产和配送，直至将产品或服务交付给客户。然而，当评估物流过程时，最好是遵循这样的原则：按照订单流来审视订单过程，但是要依据实物流分析物流过程。

与客户一起开展订单过程的分析确保了这种分析能评估出所涉及的每一节点的实际贡献价值和客户目标。从它们的目的地和来源分析上游物流单元流量(出货量、装载单位或个别项目)，有助于揭示供应链中个别过程步骤的目标定位。

这种过程分析为流程优化，为更有效地利用资源以及外包决策提供了建议。此外，它也是一种估计潜在变化经济价值的有效手段。

（四）结构分析

在分析完物流要求，绩效和过程之后，接下来审核组应当审查现行的物流网络结构能否满足现在和未来的需求。为此，该小组必须制定该公司的网络和所有的利益的子系统。在结构分析过程中，需要回答以下几个问题：

(1)最佳数量的厂房、存储地点、物流中心、配送点和销售点是多少。

(2)这些厂房、存储地点、物流中心、转运点和交货点是否处于最佳位置。

(3)工厂、物流中心和转运点之间是否正确地分配了职能、任务和存货。

(4)哪些职能应由中央执行，哪些应由地方执行。

(5)物流中心如何通过加强地方库存和智能来降低成本和提高绩效。

(6)采购和分销阶段的最佳数目是多少。

(7)是否有可以避免的处理活动或转移活动。

(8)是否运用了恰当的准则去选择直接交付或通过转运点和物流中心交付。

结构分析会为改善或重新设计网络部件甚至是整个物流网络提供一些建议，还为各种职能和库存的集中化、地方化提供了建议。分析会带来这样一种理念：给出的这些建议将如何改善成本、服务、绩效和竞争力。

（五）基准

基准是审核过程中的最后一步。根据基准，可以对公司之间、业务部门间、或是具有类似活动和职能的供应链节点之间的成本、绩效、质量和其他关键的绩效指标进行比较，也可以对运营方法、组织结构和战略方面作比较。

但基准应该具有灵活性。相互比较的业务单位之间具有类似工作任务、职能和关键绩效指标参数是十分必要的，因为公司之间、工厂之间，甚至是单个运营点之间细微的差别都会导致相当不同的关键绩效指标值(key performance indicators，KPIs)。

外部基准是可以用来比较不同公司绩效单元的关键指标。尽管如此，要确保它们之间具有可比性是很困难的。

同一公司的内部基准可以用来对具有类似任务和职能的运作和管理部门的关键绩效指标进行比较。基于这一点，内部基准仅可以在大公司内实施，而大公司内应存在几个相同类别的运作部门。内部基准的优点是你可以评估节点的目标、分配的任务和职能是否具有充足的相似度。同时，可以确保关键绩效指标值在整个公司内的定义和测量方法是一致的。总而言之，内部基准揭示了工厂、库位或物流中心之间完成工作的出色程度，以及成本与绩效的差异度。

分析型基准是一种更好的方法，它可以将现有的业务单元和那些最优的计划和组织单元的关键绩效指标作比较。采用分析型基准时，公司可以识别出选项，可以对即将需要被改进的变动做出评价，计算所需的成本和投资，同时需要知道为获得所需的必要措施。这就要求公司必须发展自己的策略并拥有自己独特的解决办法。从中期来看，通过分析型基准，公司可以了解到怎样才能改进当前的绩效。分析型基准可以让公司在竞争中获胜，并获得足够的竞争优势，避免公司走老路，或不切实际的路。

最后，物流理论与实际操作就知识和执行而言仍然存在一定差距。因此，大多数公司的物流运作仍然存在大量的地方需要改进。在一个确定目标完成过程中，只有战略才能帮助发现最优的解决方案。

第三节　美国国家供应链战略概况

2012 年 1 月 23 日，美国发布了《全球供应链安全国家战略》（以下简称战略），该战略清楚表达了美国政府的政策即加强全球供应链，保障美国人民的福利和权益以及国家的经济繁荣。战略重点不仅仅是全球交通、邮政网络以及运输途径、资产和可以确保货物从产出到送达最终消费者的基础设施，还有支持通信的设施和系统。战略内容简要介绍如下：

一、内容简介

全球供应链提供食品、医药、能源和产品来支持人们的生活。许多不同的实体负责或者依赖全球供应链，这些实体包括监管机构、执法部门，国营部门、私营企业和其他国内外合作者。全球系统依赖于运输基础设施和路线、信息技术、互联网和能源网络的相互关联。而这种关联性能够促进经济发展，同时存在风险。

美国政府会同国家、地方、州、国际和私营企业的利益相关者共同努力加强全球供应链。

二、战略目标

美国试图建立并保护全球供应链系统，使货物安全可靠并在国内以及世界各地及时运输。美国既要保护当前系统的连续性，又要考虑未来的建设和经济发展，增强全球供应链系统，并加快合法的全球贸易往来。

（一）目标 1：促进安全高效的货物运输

促进及时高效的合法贸易的流动同时确保供应链的发展，并减少其薄弱环节的损坏。兼顾安全和效率，美国政府旨在强调安全是高效运行的供应链系统中的一个重要元素。

为实现目标，美国政府将寻求：

(1)提早解决威胁，加速合法贸易流动。通过将安全进程整合到供应链的运营中，确定并且尽早解决致命威胁。

(2)提高验证和检测的能力，识别仿冒的、污染的、未声明的或被禁止的货物，防止货物在系统中受到损坏或遗失。

(3)加强基础设施和交通工具的安全。通过对货物、基础设施、交通工具和信息实施访问控制，以保护供应链系统及其关键节点。

(4)最大化合法贸易流。供应链基础设施和运营过程的现代化为有效把握市场机遇提供支持，发展新的机制来降低货物运输中的风险，简化贸易程序以及改善激励措施来鼓励提高利益相关者合作。

（二）目标2：形成弹性供应链

完整的供应链具有快速的优势以及成本优势，但也容易受到冲击，以致迅速从局部事件升级为更加广泛的破坏事件。美国力图开发一个全球的供应链系统，它可以预先做好准备，抵御威胁和危害并能很快从破坏中恢复。增强韧性和灵活动态的能力有助于提升国家抵抗冲击的能力，减少人员伤亡，并最大限度降低破坏所带来的影响。

为了达到目标，美国政府将力图做到：

(1)降低供应链系统缺陷。在系统遭到破坏之前利用风险管理原则识别并保护关键的资产、基础设施以及支持系统，促进可持续操作流程实现以及资产的合理备份。

(2)促进贸易恢复政策和措施。制定并实施国家和全球指南、标准、政策和程序来确保遭破坏的货物运输过程的可协调恢复。

三、战略方法

达到战略目标的方法由反映价值观、信仰和重要程度的原则所指示与引导。指导原则所定义的方法包括在整个联邦政府中使用的激励措施和有效地风险管理方法，这些将最大程度地降低风险。

本战略主要致力于世界范围内的交通、邮政网络以及运输路径、资产和可以确保货物送达最终消费者的基础设施。本战略的涵盖范围包括了商品的制造、装配、整理、包装、运输、仓储以及相应配套的通信设施和系统。

（一）激励措施

为了能够满足加强全球化供应链的挑战，美国必须提升各级政府、私营企业以及其他关键利益相关者的集体行动力。为了能够达到美国的战略愿景，必须争取：

(1)综合联邦政府努力。通过发现更加有效、经济的方法来处理安全威胁以及最大限度地利用来自美国各地政府的资源和专业知识。通过需求获取、精简过程以及加强信息共享机制来提高联邦政府的积极性和主动性。

(2)形成一个全国化的途径。影响这些在由州、地方、区域政府和私营企业伙伴所扮演的加强供应链的关键角色，授权一些利益相关方来完成各级州政府以及私营企业各项活动之间的衔接过程。这将形成责利共担的意识。

(3)全球化思考。加强与同样担负供应链重任的国外相关部门的合作。国际供应链的重要性超过国家边界问题以及联邦法院管辖等权利，认识到这一点，美国将力图制定并实施全球化标准，加强检测、封锁以及信息共享的能力，提升端到端供应链的安全性，积极与国际社会进行合作。

（二）供应链风险管理

全球供应链永远存在着大量的风险。国家竞争力依赖于供应链中物理设施的风险管理，同时确保货物、能源、人员以及信息从一个地方到另一个地方的运输。为了管理这些风险，应该力争做到以下几点：

(1)了解并处理来自供应链的缺陷。这些缺陷是在系统的使用中引进了有害产品，原材料或者是由一些国际的攻击、事故、意外以及自然灾害所引起的。必须努力致力于解决那些会给人民带来巨大伤害以及供应链系统带来重大隐患的风险。

(2)使用多层防御体系。保护自己免受各种不同种类的威胁。多层化防御体系应该包括:情报和信息的分析,技术的合理应用,相关的政策法规,受到正规训练的工作人员以及高效的合作伙伴。

(3)调整安全现状。预防进一步威胁。制定一个动态的灵活的风险管理方案,优先解决有着最大潜在影响的风险,方案同时必须能够根据新增威胁的影响程度来改变当前风险解决的优先次序,以实现动态性。

四、发展方向

本战略发布后将会立即实施。近期对于该战略的发展,美国将优先致力于以下领域:

(1)综合美国各联邦政府的努力实现本战略的目标。

(2)完善对全球供应链风险的评估,改善对供应链威胁的认识。

(3)技术预研、开发、测试和评估,旨在保障货物空运、陆运、海运的安全性。

(4)确定基础设施项目,促进关键设施实践的研发。

(5)寻求机会把全球供应链的弹性目标融入联邦基础设施投资和评估中。

(6)由联邦部门和机构对本战略的实施进行必要的立法。

(7)与产业界以及外国政府共同开发一套定制的解决方案来尽快满足特定供应链的合法贸易进程,此举措被认为是低风险的。

(8)综合联邦机构所信任商人的交易需求,考虑标准化的程序、强化的信息共享协议以及由联邦管理实施安全审计的机制。

除了以上所讨论的领域之外,联邦政府同样会积极采纳来自国内外合作伙伴的建议和意见。美国已经建立了一个正规的途径来吸收国际供应链利益相关者的反馈。各界的建议和意见将会对本战略的实现有巨大帮助。特别的,美国将着重采纳来自在关键基础设施合作伙伴顾问委员会(CIPAC)之下的跨区域供应链工作组的企业、州、地方、区域伙伴的建议和意见。同样会征求来自国外政府以及感兴趣的国际组织的建议。

各部门机构由国土安全和反恐部门(Homeland Security and Counterterrorism)协助总统领导,在本战略发布后的一年内形成一个统一的实施情况报告。这个报告将会涵盖上述所提到的每个方面的细节,并且会涵盖未来实施步骤的行动准则。

五、结论

全球供应链系统将会极大地提升国内以及周边地区货物快速、安全、可信赖的运输。本战略告知所有伙伴以及警告所有敌人,美国对于关键系统建设的努力仍将继续。美国将会继续保护昨日努力所带来的基础,并建设未来全球供应链系统。本战略是一种继续也是一种改变。全球供应链会遭到来自恐怖分子的攻击以及自然灾害的威胁。而美国人民以及国家的安全是极为重要的,战略提出必须努力工作,继续向全世界开放贸易,促进美国未来的经济增长和国际竞争力的增加。

第四节　美国把全球供应链列为安全国家战略的思考

2012年,美国总统奥巴马签发了《全球供应链安全国家战略》。美国为什么要把“全球供应链”列为“安全国家战略”? 这一战略出台的背景是什么? 这一战略的目标是什么? 这一战略的核心是什么? 这一战略实现的路径是什么? 中国面对这一战略如何应对? 这些问题不能回避,必须引起高度关注。

一、出台背景

进入21世纪,世界发生了巨大变化,特别是美国霸主地位正在改变,新机遇新挑战层出不穷,国际体系和国际秩序深度调整,国际力量对比深刻变化,并朝着有利于和平与发展的方向前进。

面对这样一个世界,美国感到前所未有的严重挑战与威胁,因为世界的变化是全局性的、真实的、不可逆转的。

所以,美国对其全球战略和战略布局进行了大规模的调整,从政治、经济、外交、军事、文化、金融到海外军事基地和航空母舰在各大洋的布局,来保障美国在军事、经济、科技、金融等方面的世界霸主地位。

美国认为,挑战与威胁来自两个方向,一个是自然灾害,如地震、水灾、雪灾等,美国必须有迅速恢复的能力。

另一个是来自世界,主要包括以下五个方面:

(1)对美元霸主地位的挑战,许多国家要求改变以美元霸权为中心的世界金融货币体系。但谁都知道,美元霸权是美国立国强国之根本,失去了美元霸权,美国就失去了经济安全,就会衰落。

(2)中国成为可以超越美国的世界第二大经济体,一个由共产党领导的社会主义中国的和平崛起,使再平衡成了必然的选择。

(3)一个强大的欧盟与欧元对美国弊大于利,在壮大北约军事同盟的同时,要寻找欧盟与欧元的薄弱环节,各个击破。

(4)可以与美国有军事对抗实力的俄罗斯是美国的重大挑战,如何在军事上超越俄罗斯必然成为战略重点。

(5)恐怖主义的漫延与核扩散威胁,对美国及其盟友将造成巨大损失。这些,对美国将造成经济安全、军事安全、网络安全、航行安全、金融安全威胁,是美国实施战略调整的主要因素,而“全球供应链”是重大战略调整的重心之一。

研究历史上世界三次经济危机与三次产业革命,美国凭其研发基础、金融服务、新技术产业化、合理税收与移民政策等方面的优势,加上超强的全球供应链整合能力,始终走在世界的前列,始终把整合全球资源作为国家核心竞争力。

美国认为:国内外一切经济、军事活动,都离不开物流与供应链,物流是供应链的一部分，任何国家都不可能单打独斗，要在全球范围内去发展产业链、供应链与价值链，并用高科技（在当代是互联网）来支撑产业链、供应链与价值链的发展，以取得大国间的平衡与优势。

二、战略的核心与路径

综观战略全文，我们可以发现：战略的核心是两轴，一轴是“安全”，另一个轴是“效率”，所有的要求都与此有关。

四个字包含着丰富的内涵，“安全”是美国国家核心利益，凡威胁到美国的国土安全、军事安全、经济安全、金融安全、网络安全、航行安全等，美国都要倾全国之力而战。

战略非常明确，美国要建立的是“全球供应链系统”，这个系统必须是“稳定、安全、高效和有弹性的”。美国还认为：“确保全球供应链系统，就是确保世界各地人们的生活和全球经济稳定的整体全面安全。”

高“效率”则是确保美国在各方面走在世界前面的法宝，包括生产效率、市场流通效率、运输物统效率等，随之而来的是国际经济的治理权、话语权。

而“安全”与“效率”都离不开供应链，因为供应链强调的是资源整合、流程优化、优势互补、合作共赢，形成利益共同体与责任共同体。

为了实现战略要求，美国强化了全球供应链系统风险的识别与评估，加强运输基础设施建设与运输透明化技术研究，推进信息共享与智慧供应链发展，强化国内标准与法律规范，并推进全球供应链治理结构改造，特别是贸易便利化与区域经济合作，加强全球资源整合。

经过几年的实践，各项工作都有很大推进，包括成立了跨部门的全球供应链工作小组，每年向总统提交工作报告，提出新的建议。

国防与情报部门专门成立全球供应链风险评估组织。商务部成立了40人组成的全球供应链竞争顾问委员会，有条不紊地开展工作。

三、中国的应对

2014年，习近平总书记在北京亚太经合组织会议上指出：“现在，需要对接各国战略和规划，找出优先领域和项目，集中资源，联合推进。这有利于降低物流成本，创造需求和就业，发挥比较优势和后发优势，在全球供应链、产业链、价值链中占据有利位置，提高综合竞争力，打造强劲、可持续、平衡增长的亚洲发展新气象”。中国主张通过打造全球价值链、全球供应链、全球产业链来推进亚太及全球的经济发展，来调整整个全世界经济的治理结构。

我国现在实施的“一带一路”，实际上就是一个全球供应链、全球价值链、全球产业链的伟大建设。

李克强总理在2016年的政府工作报告中指出：“利用信息网络等现代技术，推动生产、管理和营销模式变革，重塑产业链、供应链、价值链，改造提升传统动能，使之焕发新的生机和活力。”号召通过重塑中国的产业链、价值链、供应链，使中国的经济焕发新的活力。

这一重要战略思想正在引起经济界，特别是各级政府的高度重视。面对美国的全球供应链战略，中国也应有我们的全球供应链战略，包括国家供应链战略、产业供应链战略、城市供应链战略和企业供应链战略。

中国著名流通经济学专家丁俊发研究员从 2011 年开始，每年出版《中国供应链管理蓝皮书》，2015 年提出了《供应链＋十年行动计划》。他认为：供应链是战略思维，供应链是模式创新，供应链是技术进步。

如果在全国推进和优化供应链管理，可以极大地改变中国经济的发展方式，改变产业发展方式，改变城市发展方式，改变企业发展方式，对中国经济从粗放经营到集约经营的转变做出不可估量的贡献。

有了"互联网＋"，必须有"供应链＋"，"供应链＋"是中国经济转型与发展的另一个翅膀。

世界因互联网而变，世界也因供应链而变，中国提出的优势互补、合作共赢、建设命运共同体的理念正越来越多地被大家所接受，供应链也可能成为世界经济发展的一个大风口。

第五节　美国孟菲斯城市供应链实践

美国联邦快递于 1973 年在孟菲斯开始创业，这座城市的发展也开始加速。孟菲斯这座城市的历史几乎都是关于物流和运输的。联邦快递已经发展成为全球的运输巨人，孟菲斯也成为北美著名的航空物流名城。孟菲斯机场是世界最大航空货运机场，其机场规模不在美国十大机场之列。孟菲斯机场航空货物吞吐量近 20 年保持世界第一位。2011 年，孟菲斯机场航空货物吞吐量 391.7 万 t。0 孟菲斯城市供应链的发展得益于当地的航空物流巨头发展，通过大型跨国物流企业带动当地物流运作效率的提升，逐步成为国际航空物流产业聚集区。

一、全年不间断的运输

地理位置是联邦快递选择孟菲斯作为枢纽的主要原因之一。联邦快递全球供应链服务公司 CEO 表示："这在美国是风雨无阻运营的地区之一，不受到飓风、暴风雪或结冰天气等恶劣气候条件的影响。这是美国设立枢纽的最佳地点。"由于联邦快递每天巨大的运输量，孟菲斯国际机场连续多年位列全球最大的货运机场。联邦快递并不是这里唯一的航空运输专家，UPS 在机场也拥有 535 000 平方英尺（49 703 m^2）的分检设施。为了发展货运业务，孟菲斯机场的跑道经过了特殊处理，可以承接大吨位的飞机。

二、多种运输模式齐发展

航空货运基础设施只占孟菲斯城市供应链 1/4，这是一座多种运输模式并存的城市，通过高速公路（包括两条州际高速公路 I-40 和 I-55）、水路和铁路和全球相联。400 家卡车运输公司在本地区运营，业务遍及美、加、墨三国。孟菲斯还在规划延长 I-69 高速公路，将北上直达蒙特利尔，南下通过德州直下墨西哥。从孟菲斯出发，通过卡车运输能在一夜间到达全美 152 个市场。绝大多数卡车公司在这里都设有巨大货站。在密西西比河中，孟菲斯港口局是第二大内陆港口，是美国第四大内陆港口，每年运作的货物量超过 1.9 亿 t。对于驳船运输而言，该市的地理位置非常理想。孟菲斯的多式联运能将货物快速分拨，从"多式联运门户"地点出发，能在一夜之间覆盖全美 132 个大都会市场。

三、靠航空运输集聚临空产业

孟菲斯便捷的运输条件是该市吸引众多企业的原因所在。其中，企业特色之一是生物科学行业，当地员工中每七个就有一人在该行业工作。孟菲斯也是全美第二大整形外科设备的生产地区。例如：洛杉矶的医生晚上 9 点治疗病人，下订单订购整形公司的产品，第二天 11 点就可以开始手术了。孟菲斯是全球能够提供这样服务屈指可数的少数城市之一。联邦快递绝大多数隔日运输货物都是通过孟菲斯，因此许多发货人将枢纽设于此就拥有了很大优势。"全国眼库中心"也设在此，这里有全球最大的角膜银行。同样对于伟创力，它在孟菲斯拥有全球最大的笔记本电脑维修点。

撰稿人：王国文　中国综合开发研究院（中国深圳）物流与供应链管理研究所所长、博士

参 考 文 献

[1] 美国供应链管理专业协会(CSCMP). 第 27 次美国物流年度报告[R]. 2016.
[2] 王国文. 供应链管理流程标准[M]. 北京：清华大学出版社，2007.
[3] 王国文. 低碳物流与绿色供应链：概念、流程与公共政策选择[J]. 开放导报，2010(2).

第四篇　德国供应链国家战略

第一章　德国供应链管理的发展
第二章　德国产业供应链实践
第三章　德国企业供应链实践
第四章　德国城市供应链实践

第一章　德国供应链管理的发展

第一节　德国供应链管理概述

德国是实体经济大国，其制造业在世界上占有举足轻重的地位。德国又是外贸大国，2015年共出口货物13 295亿美元，40%的GDP和1/4的就业人口依赖于出口经济。德国企业在注重产品质量和研发的同时，一贯注重物流体系的建设，物流为德国经济增长做出了重要贡献。供应链管理的概念在20世纪90年代传入德国，近十年来在实践中开始发展较快。

德国铁路、公路、航空、水运各自拥有良好的基础设施，各种交通方式高效、便利地连接在一起，为社会化的物流业提供了最可靠的运输网络系统。德国政府重视现代化物流基础设施建设，并推动各种运输方式的协调发展，形成综合运输网。2014年，德国物流业总营业额达2350欧元，占德国国内生产总值的6.8%，占欧洲物流市场总量的25%，远超其他国家。

德国物流发展现状具有如下特点：

一、物流产业规模化

德国位于欧洲的中央，共与9个国家接壤。德国人口仅为8200万人，但是它是进入整个西北欧和中东欧市场的跳板，德国周边国家人口数为1.5亿，欧盟的人口总数达4.6亿。德国是欧洲物流业发展最好的国家，2014年物流从业人员290万，年销售额2350亿欧元，仅次于汽车制造业和贸易业，是德国第三大经济支柱。德国物流第一个显著的特征是产业已经规模化，这与政府的大力支持和公司的积极参与是分不开的。首先是政府宏观调控和规划物流产业的发展，并且在基础设施建设上给予大力投资，例如，从1984年德国在不来梅兴建第一个物流园区开始，到目前为止全德国境内已经建立了40个物流园区，还有部分正在建设之中，它们正发挥着巨大的作用，通过它们可以使德国各地区有效地联系起来，形成规模，并与欧洲其他国家相连，同时实现货物的高效集散，尤其对于集装箱运输，可以大大简化货物的组织，节约运能，在德国境内可以实现24小时、欧盟范围内72小时用卡车送货到门的服务标准。其次，许多大型和国际物流公司以物流园区为基地建立自己的物流网络，如德国邮政的DHL，它是一个国际物流快递公司，业务遍布全球220个国家和地区，在全球的员工人数超过350 000人，几乎能够为各种物流需求提供完美的解决方案。全球著名的德国铁路Schenker物流公司也是在莱比锡、汉堡等地物流园区建有配送中心，具有完善的物流网络，从而大大降低了物流成本，提高了物流效率。由此可见，物流产业的规模化是现代物流的一个显著的特征，这也是现代大物流、大运输国际化、全球化的要求，是实现和完善物流网络化，提高市场竞争力的手段。

二、物流设备智能化

作为物流服务方必须以提高效率，降低成本为宗旨，尽可能使用先进的物流设备和物流设施。在德国物流企业中，无一不是以提高自动化、机械化程度来减少劳动力，达到提高效率降低成本的。莱比锡的Quelle、法兰克福机场、德国大众的卡塞尔中心仓库、欧宝汽车的波鸿中心仓库都有先进的立体高架仓库，完全自动化和智能化，整个仓库内没有一个员工，40 000个托盘货位不停止地运行，一切由计算机系统自动控制，高效率，无差错。对于装载设备也是实现高效机械化，在物流园区和码头有各种各样的装载机械，如装卸集装箱的拱式龙门吊及移动式的集装箱堆垛机和转运机，可以根据货场的通道自由方便地作业，大大提高了工作效率。在仓库管理中多德蒙德大学已经研制出智能无人驾驶的叉车，将进一步提高工作效率。

三、运输工具标准化

由于物品的理化性质的多样性、零散性、不规则性等，只有建立在化零为整、集装单元化、依靠托盘化和各种物流机械基础之上才能实现高效率、低货损的转移。运输工具的标准化有利于实现货物的搬运、中转、装卸，是物流企业简化作业、压缩成本、提高服务的主要途径。在德国，物品无论是进入工厂、商店、建筑工地，还是仓库、码头、配送中心等，都普遍实现托盘标准化、集装箱标准化、运输工具标准化。

集装箱运输设备有国际化的20、40英尺(1英尺≈0.3 m)箱，装载设备为大型固定门吊，移动式门吊。公路运输的车辆车头与车身可以分离，集装箱与车身塞进仓库量身定做的洞口，叉车进行装卸作业完毕，车头连接即可。

托盘有0.8 m×1.2 m和1 m×1.2 m两种标准，全欧洲通用。德国装卸机械化水平极高，人工装卸作业少之又少。设备的维修保养都由专业公司操作。条形码在物流行业得到广泛的使用。物品从下生产线开始，就被贴上了条形码，在各个转运点条形码识别器自动读取数据。良好的物流基础设施，铺平了物资流通的平坦大道。

四、物流信息化

现代物流和传统物流的最大区别就是“信息化”，信息使管理简约化，同时通过信息网络将世界各地的业务伙伴连接起来，置于同一个信息平台上，相互间的信息交流非常方便，确保了物流信息快速、可靠地传递，大大提高了工作效率。德国物流企业的技术装备已经达到相当高的水平，已经形成以信息技术为核心的现代物流格局，特别是EDI数据交换技术、条码技术、电子商务技术、自动导向车系统(AGVS)、全球卫星定位系统(GPS)、无线射频识别技术等得到广泛应用。德物流企业充分发挥互联网和信息技术的优势，构建全球一体化的物流网络，准确掌握全方位的物流动态信息，尽可能地降低空载率，减少商品库存，缩短商品库存周期。通过信息管理系统，物资在全球范围内得以快速传递，零库存等物流管理理念得以实现。德国有许多专业从事物流信息业务的公司。坐落在不来梅的海港物流 IT 有限公司成立于 1973 年，是世界上第一家从事海港信息业务的公司，现已发展为国际化的物流信息业务服务商，其核心业务是代办海关手续、运输软件开发、海港通信等。根据需要，物流公司的计算机系统会和有业务关系的公司系统实现良好接口，一般是付费使用。

德国申克(SCHEKER)基于互联网的现代物流信息管理系统，任何一个会员单位(客户)都可以通过系统查询到申克公司的服务内容、服务方式及价格。客户只要在计算机上填写好委托单，再通过内部网络发送出去，申克公司就会按要求完成服务。同时，通过卫星定位系统，申克公司可以掌握每辆车、船、飞机等运输工具的具体位置，从而进行有效管理。物流信息化是现代物流发展的关键，是物流系统的灵魂，更是主要的发展趋势。经营网络是物流企业的生命线，如何通过网络进行价值链的地理布局，直接影响到企业跨地区经营的业绩等。德国 Quelle 就是通过网上订购、网上销售集仓储、配送、电子商务为一体的现代化物流企业。

德国大的企业集团都是通过信息网络将全国的需求信息和遍布全欧洲的连锁经营网络连接起来，实现供应链上的上下游之间的信息共享。相互间的信息交流非常方便，确保了物流信息快速、可靠地传递。如 Beck's 啤酒厂的信息网络将客户、啤酒厂物流部、生产部、物流服务商 Kieserling 等连接起来，客户的需求信息通过信息网络到达物流部，物流部给生产部、物流服务商下达生产调度和运输调度，电脑代替了人脑，效率高，差错少。

五、日益发达的多式联运

由于物流产业的规模化、标准化、信息化，为多式联运奠定了坚实的基础，德国的交通运输基础设施非常完善，水路、铁路、公路等网络分布密集合理，港口、专用码头、转运火车站、物流园区相互匹配，形成日益完善的多式联运综合运输体系。集装箱运输的日益扩大加速了德国多式联运的发展。集装箱运输是最适于组织多式联运的运输方式，集装箱作为运输单元，由一种运输方式转换到另一种运输方式进行联合运输时，需要换装的是集装箱，箱内的货物并不需要搬动，大大简化和加快了换装作业，由于集装箱具有坚固密封的特点，口岸监管单位可以加封和验封转关放行。因此，集装箱能把海运和内陆的铁路、公路、水路等多种运输方式以及与进出口业务有关的口岸监管工作联合起来进行一体化的多式联运，可以大大提高运输服务质量。为了方便货主及保证货物运输安全，集装箱运输经营者强调一体化的运输服务，托运人只需一次托运、一次交费，即可获得全程负责、“门到门”运输服务。多式联运在德国已经是主要的运输方式，大约 67% 的集装箱通过多式联运方式运输，这也是大力发展铁路运输和海洋运输的有力手段。

六、绿色物流

绿色物流，顾名思义，是融入了环境可持续发展理念的物流活动。通过改革运输、储存、包装、装卸、流通加工、管理等物流环节，绿色物流可以达到降低环境污染、减少资源消耗的目的。德国的物流绿色化表现为在物流规划、设计、生产、消费中注重环保和资源利用。例如：长距离运输尽可能以铁路、水路为主，采用近距离配送和夜间运货的方式，以减少交通拥堵、节省燃料并降低排放。莱茵河内河运输航道经济效应和生态效益是有口皆碑的。注重到达消费者手中的绿色运输、仓储、包装等的同时也注重从消费者手中的逆向物流，如垃圾分类回收、饮料瓶回收、旧电器、轮胎、汽车等的回收。例如：大量采用厢式车辆，从而保证在运输途中不出现撒落，污染公共设施。又如：物流园区内的洗车污水处理后循环使用，不排入江河，园区内绿色面积不少于20%，不出现裸土等。注重绿色物流为德国带来了蓝天白云和青山绿水。

在物流领域有废品回收物流，对工业和生活废料分类回收处理。包括废料的收集、运输、转运、仓储加工与贸易都由专业废品物流公司承担。例如：NEHLSEN（德国尼尔森废品回收物流公司）的核心业务是家庭废品，如易拉罐、废纸等，建筑垃圾、生活污水，移动通信废品（电池），手工厂、工业废料的回收再加工。在德国，废品的回收再加工业也称环保物流。环保物流不但为德国的环保事业做出了巨大的贡献，而且在节能降耗方面发挥了很大的作用，推动了德国经济的持续稳定发展。

七、物流园区的建立和发展，使物流业更趋现代

20世纪80年代初，德国政府开始对全国物流园区建设进行统筹规划，拟建设40个城市物流与货运中心，迄今已有33个城市物流与货运中心投入运行。物流园区的成功经营不仅促进了物流经济的快捷高速，而且缓解了城市交通和环境压力，全面带动了地区经济的繁荣发展。德国对物流园区定义的要素有：定居的运输企业、物流服务商、工业企业、商贸企业在一个地区；至少与两种运输道路相连，特别是公路和铁路；有本物流园区的管理组织，此组织除提供公共服务功能外还必须致力于推动企业之间业务合作与不断提高本园区现代化水平。

著名的不来梅物流园区占地面积363 km^2。目前入住的企业有114个，4800名员工，160名有职业进修经历。45亿欧元总投资（40%来自政府筹资60%来自入住企业）；投入产出比为1∶6。

第二节　德国企业供应链管理发展阶段

德国是典型的市场经济国家，除特殊情况外（如经济危机），政府对经济生活的干预较少。具体到供应链管理企业行业，德国政府没有直接的具体扶持措施。

在德国学术领域，供应链管理一般是指面向最终顾客需求的对产品从计划、供货商选择、采购、生产、运输配送直至回购的过程优化。物流是供应链管理中的一个环节。供应链管理涉及商品的大部分价值链，它超越行业，要求所有参与者紧密合作。实施供应链管理的优势在于降低采购成本、缩短交货时间、减少产品库存、提高供应商忠诚度和服务水平。

德国企业的供应链管理经历了以下发展阶段：

(1)20世纪70年代（传统物流，目标是优化各环节功能）：采购运输、转运、仓储生产运输、转运、仓储销售。

(2)20 世纪 80 年代(横向交叉物流,目标是优化订单):采购传统物流生产传统物流营销客户。

(3)20 世纪 90 年代(价值链整合物流,目标是优化价值链):客户来单研发(转包给供应商)、采购(转包给供应商)、生产(转包给供应商)、配送(转包给供应商)、回收(转包给供应商)客户。

(4)21 世纪(全球化价值链整合物流,目标是建立和优化全球网络)。

据 ZLU 咨询公司调查,81%的德国企业认为实行供应链管理将提高企业竞争力,但只有超过 20%的企业建立起了有效的供应链管理。因为德国 95%的企业为中小企业,大企业和较大规模的中型企业对供应链管理比较重视,而小企业受自身规模、实力所限基本上未建立起供应链管理。另据罗兰贝格咨询公司统计,德国 37%～39%的大企业尚未拥有战略性供应链。

德国供应链管理总费用一般占企业营业额的 7%。实行供应链管理的企业的利润率为未实行企业的两倍。实行供应链管理的标准产品生产商,其平均利润率为 11%,个性化产品的生产商平均利润率为 9%。

总体来看,相比美国等服务业强大的国家,德国企业主要是中小企业对供应链管理这一新生事物在实践上还有一个接受的过程。

第三节　德国企业供应链管理的主要做法

一、SCOR 模式

德国实行供应链管理的企业以大型企业居多,它们都有自己完整的供应链,自行管理整合。供应链一般采用 SCOR 模型。SCOR 模型由美国供应管理协会推荐,可以优化企业目前的供应链。它超越了企业和部门的边界,关注供应链上下游伙伴关系,注重关联企业的战略联系和高效运营。

二、合同物流模式

德国的合同物流(Kontraktlogistik)即英美所说的第三方物流(3PL)。简单地说,合同物流就是生产商或者零售商同物流企业签订较为长期的合同,把整个物流环节外包的模式。

合同物流主要包括为汽车配件、工业产品等提供个性化物流增值服务,为客户提供一个完整的动态发展的、可操作的物流供应链。例如:整个欧洲市场办公设备行业,传真机、复印机等设备,经过不来梅的物流中心外运时,这些设备可根据客户个人要求,快速(在几小时内)在技术上进行系列重新配置并分送。集装箱物流主要包括海港集装箱装卸场地、国际联运、集装箱保养维修、空集装箱堆场等物流服务。其领头羊是 BLG 的子公司 EUROGATE(欧洲大门集装箱公司),专业从事与集装箱运输有关的业务,包括集装箱短途运输服务、集装箱转运、集装箱维修、空箱储存,其集装箱装运场遍及全欧洲。

合同物流模式在德国较为流行，大多数生产企业非核心业务外包，为第三方物流业的发展提供了广阔的市场。例如：Tchibo 为以生产咖啡起家的德国名牌企业之一，销售运输业务全部外包给大型第三方物流服务公司 BLG（不来梅国际物流集团公司），从咖啡下生产线起直到进入连锁超市，包括仓储、分拣、包装、运输、配送等增值服务全部由 BLG 公司负责。BLG 公司投资 7.5 亿欧元为 Tchibo 专门设计建立了欧洲最现代化的高架立体仓库，其非食品运输全部集中在这里。据 Kompass 企业交流网站不完全统计，德国有合同物流企业 700 余家，其中有德国邮政 DHL、德国铁路 Schenker、Kühne&Nagel、Dachser 和 Fiege 这样的大公司，也有 Grieshaber 和 Karldischinger 这样的中小企业。这些企业同客户一般签订 3～5 年的合同，从产品计划阶段开始就较深入地进入客户的产品价值链，通过自己的专业服务为客户创造更大的价值。德国的合同物流企业主要活跃在汽车、纺织、食品和冷冻制品以及制药行业。2008 年，德国企业供应链管理的市场规模为 810 亿欧元，其中将近 30%采用合同物流模式。

上文提到的 BLG 公司，其核心业务是汽车（专营汽车）、合同（根据客户个性化需求制定物流规划并实施）、集装箱物流。汽车物流主要包括远洋和内海分送与仓储、滚装运输、技术处理中心、国际联运、运输服务。出口汽车物流链的 IT 技术支持系统为 CAR（汽车控制报告系统），CAR 系统对汽车从生产商到经销商的全过程提供一体化服务。进口汽车物流的 IT 技术支持系统为 CARIN（个性化汽车控制报告物流链系统），在硬件设施上提供有五个全封闭停车场，为转向内陆运输服务。在不来梅海港的技术处理中心，提供汽车清洗、发运前检查等服务。最重要的增值服务是根据目的地国家对汽车行业的特殊规定对汽车进行技术改造后再发运。汽车物流服务中心就是一个汽车工厂的延伸。

值得注意的是：德国企业供应链管理外包趋势明显减缓。2005 年时曾达到高峰，很多企业把整条供应链都外包出去。但根据德国工业联合会研究报告，2010 年供应链管理整体外包未出现增长，一些大企业将供应链管理部分重新收回企业内部。

第四节 德国政府在促进现代物流经济发展中的作用

一、制定和完善交通运输与货代法律法规

主要包括：

(1)货代商对承运货物承担赔偿责任。德国《商法典》规定的最高赔偿金额为每千克（毛重）8.33 特别提款权（1 特别提款权等于 1.29 欧元）。新的《德国通用运输条例》（ADSp）规定，承运人对货物损坏或丢失承担 5 欧元/kg 的赔偿责任。

(2)德国《货运法》（GueKG）规定，超过 3.5 t 的机动车货物运输必须办理赔偿保险，承运人在运输途中必须携带保险证明。3.5 t 以上的卡车司机必须具备从业资格证书。

(3)如货物外表损坏，必须在交接货物时当场提出索赔；对外表看不见的损坏，可在交货后 7 天内提出索赔。家具运输损坏的最高赔偿标准为 620 欧元/m^3，对外表看不见的损坏可在 14 天内提出索赔。

(4)危险品运输必须向主管部门报批。运输超大规格及危险物品需向联邦交通部报批。涉及放射性物品运输需向联邦环境、自然保护与核安全部及联邦交通部申请,联邦辐射防护局负责放射性物品的运输。经批准的危险品运输均需有专人专车护送。

二、加强对交通运输的宏观物流调控与监督管理

作为联邦制国家,德联邦政府和各州政府依靠法律手段对包括物流总体布局、商品储备和调拨及废弃物物流在内的交通运输进行宏观调控。联邦货运管理局负责对公路运输的市场准入和运输行为进行检查与监督。联邦铁路署负责监管所有联邦铁路及运输企业,非联邦铁路由各州政府监管。德国政府重视对物流中心的统筹规划与协调发展,使各地的物流中心形成网络。各州及地方政府积极做好物流中心的选址、征地工作,并负责物流中心的相关配套基础设施和公共服务设施的建设,如设立海关负责进出口货物验关,开通公交线路。物流中心一般都兴建综合服务中心、车辆维修保养厂、加油站、清洗站和餐厅等。

三、重视综合运输网建设

德国重视现代化物流基础设施建设,并推动各种运输方式的协调发展,形成综合运输网。德国所有的运输基础设施均由政府投资建设,每年交通基础设施建设投资高达数百亿欧元。2007 年 4 月,德国政府宣布至 2008 年将追加投资 20 亿欧元,用于交通基础设施扩建和现代化改造。其中,9 亿欧元用于公路建设,7.5 亿欧元投入铁路建设,3.5 亿欧元用于水路建设。德国政府要求物流中心紧临港口,靠近铁路货运站,周围有高速公路网,物流中心内至少有两种以上运输方式的连接。物流中心实行公司化运作、自主经营的发展模式。

四、促进物流职业教育与培训及物流产业的标准化发展

德国物流职业教育与培训包括物流高等院校教育和企业在职培训两部分。德国许多高等院校中都设置了物流管理专业,并为工商管理及相关专业的学生开设物流课程。物流从业人员均需接受职业培训与教育。德政府支持物流行业协会对各种物流作业和服务制定相应的行业标准,如统一物流专业术语标准和物流从业人员资格标准;对物流基础设施和装备制定通用标准,如统一托盘标准、车辆承载标准、物品条形码标准等,保证物流活动的顺利进行。

五、为物流中心建设提供投资补贴,协助中心管理部门做好招商引资工作

为促进物流经济发展,推动地区经济结构改善,德政府利用“改善地区经济结构”公共任务和欧盟地区发展基金对企业在物流中心的投资提供补贴,并积极引导有条件的企业进入物流中心,协助中心管理部门做好招商工作,吸引大企业和国际物流企业落户物流中心。例如:不来梅州政府为吸引韩国大宇公司在不来梅港和不来梅物流中心设立欧洲转运中心及在不来梅设立南非新鲜水果欧洲分拨中心做了大量的招商引资工作。

第五节 德国工业 4.0

一、德国工业 4.0 概况

（一）背景

2013 年 4 月，德国政府在汉诺威工业博览会上正式推出工业 4.0 战略，目的是提高德国工业的竞争力，在新一轮工业革命中占领先机。该战略已经得到德国科研机构和产业界的广泛认同，弗劳恩霍夫协会将在其下属 6～7 个生产领域的研究所引入工业 4.0 概念，西门子公司已经开始将这一概念引入其工业软件开发和生产控制系统。

（二）内涵

“工业 4.0”概念包含了由集中式控制向分散式增强型控制的基本模式转变，目标是建立一个高度灵活的个性化和数字化的产品与服务的生产模式。在这种模式中，传统的行业界限将消失，并会产生各种新的活动领域和合作形式。创造新价值的过程正在发生改变，产业链分工将被重组。

德国学术界和产业界认为，“工业 4.0”概念即是以智能制造为主导的第四次工业革命，或革命性的生产方法。该战略旨在通过充分利用信息通信技术和网络空间虚拟系统—信息物理系统（Cyber-Physical System）相结合的手段，将制造业向智能化转型。“工业 4.0”项目主要分为三大主题：

一是“智能工厂”，重点研究智能化生产系统及过程，以及网络化分布式生产设施的实现。

二是“智能生产”，主要涉及整个企业的生产物流管理、人机互动以及 3D 技术在工业生产过程中的应用等。该计划将特别注重吸引中小企业参与，力图使中小企业成为新一代智能化生产技术的使用者和受益者，同时也成为先进工业生产技术的创造者和供应者。

三是“智能物流”，主要通过互联网、物联网、物流网，整合物流资源，充分发挥现有物流资源供应方的效率，而需求方则能够快速获得服务匹配，得到物流支持。

（三）目标

工业 4.0 战略的实施将使德国成为新一代工业生产技术（即信息物理系统）的供应国和主导市场，使德国在继续保持国内制造业发展的前提下再次提升它的全球竞争力。在社会根本上，德国完善的民主法制和知识产权保护，是保障德国制造业健康发展的坚实后盾，更是降低社会生产成本、提升效率的真正利器。

（四）主要内容

德国工业 4.0 可以概括为：一个核心，两个重点，三大集成，四个特征和六项措施。

一个核心：互联网＋制造业，将信息物理融合系统（CPS）广泛深入地应用于制造业，构建智能工厂、实现智能制造。

两个重点：领先的供应商策略，成为“智能生产”设备的主要供应者；主导的市场策略，设计并实施一套全面的知识和技术转化方案，引领市场发展。

三大集成：企业内部灵活且可重新组合的纵向集成，企业之间价值链的横向集成，全社会价值链的端到端工程数字化集成。

四个特征：生产可调节，可自我调节以应对不同形势；产品可识别，可以在任何时候把产品分辨出来；需求可变通，可以根据临时的需求变化而改变设计、构造、计划、生产和运作，并且仍有获利空间；过程可监测，可以实时针对商业模式全过程进行监测。

六项措施：实现技术标准化和开放标准的参考体系；建立复杂模型管理系统；建立一套综合的工业宽带基础设施；建立安全保障机制和规章制度；创新工作组织和设计方式；加强培训和持续职业教育。

二、德国工业 4.0 与中国制造 2025 的比较

2015 年，中国在分析国内外市场的基础上，遵循产业升级与转型的客观规律，编制中长期十年规划，颁布了《中国制造 2025》，明确了十个重点行业，包含战略性新兴产业、先进制造业、其他关系到国计民生的传统行业，以及相应的供应链和销售网。其主线是两化深度融合，主攻方向是推进智能制造，主要形式是“互联网＋”。“中国制造 2025”与德国工业 4.0 都是在新一轮科技革命和产业变革背景下针对制造业发展提出的一个重要战略举措。比较两个战略可以看出各有特点，除了技术基础和产业基础不同之外，还存在战略思想等方面的明显差异。

（一）战略思想的差异

比较德国工业 4.0 与中国制造 2025，一个重要的区别在于：德国工业 4.0 战略是一个革命性的基础性的科技战略。其立足点并不是单纯提升某几个工业制造技术，而是从制造方式最基础层面上进行变革，从而实现整个工业发展的质的飞跃。因此，德国工业 4.0 战略的核心内容并不拘泥于工业产值数据这个层面上“量的变化”，而更加关注工业生产方式的“质的变化”。相对于德国工业 4.0，中国制造 2025 则强调的是在现有的工业制造水平和技术上，通过“互联网＋”这种工具的应用，实现结构的变化和产量的增加。这种战略思想上的差别应该说是客观条件的反映，符合现实基础。

（二）战略基础的差异

战略基础包括基础研究、技术教育、人才培养等，是战略实施成功的基本条件。德国工业 4.0 最重要的因素是基础科学研究，很多细节方面的任务目标，都以“高、精、尖”的理论知识作为依凭，致力于改善德国科学基础研究的条件，提高科研创新能力。相比之下，中国基础学科的研究较薄弱，科研创新能力不强，很难有重大突破。因此，有必要下大力加强基础研究。同时，还有必要采取开放式的合作方针，积极成为网络化先进理论和先进标准体系的重要接入者，积极开展国际合作，与包括德国在内的发达国家一起分享理论、技术与市场。

（三）战略措施的差异

在配套政策方面，德国为了有效实施工业 4.0，比较重视对技术、政策和环境等进行评估调整。例如：德国系统评估新技术对相关法律可能造成的颠覆性影响，以及创新周期缩短可

能导致相关规则架构频繁更新等，及时对现行不利于发展的各项规章制度进行了修改。德国比较重视构建支持工业 4.0 的法律环境，及时对与企业责任、数据保护、贸易限制、密码系统等相关法规进行调整，培养全国国民的竞争意识，比较重视反思和自我调适。这一点值得我们借鉴。

在协同机构方面，德国成立了政府统一协调机构，建立了第四次工业革命平台。德国信息技术通信新媒体协会、德国机械制造联合会以及德国电子工业联合会三个专业协会共同建立了秘书处，负责为优先主体研发路线图。我国除了在中央政府层面成立由国务院领导同志担任组长的领导机构和战略咨询委员会之外，还应该大力发挥行业协会的作用，加强行业协同机制建设。

三、德国工业 4.0 对中国的启示

（一）积极迎接智能经济新时代

工业 4.0 将使人类-技术（human-technology）和人类-环境（human-environment）的相互作用发生全新转变。借助 CPS 系统，特别是“互联网＋”，可以极大地提升人的智能。智能是把人的智慧和知识转化为一种行动能力。基于人类智慧、计算机网络和物理世界有机融合的经济具有更高的效率，这种效率是传统工业无法达到的，因而智能一旦出现将以新的结构和形态取代传统工业，形成“智能经济”。在智能经济时代，智能环保、智能建筑、智能交通、智能医疗等，构成智能经济的不同领域；智能家庭、智能企业、智能城市、智能地区、智能国家、智能世界，构成智能社会的不同层面。在智能经济时代，全球经济一体化的整体性更加突出，市场主体相互之间内在联系更加紧密，社会经济系统对外更加开放。以智能工厂为特征的智能经济也很可能是工业经济发展的最高阶段。可以预料：世界的不平衡性将更加突出，竞争的形式将会改变，全球治理方式将有重大变化。对此，我们要有一定的准备，在发展战略、科技创新、人文道德上占据制高点，形成良好态势。

（二）积极探索中国特色工业化道路

我国是一个发展中的国家，仍处于工业化进程中，落后与先进并存、传统与现代共生，需要积极探讨中国特色工业化道路：提升传统产业与培育新兴产业相结合；传统手工艺与先进制造业相结合；第一次工业化与第二次工业化相结合；信息化与工业化相结合。我国相当一个时期可能还需要同时推动“工业 2.0”“工业 3.0”“工业 4.0”，既要实传统产业的转型升级，还要实现在高端领域的跨越式发展，建立既符合中国实际情况、又体现世界发展潮流的中国工业体系，为全面实现小康社会，实现现代化提供坚实和广宽的基础。既要考虑提高劳动生产率，又要考虑解决就业问题。

（三）正确认识发达国家再工业化中的中国制造业

在当前国际形势下，中国制造业面临三方面挑战：一方面来自高端挑战。发达国家通过“再工业化”，将“再工业化”与新的工业革命相结合，必定使发达国家在科技、信息、资本等方面长期积累的优势进一步强化，成为科技革新与产业革命红利的主要受益者，使不利于发展中国家的“中心－外围”世界分工体系进一步固化，进一步拉大与我国的距离。另一方面来

自低端挤压。印度、越南、印尼等发展中国家可能以更低的劳动力成本承接劳动密集型产业的转移，抢占制造业的中低端，我国制造业在中低端广大市场的优势面临失去的危险。再一方面来自内部的困境。从整体来看，我国自主创新能力不强，核心技术对外依存度较高；制造业仍处于产业中低端水平，缺乏世界一流大型企业与知名品牌，在全球产业链中的高附加值环节份额相对较小；产业结构不尽合理，技术密集型产业和生产型服务业比重偏低，产业集聚和集群发展水平不高，产品质量问题比较突出；资源利用效率偏低，环保问题严重；管理水平不高，管理效率低，导致管理成本高，严重影响产品竞争力。

中国制造业也迎来了三大机遇。首先是新的契机。新一轮科技革命和产业变革与我国加快转变经济发展方式形成历史性交汇，国际产业分工格局进入重塑阶段，新理念、新技术、新方式启动期有很多空白点，在某种程度上为全球提供了新的起跑线，也为中国赶超发展提供了契机。其次是新的供需。发达国家"再工业化"与正在兴起的新一轮工业革命有机结合，向我们展现了不同于传统流水线、集中化机器大生产的全新生产方式、生产要素、组织模式，必将创造新的市场和供需，这些都是我国可以大展身手之处。再次，发达国家"去工业化"和"再工业化"为我们提供了经验教训。发达国家过度"去工业化"及发展高风险、高杠杆的金融业务，导致实体经济与虚拟经济脱节，我国充分汲取其教训，借鉴其"再工业化"发展战略中具有前瞻性、符合发展大势的政策措施，根据不同类型行业的特点，有重点、有差别地推进结构优化升级，通过突破研发、设计、营销网络、品牌和供应链管理等制约产业结构升级的关键环节，完全有可能加快改造提升制造业。

化挑战为机遇，可能要考虑"争两头，保中间"的战略规划格局，建立中国特色的现代产业体系。一头是集中优秀力量，大力增强集成创新能力，培育原始创新能力，加快拥有一批核心关键技术，在一些重要的高端领域，争取一席之地。这一点，我们过去做到了，今后也应该做到，从而在国际核心俱乐部有一定的话语权。一头是继续争取在低端有一定份额，努力创造更多的就业机会。我们应该在长期底端基础上有所升级，升到中端应该是我们的主要选项。克服"中国制造"所面临的困境，成为国内外市场优良（中端）产品和服务的重要提供者。

（四）高度重视互联网＋企业组织变革

"互联网＋"是科技与经济的有机结合，在实施"互联网＋"战略中，互联网＋企业组织变革具有特别重要的意义，企业作为市场的重要主体和经济的细胞，除了利用互联网加强与市场的互联和联系、推动网络化协同制造和服务之外，还要下大功夫增强内生动力，焕发内部活力。如何利用信息技术改善重构生产要素，深化企业组织变革，创新生产方式，提升资产质量和服务功能，适应市场需求和变化，是一个影响中国制造 2025 战略全局性的问题。解答这个问题首先需要正确理解技术与组织的关系。技术结构与企业组织结构的关系是相互促进和相互构建的过程，特别是互联网技术将企业的消费者、供应商、合作者和企业员工等各种关系全部组织在计算机网络里，使信息的获取、处理、传递和应用变得高速便捷，必然要求企业的生产方式、管理模式和组织机构做相应的调整和变革。在这种情况下，只有深化企业组织变革，将互联网技术和企业生产方式紧密联合起来，形成有效的信息沟通反馈机制，才能实现技术与组织的良性互动，才能使互联网技术的发展为企业所需要，企业才能成为推动企业技术进步的主要力量。

（五）加强中国制造 2025 基础工作

我国对基础研究、基础培训、基础设施等方面的重要性有一定的认识和措施，但缺乏深度、缺乏核心、缺乏灵魂。一项大的战略，特别是涉及一个国家中长期发展的大战略，必须要有自己的系统、深厚的理论基础，必须要有自己的核心关键的创新技术，必须要有创新理念、勇于担当、能够解决问题的人才。虽然我们可以通过向西方发达国家学习的方式缩小技术差距，但是如果理论研究无法赶上去，那么将永远落后于别人，进而失去真正的竞争力。在基础研究和基础培训两方面，德国都有很多宝贵经验，值得我们学习。

基础设施建设也是中国制造 2025 的重要内容。比较深入地研究分析中国制造基础设施工程，可以发现问题、解决问题，体现以问题为导向的创新研究思路，既有针对性地加强理论研究，又为中国制造提供基础条件。从目前情况看，很有必要梳理出中国制造重要基础设施名目。例如：宽带互联网基础设施、高效大容量数据基础设施、IT 基础设施、统一的安全保障构架和独特的标识符等。在比较参考国际相应的先进基础设施基础之上，很有必要逐项制定中国制造基础设施项目的理论研究方案和工程建设方案，为中国制造 2025 夯实基础。

第二章　德国产业供应链实践

第一节　德国农产品保鲜供应链体系

德国市场经济比较成熟，各行各业基本通过市场机制进行配置，其农产品保鲜物流行业也不例外，完全按市场规律办事。国家没有专门负责管理农产品保鲜物流的机构，全部实行行业自律、自负盈亏。物流运输业务由行业协会如德国物流协会（BVL）、德国物流集团（BLG）组织和协调。具体负责德国农产品保鲜物流的是德国冷库和冷藏物流企业协会（VDKL），政府部门除对该领域的个别研究项目有支持外，没有针对农产品保鲜物流的专项资金和优惠政策，但在农产品的安全监控和执法方面投入较大。

一、工业技术和优质的物流服务

德国物流业的信息化、自动化发展较早。由于计算机普及率极高，相互间的信息交流非常方便，确保了物流信息快速、可靠地传递。物流的基础设施和配套设施包括交通运输网络（铁路、公路、水运、航空货运等）、各种形式的农产品物流中心和配送中心、农产品批发市场等。

众所周知，德国有优质的高速公路，拥有全世界第四的高速公路网，总里程达 1.1 万 km，同时铁路交通也以高速准时闻名于世。德国联邦铁路（DB）和国家铁路（DR）总长约 4.3 万 km。完善的基础设施为德国的农产品保鲜物流产业打下了良好的基础。

德国的农产品保鲜物流体系依托本国运输、存储、包装等行业的优质服务，与各项社会保障体系紧密合作，为农产品的保鲜流通发挥着越来越大的作用。在德国能看到大量的国际和国内各类型冷藏车在各种道路上纵横驰骋，担负着农产品产地、加工厂、销售点之间的运输。

二、食品保鲜和先进的包装技术

随着食品科技的飞速发展，近年来德国不断加大了对食品保鲜包装技术的研发力度，积极采用各种食品保鲜新技术。在德国无论是肉类、鱼类，还是蔬菜、水果，从产地或加工厂到销售网点，只要进入流通领域，这些食品始终处在一个符合产品保质要求的冷藏链的通道中。

另外，德国食品保鲜包装种类繁多，科学合理，即便是生鲜果蔬，也会分级包装，贴上标签。对块茎类不易压坏的均用小网袋袋装；对易损产品，如瓜果和禽蛋用专门纸箱包装；对肉类，分别有冷冻、真空和含气等包装形式。在批发市场，无论是蔬菜还是鲜鱼、肉类均在良好的冷藏环境中存放，蔬菜经产地清理加工后，成箱地存放在有冰块的塑料保温箱中，肉类包装普遍采用真空或含气包装。

三、食品安全检验和严格的保鲜运输技术

在农产品保鲜物流体系的各个环节上，同样需要质检、技术标准等众多有效的保障措施。在德国，联邦层面负责食品安全管理的部门是联邦食品、农业与消费者保护部(BMELV)，具体执行机构是联邦消费者保护与食品安全局和联邦风险评估所。

在食品安全和质检方面，德国政府通过完善的立法、严格的监督、严厉的惩罚等措施担当农产品市场的“铁面裁判”。其中，消费者保护与食品安全局起着举足轻重的作用，该局负责对各联邦州开展食品安全监测和协助联邦州实施国家食品安全法规，并建立统一的工作体系。

另外，遍布全国的农业合作社、食品工业协会、零售商协会等，更是农产品流通中的“监督员”。除了上述人为的安全措施，有关机构还对保鲜物流系统中的运输工具制定例行的检查措施，对冷藏链中的各种设备有具体的技术要求，包括容器和托盘的卫生标准等。

四、德国冷库和冷藏物流企业协会

德国冷库和冷藏物流企业协会(VDKL)是一个由冷库和冷藏物流企业组织的经济协会，为欧盟范围内的食品公司提供冷冻食品和各类保鲜商品，涉及行业包括低温贮存、保鲜分发和物流配送等。其成员包括保鲜物流服务公司、制冷工业厂商和与之有关的商业公司和供应商。德国超过80%的该领域的企业是该协会的会员。

除了提供一般性的服务，VDKL还代表会员与政府机构在国家和欧盟层面上交锋，积极为会员争取利益。其另一项服务是为会员提供能源服务。

德国农产品保鲜物流行业有关的规定和技术标准如下：

(1)食品卫生规定：是一个将欧盟发布的食品安全指令转化为国家法律规定的文件，对食品的卫生标准做出了明确规定。为了保证食品安全，对食品生产、加工和流通的每一个环节都有严格规定和具体要求。以动物食品为例，无论是屠宰场还是食品加工厂，无论是商店还是食品在转运过程中，食品必须处在冷藏链中，不新鲜的肉绝对不允许上市出售。

(2)德国安全标准GS：这是由欧洲贸易研究所和工商界一起制定的标准。主要罗列了易腐的肉类制品、鲜肉和香肠在运输中的法定冷藏标准和测试条件，对保鲜物流系统中的各阶段都做了具体的温控要求。对上述商品的各种运输工具也有专门的规定，包括容器和托盘等。在物流程序中如何对保鲜产品进行交接也有详细说明。从农产品保鲜物流的专业来看，GS是一部针对性很强、颇具操作性的安全技术标准。

(3)德国工业标准DIN 10508和8959。前者对食品的环境温度进行规范，对运输中的冷藏冷冻制定基础性标准；后者对使用的运输手段列有温控标准。

第二节 德国医院物流发展

德国医院物流发展的变化与德国医疗体系的医疗费用结算机制密切相关，每一种计费

或结算机制的变化都影响到医院物流的经营模式。在“日费用结算”模式下，根据病情不同，设有不同的“日医疗费用”，医院与保险公司按病人的实际住院天数结算，医院的物流成本均摊在日医疗费用中。

在这种结算制度下，医院没有压缩成本的压力，因此，大部分医院都自己完成采购、分配以及废物处理等业务，只有少部分业务（如包装、编码等）外包。自2003年实行按病种结算以来，保险公司只根据诊断病种目录结算，医院想要盈利，就必须压缩成本。在这种压缩成本的压力下，越来越多的医院开始对医院的业务流程进行优化、重组或整合流程，以节省不必要的开支。业务重组的重要手段之一是将医院的非核心业务即非医疗及护理部分的业务部门独立经营或者外包给专业公司，尤其是对规模不大的医院来说，由专业公司提供所需要的服务可以节省利用率不高的物流投资。而对专业的医院物流公司来说，同时服务多家医院可以充分发挥规模效益。包括采购在内的物流服务的全程外包在德国医院中已经很普遍。

医院物流是物流业在医疗领域的延伸，目前并没有关于医院物流的权威的定义。一般认为，狭义的医院物流是指药品耗材的采购供应及分配；而广义的医院物流是指所有在医院发生的、为保证完成对病人的治疗和护理所需的病人及医护人员的医疗用及生活用物品的供给及配备，以及对不再需要的物品及垃圾的处理。从范围上可以分为院外物流和院内物流；从功能上讲，存储，布品、药品、耗材及器械的采购和供应，病人运送，垃圾处理，信件、文档及检试验样本的传送等都可以划归在医院物流功能下。

在医院的三大主要流程——人流、物流、信息流中，医院物流是最难于管理的一类，也是节约成本潜力最大的部分。德国2008年进行的一项关于医院物流现状的调查结果表明，96%的被调查者（均为医院物流专业人员）认为医院物流的主要目的是降低成本，而且近2/3的被调查者认为，自己所在的医院物流有很大的节约成本和流程改进的潜力，特别是在物流管理及降低流程成本方面。

在德国，几乎没有医院自己承担全部物流的业务。特别是在采购业务方面，80%的医院加入“采购联盟”，形成合作关系，以稳定和压低采购价格。越是小型的医院，物流业务外包或合作的比例越大。区域化的采购供应正在逐步形成。

在组织上，尽管物流是医院活动的主要内容之一，德国的大部分医院并没有设立独立的物流部门（除采购之外）统管全部物流运营，而是按照传统的方式将物流业务分设在不同的业务部门。医院内部保留了部分物流专业人员来执行物流控制的职能。各临床科室有专门指定的人员负责与外包商的货物交接工作，货物交接的时间方式地点及责任也在外包合同中写明。在大部分医院中，后勤院长或采购供应部门负责物流的成本控制和管理，小部分医院由护理部门负责。

在医院里主要的物流业务流程有药品及样本物流、耗材物流、器械供应、垃圾及特殊垃圾处理、膳食供应、洗衣及运输等。大致可以分为如下几类：

一、库存型

药品、耗材及办公用品物流库存型药品及耗材的物流是人们对医院物流最基本和直接的理解。有些医院实现了药品及样本物流的部分自动化,特别是检验样本由物流轨道实现在部门间的传送。物流轨道投资不小,而且不能完成物流的所有任务,因此,医院都设立了药品和耗材集散站,统一配发医院所需物品。库存型物品的物流在德国医院里一般由外包商负责运送到医院的物流集散站,再由集散站分发到各临床科室。物流合作伙伴或外包商并不直接接触临床科室,这样做的好处是减少了医院人员繁杂的情况,也减少了院内感染的潜在风险。临床科室的材料及用品补充使用了工业界的看板管理原则。每个临床科室设有专门的药品及耗材库存柜,库存柜上的每种药品及耗材都有一个库存指示牌,当临床科室的药品或耗材库存量少于 1/3 时,护士会将指示牌翻过来,以示该药品或耗材需要补充库存(指示牌的两面有不同的颜色,并写明了药品及耗材信息,库存补充人员能够很方便地获知哪些药品或耗材需要补充)。药品集散站和耗材集散站有专门的药品和耗材库存补充人员,每周或每天的固定时间到临床科室检查药品及耗材的库存情况,发现药品或耗材不足时补足库存。药品集散站和耗材集散站通常不在同一个部门,但可以使用相同的院内物流通道。此类物品的物流模式如图 4-2-1 所示。

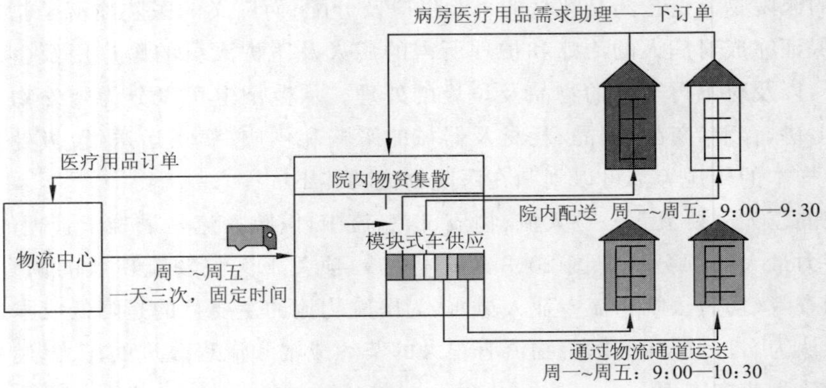

图 4-2-1 库存型物品的物流模式

库存型物流流程的难点是要解决库存与补充货物之间的矛盾。确定临床科室合理的库存量是关键。临床科室库存量太大占用医院的有效使用面积,也容易造成过期或丢失等浪费。一项关于德国医院物流现状的调查表明,临床科室由于担心储备不够而容易过多订购以备不时之需,特别是在周末或节假日之前,这使得医疗用品的库存大量分散到不同科室,而对相同的存货周转天数,分散的库存所占用的资金是集中式库存所占用资金的三倍。临床科室的库存太少又不能保证治疗尤其是紧急或突发情况下的治疗所需。临床科室的合理库存量因医院的医疗业务的不同而异,医院一般根据自己的情况来确定。在德国,大部分医院的耗材和药品物流要么由医院的子公司独立经营,要么外包给专业公司,一般由临床科室和物流公司共同确定常备库存量,物流公司负责物品采购及库存补充。

二、流通型

器械、清洁、洗衣及膳食供应手术或检查治疗用器械、织物及膳食都是每天在医院大量重复使用,而且医院所用是有特殊要求的,比如对卫生的要求。大部分流通型物品的供应需要特殊的专业知识。在德国，此类服务基本外包给专业的物流及服务公司，如医院膳食服务，医院洗衣服务或医院器械消毒服务等，而专业物流及服务公司按照德国的法规要求必须取得相应的资格证书以保证服务质量。此类物品的一般物流模式如图 4-2-2 所示（以器械消毒为例）。

流通型物品一般由外包商直接送入病人所需的场所，如手术室或者病房。对医院来说，每一个外来人员都增加了院内感染的风险，因此检查外包商的服务资质是签订外包合同的前提。在德国，此方面的规定相对严格，一般而言，承担医院外包业务的服务商必须证明已对员工进行过院内卫生及控制感染的资格培训。作为医院，在服务外包时，首先要检查承包商的资质；其次，要清晰界定物品交接的时间地点及事项，这样一方面可以减少非医疗人员在院内的流动从而减少感染风险，另一方面有利于发生问题时确定责任方。对流通型用品的物流而言，如何减少院内感染风险，保证及时供应是医院管理者在外包时考虑的重点。

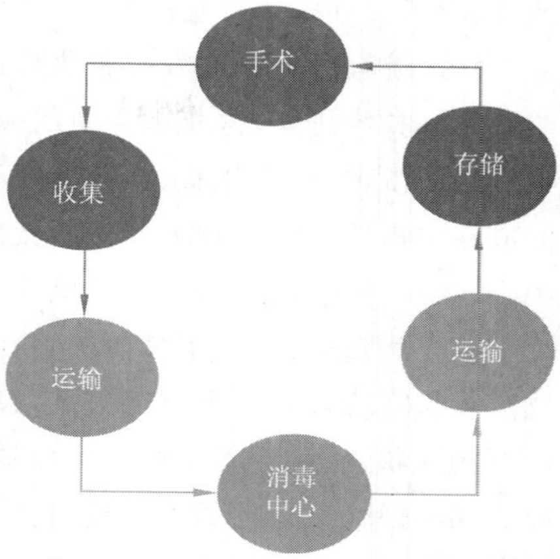

图 4-2-2　流通型物品的物流模式

三、收集型

对于危险品或者对环境有害的物品的物流，德国医院有一套符合环保及劳动安全规定的特别流程（如图 4-2-3 所示）。

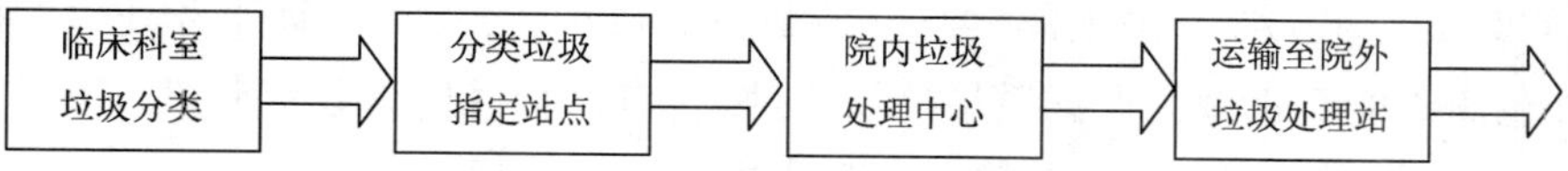

图 4-2-3　收集型物品的流通模式

德国医院物流有如下特点：

（1）德国的医院物流强调准时而不是及时。工业界的 Just in Time 的存储模式只强调在院内物流的供应上，原因是多方面的：第一，医院的经营时间和普通公司的经营时间不同，德国的法律对公司的运营时间有严格规定，医院是特殊行业可以 24 h 运转的，要求物流公司随叫随到不现实；第二，德国的医院管理强调计划，在计划时就已经将可能出现的紧急情况及所需的备用储备考虑了进去，医疗用品的储备是包括了应急部分的，这也是为什么医院内部还要建立物品集散站来作为“缓冲库存”；第三，随叫随到模式增加了医院内的非医疗流动人员，也同时增加了院内感染的风险。

（2）强调流程管理及成本控制。在进行物流管理规划时，物流的运送及分配的渠道及时间，包括不同物品的运送车类型、行走路线及进入医院的部门和时间都有详细规划。详细的规划使得物流流程条理清晰，透明可追溯。

（3）卫生及安全方面要求严格。在德国，医院领域的非核心业务外包开始比较早，也经历了几个不同的发展阶段。早期外包是针对最外围的非关键服务型业务，如洗衣、门卫、清洁、膳食等。在这个外包阶段，一些医院服务公司应运而生，并逐步形成医疗领域的一个产业——医院服务业。医院服务业是指以医院为客户的非医疗服务业务。随着外包环境的逐步成熟和技术进步，医院服务业的领域越来越广，对卫生和技术要求比较高的领域，如手术器械的清洗消毒、检化验、部分诊断和护理等都在德国医院里有不同程度的外包。外包环境的成熟也需要医院在物流管理上做出相应调整。目前德国医院尝试的物流改革有成立物流中心，减少外包商数量，模块式供应，软件的应用及物流追踪，整合医院内的物流管理等。

医院物流的改进，很多情况下都不是医院或者物流承包商单方面可以实现的。医院和物流承包商应该是一种伙伴关系，只有合作才能创造双赢的局面。例如：按照目前医院物流经营的现状，医院手术室所需的器械、药品、耗材、衣物等分属不同的部门和供应商，每个供应商和部门保证自己的物品按时按质按量地到达手术室，最后由手术室整合每台手术所需的所有物品。新的模块式供应理念是由一个供应商根据手术安排准备好手术所需的所有物品并准时放置在手术室门外，手术开始前护士只要将“供应车”推进手术室即可，省去了手术室护士的很多整理医疗用品的时间和责任，可以让医生和护士将精力集中在病人的医疗和护理上，而无须为用品担心。但这种新理念对手术室的计划和管理要求比较高，如果手术计划经常临时取消或更改，就无法保证供应的准时和准确。从这方面讲，外包供应商也可以是一种促进手术室流程管理的因素。

在德国，医院的人力成本占到总成本的65%左右，是医院成本开支的主要项目。二级服务外包对很多医院管理者来说是一种节约成本的“瘦身”手段。尽管很多关于医院服务及物流的外包调查表明物流外包有利于改进医院的物流流程以及节约成本，在医院管理界仍然存在医院的二级服务流程是否应该外包的争议，赞成二级服务外包的医院管理者认为，服务外包可以使医院关注医疗和护理的核心领域的服务质量；而反对二级服务外包的医院管理者担心，外包商不能真正做到保证质量的供应，医院应该自我完善物流管理。正是这种争议和讨论促进和完善了德国医院包括物流管理在内的流程管理。

第三章　德国企业供应链实践

第一节　宝 马 汽 车

德国宝马汽车公司以生产豪华轿车、摩托车和高性能发动机而闻名于世，其轿车在国际上以高质量、高性能著称，与奔驰车并列为著名的品牌。宝马汽车公司创建于 1916 年，总部设在德国慕尼黑，职工 5 万余人。在 100 余年的历史中，宝马汽车公司在二次大战中经历了二次军转民，在 20 世纪 50 年代中经营十分困难，1959 年 12 月 9 日股东大会甚至做出了将公司卖给奔驰公司并报了价，这时德国匡特家族力挽狂澜，收购了宝马公司 46%的股份成为最大的股东，坚持走自我发展的道路，从 20 世纪 60 年代初陆续推出新车型。此后 30 多年宝马公司就没有再亏损，还相继收购了英国的路虎和劳斯莱斯，成为一个后起的跨国大公司。但近年增长乏力，并于 2000 年 3 月将麾下的路虎分拆出售。

汽车制造工业对物流供应要求非常高，其中最难的地方在于有效提供生产所需的千万种零件器材。宝马公司在德国境内负责 3 系、5 系和 7 系列车型的三个工厂，每天装配的零件高达 4 万个运输容器，供货商上千家。面对如此庞大的供应链，宝马公司采取了以下一些方法：

一、在订单方面，宝马挖掘“当日需要量”潜力

在汽车组装零件的送货控制中，最重要的是提出订货需求，也就是把货物的需要量和日期通知物流采购中心。宝马在生产规划过程中，可以针对 10 个月后所需提出订货需求，供货商也可供此预估本身对上游供货商所需提出货物的种类及数量。不过，随着生产日期的接近，双方才会更明确地知道需要量。

送货控制一般可分为两种不同形式：一种为根据生产步骤所需提出订单；另一种为视当日需要量提出需求。前者为由生产顺序决定需要量(Just-in-Sequence)，其零件大多在极短时间内多次运送，由于此种提出订单方式对整个送货链的控制及时间要求相当严格，因此适用于大量、高价值或是变化大的零件。对于大多数的组装程序，只要确定当天需要量就足够了，区域性货运公司在前一天从供货商处取货，把这些货物储放在转运点，大多数只停放一晚，隔天就送抵宝马组装工厂。在送抵宝马工厂的先前取货并停放在转运点的过程称为“前置运送”，而第二阶段送达宝马工厂的步骤称为“主要运送”。

二、在仓储方面，宝马积极处理低存货带来的运输成本

为了降低仓储设备成本，宝马向来积极减少本身存货数量，如此导致供货商送货频率的提高，例如每周多次送货，或甚至达到必须每天送货，造成货运成本提高。“前置运送”及“主

要运送"的费用计算有所不同，前者的费用计算是把转运点到供货商的路程、等待及装载时间都列入计算，与运送次数成正比，但与装载数量的多寡无关；而后者的费用计算是与货物量成正比，不受送货次数影响。

基本上，前置运送与仓储设备成本是互相矛盾的，因为为了降低仓储成本而减少仓储设备，会造成运送频率及成本的提高；降低前置运达成本，尽量一次满载，囤积存货，势必造成仓储成本的提高。因此，两者间取得平衡，降低整体成本，达到最佳化的策略势在必行。

大多数供货商接到宝马不同工厂的订单，可由同一个货运公司把货物集中到统合的转运站，然后由此再配送到各所需工厂，这样可以有效地安排取货路径，降低前置运送所需成本。同时，考虑各工厂间整合性仓储设备及运送的供应链管理、各个价值创造的部分程序及次系统，使其产生互动影响，着眼点不再只限于局部最佳化，而是以整体成本为决定的依据。

三、在供应链方面，宝马已把合作伙伴纳入考量因子

在最佳化的过程里，首先必须定义一个成本方程式，此方程式的变量为货运距离及重量的运输费率，此参考基准为以到 1993 年止所实施的 GNT 及 GFT(货物远、近距离运输费率表)。不过这费率参考表并不适用于宝马公司的前置运送，因为在前置运送中，同一货运公司并不只是服务某一固定供货商，因而无法以单纯方式计算运输成本。

图 4-3-1 显示了目前的货运费率及实际前置运送费用，在图中区域(1)表示横向补助的效果，A 线部分表示前置运送实际成本，B 线部分为前置运送费率以目前的运送费率最佳化，会产生高送货频率(图中的区域(2))。如果依实际前置运送成本计算，则最佳化点将移向送货频率低处(图中的区域(3))。如此，可把整体成本在实际前置运送成本下达到最低值(图中的区域(4)所视为物流成本节省部分)。

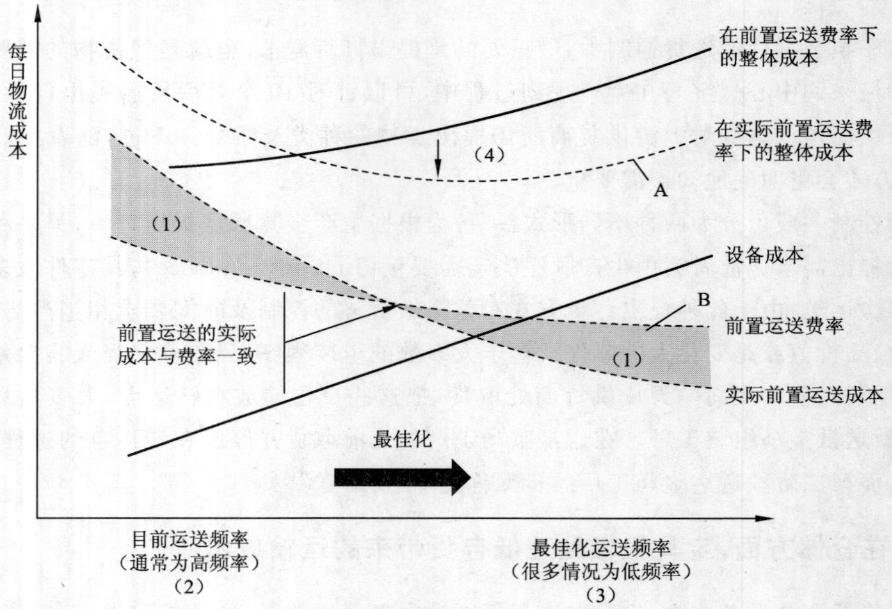

图 4-3-1　物流成本最佳化之潜能

宝马公司尝试把其供应链上的合作伙伴(如运输公司等)纳入成本节约的考量因子,这也是物流链管理的意义所在。

根据上述考虑因素,建立成本方程式,当中亦考虑不同取货方式。例如:在一次的前置运送中,安排替几个宝马工厂同时取货。这个成本方程式是建立在最佳化计算法的基础上的,考虑因素为对供货商成本最低化之送货频率以及其他与实务有关的不同附加条件,例如尽可能让运输工具满载、每周固定时间送货等。如果同一货运公司为多个宝马工厂送货,则必须安排送货先后次序,以达成本最佳化。此外,运送货量最好一星期内平均分配,让运输工具及仓储达到最高使用率,不致影响等待进货时间。

根据此最佳化研究结果,对多数货运公司而言,高载率及每天送货所造成的成本最划算。相反,对小量的供货商而言,减少送货频率,可以明显降低整体成本。如图 4-3-2 所示,对一个只专门服务于宝马的某工厂之供货商而言,在每天送货的情况下,前置运送的成本将占整体成本的大部分,而仓储设备所造成影响则较小。如果这家供货商每周只送货两次,则会造成仓储设备需求提高,不过,前置运送的节省部分可以贴补仓储成本提高的部分。

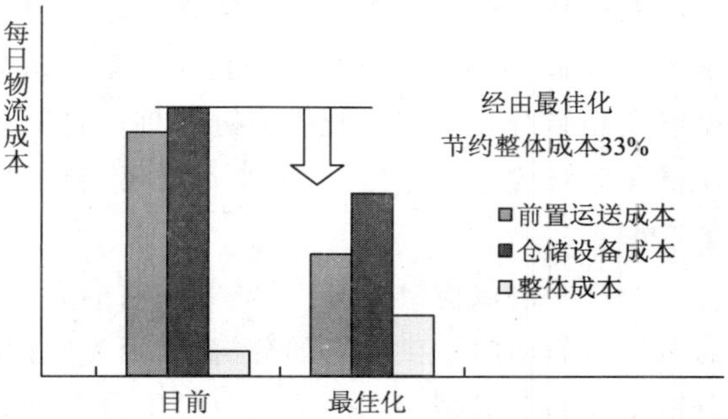

图 4-3-2　宝马公司某厂房送货过程的物流成本

此结果显示,采购过程的物流成本可明显地降低,这项最佳化只与规划的计算法有关,可以很容易地整合到系统里。此步骤只显示物流链管理的第一步,其他部分也具有最佳化潜能。例如:供货商的处理程序及成本,更进一步的是考虑供货商的制造及库存状况。如此,可以降低整个价值创造链上的库存成本,这也是整个物流供应链里提高竞争力的最佳利器。

第二节　西　门　子

德国西门子集团是大型跨国集团,业务范围涉及能源、电子电气、通信技术、医疗设备等。2015 年集团实现销售额 1015.6 亿美元,盈利 72.88 亿美元,全球员工有 34.8 万。

西门子每年在全球采购 130 多个大类货物,价值 400 多亿欧元,超过年销售额的一半。其中,约 230 亿欧元用于采购同工业、能源和医疗技术这三个事业部生产相关"直接产品",即半成品和和零部件;170 亿欧元用于采购集团通用产品,其中信息产品和市场营销产品等"间接产品"采购额为 100 亿欧元。2008 年之前,西门子的供应链是垂直型的,各事业部都有自己的供应链。

2008 年 4 月,集团制定了供应链管理倡议。11 月董事会专门设立了负责供应链管理、可持续发展和全球服务事务的董事一职,由 Babara Kux 女士担任。供应链董事下设管理团队,共有 100 多名员工,其中的高管包括集团三个事业部的采购总经理、工业财务总监、中国地区总裁和英国地区总裁。供应链管理团队分为财务、直接材料采购、间接材料采购、战略和计划以及全球价值采购等部门。供应链管理团队是集团最高采购决策机构，已成为集团新战略的运营核心之一。西门子供应链管理的口号是更快、更好、更具创新和更环保。

西门子没有实行完全统一的集中化采购。集团制定了供应链管理"60-25-20"战略。具体为：

2010 年底前全部采购的 60%实行统一采购，剩下的各事业部门仍有采购权力，但集团内部形成了集约化供应链管理网络，各采购部门相互协作。在新兴市场的采购比例要从目前的 20%提高到 25%。供应商数量要减少 20%。

上述计划正在有条不紊地实施。2009 年 3 月，西门子开始实行供应链瘦身计划。消减了 20%的供应商，即 74 000 家企业。集团认为：供应商应该更紧密地、更早地同西门子的产品开发相结合。集团实施供应链管理后针对间接产品的采购实行了集中采购，集中的订单压低了采购成本。据麦肯锡咨询公司估计，实行供应链管理后西门子采购成本至少降低了 5%。

西门子的供应链中有 1000 家左右的大供应商，它们背后有自己的供应链。这些大供应商可以看作西门子供应链的分链条，因为它们背后又有着自己的供应链。西门子认为：选择分链条要精益求精。当今的竞争已不再是供应商 A 和供应商 B 的竞争，而是供应链 A 和供应链 B 的竞争。

西门子实施全球采购管理基于以下六大理念：

(1)降低采购成本；

(2)促进向当地转让技术和投资；

(3)降低货币汇兑风险；

(4)提高采购安全性；

(5)缩短供应链；

(6)提升西门子全球形象。

西门子的供应链管理战略中十分重视新兴市场，这些国家的市场规模迅速增长。西门子在新兴国家的销售额占全部销售额 30%，但在新兴国家的采购额只占全部采购额的 20%。为了降低成本而增强竞争力，西门子将加大在这些国家的采购力度。中国在此备受西门子青睐，这也是为什么在供应链管理团队中特意吸收中国区总裁的原因。

西门子的供应链管理还重视环保内容，履行企业社会责任。集团到 2012 年底前投资 1 亿欧元打造绿色生产。每年西门子派环境专家检查供应商的环保情况，目标是使供应链每年节能 1.7 亿欧元，降低二氧化碳排放 150 万 t。2010 年西门子开发出一套"供应链的可持续发展"网络教程，所有采购经理必须接受该教材培训。当年西门子的主供应商中有 953 家进行了可持续发展力自我评估。以中国为例，西门子在上海、北京和深圳为中国供应商举办了首届可持续发展交流会。西门子还为供应商制定了一套行为准则(Code of Conduct)，并经常检查其遵守程度。

给中国供应链管理型外贸企业的启示：

(1)作为全球最大的制造业国家，中国不可能永远依靠人口红利走低劳动力成本之路。

况且中国内地面临的外贸环境日趋不容乐观，针对中国"双反"案件不断增多，而且正在从发达国家向发展中国家蔓延。中国的制造业企业要提升产业结构，努力占据全球价值链的两个高端，即研发和销售。中国要努力发展和促进企业的供应链管理和供应链管理型企业。21世纪的竞争不再是单纯的企业之间的竞争，而是供应链之间的竞争。随着全球化的不断深化，企业间正在加快战略联盟的步伐。

(2)大企业要努力优化自己的供应链。要看到随着中国经济的快速发展，我们的大企业已经有实力进行全球采购。我们的企业要培养世界眼光，不能仅满足于接单—生产—出口模式。从前的"两头在外"的加工模式是当时条件下合适的模式，但只能带来价值链最低的部分，已不能满足外贸企业产业升级的需要。大企业要在全球范围内加强对采购、供应商选择、运输配送乃至国外销售商选择等供应链环节的研究，努力整合资源。邮政、铁路、航空等具有天然优势的大型运输企业要努力依托自身优势，建设自己的供应链管理服务部门或子公司，成为优秀的第三方物流供应商。

(3)中小企业要努力融入全球供应链中。对于中小企业，受自身实力所限，最现实的做法应该是找准市场定位，成为本土大企业或者外国企业的供应链中的一环。争取获得长期稳定的合同，从而确保企业获得规划未来发展的基础。

(4)要下大力气关注可持续发展问题。可持续发展已成为世界性话题。跨国企业为了维护自身形象都十分关注环保、节能减排。是否取得某项绿色证书已成为跨国企业选择供应商的必要审核条件。我们的企业一定要加以重视，努力成为环境友好型企业。

第三节　Ostmeier烟草公司

德国Ostermeier KG公司是一个家族管理的烟草批发企业，位于慕尼黑附近的Ottobrunn。自1959年成立以来，该公司一直保持着持续稳定的发展，目前已成为德国第七大烟草批发企业，拥有150名员工(其中包括长期合同工)，为南巴伐利亚(Southern Bavarian)地区提供快速而可靠的烟草批发业务。除了供应1200个零售店、12 000个自动售烟机外，Ostermeier还为烟草商店、彩票销售点、加油站等供应烟草商品(包括烟、雪茄、烟草用品)以及饮料、甜点和电话卡等，产品种类多达2500种。

在过去的几年里，Ostermeier通过几次企业并购和良好的售后服务，营业额取得了快速增长，然而，由于采用传统手工分拣作业方式，原有的仓储设施很快超出了库房吞吐量和业务能力的极限。因此，Ostermeier委托KNAPP公司为其进行仓库改造。

KNAPP的主要任务是通过引入半自动化系统，将Ostermeier现有的库房吞吐能力提高一倍，同时最小限度地扩大库房占地面积。此外，由于税负调整，烟草批发价格频繁变化，有时甚至一年多达数次，因此Ostermeier迫切需要找到一个全面而可靠的方案加以应对。KNAPP电子标签支持下的价格变动系统恰好全面满足了Ostermeier的需求。

一、选择最佳方案

KNAPP 提供的解决方案设计主要围绕两个不同的概念展开。

1. 手工电子标签支持的并行操作方案

在此方案下，全部纸箱从一个点同时发出，分别到达各个分拣站并开始装产品。此方案的优点是，对于平均含 3～4 个纸箱的订单，可以在不同工作站同时处理，并在最短时间内到达发货区；如果在高峰时段某些工作站出现纸箱的堆积，则可以灵活地调配操作员加以解决。

2. 手工电子标签支持的多订单打包操作方案

在此方案下，订单中的第一个纸箱进入分拣站后，如果订单处理过程中还需要更多的纸箱，则这些纸箱会被随时加入后续的分拣站。虽然采用此方法不能打乱纸箱的先后次序（如处理加急订单），但这些纸箱一直在一起并作为一组同时到达分拣区。KNAPP 曾成功地为奥地利 Tobaccoland 公司安装了这套系统，该系统同时采用了一台自动分拣机。

Ostermeier 的项目组倾向于采用第一个方案。

二、主要操作环节

出于经济和环保的考虑，Ostermeier 面积为 1260 m^2 的库房采用可以重复使用的再生纸箱装载物品并出货。

1. 订单导入

空纸箱被集中送到订单作业开始的工作站。发货订单一旦进入 Ostermeier 的库存控制系统，KNAPP 的物流控制计算机便对其进行优先级排序，将特别紧急的订单排到队列前边。一台贴标签机将包含订单信息、发货信息及纸箱尺寸要求的标签贴到纸箱上。智能化的体积计算系统对条烟的尺寸（包括长、宽、高）、存放位置、摆放方向等进行管理，使各种不同种类的纸箱均可以保证满载。

2. 订单拣选作业

Ostermeier 库房分为 11 个拣选主要技术指标：建筑面积为 1260 m^2。品规数为 2500。订单行数为每天约 1 万行。处理商品件数为每天大约 25 000 件。处理箱数为每天约 1000 箱。软件为 Kl. ASSXTMV4. 1。集成解决方案：流力货架库房系统、半自动封箱机。工作站：9 个。手工分拣站：带独立电子标签显示的托盘分拣站 11 个，带独立电子标签的有 70 个通道的流力货架 13 个，带独立电子标签的有 96 个通道的流力货架 2 个。共约 1600 个货位。复核工作站：1 个，位于操作员后边，带导向显示。订单导人工作站：1 个，用于饮料拣选，优化发货标签打印。作业区，其中电子标签拣选区尤其重要，大部分订单都是通过电子标签系统进行拣选的。

Ostermeier 采用的是 KNAPP 的第三代电子标签系统——Kisoft 电子标签系统。该系统是一套独立的以显示装置做引导的无纸化分拣系统，拥有标准接口，可以同任何仓库管理系统配合，显示装置（现代的 LED 技术允许确认键变换 256 种不同颜色）由可调节的总线供电，适应不同场合使用。该系统突出的优势是高度灵活的存储货位适应能力和便于更换的显示装置。在实际使用中,Ostermeier 对该系统非常赞赏。

操作员首先通过个人身份识别码登录对应的分拣站,一个纸箱(其尺寸与将要处理的订单产品相匹配)随即被系统导入分拣站。商品位置显示器醒目的指示将操作员引导到货位,并清晰地显示出应该取出的货物数量(包装类型和件数)。信息传递和信息显示基于红外信号传输,使拣选错误率降低为零。货物取出后显示灯熄灭,标志着分拣完成。整箱和条烟的分拣通过不同的符号显示,进一步简化了拣选过程。

快速周转货物直接从托盘上取货,其中整箱货也可以直接通过输送系统进行传送。

慢速周转货物(如烟草用品)直接存放于操作员员后的静态货架上,显示装置会引导操作员到哪个货位、取多少数量。

自动售货机订单一般要求整箱分拣。在电子标签系统的引导下,操作员直接从托盘上取出整箱货物,放入带铁栅的小车内。

当饮料订单导入系统后,相关的标签信息会以最短的距离进入打印机,打印出标签。标签信息包括品名和存储的准确货位,能够帮助操作员迅速、准确地找到需要的货物,避免浪费时间。操作员到达货位后,从托盘上取出饮料并放入小车即可。

3. 复核、发货

分拣后的纸箱由检验部进行复核。之后,所有纸箱都通过一台半自动封箱机进行封箱,然后就可以发货了。这些纸箱通过几条发货通道被送到待装的货柜旁,由人工按发货目的地分别装入不同的货柜。司机在出发前拿到送货清单。

Ostermeier 公司的项目负责人 Qstermeter 先生和 KNAPP 的密切合作保证了此项目开发和实施的顺利进行。从 2005 年 9 月方案全部确定并开始实施,至 2005 年 12 月初,新仓库已全部建成投入运行。仅仅在三个星期后. Ostermeier 就关闭了一个独立的外围库房,并将其处理的订单转移到新的仓库。

该项目的全部硬件和软件都由 KNAPP 公司设计和生产,这也是项目得以顺利进行的重要保证。在系统投入运行后不久,预期的高效订单处理能力和分拣精度就已充分展现,在同样时间内订单处理能力提高了一倍。

Ostermeier 公司的负责人评价说:“尽管项目实施的时间非常紧,但通过我们的项目组和 KNAPP 员工的紧密配合,最终取得了理想的效果。经过项目启动阶段的适应与磨合后,我们的运作效率很快得到大幅提升。”

第四节　麦　德　龙

麦德龙仓储式超市是将超市和仓储合而为一的零售业态。它省掉了传统零售企业独立的仓库和配送中心,经营中实现了快速补货,保证了超市低成本高效率的运作。仓储式超市与普通超市整体策划设计方面有明显不同。

仓储式超市实际上就是以零售的方式来从事批发业务。超市既是服务中心又是配送批发中心。这种差异化的市场定位使麦德龙成为了专业客户的超级仓库。

绝大多数普通超市的目标消费群是无差异性的，即服务对象是全体普通消费者，消费者短期内的重复购买率高，但每次的购买量不大，多为临时性随机性消费行为。而仓储式超市的目标消费群比较明确，麦德龙针对“有限”客户，即只对工商领域的经营者、群体消费层实行会员制，会员必须是具有法人资格的企事业单位。

麦德龙超市一般不通过大众媒体进行广告宣传，而是利用直邮广告进行促销。它们向所有会员每两周邮递一份“麦德龙邮报”。邮报是一份详尽全彩页的商品目录，介绍了半个月内商品的最新价格、新增商品以及近期开展促销的商品信息。邮报不仅使会员及时了解商品信息，而且帮助企业有效地降低采购成本，提高客户采购的透明性和公正性。

面对零售业内竞争压力逐渐增大，麦德龙不是单纯以价格低廉吸引顾客，而是从商品入手，以独家商品、特色商品及自有品牌商品吸引顾客。在每个麦德龙卖场都有一些诸如奶酪、吉士、黄油、咖啡、咖喱粉等特有的进口商品和一些跨地域的特色商品，如青岛麦德龙是全市最早销售泥螺、腊鸭、糯米藕等南味食品的超市。此外，麦德龙的自有品牌商品除了日常生活用品还涉及五金工具等。

麦德龙公司利用“顾客节”表明企业对小型工商业户的重视，重申以顾客为合作伙伴、与顾客共同发展的服务理念，从而赢得了顾客的好感和信任。2000 年 4 月，上海麦德龙举行的“顾客节”活动，推出了 10 份为工商业户提供具有专业水准的“套餐”——帮助他们选择最适合的商品，让它们“用最少的钱，配最全的货”；这其中有为小型装修队选配所需电动工具和手动工具提供的商品建议清单；有为小型餐饮业准备的各种套餐餐具；有为企事业单位准备的福利套餐商品建议目录；等等。

供应链管理的重要性众所周知，但有时候，企业即便已经在这方面投入巨大的资本和精力，仍然会在市场压力与供应商之间搞得焦头烂额。虽然低价策略是企业竞争中通用的杀手锏，但相同的策略在实际操作中的效果千差万别，有的企业成功扩张，而大多数企业却黯然出局。为什么会产生如此大的差异呢？已经成功进入中国，并极力拓展市场的麦德龙显然深有体会，他们认为：只有清楚地限定你的客户群，才能高效率地利用标准化供应链管理流程降低成本，赢得生存和发展空间。

1995 年，麦德龙公司携自己成功的管理模式和先进的信息管理系统落户上海，并迅速向外扩展。至 2000 年，麦德龙已相继在上海、无锡、宁波、南京、福州、东莞等地开设分店。在一连串的扩张行动中，麦德龙最引人注目的成功秘诀，恐怕就是坚持仓储店的路线，划定自己的目标顾客群了。

电子化商品管理系统是管理物流的关键，有哪些存货、进了多少、放在哪里、卖了多少，只有熟知这些信息，才能对整个经营进行操控，进而控制成本。这是供应链管理的目标之一。因此，有效的物流跟踪与库存控制，是整个供应链在最优化状态下运行的基本保证。据了解，在麦德龙，计算机控制系统掌握了商品进销存的全部动态，将存货控制在最合理的范围。当商品数量低于安全库存，计算机就能自动产生订单，向供货单位发出订货通知，从而保证商品的持续供应和低成本经营。

早在 20 世纪 70 年代，麦德龙的最高领导人之一 Conradi 先生就将信息管理的概念带进了麦德龙的物流管理。麦德龙有自己的软件开发公司(MGI)，从一开始就建立了适合其管理体制的商品管理系统及信息管理系统,因而可以随时对进销存的动态有清晰了解,并及时发现问题,做出快速反应,避免损失的发生,从而能在降低库存的同时提高顾客满意度。

当然,采购预测是影响整个供应链的关键环节,预测的准确性将影响到其他各个环节效率,对成本高低产生直接影响。麦德龙有专门的监督人员检查整个系统,检查订货数量和交货数量是否相符。一般的订货程序计算机根据顾客的需求信息提出采购预测,管理者再根据计算机的预测并参考其他的因素(如季节的变化、促销计划、社会上的大型活动以及整个供应链各个环节的负荷能力等)结合经验做出最后订单决定。

麦德龙的经营秘诀就是所有麦德龙的分店都一个样,这样可以将成功的运作模式复制到每个商场,包括商场的外观和内部布置及操作规则,所有商场实施标准化、规则化管理。这些规则包括购买、销售、组织等各个方面。就像工厂的机械化操作一样,每个人都知道自己要做什么,应该怎么做,规则非常明确。从与供应商议价开始,直到下单、接货、上架、销售、收银整个流程,都是由一系列很完善的规则来控制。而这种供应链管理的标准化掌控正是中国企业缺少的。

据悉,麦德龙的标准化原则以降低成本为最终目标,整个店铺的设计不豪华但很有效率。作为仓储式的配销中心,麦德龙采用的是门店和仓储合一的方式,不但节省了店面投入成本,而且在时间上能做到快速补货。另外,其工业大货架将销售和存货合为一体的设施,使空间上的垂直补货成为可能,适合麦德龙这种大量销售、物流速度快的商业模式,有助于实现低成本高效运作。

麦德龙整个供应链的运作都是由顾客的需求来拉动的,因而,它总是站在客户的角度去思考,提供更加完善的商品和服务。例如:针对中小型零售商、酒店、餐饮业、工厂、企事业单位、政府和团体等,其供应链管理的特色之一就是对顾客实行不收费的会员制管理,并建立了顾客信息管理系统。

麦德龙认为:如果公司不限定客户,让所有人都来,运营成本就要增加,管理难度也将加大。例如:货架上的商品陈列可以一件一件放,也可以一箱一箱放。但如果在货架上摆一箱可口可乐,一件一件地放,要放 24 次。如果一箱一箱地放,一次就够了,而且还可从接货处直接用机器将货品摆上货架。麦德龙针对的是选择那些愿意一箱一箱购买的客户,而不是那些希望一件一件零买的客户。这样可以减少操作成本,进而减少人员成本。

其次,限定了客户群,就可以分析他们的需求,增加他们喜欢的商品,减少他们不需要的商品,从而优化商品的品种。例如:其他零售超市可能需要 40 万种商品去满足他们的顾客需求,麦德龙只需要 15 万种,前者需要的品种是后者的双倍。麦德龙只关注目标客户,知道他们需要什么,因此可以做到有效控制品种数目。否则,公司就需要更多的投入、更多的供应商、更多的洽谈等,这就是成本。从技术的角度讲,限制客户范围可以提高经营效率。

麦德龙的成功可以说是供应链管理的成功。麦德龙更擅长在供应链的客户端获取优势。通过有针对性地选择客户,采用更先进的客户管理的手段,及时有效地了解客户的需求,把握市场的动态,从而为供应链的供应商们提供很多的便利。这种手段使得供应链的管理更有效率,因而反过来又降低了客户的采购成本,吸引和保留了大量稳定优质的客户。

采用现货自运和仓储式超市的模式,分别从销售方面和采购方面解决了运输的问题。

超市不需要额外提供运输力量。商品由供应商根据订单自主运到销售地点,客户自主将采购的商品运走,在采取超大面积卖场的情况下,大量供应链过程中的流转环节被节省下来,自然供应链的效率变得更高。

第五节　Hellmann 物流公司

Hellmann 公司的全称是 Hellmannworldwide Logistics,建立于 1871 年,目前有 6000 多名员工,2002 年就创造了 20.14 亿欧元的总产值,每天周转的货物数量为 36 545 件;2003 年总产值达到 26.93 亿欧元,比上年增加 3.2%。Hellmann 将全球作为自己的活动场所,与世界上最重要的海港、航空港和主要的船运和空运公司都建立了联系,为世界各地的客户提供全天候的服务,形成了全球化的物流网络。Hellmann 公司由一家用马车拉货的小业主发展成为一个在全球 134 个国家设有 341 个分支机构的物流公司,这与公司的经营理念"Thinking ahead,moving forward!(想在前,走在前)"以及严格的管理是分不开的。

Hellmann 在世界范围内除了自己的 109 个分公司外,还有 111 个合作伙伴分布在 125 个国家,仅欧洲各国就有 17 个合作伙伴。

与国际伙伴的合作过程是:货物经过 Hellmann 组织后,通过各种运输方式运到合作伙伴所指定的地点,然后由合作伙伴继续完成到最终顾客的过程,反之亦然。

在德国本土,Hellmann 公司与 17 个合作伙伴有一个联合系统(System Alliance),每个合作伙伴加上各自的分公司在德国范围内形成了 40 个物流服务点。这个 System Alliance 仅仅是针对零担货物,对于大宗货物和整车货物则是直接采取"门到门"的服务方式。System Alliance 中有 600 多辆车为之服务,运输及工作人员有 10 000 多人,2002 年这个系统周转的零担货物为 1000 万件,超过 200 万 t;2002 年的产值为 50 亿欧元。此系统的运作特点为:

(一) 合作伙伴使用统一的货物信息处理系统

通过这个系统可以随时查询有多少货物何时到达何地,以便及时做好运输组织工作。货物到达后再继续发送到所在城市周围的最终顾客。这样既节省了时间,又避免了空驶。

(二) 制定统一的服务质量标准和惩罚措施

货物的快捷性、可靠性、安全性和成本最低是物流公司给客户的承诺。Hellmann 及其合作伙伴为客户提供诸如特快专递、定时服务等多样性的服务,如果服务承诺失败,那么有过失的合作伙伴就要承担罚金。

System Alliance 的最高管理人员便是每个合作伙伴的高级决策人员,由他们把握合作的动态与方向。系统成员的增加与否必须征得所有成员的同意,每个成员公司必须严格遵守系统的游戏规则。

Hellmann 公司采用富于创新的方法和技术为客户的产品提供个性化的解决办法,不管是后勤方面的特殊要求还是其他方面的要求。例如:为纺织品生产商量身定做了纺织品运输设备，使纺织品能够顺利地从生产地直接运往销售地；为汽车生产商提供可靠的全球性运输途径，从而确保货物及时发运，使来自各地区的零件顺利组装成汽车；另一个强项服务是保鲜产品的运输，这项服务将确保物品以新鲜的面目到达目的地，使顾客对产品质量保持满意。Hellmann公司的服务领域涉及海运、空运、汽车运输以及多式联运等，服务因而也多样化。例如：在欧洲范围内，货物48 h内到达，零担货物、配送业务实现门到门服务；在德国本土内，原则上是24 h内到达，比如专递和快件运输。具体还有10：00、12：00、Next Day服务、固定约定时间服务、取货服务、星期六服务、货到付款服务等。

Hellmann公司的顾客分布在世界各地，把产品通过各种运输途径最优化地运到顾客手中，是Hellmann的最终目标，做好物流链中运输环节的组织工作也是其核心业务所在。

（三）运输的最终环节实行外包，减少了管理费用

Hellmann公司虽然将货物组织得井井有条，但却没有自己的运输工具，而是将货物外包给一些运输业户。

就汉堡分公司来说，短途运输业务，全部由十家运输业主来承担，大约有100辆货车，每天中转的货物约有5000件；长途运输业务，没有固定的合同运输业户，可以随机联系其他车主，也可以从货运交易所找车。

（四）采用多式联运，实现成本最低

汉堡分公司每周有1～2次的货物运往意大利的米兰，但并不是直接用货车运往目的地，而是通过货车运到一个名为BILLWERDER的公铁中转站，然后通过火车运往米兰的公铁中转站，最后由合作伙伴在米兰接货。这样做可使运费节省20%以上。

（五）运用Hub原理，提高了车辆的实载率，节约了资源

Hellmann总部在Osnabrück，交通非常便利，有高速公路、运河以及铁路，为了提高车辆的实载率，把离德国北部各大城市距离相当的小城市－Lehrte/Hannover作为一个Hub，各个分公司或者合作伙伴把零担货物运到这个城市的货运中心，然后按照不同的方向重新统一组货，这样不但减少了空驶行程，也减少了出勤车辆，大大地节约了运输成本。

Hellmann的仓储系统很完善，汉堡分公司仅中转仓库就有14 536 m^2，普通仓库有20 000 m^2，可以装14 000个托盘。中转仓库除了有高价值商品保护区外，还装有自动监控系统，使货物的安全有了很大的保障。

总部Osnabrück的物流中心，不但有普通仓库和货架仓库，还有中转仓库和全自动的高架立体仓库。中转仓库的中心设有环型轨道，而且设有自动装置，搬运机器可以载着货物顺着轨道自动行走，按照货号和分类进入不同的区域。这种流水线式的货物运送方式大大提高了效率和减少了人工费用。

全自动高架仓库长134.38 m，宽23.15 m，高35.9 m，它的装载能力为14 790个托盘，有5个高架服务台，120个引导器，每小时可以处理200个托盘，全部是无人化操作。这些自动化的仓储系统为Hellmann多样化服务做好了后勤准备，也赢得了许多稳定的大客户，如Philips DAP、PhilipsCE、Kraft Foods等。

Hellmann公司的IT软件开发人员，既有渊博的物流知识又有高超的信息技术，人脑和

电脑的完美结合，使 Hellmann 用自行生产的软件所控制的后勤管理中心向客户提供了全方位的服务。其软件包括档案管理系统、条形码解决方案系统、数据传输与下载跟踪服务系统等。

Hellmann 网络与 Internet 的连接，确保客户能享受全面、快捷和不间断的通信服务，能随时了解货物在运输过程中的准确位置，即所谓的"tracing und tracking"。

自身的呼叫中心也控制着客户的交易，从咨询服务到项目实施，为 Hellmann 公司的员工提供统一渠道的电子商务和后勤服务。

Hellmann 公司带给我们的启示：

(1)建立企业联盟，加强企业间的合作是物流企业发展的有效模式。21 世纪是物流全球化的时代，企业间的竞争十分激烈。要满足全球化或区域化的物流服务，企业规模必须扩大以形成规模效益。结成战略联盟是物流企业运作的一个比较实际的模式，在德国的物流业中已经非常普遍。这点是值得我们借鉴的。

(2)个性化和优质化的服务是物流企业发展的目标。随着消费多样化、生产柔性化、流通高效化时代的到来，社会和客户对物流服务的要求越来越高。好的产品在规定的时间、规定的地点、以适当的数量、合适的价格提供给客户，将成为物流企业优质服务的共同标准。物流成本已不再是客户选择物流服务的唯一标准，人们更多注重的是物流服务的质量。

(3)做好物流链的组织工作是第三方物流的核心业务。企业要根据发展规划，给自己的核心业务做好定位，不要胡子眉毛一把抓，结果什么都做不精，使产品缺乏竞争力。

(4)不断采用新的科学技术，改造物流装备和提高管理水平，只有这样才能提高作业的效率，实现产品的规模效应。

(5)政府出资建立信息平台，企业在这个信息平台的基础上，采用统一的信息标准建立自己的信息处理系统。

(6)完善的基础设施建设是物流发展良好的基本外部条件。高速公路、物流园区等基础设施的建设最好由政府牵头出资建设，政府可以通过租金等其他方式来回收资金。

(7)政府针对物流的发展制定一些有利于实现"绿色物流"的相关政策是很必要的。

第四章　德国城市供应链实践

第一节　德国金融中心和空中门户——法兰克福

法兰克福在德国人口最多的50个大城市的经济活力排名中位居首位，在生活水准排名中居慕尼黑和斯图加特之后列第三位，德国最大的100家工业企业中有20家总部设在法兰克福。法兰克福是德国最重要的铁路、公路和航空交通枢纽，法兰克福机场已成为全球最重要的国际机场和航空运输枢纽之一。除化学、电子、机械、医药工业外，第三产业如交通、金融、会展事业更是蓬勃发展。法兰克福的城市供应链通过金融、会展发展吸引人气，带动交通枢纽的形成，同时依托当地特色的化工、机械、医药产业，拓展专业供应链。

一、法兰克福机场带动城市供应链发展

法兰克福机场是德国最繁忙的机场之一，2013年旅客吞吐量达5804万人，同步开发了两大机场货运城：北城为汉莎航空与整合服务商专用，南城为其他客户（货代、3PL等）服务，业务量占法兰克福货运业务量25%，客户包括来自65个国家的超过80家航空公司。法兰克福物流园区所提供的主要服务功能包括：房地产及设施管理、零售管理、信息及通信（提供机场信息技术服务解决方案）、物流（进出口货物运输，仓储，报关，快递，提供贵重、危险、易腐货物仓储及处理、相关咨询服务），以及航空地面服务。在法兰克福机场附近100个足球场大小的一片土地上，是法兰克福货运城，总面积达1.49 km^2，聚集了80家航空运输公司，100家运输服务公司专业从事物流服务。由北向南，至今货运已发展成为南、北两个货运城，面积各为0.98 km^2 和51 km^2。2015年，货运城的货物周转量达到274.5万t。

二、集中发展化工供应链

化工产业是法兰克福的传统支柱产业，境内拥有占地1136.7英亩（4.6 km^2）的法兰克福-赫斯特工业园，园区约有2.2万名一般工作人员和4000多名研发人员工作，80多家化工、生命科学和生物技术领域的企业在此扎根，园区研发制造的产品设计制药业、基础和专用化学品、食品添加剂、涂料、塑料、农作物保护等多个领域，同时配套提供能源供应、设备管理、技术维护、物流、教育培训、环境保护等全方位服务。园区通过资源共享和运输管线互通的产品流，吸引了多家全球著名化工企业。

三、创新拓展医院物流

自2003年德国实施按病种结算以来，保鲜公司只根据诊断病种目录结算，医院想要盈

利，就必须压缩成本。在这种压力下，医院开始优化业务流程，将非核心业务，即非医疗及护理部门的业务部门独立经营或者外包给专业公司，以节省物流投资。在医院的三大主要流程——人流、物流、信息流中，医院物流是最难于管理的一类，但同时是节约成本潜力最大的部分。特别是在采购业务方面，80%的医院加入“采购联盟”，形成合作关系，以稳定和压低采购价格。越是小型医院，物流业务外包或合作的比例越大，区域化的采购供应正在逐步形成。药品、耗材、办公用品等库存型物品一般由外包商负责运送到医院的物流集散站，再由集散站分发到各临床科室。器械、清洁、洗衣及膳食等基本外包给专业的物流级服务公司，专业公司按照法律规定要求必须取得相应的资质证书以保证服务质量。对于危险品或对环境有害的物品物流，采用符合环保及劳动安全的特别流程收集。

第二节　德国西北部中心城市——不来梅

不来梅是德国最小的一个州，占地面积 404 km^2，人口约为 68 万。作为德国西北部的中心城市，不来梅以食品加工、航天航空、物流航运、汽车制造、贸易和风电等行业为支柱产业，在城市供应链发展方面，不来梅起步较早，建有德国最早的物流园区，同时依托德国汽车行业的优势，大力发展汽车供应链。

一、拥有德国起步最早的物流园区

不来梅物流园区是德国起步最早的物流园区，占地仅 1 km^2，但是投入产出比为 1∶6（投资 1.02 亿欧元，而实现的效益为 6.1 亿欧元），而且牵动了 1/3 的人口从事与之相关的工作，吞吐量高居德国第二、欧洲第四，成为德国物流园区建设的典范。

1986 年，六个入园企业成立了不来梅物流园区管委会，为园区内企业提供多种服务，如代理危险品检验、集体采购能源等，兴建有综合服务中心、维修站、加油站、餐厅、培训中心等。管委会是一个责任有限公司，目的不是盈利，而是代表这些成员的利益。管委会还进行了许多项目，如不来梅城市物流、园区内企业合作、远程信息技术平台等。不来梅物流园区拥有五大特色：专用通道的设计、企业的集群效应、城市物流的基础、能源的高效利用、技术和服务的创新。

二、拥有世界领先的汽车供应链系统

不来梅物流集团公司（BLG）是德国目前最有名的专业汽车物流公司之一，从事汽车在不来梅港的转运业务。不来梅港是年周转量达 160 万辆汽车的港口，欧洲汽车生产商主要通过不来梅物流集团公司的口岸把汽车船运至美国和东亚；所有从亚洲和美国进口的汽车也首先来到这里。每年大约有 1500 艘汽车运输船到达口岸，通过不来梅港装船的汽车有戴姆勒-克莱斯勒、宝马、福特、大众、奥迪、保时捷、欧宝等。

不来梅汽车物流公司广泛采用了标准化、系列化、规范化的运输、仓储、装卸、搬运、包装机具及条码技术。在整车运输方面，采用门到门桥运车、铁路专用车和水运滚装船多式联运

的方式进行，运输车辆和包装全部标准化。

三、建立有完善的食品保鲜供应链体系

食品加工也是不来梅的支柱产业之一，不来梅拥有先进的食品保鲜和包装技术，无论是肉类、鱼类，还是蔬菜、水果，从产地或加工厂到销售网点，只要进入流通领域，这些食品始终处在一个符合产品保质要求的冷藏链的通道中。在流通体系的各个环节上，食品安全检验和对保鲜运输的技术要求同样严格，政府通过完善的立法、严格的监督、严厉的惩罚等措施担当农产品市场的"铁面裁判"。

撰稿人：吴请一　北京科技大学物流研究所教授、博导

翁卫兵　浙江科技学院副教授、浙江省食品物流装备技术研究重点实验室副主任、博士

参考文献

[1] 驻汉堡总领馆经商室. 德国促进现代物流经济发展的做法及启示[Z/OL][2012-12-23]. http://shandong.mofcom.gov.cn/aarticle/sjdixiansw/200601/20060101313872.html.

[2] 魏雪玲. 德国物流发展现状[J]. 铁道经济研究，2007，2(76)：44-45.

[3] 刘一. 德国的农产品保鲜物流体系[J]. 中国包装，2012，2：22-23.

[4] 魏海英. 德国 Hellmann 物流公司的做法与启示[J]. 交通标准化，2005，10：146-149.

[5] KNAPP 公司. 国 Ostermeier 烟草公司的物流改善[J]. 物流技术与应用，2008，10：54-56.

[6] 黄坤兵. 德国不来梅物流集团公司汽车物流介绍[J]. 铁道货运，2007，11：44-46.

[7] 荣方. 德国现代物流的基本特征[J]. 物流技术，2007，4(26)：127-128.

[8] 李秀云. 德国邮政：扩张战略网罗世界物流[J]. 物流技术，2006，1：97-98，107.

[9] 张荣忠. 大众汽车的供应链管理之道[J]. 物流技术与应用，2006，8：96-97.

[10] 吴菁. 德国医院物流发展综述[J]. 中国医疗设备，2009，10.

[11] 牛鱼龙. 欧洲物流经典案例[M]. 重庆：重庆大学出版社，2007.

第五篇　日本供应链国家战略

第一章　日本供应链管理整体情况

第一节　日本供应链管理基础

一、日本现代物流的发展历程

日本物流的概念是 20 世纪 50 年代从美国传入的。1956 年日本生产本部组派了首批“物流专业考察团”到美国各地考察。在考察报告中首次引用了 PD(Physical Distribution)这一科学概念，后译为“物的流通”，被日本产业界普遍采用。

第二次世界大战后，日本经历了一个由重生产轻流通到重物流、发展物流的转变过程。20 世纪 60 年代是日本的经济恢复时期，此时物流的发展主要是指运输业的发展。在这之后，日本经济向成熟期进行转换，进入了多频度、小批量、多批次的货物流通的需求阶段。在这一情况下，实现更有效率化、战略化的货物流动是非常有必要的，这是日本面临的重要课题。物流的合理化和效率化，对日本企业的经营也产生了很大的影响。

20 世纪 60 年代到 70 年代前期，是日本经济高速发展同时也是物流业飞速发展的时代，商品流通量大大增加。日本在这一时期开始在全国范围内开展高速道路网、港口设施流通聚集地等各种基础设施建设。与此同时，各企业也开始高度重视物流的重要性，积极投资物流体系的建设，并且建立了相应的专业部门来配合这一计划的执行。为了解决仓库不足，出入库时间长、货车运输欠缺、大量生产的产品无法顺利流向市场等问题，开始广泛使用叉车等机械化装卸设备和自动化仓库，灵活运用托盘和集装箱，实现货物单元成组装卸。同时，建立物流中心，积极推行物流联网系统，开发物流软件。

1964 年，日本通产省为了降低产业总体成本，开始推动除生产、销售费用之外第三种成本即搬运、保管、包装等物流成本的削减。产业构造流通部设立了专业的流通委员会。日本还把“物的流通”视为一种包括运输、配送、装卸、仓储、包装、流通加工和信息传递等多种活动的综合行为。1970 年，日本同时成立了日本物流管理协会和流通协会，开展全国和国际性的物流学术活动。

大和运输公司开始了宅急便的业务以后，对“物的流通”的概念进行了省略，界定了“物流”这一新的概念。在日本高速经济成长期，实现了连接大量生产和大量消费的大量流通的高效化。同时，企业为了扩大利润，必须依靠以下三个利润源泉：第一要提高销售额；第二要降低生产制造成本；第三要降低物流成本。

20 世纪 70 年代后期到 80 年代前期，由于出现了石油危机，日本开始采取各种措施节约能源和资源。同时，为了与工业标准化相适应，日本还建立了物流标准化体系，成立了配送中心，实现了仓储自动化。日本把物流作为战略性经营管理之一的“现代物流”的概念开始使用是在 20 世纪 80 年代。现代物流是基于市场竞争的激烈背景下，为了满足客户各种需求，而进行企业的市场经营战略，从市场战略的角度对企业进行经营管理。

20 世纪 80 年代以来，日本的生产经营发生了重大变革，消费需求差异化更加明显。日本经济进入了以消费为主导的时代。虽然物流量大大增加，但由于成本的增加使企业利润并没有得到期望的提高。因此，降低经营成本成为经营战略的重要课题，降低物流的成本更成为其重要内容，物流合理化与最优化是这一阶段的主要特点。在销售竞争不断加剧的情况下，物流服务作为竞争的重要手段在日本得到了高度重视，这表现在 20 世纪 80 年代后期日本积极倡导高附加值物流。但是，随着物流服务竞争多样化，高昂的物流成本已成为这一时期的特征。

20 世纪 80 年代后期，在物流管理政策上，日本政府开始公布《物流成本计算统一标准》等政策，对于推进企业物流管理有着深远的影响。企业和政府的共同努力，使物流管理得到了飞跃性的发展，也使日本迅速成为物流管理的先进国家。

进入 20 世纪 90 年代后，日本的物流业进入国际化时代，建立了物流信息网络，加强了物流的全面质量管理，实现了物流的高效率化。日本物流产业在经过了运输、物流、现代物流的发展战略时代后，进入综合物流的时代。综合物流业发展较快，如大型的综合商社都具有物流配送功能，汽车运输业主也属于大型运输公司。日本的物流观念虽然引入较晚，但发展迅速，并形成了自身独特的管理经验和方法。

二、日本供应链与第三方物流的发展

20 世纪 90 年代，在日本，随着信息化和经济全球化的发展，对制造业的供应链管理(SCM)、放宽进入物流市场的管制以及以业务外包为背景的第三方物流(3PL)等内容的关注普遍提高。

供应链管理是从原材料的采购到最终末端客户的配送等一系列货物位置移动的过程中，在生产制造者和物流企业之间所建立的一个网络系统。它把生产制造者和物流企业之间的物流、信息流、资金流有机地连接了起来。可见，供应链管理要比现代物流更为广泛。

供应链管理与现代物流的差异主要表现为：现代物流仅仅是企业内部的优化，在多变的市场环境中，还有很多不足之处；供应链管理基于各企业之间，即使在零售业出现小的需求变动，也会把大量信息传递给制造业、批发业。这一现象被称为“冲压效果”(Bull Whip Effect)。另外，随着信息化的推进和发展，以生产制造企业为中心，形成了供应链管理。

物流是针对运输、仓储等单个独立的物流活动进行部分优化。现代物流是从企业原材料的采购到商品的销售整个生产经营过程中，对企业的各个物流环节和功能，以整体优化为目标进行管理。而供应链管理主要是在商品的整个流动过程中，对各个相关企业以实施一体化为目标，进行整合。可见，物流是实现各项功能的优化，现代物流是实现企业整体物流的优化，而供应链管理是实现很多企业现代物流的优化，这是三者的区别之处。

日本在 1990 年引入供应链管理之后，几乎是在同一时间，对第三方物流也开始关注起来。日本工业规格(JIS)对第三方物流的定义为：既不属于货主企业，也不属于物流企业的第三方企业，为货主提供现代物流的代理服务。有些第三方物流公司即使没有仓库、运输车辆等基础设施，但是只要拥有使企业经营可以运营的技术，就能够以信息系统和业务改革为中心，制定中长期管理目标及改革方案，以实现改善利益分配的目标，对货主企业提供一体化的外包服务。

从20世纪90年代开始，随着美国第一次出现了第三方物流，这一新的物流服务模式也进入日本的物流市场中，并被称为成长最快的第三方运营模式。这主要基于以下两个背景。

第一，放宽了进入运输市场的条件，使得物流企业之间的竞争进一步激化。

第二，货主企业为了回归到核心业务中，必须把物流进行外包，外包的情况越来越多。

实际上，日本在1990年以后，一方面从卡车运输业开始，在运输行业放宽了进入市场的条件，很多新加入的企业不断进入物流市场中，使得竞争越来越激烈，并开始设定弹性运费。另一方面，作为货主企业，为了提高企业的竞争力，要把各种经营资源、管理资源都放到核心的、有潜力的业务中。此时出现“选择和集中”的企业经营战略，使货主企业把业务回归到核心业务中的趋势逐渐加强。对于其他业务采取了外包模式，包括物流业在内的外包模式得到了普遍推广。

从某种程度上讲，库存量决定了企业的发展存亡。日本的企业认识到，今后企业的发展方向就是要解决库存问题，它们对库存问题都有一个更深入的认识，并把追求零库存作为企业物流管理的最高境界。日本丰田公司从20世纪60年代开始追求零库存，零库存也是丰田汽车发展成为世界一流企业的原因之一。丰田公司的经营者坚决不搞库存，充分认识到了零库存的好处，同时认为零库存可以帮助及时发现丰田公司存在的问题和市场需求的导向。

另外，自1973年第一次石油危机后，零售企业为及早发现适销商品和滞销商品，极力减少库存，推行无库存经营。为避免商品过时，在经营上致力于向生产厂家采取小批量、多批次的订货方式，大力压缩了储备库存，创造了新的市场，促进了销售物流的发展。此外，物流信息系统的发展对零库存产生了很大的影响，这也是形成多品种、小批量物流的原因之一。

近年，在日本的物流领域里，宅急便的服务范围逐步扩大，服务内容也日趋多样化，从小包裹的运送到搬家服务，甚至处理家庭废旧物品，都是宅急便的服务内容。日本宅急便业务量是邮局邮递小包裹总量的五倍。

目前，日本货运总量一直在减少，而宅急便的业务量却在不断增加。随着全方位的第三方物流的发展，日本宅急便将进入新的竞争时期，特别是三大宅急便企业：大和、佐川、和改制为民营化的邮政公司，相互之间的竞争将会更加激烈。

在日本，第三方物流有两个特征：一是向货主提出物流计划方案；二是统一接收物流业务委托的企业形态。选择第三方物流是制造业发展的内在要求与必然结果，那就是物流集约化带来的好处——成本最低化与质量最优化。目前，日本企业物流成本还有下降空间。另外，日本还以法律手段促使制造业与物流企业节能，这将有助于加快发展第三方物流。

日本供应链管理成为了商品开发和需求创造的管理模式，是企业经营战略高级手段。其最大特征就是采购、生产、销售三位一体信息共享，准时化，无库存，即丰田公司的“看板生产”。要构筑供应链，信息共享是前提条件，包括市场销售的价格、产品的成本等，这些在单个企业中都可能是商业秘密，而在供应链联盟企业中，都要进行电子数据交换，因而不再是秘密。

三、日本商流效应的问题

在研究现代物流时，首先要考虑的一个重要内容，就是商流的问题。商流，是分析和研究物流的一个重要环节。

以前，在日本普遍认为，物流就是货物从生产到消费的整个流通过程以及在该过程中进行的包装、装卸、搬运、运输、仓库保管、流通加工、信息处理等一系列的整体活动。

但是最近几年，不仅仅是由于信息化、经济全球化的发展，而且由于运输手段的发展，改变并解决了很多物流问题。现在日本的物流活动，在某种意义上说，存在一个战略性的经营管理的含义，即现代物流。

从商流到现代物流，或是对现代物流的研究以商流(Marketing)为出发点进行，就称之为“商流·现代物流”。但是，对于商流和现代物流，不应该仅仅分析其功能的不同。21世纪之后，普遍认为要通过供应链管理等市场机制，对商流和现代物流进行合并和统一。并且，这一观点已经变成主流。下面，就此问题进行说明。

最近，在日本关于传统商流效应的问题引起了关注。为了提高企业的竞争优势，要通过建立国际品牌、树立企业形象、依靠广告策划和价格竞争等传统的方法，但是，这些都属于传统的商流战略。今天，在变化多端的市场中，要创造出有魅力的商品，仅仅依靠价格竞争、广告策划等是远远不够的。应根据顾客的需求，提供高水平的服务，特别是形成了宅急便等快递服务的新的发展趋势。

其结果，为顾客提供服务的很多产业都成为了竞争的主要领域。不仅仅在服务敏感的消费市场，在工业市场也出现激烈的竞争。特别是“时间(Time)”已经成为了在竞争过程中极为重要的因素。在所有市场中，对于短时间、快速反应的要求越来越高。在市场竞争中，“时间就是金钱(Time is Money)”，在商务的领域已经常被人们引用。

总之，20世纪60年代初期，商流的影响力不断下降以后，包括日本在内的世界市场环境发生了很大的变化。主要原因包括：第一，出现了挑剔性消费的顾客；第二，由于产品差异的不断扩大，增加了技术难度；第三，由卖方市场向买方市场转移；第四，伴随着供给过剩，价格竞争进一步激化等。

四、日本重视现代物流业发展

在商流的影响力及效应不断下降，现代物流效应在满足顾客的需求和降低成本等方面产生了较大影响的背景下，日本开始进入重视现代物流业发展的时代。企业重视现代物流业的主要原因包括以下几个方面。

第一，现代物流可以为顾客提供低价格高质量的服务，还可以提高企业的竞争优势。

第二，现代物流可以削减企业的库存量和缩短作业时间，可以降低企业的经营成本。

第三，由于产品的多样化，通过现代物流的优化，可以扩大物流的需求。

第四，信息技术(IT)推进了物流的合理化和效率化。

第五，基于地球环境可持续发展，特别是随着现代物流领域二氧化碳的排放量的增大，现代物流可以改善地球变暖等环境问题。

也就是说，现代物流的目标，是以最小的成本提供最好的顾客服务。不过，实际上，既提供最好的顾客服务，又使用最少的物流成本，二者同时实现是很困难的。其原因，主要是优质的客户服务、快速的配送、大量的库存、柔性的备货、退货自由等服务，都是造成物流成本上升的主要原因。与此相反，如果用最小的物流成本，会出现配送的延误、少量的库存、大量的出货单等问题，结果引起顾客服务水平的下降。

因此，现代物流的目标，应该是以最小的成本提供目标水平的顾客服务。在各自的市场范围内，必须要设定各自的服务水平的目标。企业的最终目标是：不仅要追求营业额的增加，同时还要确保利润的实现。目标被设定后，企业为了达成目标，必须构筑合理的现代物流系统，以实现成本的最小化。

进入21世纪以后，经济全球化得到进一步的发展。具有国际集成特征的、大型的、综合物流服务企业得到了迅速发展。

但是，在不断发生变化的国际市场中，通过企业的合并和兼并(M&A)、企业间的协作等方式，形成了国际综合经营模式。根据这一经营模式，在国际经营方面建立战略合作伙伴关系是否有效，今后发展的过程中还需要进一步考证。

在日本物流领域中实施企业整合、战略联盟的速度加快。但是，在国际综合竞争方面，日本的国际综合竞争力的发展比欧洲还是晚了一些。另外，亚洲的日本、韩国、中国在物流领域中的合作、协作、竞争的关系也非常重要。

第二节　日本供应链管理外部环境变化

一、日本经济与物流需求的变化

以1964年东京奥运会为契机，日本经济出现高速增长。从1973年第一次世界石油危机以后，日本的GDP不断增长，可是国内货物运输量的增长趋势却相对停滞下来。这是由于在第一产业、第二产业的就业人口不断减少，而第三产业的就业人口相对有所提高造成的。正是这种产业结构的转换，使得制造业的比重出现了下降，而信息产业及服务业得到了发展的机遇与空间。另外，日本企业不断进入海外市场，也推进了这一转换的发展。

20世纪80年代末，日本的经济发展速度呈现下降趋势，到1991年的泡沫经济的破裂后，GDP出现了负的增长率。从90年代初到现在，经济增长率基本维持在2%前后。出现这一现象主要有以下几点原因：

第一，日本国内的需求不断下降，个人消费也处于停滞状态；

第二，由于日本国内市场的需求不足，企业在国内的投资积极性不高，造成了到价格相对低的海外进行投资；

第三，在经济高度发展时期日本政府对公共设施进行了大量投资，使得需要投资的空间越来越小；

第四，日本政府在不断减少公共设施建设上的投资，使整体经济基本处于停滞状态；

第五，日本社会随着人口老龄化的到来，人口数量开始下降，消费空间将进一步缩小；

第六，当一国经济已进入成熟发展期，出现这种情况是经济发展的必然规律。

日本经济还是靠国内需求来拉动的。从经济贡献度来看，特别是民间需求在很大程度上决定了GDP的增长。当日本的国内需求增长在2%以上时，经济出现正增长的情况较多。

物流需求是伴随生产、消费、投资等一系列经济活动而产生的一种派生需求。因此，国内的货物运输量与经济发展应该是按一定比例同步进行的。第一次石油危机以前日本在高度经济增长时代，日本的国内货物运输量与GDP增长速度维持着一种平行关系，物流增长与经济增长是同步的。1973年石油危机之后进入低经济成长时期，二者的变化发生了差异。产业结构由重厚长大变为轻薄短小，物流量增长速度变缓。在20世纪80年代，日本的经济结构变为内需主导型，物流产业的环境也发生了重大变化。由于扩大内需，日本国内的生产及消费都很活跃，物流量开始增加。物流活动所需要的各种因素以及产业构造的软件化、服务化有所提高。另外，由于消费者的生活方式、价值观的改变等原因形成了日本国内需求结构的变化，在这一时期服务需求的增长又形成一种新的物流需求，带动了物流量的增加。而后日本受到了1991年的泡沫经济影响，日本的物流业为满足多批次、小批量和JIT等高物流服务需求而提高了运输费用，另外也由于商品多品种化和商品生命周期缩短等因素造成了库存费用上升。此外，地价上升造成的物流中心的投资费用增多，再加上道路混乱造成了公路运输的效率下降，使物流成本上升，造成物流量下降，物流企业的经营出现了重大问题。1984—2004年平均经济增长率为2.5%。由于产业结构的不断变化，小、轻、薄等高附加值产品的市场需求不断扩大，随之货物附加价值也不断增大。另外，随着产业结构的调整，高科技技术产业、现代化制造业、服务业也得到了发展。而原材料加工等初级产业的比重在不断地下降。使得日本近年货物运输量的增长率比GDP增长率低了2.5个百分点。

当经济环境处于高度经济增长期，不管生产什么样的产品都可以销售。这一时期，企业的销售额直线上升，形了卖方市场，物价不断上升，进入了通货膨胀阶段。但是而后，日本市场需求下降，买方与卖方进入了对峙阶段，进入泡沫经济时期。由于房地产价格的异常升高，使得价格达到市场的最高承受价格，最终导致泡沫经济破裂。此后，各生产制造企业加快了产品的开发，供给量上升，引发物价下跌，销售额下降，进入了卖方主导的低成长期。2007年以后，除了一部分商品以外，需求量处于急速下降阶段。2008年，由于雷曼兄弟破产引发的全世界金融危机，生产制造企业的销售额大幅下降，破产企业不断增加，导致了日本GDP总量的减少。

高度经济增长期，即使销售额不变，企业的利润也会不断扩大、增加，因此当时对现代物流的意识相当薄弱。企业的物流成本只占销售额很少一部分，物流模式主要以少品种、多批量为主。在进入停滞期及低经济增长期时，各企业对物流成本及物流管理的关心程度不断上升。在此期间，消费者的价值观也不断发生变化，出现了多样化、复杂化消费模式。对有形的产品及无形的物流服务从数量上的要求向质量上的要求进行改变。从低经济增长期进入负经济增长期后，对物流效率、能源环境的重视程度不断上升。因此，物流服务模式也向多品种、少量化进行转变。在高经济增长期，在使用的托盘和周转箱中，所配送的货物以少品种为主。而现在，托盘和周转箱所配送的货物向着多品种的方向转变。

总之，日本经济与物流需求是紧密相关的。一般来说，国内货物运输量与经济增长的变动是一致的，或者是有些滞后于经济发展。近年来日本经济虽然有些回升，但从总体上看还处于停滞状态，国内物价水平也在一直下降，一些产品的市场价格有所降低，对于国内的企业来说，这就意味着所获的利润空间在逐渐变小。所以很多企业都通过发展现代物流来降低生产成本，扩大利润空间。随着日本各行业的竞争越来越激烈，市场的利润空间也越来越小，尤其是生产制造业，都认识到了物流的重要性，也非常重视企业自身的物流发展。

二、日本现代物流及供应链环境变化

近年，日本经济正在以东亚为中心向全球化方向发展，企业的采购、生产制造、销售活动正在向日本国土以外的方向扩展。日本已经深刻认识到：作为世界生产的节点，作为巨大的消费市场，以中国为起点的亚洲区域正在急速成长。日本与这些区域的相互依存关系正在不断加深。

由于日本国内经济的低迷，日本的企业身处严峻的环境之中，在努力削减成本的同时，还要尽力满足消费者的低价格要求。随着企业改革的推进，经营资源向企业的核心部分集中的同时，通过外围业务的外包以及供应链的调整，企业的经营效率得到显著提高。

随着消费者需求的多样化以及互联网的普及，消费者的生活方式发生了很大的变化。与此相适应，日本的物流系统也正在发生巨大变化。从生产、流通、消费等各个方面对库存管理提出了更高的要求。同时，在道路交通方面，通过道路交通信息系统的普及，交通阻塞得到缓和，信息技术正在得到有效应用。

2005 年，京都协议书的正式生效，使控制有害气体的排放成为当务之急。同时，城市中卡车等运输工具排放的有害气体对大气的污染正在加剧。在日本，制定什么样的政策使得企业更积极地进行改善也成为首要课题。此外，如何有效利用有限的能源，实现循环型社会也成为不可忽略的课题。

随着国际形势的变化，以防止恐怖活动为中心的安全强化变得重要。与此同时，因为安全强化手续的严格，货物的发货时间以及成本相应增加，对物流的效率化产生影响。此外，食品的安全问题也成为课题。

此外，日本社会少子化和高龄化等社会现象的出现，使社会环境发生了很大的变化。物流系统正在向机械化、自动化、信息化等节约型物流系统的方向发展。同时，随着东亚经济圈的发展以及信息技术的进步，物流无论在质的方面、量的方面以及途径方面都会发生很大的变化。随着日本国内人口的减少，投资力和经济力都会随之下降，因此提高社会效率成为日本的重要课题之一。

日本经过战后的 70 多年，经济发展经历了高速发展期、低速发展期等不同阶段，与此相对应日本的物流产业也相应地发生了变化。日本经济的变化是直接影响物流产业及交通运输构造变化的主要原因，产业结构的变化也决定了货物的构成、运输手段的分担率及物流需求、向社会提供的产品品种数量，因而在不同经济发展阶段，商品流通中所形成的物流系统也有很大的差异。

第三节　日本供应链管理存在的问题

目前，日本物流主要存在以下六个方面的问题：一是地区适用性，二是环境适用性，三是国际适用性，四是战略适用性，五是管理适用性，六是理论适用性。这六个方面的问题也即日本现代物流所要探求的六个适用性。

这些适用性可分为与国家层面紧密联系的社会经济问题以及与企业层面密切相关的管理问题。而且两者之间存在相互联系或相互对立的关系，以一种交错复杂的形态存在。其中，第六个适用性即理论适用性，无论对政府还是企业来讲都可以作为基本的理念，而且这些理念必须要明确。日本物流有时会因环境的变化或需求的不同而做出相应的改变，导致物流的功能与存在形式非常分散，难以统一，会针对不同要求和不同场合提出不同应对办法。这些导致物流功能重复累积，而且无法进行整合，出现了各种各样的矛盾。

一、地区适用性

目前，日本各地区之间差异不断扩大。其中最主要的原因是：以前各地区作为日本的各个生产基地而存在，但随着各企业不断进入海外，使得这一生产模式消失，并出现了产业空洞化的状况。同时，城市化率的不断提高以及服务业的不断发展，推进了城市型产业的形成。

随着各地区产业振兴政策的实施成为主要的课题，物流发挥了很大的作用。到目前为止，各地区的物流业从生产地向消费地、工业城市、港口城市进行货物流动的情况较多。这些地区的基础设施建设水平得以提高，也形成了各地区物流业新的体制，但随着旧体制的破裂，同时也出现了一系列的问题。如何才能防止这些问题出现，如何才能振兴地方产业呢？到目前为止，各地区仅仅凭借物流基础设施建设与物流机构经营战略调整，并没有达到振兴地方经济的目的。

尽管生产制造基地的功能不断下降，网络却得到了发展，这使电子商务有了更大的拓展空间。很多邮购销售商与物流基地、物流园区在各地区相互联系的倾向不断加强，再加之大城市消费者偏好的高度化，生产地直接销售运输的物流模式不断增加，这些新型的物流服务模式与地区及城市紧密相连。而且，这些物流活动都是以多批次、小批量、高频度的小宗混载货物运输为主。另外，与大城市相连接的地方主要港口的内陆货运站建设也在不断加强，这些设置在内地的集装箱货运站主要处理小宗混载货物的运输。面对这一变化，物流园区也要进一步加强建设。因此，必须重新认识过去在整个日本统一建设港口和机场等基础设施的模式。为适应连接新的地区及城市货物流动的新型物流服务模式，必须对物流服务模式进行改革，这与物流国际化存在很大的关联性。

二、环境适用性

为了应对全球变暖的趋势，日本政府把大量减少二氧化碳排放作为了国家层面的重要课题。为减少二氧化碳排放，所有产业都制定了不同的行动计划以促进环境的改善。绿色物流合作伙伴政策、运输模式转换等适应环境的物流服务模式得到了发展。

但是，对各个物流企业来讲，在一系列绿色物流政策推进的同时也增加了它们的负担。绿色物流目标的实现，仅仅依靠各物流企业自身的努力是无法完成的。为达到环境的要求，制定新的绿色物流体系是非常有必要的。同时，日本政府还应对物流系统及物流企业提供各种援助。特别要在运输部门、装卸搬运机械、运输燃料、物流基础设施等方面，通过普及低公害车等，来达到节约能源、降低排放的目标。为推进这一目标的实现，日本政府及各产业组织要进行不断的协调。考虑到日本这个国家的特殊性质，政策目标被明确制定出来之后，为了目标的实现，政府及民间企业要通过共同合作，制定具体的政策方案并推进实施。在这一问题上，日本政府的作用是非常大的。到目前为止，日本政府集中力量为改善环境提出了各种政策，并得到了日本国民的理解。

三、国际适用性

对于这个问题可分别从两个方面进行考虑。

（一）因国际竞争加剧而致使日本物流出现的问题

目前国际港口特别是集装箱中枢港口，主要集中在我国的上海、香港、台湾高雄，以及东南亚的新加坡、韩国的釜山，日本港口与这些港口的差距越来越大。推动发展综合中枢港口的战略港湾政策成为日本政府层面的策略，把日本轻工业品、加工食品的生产向亚洲各国转移，促使日本国内形成巨大的市场需求，而这需要港口货物处理能力及综合港口转运能力的提高。由于目前日本国内港口的容量无法满足这一需求，因此，日本的港口及机场作为新的物流节点需要不断扩大并集中自己的功能，才能解决这一问题。另外，虽然日本港口及机场等基础设施建设不断加强，但其功能及设施的分布仍然比较分散，因此日本港口功能的集中也是一个非常重要的问题。

（二）国际物流战略方面的问题

国际物流战略方面主要是发展中国家物流业发展与日本政府及日本物流企业的竞争关系。此外，多数日本企业不但分布在亚洲各国，还存在于世界各个发展中国家。对于这些日本的跨国企业不仅要解决其生产销售问题，对于其物流活动也要相应制定新的国际战略以适应这一发展趋势。

日本拥有高速铁路货物专列的建造技术、环保技术，可以为发展中国家基础设施建设提供技术援助，同时日本的物流企业如何在这些发展中国家扩大国内物流市场、进行经营活动等问题也都非常重要。工业、批发零售业进入其他国家市场时，首先要通过自己的力量进行供应链管理。日本物流企业在今后的活动中，在争取扩大国外物流市场的基础上开发日本本国的物流市场也非常重要。

四、战略适用性

日本政府于1997年、2001年、2005年、2009年制定的四次《物流综合施策大纲》，均针对日本物流发展提出了战略目标及基本实施措施。这四次《物流综合施策大纲》作为日本政府的物流政策，为物流企业进行物流活动提供了依据。另外，在四次《物流综合施策大纲》中，各种措施及其目标值也被提了出来，但作为战略目标的理念却没有被明确。各种措施内容较多，过于分散，存在重复，缠绕交错，不仅导致统一战略理念缺乏明确性，而且导致各种措施实施的优先顺序不明确。由于这些措施的实施战略各不相同，缺乏优先顺序，所以整个措施实施起来不够顺畅。另外，这些物流措施的实施是在各省、厅、地方自治体的基础之上，还要与日本各执政党的战略相互配合。

企业物流战略实施到现在已经取得了一定成效。1990—2000 年之间，日本企业均在不同程度上对物流发展战略的重要性有了一定的认识，并制定了相应的发展策略。但 2000 年以后，随着日本经济和企业经营环境的变化，物流战略受政府与企业重视的程度有所下降。由于目前日本企业出现了经营困难的状况，物流的合理化、低成本再次引起了人们的重视。到目前为止，引领日本物流业发展的大型制造企业的最高物流责任者(CLO)大多数都是技术出身，在大型企业物流系统高度化实施的过程中，由于技术的复杂性，物流系统高度化在企业战略中所处的位置没有被明确提出。

但是，近年来无论是生产制造业、批发业、零售业，还是物流业都采取了股份制，甚至有的企业还采取了并购(M&A)的模式，即引入国外企业的资金来发展企业。伴随着这些经济管理环境的新变化，日本的产业结构也发生了变化。特别是在子公司物流管理系统合并的过程中，由于不同企业的物流系统存在差异，物流系统整合成为主要问题。为此，要求物流系统的变革应该具有一定的战略性。另外，并购的目标之一就是要通过供应链管理构筑企业新的管理模式。对此，物流企业首先需要进行纵向结构的改革，并在此基础之上提出战略性的改革方案。所谓战略性，就是基于物流企业当前发展模式提出的今后发展方向和目标。

目前形成的生产制造市场在亚洲其他各国，日本应通过与亚洲其他各国紧密连接进行供应链管理，并对各国物流节点进行合理配置与功能设置。日本与亚洲其他各国生产节点的功能应相互匹配，在世界各国的市场中推进国际现代物流网络的发展。同时，在基于各国具体情况考虑战略目标时，要确定在国际营销中所处的位置，这就是战略目标的重要性。

五、管理适用性

从概念上看，物流最初把物流技术、物流活动作为主要内容，而现在主要考虑具体物流活动、设施、机械的引入及推进水平。对于目前的物流企业，由于构筑合理的物流系统需要同时符合各种环境条件的要求，物流活动、物流技术的一体化发展处于混乱状态。有关港口及物流中心基础设施建设、运输等的各种相关法律，与日本政府的《物流综合施策大纲》存在相互解释的问题。特别是，目前日本自身使用的各种物流标准大部分都成为了国际标准。在此基础上，新的物流技术的开发仍然重要。物流活动是以物流为中心的，日本应意识到自己作为引领世界物流技术发展的先进国家，还要不断开发新的物流技术。此外，各种物流技术与物流效率的相互匹配也是物流企业管理适用性的主要内容。当然，也不能过多考虑社会环境条件所造成的影响。

六、理论适用性

近 50 年来，日本物流研究得以快速发展，研究机构数量不断增加，物流协会活动非常频繁。另外，很多大学都开设了现代物流、供应链管理、物流学方面的课程，研究生也在此基础上进一步加深学习，培养了很多物流研究者，研究成果不断涌现。当然，这些研究成果与政府战略及物流企业管理存在多少联系还有待探讨。最主要的一个问题是：不应把研究仅仅局限于研究，把实践仅仅局限于实践，不要把二者区分开来。

物流理论与物流实践必须相互结合，这是各位研究物流的学者重要的责任。而以物流理论研究为基础，专门进行物流实践的开发则是物流管理者的责任。物流理论与实践相互结合是非常重要的。实际上，日本的初中、高中、大学在物流方面的教育还相对比较薄弱，特别是大学物流教育力量相对不足，物流研究者就业机会较少。今后，随着日本人口的不断减少以及劳动力的严重不足，物流业必须考虑如何确保物流劳动力这一严峻问题，物流研究者也必须重新认识这个问题。建立产、学、研一体化的新型物流研究体制迫在眉睫。

以上就是日本物流及供应链管理发展的六个方面的适用性。这六个方面的适用性如何取得平衡，日本物流水平如何全面提高，成为必须面临的问题。实现物流业全面发展的时期已经来临。

第二章 日本供应链的成本管理

物流成本的高低直接关系到企业利润水平的高低和竞争力的强弱，追求零库存是日本企业降低物流成本的目标。库存量决定了日本企业的发展存亡，所以物流成本管理成为企业物流管理的核心。控制物流成本、减少物流费用，是真正创造企业第三方利润源泉的前提，是提高国民经济整体实力的重要手段。

从物流成本占行业价值比重来看，日本物流成本为8.6%，欧盟为9%，加拿大为9.5%，美国为10%。这些数据可以看出，日本已经有效地将物流成本控制在了较小的范围内，在物流成本控制上已经获得了良好的效果。随着日本产业结构的调整，高科技电子产品的迅速发展，使物流成本大幅下降，在高科技和高附加值产品涌现的同时，物流成本还会继续下降。日本能够取得良好的物流成本，与其有效的物流管理体制密不可分。

第一，从物流成本的类别划分看，日本强调可以按照多种标准进行划分，这样可以从不同角度或侧面反映相应的问题和物流组织程度，通过综合成本测度，来全面核算物流成本；

第二，从政策法规的制定上看，日本政府完善了一系列具有重要影响力的政策法规，为物流产业的发展提供了保障；

第三，日本的企业物流成本核算基本上是以作业成本法为基础，即借助物流费用和成本的两层分解，最终确立成本对象的成本以及相应的绩效。具体说，第一阶段是将各种资源分解到业务流程中的活动，从而核算各活动环节所耗费的资源；第二阶段将活动成本分摊到各产品、服务、顾客或部门，进而计算这些类别是如何消费活动资源，从而能够更为全面地反映物流作业成本，并且以此为基础，优化物流活动。

日本在大力发展物流现代化的同时，把物流成本的降低作为了企业参与市场竞争提高竞争力的重要资源。近年，日本有效地实施了物流成本监控和管理，日本物流成本整体上呈下降的趋势。日本的运输成本在GDP中的比例变化不大，而管理成本占物流总成本的比例又非常低。因此，仓储成本的降低是导致日本物流总成本占GDP比例下降的最主要原因。

随着日本物流企业的快速化配送，运输成本已经不是物流管理重要环节，取而代之的是仓储成本。因此，物流中心及仓储基础设施的有效利用，是日本降低物流成本的发展趋势，减少库存成本是日本降低物流费用的主要来源。日本把发展现代物流的目标设定在了加速资金周转、压缩库存、提高库存周转率。

降低库存成本是日本发展现代物流、提高物流效率和企业竞争力的主要趋势。另外，日本的物流已向专业化方向发展。制造企业为了降低成本，加快发展第三方物流，推动了日本物流产业的发展，使得日本企业物流成本还有下降空间。此外，日本企业已从"重生产轻销售"的阶段走出，开始以综合商社代理供应商，商社还介入原材料的供应及产品的销售，降低了企业的成本。

第一节　日本供应链的微观成本分析

日本物流系统协会每年都要对日本物流成本进行调查，通过分析确定日本物流成本管理的发展阶段及水平。2010年，日本物流系统协会对218家企业的物流成本进行调查后整理出版了《日本物流成本调查报告书(2010年)》。图5-2-1～图5-2-6显示的数据都来自《日本物流成本调查报告书(2010年)》，这些调查数据从不同角度反映了日本物流成本的变化趋势。

一、2010年日本各行业物流成本占销售额的比率

如图5-2-1所示，2010年日本全行业物流成本占销售额的比率为4.79%。其中，制造业为4.79%，非制造业为4.79%，批发业为5.11%，零售业为4.19%。从各个行业的比率看，比率最高的是砖、土、石业，为11.44%。这主要是因为这一行业属于典型的劳动密集型产业，企业规模小、产业集中度低、运输货物重量较大，必须通过特种车辆进行装卸搬运，因此其物流成本较高。比率最低的是医药业，只有1.44%。这主要是因为医药业产品属于高附加值产品，产品重量轻价值高因而物流成本最低。另外，即使在同样的食品中，有些食品需要常温存放，有些食品则需要冷藏。冷藏食品的物流成本为9.43%，常温食品物流成本为6.04%。这主要是因为冷藏食品需要冷链物流的技术设备，因此成本较高。

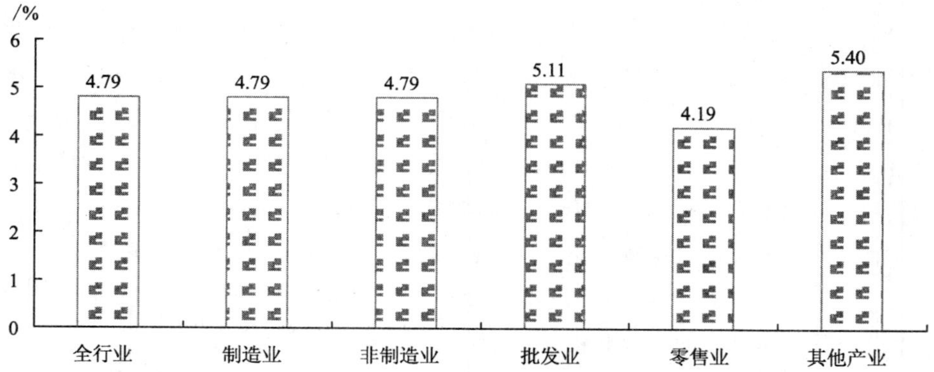

图5-2-1　2010年日本各行业物流成本占销售额的比率

资料来源：《日本物流成本调查报告书(2010年)》

二、日本物流成本占销售额的比率

图5-2-2显示了1995—2010年日本全行业物流成本占销售额比率的变化情况。从图中可以看出，1996年，日本全行业物流成本占全行业销售额的比率为6.58%，之后开始呈下降走势。2007年以后，日本全行业物流成本占销售额的比率维持在5%以下，2009年为4.77%，为历史最低值。15年来日本全行业物流成本占销售额的比率整体上处于下降趋势。日本物流成本占销售额的比率总体呈下降趋势的成因很多，重要原因之一是货主企业通过共同运输及对物流节点的集成实现物流的效率化最终降低了物流的费用。

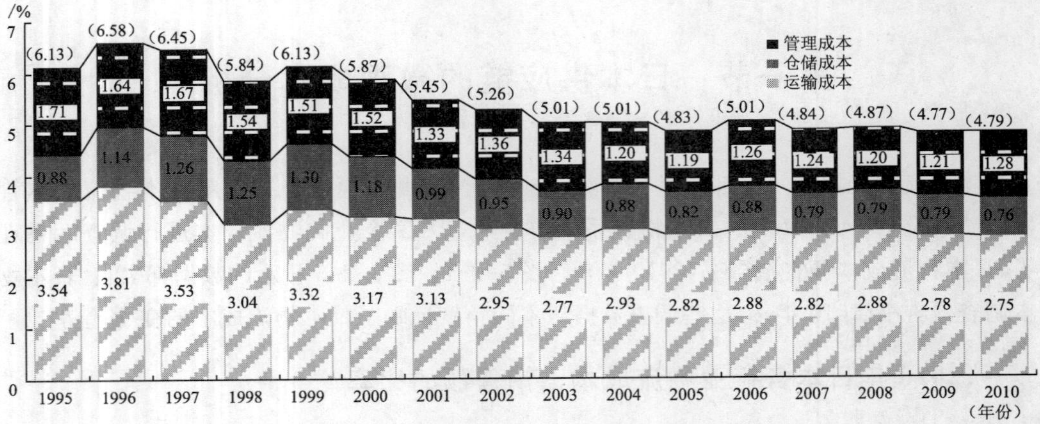

图 5-2-2 1995—2010 年日本全行业物流成本占销售额比率的变化情况

资料来源:《日本物流成本调查报告书(2010 年)》

三、按物流功能划分的日本物流成本构成

按物流功能划分,日本的物流成本可以分为运输成本(营业运送费和企业内部运送费)、仓储成本(由《国民经济计算年报》中的国民资产、负债余额中原材料库存余额、产品库存余额及流通库存余额的合计数乘上所得的库存费用比例而得)、管理成本(依据《国民经济计划年报》中的《国内各项经济活动生产要素所得分类统计》,将制造业和批发、零售业的产出总额乘上各行业物流管理费用比例 0.5%计算得出)。图 5-2-3 显示了 1995—2010 年日本全行业按物流功能划分物流成本构成的变化情况。从图中可以看出,2001—2010 年的近十年间,日本的运输成本占物流总成本的比率基本在 57%~59%范围内波动,整体平稳。如图 5-2-3所示,2010 年日本的运输成本占物流总成本的 57.4%,仓储成本占物流总成本的 15.9%,管理成本占物流总成本的 26.7%。可以看出,随着日本智能交通系统(Intelligent Transport Systems,ITS)的不断完善,不但推进了日本合理化运输的实施,实现了减轻环境负荷,提高了运输便利性,而且降低了货物运输成本。运输成本已经不是日本物流成本管理重要环节,取而代之的是库存成本。因此,物流中心及仓储设施的有效利用,是日本降低物流成本的发展趋势。

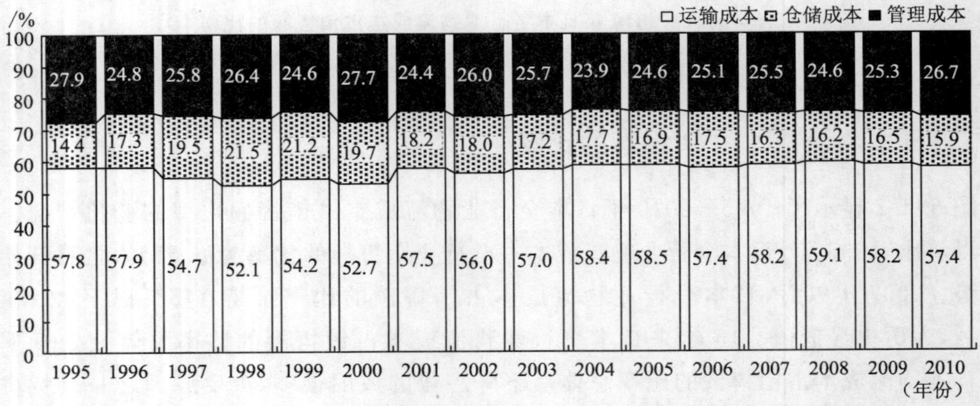

图 5-2-3 1995—2010 年日本全行业按物流功能划分物流成本构成的变化情况

资料来源:《日本物流成本调查报告书(2010 年)》

四、按支付形式划分的日本物流成本构成

图 5-2-4 显示了 1995－2010 年日本全行业按支付形式划分的物流成本构成变化情况。从图中可以看出按支付形式划分，2010 年日本物流成本构成的情况是第三方物流的比率为 67.5%，子公司从事物流的比率为 16.5%，自营物流的比率为 16%。从图 5-2-4 的数据可以看出，日本在 1995－2004 年的十年间全行业按支付形式划分物流成本构成总体变化不大，在 2005－2010 年的六年间物流管理向专业化方向发展的趋势明显，而且比率呈逐年上升的走势，同时，自营物流的比率呈逐年降低的走势。制造型企业为了强化自身的物流管理、降低物流活动总成本，将企业的物流业务从其核心业务中剥离开来，成立专业子公司或通过第三方物流企业来提供专门的物流服务。由此一大批物流子公司和专业物流公司应运而生，也进一步推动了日本现代物流产业的发展。

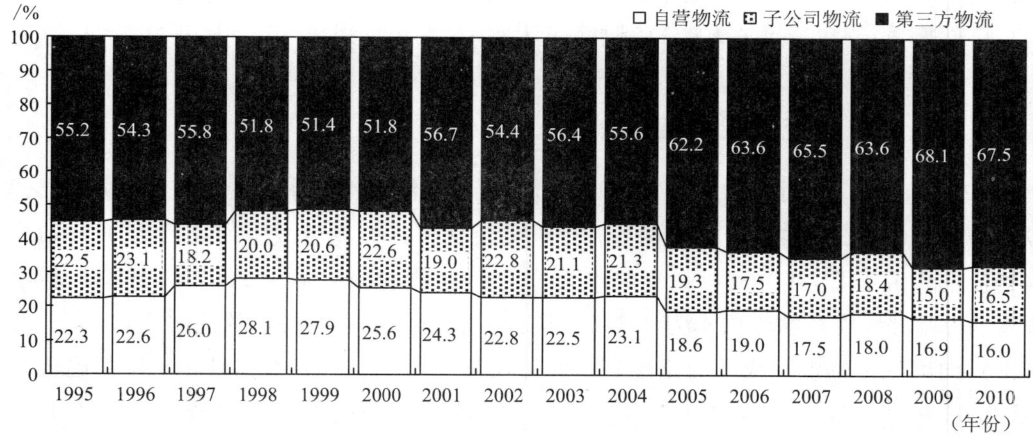

图 5-2-4　1995－2010 年日本全行业按支付形式划分的物流成本构成变化情况

资料来源：《日本物流成本调查报告书(2010 年)》

五、按物流范围划分的日本物流成本构成

图 5-2-5 显示的是 1995－2010 年日本全行业按物流范围划分的物流成本构成变化情况。如图 5-2-5 所示，按物流范围划分，2010 年日本的销售物流占物流总成本的 72.9%，生产物流占物流总成本的 20.1%，采购物流占物流总成本的 7%。从图 5-2-5 可以看出，2000－2010 年的 11 年间，日本的销售物流成本一直在 70.2%～74%的区间波动基本平稳；采购物流成本总体呈下降的趋势。从 1995－2010 年的 16 年间的日本物流成本中，采购成本和生产成本所占的比率一直较低，销售成本所占的比率一直很高并且居高不下。这是由于长期以来日本的生产制造业重生产轻销售，因而导致企业的物流成本偏高、利润减少。目前日本的一些企业开始以综合商社代理供应商，综合商社不但进行投资，还介入原材料的供应和产品的销售，从而降低了生产制造企业的生产与物流成本，实现了共赢。

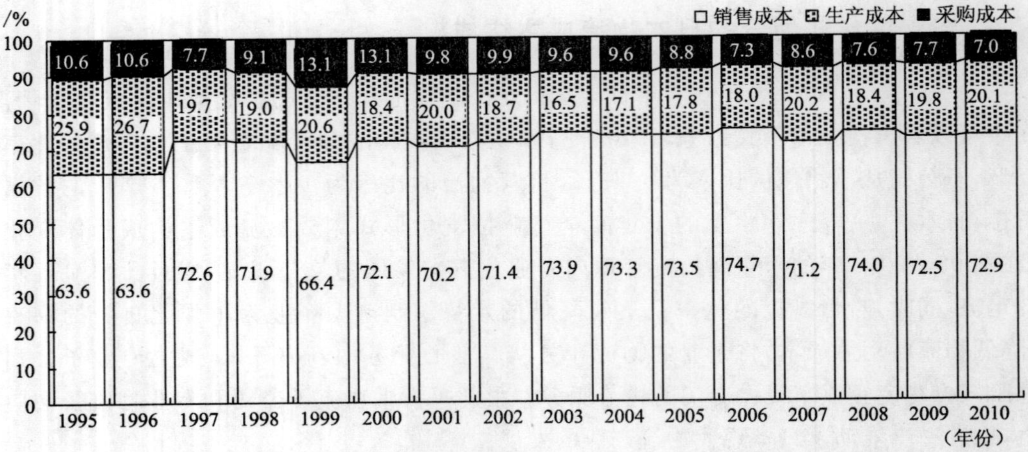

图 5-2-5　1995—2010 年日本全行业按物流范围划分的物流成本构成变化情况

资料来源:《日本物流成本调查报告书(2010 年)》

六、日本逆向物流的成本变化

图 5-2-6 显示了日本 1999—2010 年逆向物流占物流成本比率的变化情况。从图 5-2-6 可以看出,2010 年日本各行业产生的各种逆向物流成本占总物流成本的比重为 3.55%。从逆向物流的构成上看,其中退货物流成本为 2.2%,回收物流成本为 1.02%,再循环利用物流成本为 0.22%,废弃物流成本为 0.1%。从日本逆向物流成本发展的趋势看,1999—2010 年日本逆向物流占物流总成本的比率基本保持在 3.0%左右,并且总体处于下降的趋势。但是,从 2005 年开始日本逆向物流成本有所上升。这主要是因为退货物流成本急剧上升所导致。

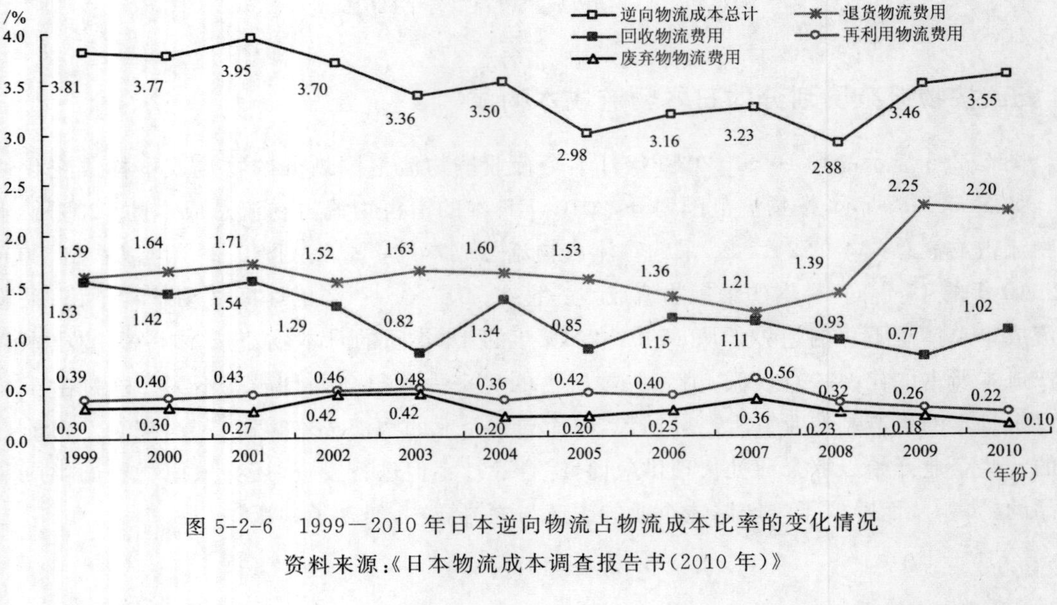

图 5-2-6　1999—2010 年日本逆向物流占物流成本比率的变化情况

资料来源:《日本物流成本调查报告书(2010 年)》

从上述数据可以看出，日本在大力发展物流现代化的同时，除了提供更优质的物流服务，还通过物流成本的边际效用，不断降低物流费用的构成比。其中，减少库存成本是日本降低物流费用的主要来源。通过减少库存成本，可以加快资金周转、压缩库存、提高库存周转率。因此，日本把发展现代物流的目标设定在了加速资金周转、降低库存水平方面。另外，日本通过法律手段促使制造业与物流企业节能，这还有助于加快发展第三方物流，也使得日本企业物流成本还有下降空间。

第二节　日本供应链的宏观成本分析

日本属于全球物流管理较为发达的国家，比较重视从整体管理和系统的角度出发实施物流成本的合理控制。近些年来，日本围绕物流的品质管理，提出了 PPM(Parts Per Million)的观点，即将物流质量问题控制在百万分之一的目标范围内，这个目标说明日本非常重视通过加强物流服务的合理有效组织来降低物流成本。

一、日本物流的宏观成本变化

从全球物流成本控制的总体趋势看，日本等发达国家已经有效地将物流成本控制在了较小的范围内。从物流成本占国民经济比率来看，日本为 8.9%，欧洲为 9.1%，美国为 9.4%。从这些数据中可以看出，日本在物流成本控制上已经获得了良好的绩效。这不仅在于日本形成了全面的物流管理体系和运作流程，而且还在于制度化地实施了物流成本监控和管理。

图 5-2-7 和图 5-2-8 是根据《日本国民经济核算年报》的统计数据分别绘制的，图 5-2-7 是 1995—2008 年日本物流成本总额的变化情况，图 5-2-8 是 1991—2008 年日本物流成本占 GDP 比率的变化情况。两张图显示了日本近十几年物流成本占国民经济比率的变化，从宏观上反映了日本物流成本变化的动向。

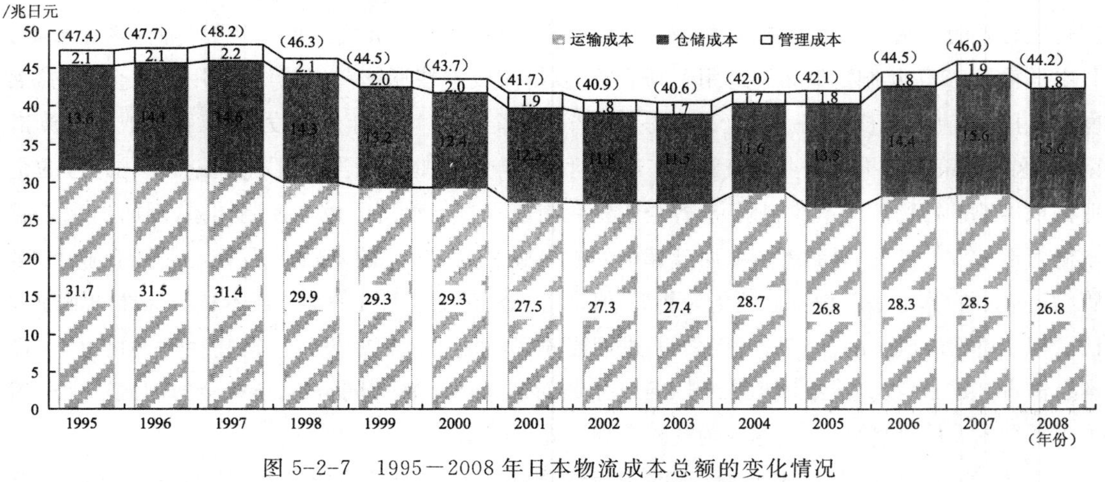

图 5-2-7　1995—2008 年日本物流成本总额的变化情况

资料来源：《日本物流成本调查报告书(2010 年)》

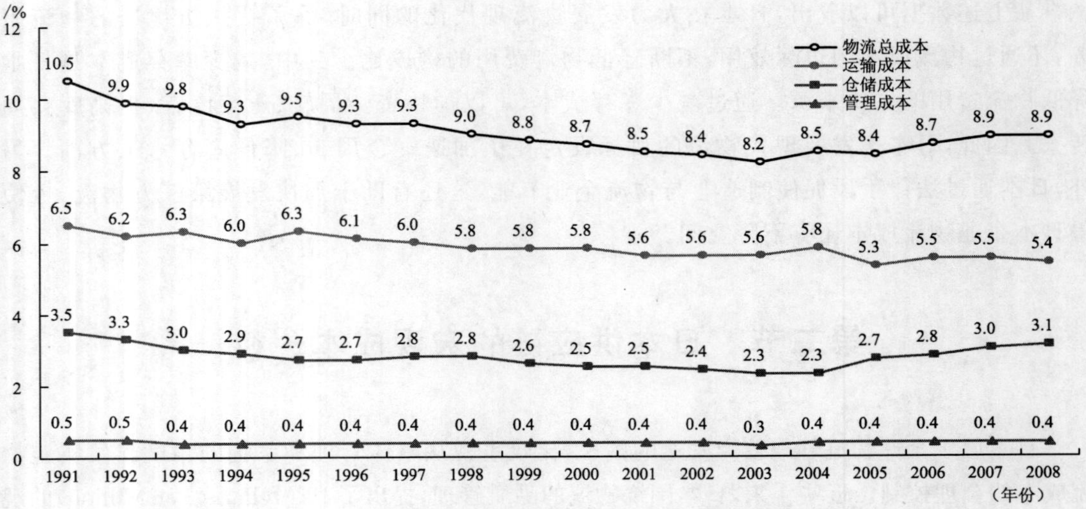

图 5-2-8　1991—2008 年日本物流成本占 GDP 比率的变化情况

资料来源:《日本物流成本调查报告书(2010 年)》

2008 年,日本物流总成本为 44.2 兆日元,占 GDP 的比率为 8.9%。其中,运输成本为 26.8 兆日元(占总量 5.4%),仓储成本为 15.6 兆日元(占总量 3.1%),管理成本为 1.8 兆日元(占总量 0.4%)。从物流成本控制的总体趋向看,日本已经有效地将物流成本控制在了较小的范围内。日本的运输成本在 GDP 中的比例变化不大,而管理成本占物流总成本的比例又非常低,所以库存费用的降低是导致日本物流总成本占 GDP 比例下降的最主要原因。在日本这一比例已由 1991 年的 3.5%下降到 2008 年的 3.1%。因此可以认为,降低库存成本、加快周转速度是日本现代物流良性发展的主要原因,也是提高物流效率和企业竞争力的主要原因。

二、日本物流成本控制的政府行为

日本物流成本的有效控制不仅体现在专门的物流企业,更体现在宏观管理上政府采取了一套行之有效的作法——通过颁布法规性政策规范,帮助企业开展物流成本核算、降低物流成本。日本运输省 1977 年制定颁布了适用于制造业的《物流成本核算统一规范》和适用商业企业的《批发、零售业物流成本核算统一规范》;通商产业省中小企业厅 1992 年制定发表了《物流成本计算指南》。这些政策对于推进企业物流管理有着深远的影响。这是因为当时日本物流合理化先进的企业都积极地进行物流成本控制研究,各企业先后制定了自己独特的成本控制体系,因而出现了成本概念不一致的情况,导致各企业所计算出的成本缺乏相互对比的基础。另外,在一般企业中,尽管物流成本的算定是以物流合理化为前提,但是由于缺乏统一明确的会计成本核算标准和整理方法,因此,对物流成本的计算是不完全的,进而影响了物流合理化的发展。正是在这种情况下,日本运输省制定了《物流成本计算统一标准》。由于企业和政府的共同努力,全社会的物流管理得到了飞跃性的发展,也使日本迅速成为物流管理的先进国家。

进入 20 世纪 80 年代中期,日本的物流管理和成本管理日益成熟,主要表现为日本积极倡导高附加价值物流、JIT 物流等方面。但是,随着物流服务竞争的日趋激烈,使物流成本有所上升。因此，如何克服物流成本上升、提高物流效率是 20 世纪 90 年代日本物流面临的一个最大问题。为了应付上述挑战解决物流业面临的这个最大问题，日本政府除了进一步完善《物流成本计算统一标准》外，在 1997 年 4 月 4 日还制定了一个具有重要影响力的《综合物流施策大纲》。自 1997 年开始由经济产业省和国土交通省每四年共同制定一次《综合物流施策大纲》。《综合物流施策大纲》作为日本物流业的纲领性政策文件，成为引导日本物流业发展的指导性法规，对于日本物流管理和有效的物流成本控制起到了很大的促进作用。

第三节　日本企业供应链的成本核算

日本之所以能够取得良好的物流管理绩效，与其具有的有效的物流管理体制不无关系。日本各企业通过采取各种措施有效地降低了物流成本（详情如图 5-2-9 所示）。其中，减少库存、优化物流网络和节点、提高装载率是最为主要的措施。

日本企业在衡量物流成本的过程中，按物流范围计算的成本（物流范围成本）、按支付形态计算的成本（支付形态成本）和按物流活动或作业计算的成本（物流功能成本）等三种成本核算体系来确立物流费用。按物流范围计算的成本是以物流特性和经营运作的范围进行成本分类的方法，可以将物流费用划分为供应物流费、生产物流费、企业内物流费、退货物流费和废弃物流费等，也可以分为不同产品物流费、不同销售地域物流费、不同顾客群体物流费等等。按支付形态计算的成本是按财务会计中的费用分类方法进行计算的，可分为支付运费、仓库保管库等向企业外部支付的费用和人工费，也包括材料费等企业内部物流活动的费用。按物流功能或作业计算的成本是按照物流运作流程的活动计算物流费用的方法，它把物流作业成本分为物资流通费、信息流通费、包装费、物流管理费、配送费、装卸费等。以上三种划分成本类别的方法各有所长，它们共同构成了完整的成本管理的框架。

另外，日本企业不但提出物流成本的核算，还明确了物流成本核算和管理的基准，并且加以考核。这样每日、每周、每月现场管理人员就可以及时分析，采取相应的措施，决定企业的物流管理内容。在物流成本的计算上，物流成本核算按五个大项划分，即人事费、配送费、保管费、信息处理费和其他费用。这些费用可以根据实际的账务和单据计算，有些可以进行推算，原则上一个月计算一次，从而动态地把握企业物流的情况。首先，绘制企业的物流流程，了解企业的物流运行的基本情况；然后，再按照上述五个大项分别核算物流成本。计算出上述物流成本后，就可以根据企业管理的需要进行物流绩效诊断，发现和追查产生低效率的物流作业，并且相应采取措施加以改进。

日本的物流业之所以能够保持较低物流成本，这与其有效的物流管理体制有着很大的关系。首先，从物流成本的类别划分看。日本强调可以按照多种标准进行划分，这样可以从不同的角度或侧面反映相应的问题和物流组织程度，通过综合的成本测度全面核算物流成本。其次，从宏观上强化的物流系统和物流成本管理上看。日本政府不断制定了一系列具有重要影响力的政策法规，为物流产业的发展提供了保障。另外，日本的企业物流成本核算基本上是以作业成本法为基础，即借助物流费用和成本的两层分解，最终确立成本对象的成本以及相应的绩效，从而能够更为全面地反映物流作业成本，并且以此为基础，优化物流活动。此外，日本企业都对库存问题都有一个深入的认识，他们都知道今后企业的发展方向就是要解决库存问题，并把追求零库存作为企业物流管理的最高境界。可以说，零库存是日本企业发展成为世界一流企业的重要原因之一。

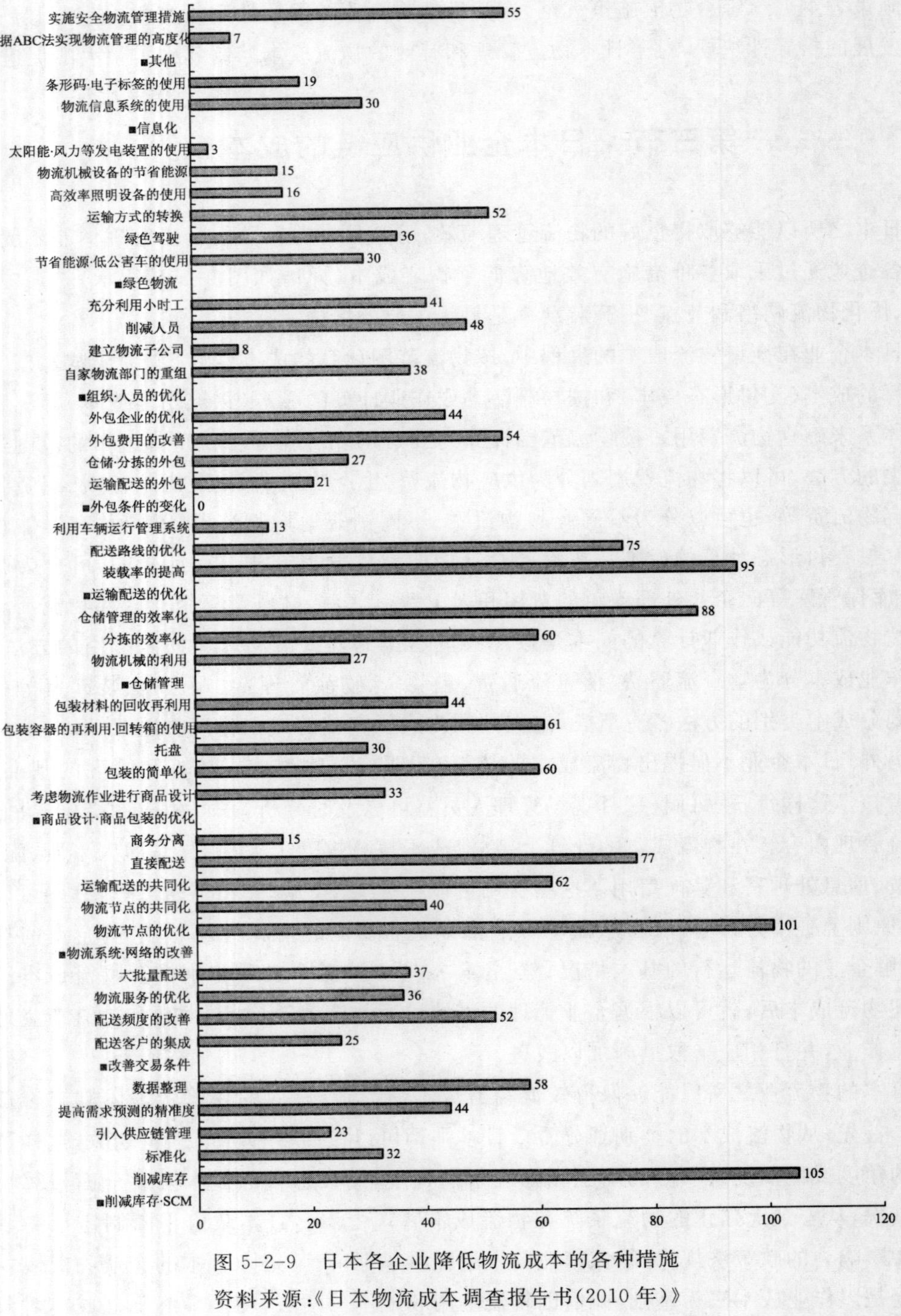

图 5-2-9　日本各企业降低物流成本的各种措施

资料来源：《日本物流成本调查报告书（2010 年）》

第三章　日本供应链管理发展的政策体系

在日本供应链管理发展过程中，除了企业自身对物流管理及技术不断深入挖掘，社会各界对物流业的发展进行资金支持以外，日本政府还非常注重为物流业发展提供良好的制度保障，在根据日本及世界经济发展的趋势和需求，通过制定一系列政策加大政府部门的监管和控制作用（见图 5-3-1 和表 5-3-1）。

行业名称	主要相关法律
卡车运输业	卡车运输业法
	道路运输车辆法
	道路交通法
铁路货物运输业	铁路货物运输业法
内航海运业	内航海运业法
	海上运输法
	船舶安全法
	船舶职员及小型船舶操作员法
	海上交通安全法
外航海运业	海上运输法
	船舶安全法
	船舶职员及小型船舶操作员法
	海上交通安全法
港口运输业	港口运输业法
航空货物运输业	航空法
代理运输业	货物代理运输业务法
仓储业	仓储业法
卡车运输集散站业	汽车集散站法

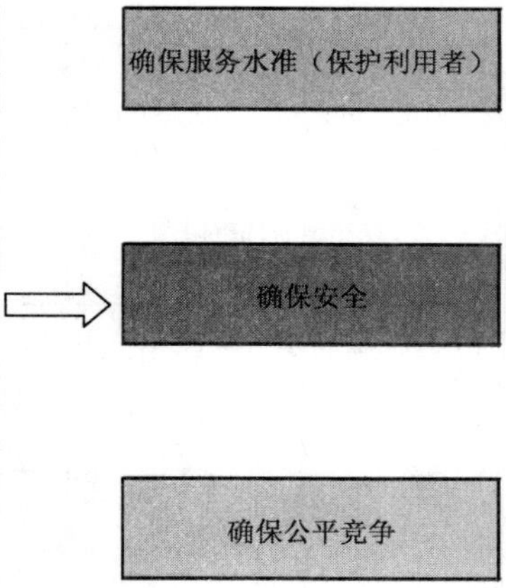

图 5-3-1　日本物流业主要相关法律

资料来源：日本国土交通省《统计报告（2008 年）》。

表 5-3-1　日本放宽对物流业限制的主要相关法规

行业名称	1995 年以前	1996－2000 年	2001 年以后
卡车运输业	1990 年： (1)将新准入时的执照制放宽为许可制 (2)废除供需调整限制		2003 年： (1)废除营业区域限制 (2)废除运费的事先申报制
铁路货物运输业		1997 年： 引进运费上限价格制	2003 年： (1)废除供需调整限制 (2)与停止退出业务相关的许可制改为事先申报制 (3)废除运费的上限认可制、事后申报制
内航海运业		1998 年： 取消载货量调整业务	2000 年： (1)将新准入时的许可制放宽为注册制 (2)废除最大限量制度、标准运费及租赁费制度

续表

行业名称	1995 年以前	1996—2000 年	2001 年以后
港口运输业		2000 年： (1)废除供需调整限制 (2)将新准入时的执照制放宽为许可制 (3)将运费的认可制度放宽为事先申报制	2006 年： (1)废除供需调整限制 (2)将新准入时的执照制放宽为许可制 (3)将运费的认可制放宽为事先申报制
航空货物运输业		1999 年： (1)废除供需调整限制 (2)放宽运费限制	
仓储业			2004 年： (1)将准入限制的许可制放宽为注册制 (2)废除费用的事先申报制
货物代理运输业	1990 年： (1)将新准入时的执照制放宽为许可制 (2)废除供需调整限制		2003 年： (1)废除对运输代办业务、通运计算业务的限制 (2)将新准入时的许可制放宽为注册制 (3)废除运费的事先申报制

资料来源：日本国土交通省《统计报告(2008 年)》。

第一节　日本制定物流相关法律的连续性

在日本物流业发展过程中，日本政府为物流业发展提供一系列法律及制度的保障。为了发展物流产业，通过不断制定相关的法律，形成了基本法、综合法和专项法的物流立法模式，加大了政府部门的监管和控制作用。1966 年，制定了《流通业务城市街道整备法》，目的是通过使集中在大城市中心的流通设施向已经整备好的外围地区集中搬迁，以提高大城市的流通机能以及使道路交通流畅。1990 年，制定了《货物汽车运输事业法》和《货物托运事业法》，是规范汽车运输事业的事业行为法律，两者统称为“物流二法”，被认为是具有划时代意义的法律，它替代了连续实施长达 40 余年之久的 30 部与物流产业有关的法律和政府规定。1992 年，公布了《汽车二氧化氮限制法》，规定了允许企业使用的货车车型，同时在大都市特定区域内强制推行排污标准较低的货车允许行使的规制。1992 年，起草了《能源保护和促进回收法》，目的是解决地球温室效应、大气污染等各种社会问题。1997 年，通过了《京都议定书》，根据该议定书规定的标准，日本今后需要解决汽车二氧化碳排放超量问题。2001 年，制定了《实用电器再循环法》，鼓励了资源利用效率的提高并减少浪费。另外，以《公害对策基本法》为基础，以可持续发展、保护环境和国际协调为新的理念，先后制定了循环经济基本法：《环境基本法》《推进建立循环型社会基本法》；综合法：《废弃物处理法》《促进资源有效利用法》；专项法：《特种家用机器循环法》《建筑材料循环法》《容器包装物分类收集循环法》《食品回收法》《绿色采购法》《汽车循环法案》《建设循环法》等相关法律。

第二节 日本物流立法现状

日本建立物流业法律规制是通过制定各种专门性法律来进行的。日本物流立法可划分为以下几类。

一、综合的物流发展政策

日本政府针对其物流发展的不同阶段，自1997年开始，由经济产业省和国土交通省每四年共同制定一次《综合物流施策大纲》。分别于1997年、2001年、2005年、2009年、2013年制定的五个《综合物流施策大纲》，是内阁会议通过并颁布的关于日本物流事业的纲领性政策文件，是日本物流业发展的转折点，作为日本物流业的纲领性政策文件，对日本物流业发展起到了很大的促进作用，成为引导日本物流业发展的指导性文件。每次《综合物流施策大纲》的实施时间为四年，不仅制定了日本物流业之后四年的发展规划及目标，而且还对上一次《综合物流施策大纲》所确定的目标进行了全面评价，并检验其实施四年之后的效果。随着《综合物流施策大纲》的制定和实施，物流活动变得更加顺畅、有序，效率不断提高。同时，在推进《综合物流施策大纲》实施的进程中，日本政府部门主动与行业协会及企业进行协调、沟通、合作的模式也起到了非常重要的作用。

二、物流业规划立法

在物流运作过程中，商业节点布局、物流节点布局与货物的流量、流向等有着直接的关系。因此，日本政府把配送中心、大型商业网点、货物集散中心等与物流节点相关的规划、设计以法律的形式加以规定。这类法律主要包括《大规模零售店铺布局法》(以下简称《大店法》)、《流通业务城市街道整备法》和《汽车终端站场法》等法律。

《大店法》调整的对象为大型零售企业，它对商家设立店铺时必须要遵守的区位条件、营业时间、对周围环境影响等做了明确规定。《大店法》还对进出车辆的噪声、等候场所等内容设置了严苛的标准。如此细致具体的规定，是为了保护消费者的权益并促进企业优化供应链管理，减轻对环境的污染。

对于缓解城市交通压力，《大店法》对大型零售企业的各种限制起到了治标的效果，而《流通业务城市街道整备法》则起到了治本的功效。由于当时日本许多新兴零售业进入市中心和交通枢纽地区，从而导致道路交通拥堵。而《流通业务城市街道整备法》的制定目的就在于将市内的流通、商业设施转移到郊外，统筹规划大城市中心区域的物流设施的布局，从而改善市内交通混乱的状况。该法和《大店法》的共同施行，保证了日本物流业的可持续发展。

1959年，日本政府制定了《汽车终端站场法》，其后被数次修订。由于该法的制定，使得营业性车站对“网络型拼箱运输”的物流企业起着重要作用，因此日本政府对它进行了不断完善。

三、交通运输业立法

运输一直是物流的核心与关键，而运输又分多种方式，因此日本的交通运输立法包括规范公路、铁路、海运和航空运输等法律。

其中，被称为“物流二法”的《货物汽车运输事业法》和《货物运输经营事业法》对日本交通运输起到广泛而深远的影响，其放宽了政府对物流的管制。《货物汽车运输事业法》中将原来汽车营运需要政府批准的方式改为许可制，即只要具备物质条件的都可以经营汽车运输，对市场准入方面的限制大大放开。另外，该法将原来的统一运价改为弹性运价，实行运费申报制。为给运输企业的“网络型运输”创造条件，该法同时取消了营业区分的限制。而调整运输代理业务企业的《货物运输经营事业法》，取消了原有法律中有关运输代理企业利用其他运输企业的运输工具进行经营活动需要得到有关运输管理部门批准的规定，从而放开了联运业务。在“物流二法”实施的十多年间，包括物流子公司在内，约有1万多家新企业进入了物流行业。但是，由于日本行政改革和规制缓和，物流业快速发展所带来的超重装载、疲劳驾驶、汽车废气污染等负面影响也不容忽视。

《港口运输事业法》的制定同样起到了放宽对物流业管制的效果。1998年，日本政府颁布了放宽管制的新三年计划，并与1999年向国会递交了倡导自由竞争的立法提案，根据该提案，日本放宽了对港口运输业的行政管理，修正了《港口运输事业法》。

通过上述一系列的立法措施，日本逐渐减少对物流业的控制，从而促进了物流业的自由发展，同时使第三方物流企业迅速兴起。

四、绿色物流立法

过去，日本曾为追求经济快速发展而忽略了环境问题，结果造成城市交通拥挤，公害频繁发生，在经济发展过程中留下惨痛教训。因此，近年日本的各类经济发展规划都强调了环保性。对于物流业，在提高物流活动效率的同时，也提出了确保减轻对环境的影响。为此，日本通产省中小企业厅于1992年制定了《中小企业流通业务效率化促进法》(即《物流效率化法》)，通过促进物流效率来减少对环境的影响。该法主要思想是：通过对愿意参与共同配送的中小企业予以援助，从而间接规范物流行为，此举不但降低了企业物流成本，同时也是解决物流对环境影响的有效措施。直接采取的针对环境保护的措施还包括：开发普及低公害环保型汽车；为降低大型卡车造成的交通噪声公害，铺装低噪声路面，设立遮音板和环保设施带；依据《干线公路沿线整备法》，实施住宅隔音化；港口设施的建设规划要与区域资源再生利用设施的选址相配套。

目前，日本不论中央政府还是地方政府，都对绿色物流给予高度重视，把建立高效的绿色物流系统视为循环型社会实现的前提。日本政府除制定《环境污染控制基本法》外，陆续制定和颁布了《废物回收利用促进法》《资源有效利用促进法》《地球温室效应措施推进大纲》等法律政策，所有这些都与物流相关，推动了绿色物流的有效实施。对绿色物流的重视，还体现在四个《新综合物流施政大纲》中。

第三节 日本物流五个《综合物流施策大纲》

自1997年开始，日本政府每四年共同制定一次《综合物流施策大纲》。《综合物流施策大纲》作为日本物流业纲领性、指导性文件，对日本物流业发展起到了很大的促进作用。

一、1997年日本《综合物流施策大纲》

1997年4月4日，经日本内阁会议通过，日本政府首次制定了一个具有重要影响力的《综合物流施策大纲》(以下简称《1997年大纲》)。《1997年大纲》是根据1996年12月日本政府通过的《经济构造的变革和创造规划》中有关“物流改革在经济构造中是最为重要的课题之一，到2001年既要达到物流成本的效率化，又要实现不亚于国际水准的物流服务，为此各相关机关要联合起来共同推进物流政策和措施的制定”的内容制定出来的。《1997年大纲》把2001年作为实现阶段性目标的时间，以“降低物流成本、提高物流服务水平”为宗旨，制定了日本物流业发展的目标，并从放宽规制、完善基础设施、物流系统升级、政府部门协调促进机制及政府援助等角度出发制定了相应的政策。《1997年大纲》特别提到了各机构、各部门合作的政策推进体制，指出要推动各政府机关、地方团体、物流业者与货主联合起来采取物流现代化措施，共同制定综合交通系统，形成整体效应，并通过竞争促进物流市场活性化。

《1997年大纲》是日本第一部系统的物流政策，是日本物流业发展的转折点，是国际化、信息化对物流业发展要求的必然反映，是日本物流现代化、纵深化发展的指南，对于日本物流业发展具有非常重要的历史意义。

《1997年大纲》提出了三个具体目标：第一，提供亚洲太平洋地区最为便利和最具竞争力的物流服务；第二，以不影响产业竞争力的物流成本提供优质的物流服务；第三，建立能够应对与物流相关的能源问题、环境问题、交通安全问题等的物流系统。

二、2001年日本《综合物流施策大纲》

《1997年大纲》制定实施之后，各项政策措施逐步得到落实。但随着世界经济一体化与信息化的不断发展，日本要创造一个在国际上具有吸引力的生产经营与生活环境，增强产业竞争力，一方面要加强高效率物流基础设施的建设，另一方面要解决日益严重的环境保护问题与构筑循环型社会的问题。2001年7月6日，即《1997年大纲》实施四年之后，在检验《1997年大纲》实施效果的基础上，按照2000年12月制定的“经济结构改革与创造行动计划”的要求，经内阁会议决定，日本政府出台了一部新的《综合物流施策大纲》(以下简称《2001年大纲》)。《2001年大纲》延续了《1997年大纲》的计划进度，把2005年作为实现目标的时间，以国土交通省和经济产业省为中心，归纳意见并讨论后，最终制定形成。

《2001年大纲》提出了一系列具体的实施措施，主要包括物流一体化、信息化、标准化，改进商业惯例，推进单元装载化，实现港口24 h开放制，实行申办手续电子化和一站式服务，降低运输工具单位耗能的对策，推进各种运输方式的转换，提高卡车运输效率，降低卡车废气排放量，构筑静脉物流系统、构建循环型社会的对策，防止事故发生、确保物流安全的对策，构筑能够满足国民需求的物流体系，把物流通畅化纳入城区建设规划，确保远洋船通行安全对策，将仓库业由准入许可制转为登记制，废除仓库收费事前申请制等内容。

《2001 年大纲》对《1997 年大纲》确定的三个目标进行了全面评价：

第一，在提供亚太地区最具便利性和竞争力的物流服务方面，成效并不显著，表现为主要国际港口的集装箱吞吐量仍在低位徘徊，尚未实现信息化、一站式的便捷、高效通关，并且在公路、海港、空港等物流基础设施之间的无缝连接，城市内交通的顺畅，物流体系的标准化、信息化，无效率商业惯例的改善等方面还存在很多问题；

第二，在降低物流成本方面，尽管成本有所下降，但与亚洲地区的先进港口相比，与港口使用相关的所有费用仍然偏高；

第三，在构建能源、环境、交通安全友好型物流系统方面，在完善物资运输的硬件和软件设施、促进自营拖拉机用途转换及控制交通事故等方面取得了相当大的成效，但同时又要面对削减大气污染物排放、保护地球环境、构建循环型社会等新的课题。

《2001 年大纲》进一步明确了三个具体目标：第一，构建一个高度且整体有效率的、面向 21 世纪、与日本经济社会相适应的新的物流系统；第二，建立一个具有国际竞争力的物流市场；第三，创建一个能够减轻环境负荷的物流体系和循环型社会，所构建的能够减轻环境负荷的物流体系要对循环型社会做出贡献。

三、2005 年日本《综合物流施策大纲》

2005 年 11 月 15 日，即《2001 年大纲》实施四年之后，2005 年修订物流政策的提议在内阁会议上被再次提出。在《2001 年大纲》的基础上，日本又出台了一部更新的《综合物流施策大纲》（以下简称《2005 年大纲》），实施时间为 2005—2009 年。《2005 年大纲》不仅制定了日本物流业之后四年的发展规划，而且为加快绿色物流的发展，还针对日趋严重的地球温室效应问题，单独就环境保护问题，从两个方面制定了物流业发展的环境政策。一方面，提出要解决全球变暖及大气污染问题，具体措施包括：加强尾气排放管制措施，开发和普及低公害车的使用，加强环状道路建设，推动环状道路周边物流节点的设置，推进运输方式转换的对策，推动共同运输。另一方面，提出要构建循环型社会的静脉物流系统，具体措施包括：加强废弃物再生处理设施的建设；成立绿色物流专业委员会，制定二氧化碳（CO_2）排放量计算标准；降低运输工具单位耗能；设立绿色环保税制度，促进低耗油车辆的使用；推动车辆大型化和拖车化的运输方式，降低大型卡车燃油费；提高公路质量，加大桥梁承重；加强国际海运集装箱货物转运站与多功能国际货物中转站建设，缩短进出口货物运输距离。

《2005 年大纲》在继续强调重视顾客、实现高效率低成本国内外物流一体化的基础上，着重提出了进一步建设确保国民生活安全与安定、环保节能的绿色物流的重大目标，指出要促进企业选择合理化的运输方式，以减轻环境负荷。《2005 年大纲》明确了物流业发展的基本方向，即适应经济与社会全面发展的需要，推动物流与其他产业和消费市场共同发展。同时，还提出要缩短物流对生产、流通和消费造成的距离。《2005 年大纲》的立足点是：按照

《京都议定书》，制定和实施更为有效的环境保护政策，大幅度削减二氧化碳（CO_2）排放量，促使物流企业真正履行社会责任。另外，为提高日本物流业国际竞争力，要不断降低物流成本，促进国际物流与国内物流的一体化，同时还要采取更加严格的措施，保障物流安全，防止恐怖事件对物流业的影响。

《2005 年大纲》还对《2001 年大纲》确定的目标进行了全面评价：

第一，企业在克服削减成本压力的同时，对核心业务发展动向的专注，即企业在主要的、能产生高效益并取得主要竞争力的业务上还存在问题；

第二，在新型服务模式不断发展的背景下，物流企业所提供的服务需要进一步完善；

第三，随着新的经济发展环境与市场需求矛盾的出现，环境保护的压力，确保公共、运输、食品安全的压力，物流业劳动力不足的压力等需要进一步解决，企业对社会责任还不够重视。

《2005 年大纲》进一步明确了之后日本物流业发展的四个目标：第一，建立低成本、快捷、无缝的国内国际一体化的物流系统；第二，建立绿色与环境融洽的环保型物流系统；第三，建设重视需求方的高效物流体系；第四，建设确保国民生活安全安定的物流体系。

四、2009 年日本《综合物流施策大纲》

随着世界经济一体化与信息化趋势的日益明显，为进一步实现物流的高效化，2009 年 7 月 14 日，日本政府对《综合物流施策大纲》进行了第三次修订，制定了新的《综合物流施政大纲》（以下简称《2009 年大纲》），并把 2013 年作为实现目标的时间。《2009 年大纲》以《2005 年大纲》提出的“一体化地开展国内国际物流，实现高效、环境负荷小的绿色物流，推进国民放心、安全生活的物流”为基础，把国际物流竞争力合作伙伴会议及亚洲门户战略会议上通过的新近策划、制定的国际物流、贸易手续相关措施也加入了《2009 年大纲》。《2009 年大纲》提出，要构筑具有国际竞争力的物流市场，创建一个能够减轻环境负荷的物流体系和循环型社会。

《2009 年大纲》指出，随着企业供应链的全球化，必须降低以亚洲为中心的分散型企业网点间的运输成本，在维持较高安全水平的同时实现物流的高效化也成为重点课题。同时，随着全球气候变暖对策的不断推进，应结合《京都议定书》及《后京都议定书》的要求采取必要的环境对策。另外，随着对安全物流需求的不断增加，还要进一步防止卡车运输重大事故的发生，确保海上运输通道的安全性，建设抗灾性强的交通网络，完善灾害发生后的快速恢复机制。《2009 年大纲》综合性地提出了改善日本与亚洲各国物流合作项目以及对日本报关制度进行持续性重新评价的措施。同时，决定将以前一直由政府相关部门负责人实施的跟踪体制改为由产业界代表参加的官民合作形式。另外，还特别决定对依据大纲制定的综合物流措施推进计划，根据需要每年进行修订，强化了措施的实施体制。此外，《2009 年大纲》进一步强调了 PDCA 体制，明确了责任部门及措施实施时间，并在此基础上确立了由货主及物流企业代表与相关政府部门构成的“官民协议体”。这里的 PDCA 是计划（Plan）、实施（Do）、评价（Check）、改善（Action）四个词语英文首字母的缩写。

《2009 年大纲》对《2005 年大纲》提出的物流领域四个目标完成情况进行了全面总结：

第一，在“实现高速、无缝且价格低廉的国内国际一体化物流”方面，在经济构造不断走向全球化的大环境下，日本企业在最适宜的地区开展生产和销售，减少了不必要的库存，在全球范围内进行供应链管理，进一步实现了高速、无缝且价格低廉的物流服务，推动了各项措施的实施；

第二，在“实现绿色物流等高效率环保型物流”方面，今后还要从供应链整体出发减少环境负荷；

第三，在“实现重视需求方的高效物流系统”方面，在满足消费者多样化需求的同时，有效避免了交通堵塞及环境问题等的发生，并推进了各项措施的实施；

第四，在“实现确保国民生活安全和安定的物流系统”方面，能在大规模灾害发生时，确保安全运输的应急物流，但强化信息安全等方面的问题还有待解决。

《2009 年大纲》进一步提出了三个具体目标：第一，实现支持全球化供应链的高效物流系统；第二，实现减少环境污染的绿色物流系统；第三，实现安全可靠的物流系统。

五、2013 年日本《综合物流施策大纲》

基于前几次综合物流施策大纲在整体内容上仅仅是政策的罗列，政策实施时的优先顺序也不明确，而且一些政策未能在计划期内达到预期效果等原因，2013 年 6 月，经日本内阁会议审议通过，开始制定第五次综合物流施策大纲（即《2013 年大纲》）。

总体上，《2013 年大纲》对日本物流环境的现状进行了总结，对今后日本物流政策发展的方向进行了展望，提出了“作为经济重建与成本的支撑，构建完善的物流体系”等内容，提出了在国内外物流上实现消除“浪费、非效率、非均等化”等问题，提出要在整体上把建立最优化的物流体系作为发展的目标，提出要通过提高政策的综合性、一体化程度来提高物流效率，同时还提出要强化货主与物流业界以及相关者之间的相互合作关系。

《2013 年大纲》具体包括以下三方面内容：第一，要致力于构建支撑产业活动与国民生活的高效物流体系；第二，要致力于进一步降低环境压力；第三，要致力于建立安全、安心的物流体系。

日本《2013 年大纲》的制定，主要考虑到了日本物流国际化发展以及物流在应对灾害问题、安全问题等方面的新作用。同时，也考虑到了解决道路、桥梁等物流基础设施老化问题的对策，还考虑到了日本物流在今后发展中政策层面需要应对的问题。总之，物流的“效率化”要从狭义向广义拓展，要再次明确其市场定位。

第四章　日本供应链管理实践

第一节　日本综合商社的全球产业链战略

一、日本综合商社的形成与发展

（一）综合商社内涵及特征

所谓商社，即从事贸易的公司，在世界各国类似的公司并不少见，但巨大的跨国性的综合商社却是日本独一无二的企业形式。有关综合商社的定义，大多数研究者普遍认为：综合商社是以贸易为主导，多种经营并存，集贸易、金融、信息、物流、投资、组织与协调等综合功能于一体的跨国公司，是集金融化、实业化、集团化、国际化于一身的全方位、综合性的贸易产业集团，是一种特殊的现代企业组织形式。

综合商社功能研究会的专家们认为：综合商社是相对于专门经营某种特定商品的专门商社而言的。然而，综合商社之所以称为“综合”，并不仅仅意味着经办商品的综合性，更重要的是意味着它作为企业发挥功能的综合性。具体地说，综合商社的核心功能有交易功能、金融功能和信息功能。通过这三种机能的相互影响和相互作用，构成了综合商社的活动。

日本综合商社与普通的贸易公司不同，其主要有如下特征：

(1)规模巨大。综合商社的年度销售额规模庞大，1999 年，前六大商社的贸易总额为 5762.2 亿美元，占日本当年 GDP 的 12% 和日本贸易总额的 2/3，被称为日本经济的“航空母舰”。

(2)业务广泛。经营商品品种广泛，不分巨细，包罗万象。综合商社经营的商品种类可以说是“从方便面到导弹”“从矿泉水到通信卫星”，涉及国民经济的各个部门。

(3)跨国经营。以贸易商社为起源的综合商社，从一开始就活动在世界的舞台上，并且业务范围不断扩大，成为世界瞩目的跨国大企业。

(4)功能多元。综合商社的核心功能主要是贸易中介功能、金融功能、信息功能这三大基本功能，并随着国内外经济形势的变化而变化，不断向外延伸，产生出新的外延机能，主要有资源开发功能、产业组织者功能、物流功能、投资功能、咨询功能、技术转移功能等。

(5)资本纽带，三位一体。以综合商社为核心成员横向结合的大企业集团是由分别代表生产资本、金融资本、商业资本的大企业通过相互持股，多个资本形态有机结合的复合体。综合商社大企业集团大多都有自己的银行，并且生产企业、银行、综合商社是大企业集团的三大最重要的主体，它们构成了大企业集团的核心，制约着企业集团的各种经营活动。如三井集团—三井银行—三井物产、三菱集团—三菱银行—三菱商事、住友集团—住友银行—住友商事和伊藤忠商事、芙蓉集团—富士银行—丸红等。这些银行是综合商社的主要金融靠山，为本集团内的生产企业和综合商社提供资金保证，而各企业集团所属制造部门则是综合商社的主要业务对象；综合商社则作为对外贸易的窗口，通过产品的供销活动支持集团内生产经营活动，形成了以三大主体为核心的产、供、销一体化的企业集团组织，建立起了相互依托共同发展的大企业集团体制。这种三位一体的大企业集团体制，是通过资本结合、人事结合和产品转移上的相互支持建立起来的。

（二）综合商社的起源与发展

综合商社起源于近150年前的日本明治时代初期(1867年)。当时，日本正处于向近代国家转变的阶段，综合商社发挥了从欧美发达国家引进资源、技术以及向国外出口产品的桥梁纽带作用。最初的商社只是工业企业特别是中小企业的进出口代理商，它们的作用是使这些企业能够集中力量搞生产，不必为设立各自的贸易机构而分散本已短缺的人力和资本。随着日本经济的发展，它们自身具备了所处时代的产业界所需求的各种功能，形成了日本一种独特的企业形态。综合商社是在谋求积极适应日本产业结构调整和国际国内市场变化的过程中，在符合日本国家利益要求并相应得到日本政府支持的基础上，通过自身的不懈努力逐步发展起来的，基本动因是经济的合理性。战后日本形成了九大综合商社，分别是：伊藤忠商事、三菱商事、三井物产、住友商事、日商岩井、丸红、东棉、兼松和日棉。这九大综合商社可以分为两大系统：一是以三井物产、三菱商事、住友商事为代表的"关东财阀系"综合商社；二是以伊藤忠商事、丸红、东棉、日棉、兼松这五家纤维商社和钢铁系的日商岩井"关西非财阀系"综合商社。

综合商社的起源与发展可以分为以下四个阶段：

(1)起源发展阶段(明治初期至第二次世界大战时期)。综合商社于19世纪后半期在日本形成和发展起来，它是适应日本政治经济制度变革需要而出现的新生事物。明治维新之前的日本，其对外贸易主要掌握在外国商馆手中，日本工商企业处于一种被动状态。1868年明治维新后，日本开始向资本主义发展，日本政府确立了经济工业化和社会体制现代化的国家之发展战略重点，但日本自然资源贫乏，在推进工业化初期需要完全依赖国外市场，如进口工业化所需的工业原料、现代化厂房设施、机器设备，出口各种产品赚取外汇支付进口等。一批立志收回民族"贸易商权"的志士们，先是与"商馆贸易"的外国商人进行合作，虚心求教国际贸易知识，后来又纷纷脱离"商馆"，建立起与"商馆贸易"相抗衡的贸易公司。同时，日本政府提出振兴独立贸易的方针，希望通过扶持本国的商社，突破欧洲贸易商对日本进口市场的垄断。其中，代表性的综合商社有依靠政府特权化垄断大米和煤炭等经营活动三井物产和三菱商事两大综合商社，以及通称"关西五棉"，即伊藤忠，丸红、日棉、东棉、江商的"纤维商社"和专门经营钢铁如岩井、安宅的"钢铁商社"。

(2)黄金发展阶段(20世纪50年代后期至70年代初)。日本的综合商社虽兴起于第二次世界大战之前，但规范化的发展却是在第二次世界大战后。第二次世界大战后，随着日本经济的大改革和民主化经济的建立，综合商社在新的历史条件和经济环境下又经历了一个分而复合的发展过程，以新的姿态重新立足于日本经济发展中，日益发挥着国内经济的"润滑剂"和海外经济的"尖兵"作用。从20世纪50年代后期到70年代初期，日本经济以年平均增长率高达10%的速度飞速发展。日本产业结构从轻工业化急剧向重工业化和化学工业化发展，综合商社为落实“贸易立国”政策，着手在全球构筑商业网络，树立起“日本贸易的尖兵”形象，经营范围也随着日本经济发展，由轻工业领域转向钢铁、造船、汽车、重型机械、电机、化学工业等领域，这一时期成为综合商社发展史上的黄金时期。这一时期，日本“九大综合商社”这种特殊经济组织形式正式为世界所认同，其产品多样、功能多元、集团化运作等特征逐步显现。

(3)曲折发展阶段(20 世纪 70 年代初至 80 年代中期)。20 世纪 70 年代世界经济形势动荡，资本主义经济陷入了滞胀，主要西方国家的产业结构开始转向“高科技型”“信息—服务型”为主。1971 年“尼克松冲击”给日本经济带来了巨大影响，再加上两次石油危机的冲击，日本经济在这个年代陷入困境，进入低速增长时期。为应对时代的挑战，日本的产业结构开始调整和转移，由“贸易立国”转为“科技立国”的呼声日高。面对国际国内经济形势发生的巨变，综合商社面临了新的危机，迎来了“综合商社的冬季时代”。在新的产业转换时期，综合商社面临厂家脱离商社、海外投资风险、机构臃肿等问题，针对诸多问题，商社从根本上对其经营政策、管理工作进行了全面总结，调整了经营体制、经营战略和经营范围，强化了经营功能，不断开发如新能源、新材料、电子、航天等新的经营领域，开始向海外经济多样化和贸易方式多元化方向发展，改变贸易形态，从单纯的投资进口贸易向直接投资贸易转变，并大力发展三国间贸易。

(4)战略转型阶段(20 世纪 80 年代后期以后)。20 世纪 80 年代后期是日本经济发展较为明显的时期。但日元升值和国际贸易摩擦的不断加剧又给日本经济发展造成新的制约因素，进而对综合商社的发展产生了巨大影响。面对现实，综合商社以积极姿态实施了高层次、规范化的新的国际化经营战略，这就是 20 世纪 80 年代中期以后综合商社发展变化的最突出特点。随着日本产业界提出“以世界经营资源为中心”的新的国际化战略，综合商社也开始摆脱以日本为中心的贸易方式，向以世界为中心的贸易模式转变。伊藤忠商事、三井物产、三菱商事等综合商社从 1986 年开始实行战略转换：从重视销售额转向重视收益；在追求现有商权的高附加值化的同时，通过开拓新商权、新产业实现高收益；开展全球化业务，扩大三国间贸易，积极推进海外的事业投资活动；由单体结算经营转向联结结算，强化集团经营，连接经营。20 世纪 90 年代后，国际经济形势和日本经济形势都相继发生了深刻变化。国际经济区域化和集团化经济格局日趋加强，世界经济的一体化、全球化趋势日渐明显，世界经济进入了以高科技发展为先导的新的发展时期。国内外经济形势的变化给日本的综合商社带来了机遇与挑战并存、制约与发展并行的新局面。日本各大综合商社纷纷制定新的发展战略，以适应不断变化的国内外经济形势，迎接新的挑战。

在日本独特历史环境中建立和发展起来的综合商社，百余年来完成了打破外国贸易商垄断日本进出口贸易的历史格局，在现代日本经济的高速发展中以其特有的功能发挥了辅助经济的轴心作用，同时对世界进出口贸易企业的体制也产生了重大的影响。

二、日本综合商社的全球产业链战略

(一)以点、线、面推进全球产业链战略

日本综合商社源于国际贸易，其发展历程表明其在海外市场战略布局呈现出点、线、面

的依次构造序列，它既能对国际市场做出快速反应，又能满足日本国内对综合商社的要求。

所谓的点，指的是国际战略梯次的一级市场——美国。第二次世界大战后，鉴于美国经济的强大实力，日本各大综合商社纷纷致力于以美国为中心开展经营活动。能在美国从事贸易活动对于以贸易为生的商社而言，具有战略上生存死亡的重大意义。首先，进口方面，战败后深受粮食不足困扰的日本，当务之急是要解决吃饭问题。从以"大粮仓"著称的美国为据点进口粮食，对于谋求综合化的商社而言，不论是销售额上还是收益上均具有重大战略意义。其次，从美国引进最新的技术和机械，还可以接近本国的厂家，进而谋取到巨大的商权。再次，出口方面，在美国构筑起销售网络，可以增强商社的市场开拓力，而且在满足日本厂家出口需要的同时，也顺应了振兴出口的国策。最后，把美国作为通向国际市场的广阔平台，美国的贸易构造为日本商社从事三国间交易（转手贸易）提供了绝好的舞台。所以美国对日本综合商社来讲是构筑其市场战略的弹性起跳板。

所谓的线，指的是欧、亚两点连成一线。在脱亚入欧与脱欧入亚的历史情结中浮离的日本，把从北美新大陆所赚取的利润存入"欧罗巴银行"，并铸造出一条超级轮船，往来于欧亚之间，把亚洲的石油、天然气、农产品、纤维品运到日本，再运往世界各地。

所谓的面，指的是以资源、能源、粮食等多条产业链构成一个面。资源本身是具有战略性的商品，对于日本这样的资源小国，其能源、粮食以及各种原料资源几乎均依赖进口。资源持有国本身的动荡，资源运输路线上的国际纠纷，日本同资源持有国之间的外交关系，均关乎日本的经济能否健康稳定发展，所以各商社都在创立足以判断国际政治形势的体制。

综上所论，日本综合商社的市场战略以美国为弹性起跳板，看好美国的一级战略市场，主要是瞄准其先进性技术，对欧洲共同体旨在获取其坚挺的欧元；对亚洲则偏重于实物贸易。用"国际市场的战略梯次理论"来分析，综合商社以美国市场为弹性起跳板，其市场大、层次高，进而从广度、深度上拓宽、拓深了其与国内厂家的交易资本，助推其进行转手贸易、三国贸易并渗透到国内市场。因此，日本综合商社以美国为点，以欧、亚两点连成一线，以资源、能源、粮食多点构成面，点、线、面依次推进，瞄准全球产业链大市场。

（二）以海外投资布局全球产业供应链网络

综合商社是以全球为舞台的经济巨人，海外投资又是进军全球的先导。第二次世界大战后相当长的时期里，日本的生产企业在技术开发和市场营销等方面都不具备与欧美公司抗衡的优势，而综合商社凭借其贸易、信息、金融、技术引进及"产业组织者"等多种功能，组织不同产业的企业从事各种联合的跨国投资和经营活动。

日本企业大规模的海外投资始于20世纪70年代初，在此之前综合商社一直是日本跨国投资的主体。对于综合商社而言，虽然对外投资不利于加速其资本周转率，但它们都积极扩大海外投资事业，其主要原因是：(1)作为综合商社活动的延长，必须加强销售据点；(2)为了扩大商权，以在当地设厂生产或以兴办合营企业的形式进行投资，确保产品的销售权；(3)为了确保能源、食品和矿物资源而进行海外投资；(4)以协助日本和海外各国推行国策的形式，参与经济合作的项目；为了缓和贸易摩擦，在对象国进行投资，协助对象国扩大就业等。

综合商社的海外直接投资类型主要有以下三个方面：

第一，海外贸易网点的投资。综合商社的国际先行投资就是海外贸易网络的组建。贸易网络投资可分为两部分：一是对海外支店网的投资；二是在海外设立辅助性贸易企业，即销售类公司。海外地区总部一级的机构都是百分之百的独资，从事独立的销售指挥和情报中心的角色。在海外地区总部下属的贸易机构中，又组建较大量的或是独资或是合资的辅助性贸易企业，按照国内总部和海外地区总部的总体战略，独立从事贸易活动。

第二，海外制造业投资。综合商社参与制造业的投资，并不是因为它们对生产本身感兴趣，而是对在工厂建设和经营过程中产生的商业活动感兴趣，其中包括筹措机械设备以及其他生产资料；供应原材料及半成品；销售产品。因此，从根本上来说，商社参与的制造业的投资也是为了保证商权。此外，对于其参与的合资企业还通过提供直接贷款、信用担保和提前付款等方式从事准银行式的业务活动。综合商社对制造业投资的特点主要有：投资方向集中于纺织业、金属制造业、化学工业和杂货类等技术标准化的劳动密集型行业；投资地区集中分布在发展中国家，尤其是亚洲；投资形式多为"三人四脚型"的合资企业，即由综合商社、日本企业和当地资本或第三国企业界三方组成的合资企业。进入 20 世纪 80 年代以后，特别是广场协定以后，由于日元急剧升值，促进了日本企业迅速向"高附加价值化""全球化"方向进展，由此影响综合商社迅速改变经营战略，将经营重点转向电子计算机、办公自动化、卫星通信、宇宙、航空、机器人、生物工程等领域。

第三，海外资源开发投资。20 世纪 60 年代中期以后，日本的产业结构转移到重工业和化工业，成为仅次于美国的第二个工业大国，亦成为世界上最大的原料进口国。为了确保能源、资源的长期稳定供应，日本开始采取"融资进口"与"开发进口"的战略。70 年代末，日本对资源开发的投资有了明显增加。此后海外资源开发事业一直是综合商社的核心事业。综合商社所参与的资源开发项目主要有：金属矿物资源开发、石油等能源的开发、粮食资源的开发等。综合商社的资源开发投资具有以下特点：(1)资本结构是合资为主，并且多数不控制股权，但都掌握了资源开发的贸易权，综合商社投资一般不从生产环节赚钱，而是从贸易环节取得利润；(2)采取集团投资的形式，尽管商社在集团投资里所占的股份较少，但它们却发挥着工程组织者的关键作用。

综合商社的对外直接投资与其国际贸易有着密切关系，因而综合商社的对外直接投资主要是与其贸易业务相关的。20 世纪 80 年代以后，综合商社采取了新的对外直接投资战略，主要表现在：(1)与国内大企业联合向海外发展，建立当地化产销联合体。随着日本主要出口产业如汽车、家电及钢铁等部门的企业扩大了向海外转移资本，建立当地海外生产企业。各综合商社也同方向转移资本，在美国建立钢铁销售公司，或合资建立钢铁加工流通中心，协同生产企业建立海外产销联合体。(2)与国际大企业在多种领域建立了合作关系，开拓新的产品销售渠道和销售领域，进入高技术领域。(3)对亚洲市场的直接投资不断增加。进入 90 年代，由于亚洲经济持续增长，尤其是中国的开放政策更加明确，综合商社也在包括中国在内的广大亚洲市场与当地资本及亚洲财团展开了各种活动。综合商社在亚洲的投资领域主要集中在物流及基础设施领域。

（三）双轮驱动战略拓展国内外市场

综合商社凭借着"点"的折射性状，线的交叉性能与资源、能源、粮食等构成的面，交叉共振形成国外市场，在结构上将日本推进到国际市场的前沿。如此多层次运作，并通过螺旋式上升，构筑起通往国际市场的空间性运行通道。

以往人们认为综合商社只重视国际贸易，轻视国内市场，实际并非如此，在综合商社的销售额中有50%是由国内贸易取得的。对于综合商社，国内、国外市场均同等重要。商社开始倾注力量致力于国内市场始自日本实行浮动汇率制，特别是1985年以后，世界经济的持续低迷，综合商社在海外事业机会减少之时。因日本的大规模出口形成贸易顺差，导致各国限制日本产品进口，要求日本放开对各国产品进入日本的限制。商社以此为契机，不遗余力地开拓国内市场。日本政府也出台扩大内需政策，这在一定程度上鼓舞了商社扩大国内市场，探索进口产品的国内销售渠道的积极性。

在拓展国内市场上，综合商社各显神通。一是通过控制传统的谷物、饲料原料进口，渗透到畜产品上下游环节。比较成功的案例是三菱商事借着对进口饲料的垄断，进入食用鸡肉的国内市场，通过提供种鸡等方式建立商社系垂直统合工厂。二是以资本联系方式加强与厂家的关系。如三菱商事是日清制粉的大股东，也是其最重要的交易客户。三是借助资本或联合各大商社等手段介入新领域，并且向该领域产业链上下游延展。综合商社每当开拓一片新领域时，往往不是很突兀地直接进入，它要么借助外力，要么以资本为先导，不是单枪匹马，而是几个综合商社会分头出击，分别占据各个突破点，以期形成合力。

通过分析综合商社介入日本国内市场的途径，我们不难发现其市场战略为双轮驱动战略——同时拓展海外市场和国内市场。在一定时间里，是优先发展海外市场，通过一定的积累，适应外部环境变化，或当海外市场前锋受阻，它必定回到国内市场，在国内经济中充分展示它的力量。使其能最大限度地利用自身的贸易进货渠道、资本实力、技术实力不断投资于具有盈利前景的行业和新兴产业，形成聚集自身优势的市场特色，实现商业资本对利益的追逐。

（四）以战略应变及时适应外部环境变化

综合商社的成功不仅仅在于其双轮驱动的市场战略，而且在于面对瞬息万变的市场，不断进行细密的分析与判断，进而调整战略，使自己具备战略性应变能力。

20世纪90年代以来，经济全球化的总趋势不断加强，在技术进步的推动下，经济全球化进程逐渐加快。90年代后期互联网急剧普及，IT化正在迅猛发展，全球范围内开始了一场意义深远的IT革命。经营环境的巨大变化，不仅给综合商社带来了挑战也提供了机遇。综合商社面临的挑战主要表现在两个方面：一是商权的空洞化。经济全球化、自由贸易化趋势加强，自由贸易成为世界贸易的发展方向，全球市场逐步融合。参与国际贸易的企业增加，制造厂家也积极进行海外市场的开拓。商权空洞化加速、佣金比率下降、交易量减少、单价下降等原因直接影响商社的收入，综合商社的销售额逐年减少。IT革命带来的电子商务的发展使商社的中介业务逐渐减少，再次出现了“脱离中介流通业者”的现象以及“商社无用论”。电子商务的不断发展将会从根本上摧毁以前的经济模式下的各种分包关系，进而将彻底改变曾在企业贸易中起重要作用的各中介商社的存在价值。二是“信息优势”的弱化。现代化通信和电子计算机技术的发展和应用，加速了世界经济区域化和全球经济一体化的进程，特别是网络直销模式的广泛应用，使信息资源共享成为可能，减弱了信息的“非对称性”，中小企业利用网络技术获取海外市场信息成为可能，摆脱了对综合商社设在海外办事处获取信息优势的依赖。网络经济的发展使综合商社失去了以往的“信息优势”。

国际国内经营环境的变化不仅给综合商社的发展带来了挑战，也给其发展提供了机遇。经营环境的变化给商社提供的机遇主要有以下几个方面：第一，纳米技术、生物技术、IT 等新技术的出现，给综合商社提供了将基础技术加以应用、实现技术实用化的商机。第二，把握社会制度、法制的变化，开拓新的事业。经济特区、护理保险、排除权业务、废家电回收利用法的实施等社会环境的变化给综合商社提供了商机。第三，自治体、大学、研究所的民营化，非营利组织、非政府组织及中国等亚洲国家的登场，提供了与以往不同的合作伙伴。第四，从上游—中游—下游整个价值链的各个阶段，研究开发、商品开发、制造、零售等方面，综合商社将发挥越来越重要的作用。

面对挑战和机遇，综合商社不断开拓新事业，重新调整各自的战略方向。各大综合商社的新战略方向可以归纳为以下几个方面。

1. 实施组织结构变革

综合商社组织结构的变革主要从下三个方面着手：(1)改善收益性和裁减人员。(2)各部门间的独立分权化。各商社从组织方面所采取的收益力提高政策主要是社内损益准备金制度、社内资本金制度和课、部分社化制度（即划小核算单位）。(3)强化投资风险管理，在公司内实现分权和集权的有效结合。例如：三菱商事以现状的测评分析结果为基础，将 189 个业务单位划分为“成长型”“扩张型”“重组型”。风险大利润小的“重组型”业务根据情况会被勒令退出。

2. 资源的合并和重组战略

为应对激烈竞争、改善收益结构，日本商社不断推进商社间相同营业部门的合作及大型合并重组，通过优劣互补和强强联合，推进经营资源的合并和重组，提高竞争力和抗御风险能力，向战略性、具有综合经营能力的企业集团和专业商社集团发展。2000 年，以综合商社中排位居后的商社为中心，开始整理不盈利的部门，采取撤出、营业转让、部门合并等方式，集中力量于优势领域。1999 年 5 月，兼松宣布以食品和信息通信部门为中心旨在建立“复合型的专门商社”。2004 年 4 月，日棉、日商岩井合并组成“双日控股公司”。

3. 集中和选择战略

在经济低迷中苦恼的日本，企业扩大收益能力的关键词是“集中和选择”。所有的企业都在重新审视它的业务领域，向核心业务集中经营资源，有选择地确定经营重点。近期综合商社的经营重点呈现加强“两端业务”特色。

一是加强石油、天然气、煤炭、金属矿产等上游资能源开发。综合商社配合日本国家政策，积极参与全球能源资源的争夺战，着力开发能源资源，进而控制商机和国内外制造业生产的命脉。在开发原有石油，天然气等传统能源的基础上，加大对清洁能源的投资开发力度。二是加强流通、销售服务、咨询等下游领域业务，削弱下游销售商的强势地位，推进“顾客商机”，打通流通“瓶颈”，实现内外贸一体化、购销一体化，提高经营业绩。各大综合商社积极进军流通业，以消费者需求为起点拓展新业务。综合商社参与流通业后，积极推进了日本的连锁便利店进军中国市场，这也是综合商社开展国际化经营的一个新的方面。

4. 投资倾向性战略及子公司战略

随着赚取佣金的获利路线逐渐达到界限，综合商社销售额的逐年下降，投资的形势出现了很大的变化。一是参与更具风险的事业投资；二是获取直接投资利益的投资增加。

5. 综合商社的IT战略

综合商社的IT战略主要有两个方面：一是开拓信息产业新的成长领域，即信息的产业化；二是将商社的业务处理信息化实现公司内生产性的效率化，即产业的信息化。

第二节 日本钢铁产业供应链——以三井中国为例

三井财团作为日本六大财团之首，通过旗下的新日铁、三井物产和丰田汽车等企业在中国布局其钢铁产业链战略。《环球财经》记者调查发现，在中国钢铁产业链中，从源头的铁矿石，到中间的钢铁生产企业，物流和供应链，再到末端的钢铁出口和消费，处处都有三井的身影。

中国是世界上最大的钢铁生产国、消费国。然而，如此的"钢铁盛世"与实际的中国汽车用钢及其他方面钢铁高端产品相比，显得很不协调。2001年中国加入WTO时，国内各钢铁企业在汽车用钢项目上的生产技术能力有限，特别是用于轿车生产的高端汽车用钢更是匮乏，市场上超过50%的汽车用钢依赖海外进口。其中，冷轧薄板技术，尤其是高档汽车面板作为"高科技产品"，技术被卢森堡阿赛诺、新日铁、韩国浦项、德国蒂森克虏伯钢铁等为数不多的几家外资钢铁巨头所掌握。在这样的全球产业格局面前，中国的钢铁企业选择了与国外企业合资生产。于是，日本三井财团便顺利地全面进入了觊觎已久的中国钢铁行业。

一、以技术换市场，借宝钢渗透

三井财团旗下的新日铁在汽车板研发能力方面属于世界一流水平，三井财团与中国钢铁生产企业合资的第一步就是由新日铁完成的。2005年11月9日，宝钢、新日铁和阿赛洛公司三家共同投资，建成宝钢新日铁汽车板有限公司，投资总额为65亿元人民币，注册资本30亿元人民币。其中，宝钢出资50%，新日铁出资38%，阿赛洛出资12%。公司年生产规模达到170万t汽车板，主要生产设备及核心技术均来自新日铁。

宝钢在全国的汽车板市场所占份额相当大。一汽的载重汽车、小红旗轿车、捷达轿车、上海大众的桑塔纳轿车以及神龙、广州本田、风神汽车等都整车或大批量采用宝钢的汽车板。通过给丰田、本田这样的日本汽车企业提供钢板，新日铁达到了在中国市场分一杯羹的目的。日本钢铁企业历来有着为日资汽车企业提供配套钢板的传统，在中国这个新兴汽车市场，当然也不能例外。借宝钢的影响，三井的势力在中国钢铁业蔓延开来。

中国著名产业经济学家白益民先生曾经在三井物产工作了12年，现在专门研究日韩财团模式。他认为：一方面，三井物产凭借其物流管理技术和经验与中国企业合资，建立钢铁物流供应链；另一方面，三井财团下属的丰田汽车和其他日系企业大量地采购钢铁合资企业的产品。通过这两个主要手段，三井财团的影响力得以巩固和发展。早在2002年12月2

日，三井物产与宝钢合资建立上海宝井钢材加工配送有限公司，注册资金1225万美元，三井物产占35%股份，主要从事金属材料的加工、配送和管理服务。在成立后的三年时间里，在全中国主要钢材消费地建立加工中心体系，构筑一个能够向中国国内外用户提供迅速的钢材配送和高质量服务的物流体系，并达到年加工300万t的目标。经多年发展，重庆宝井、广州宝井、福州宝井、杭州宝井、无锡宝井和青岛宝井等均在当地形成了一定影响力，宝井在中国汽车板材、家用电器板材等高档钢材领域的号召力已非常强大。

通过与宝钢的合作，三井财团基本控制了华东和华南地区的高档钢材市场。实际上，三井财团的目标远不止如此，在东北和华中地区，也出现了三井财团的身影。在东北，鞍钢集团、长春第一汽车集团和三井物产合资组建了长春一汽鞍井钢材加工配送有限公司，在1.5亿人民币的投资额中，三井物产占了公司股份的25%。在武汉，早在1995年12月，三井物产就与武汉钢铁(集团)公司合资建成了武汉兴井钢材加工有限公司，主要从事钢材深加工。产品广泛应用于电机、变压器、大型发电机以及家用电器等诸多产品和行业，年总加工能力为5万t。三井在中国的其他主要合资公司还有南通宝钢新日制钢有限公司、宁波宝新不锈钢有限公司、江苏东京缆索公司、北新房屋有限公司等。

二、从上游到下游，全产业链全布控

三井的做法很特别，试图通过对中国钢铁业上下游产业链的全方位渗透，来对中国钢铁产业“施加影响”。三井物产广泛投资于高档钢材和汽车零部件、彩钢等领域，而丰田汽车更是直接参与到中国钢材市场中。通过这两个主要企业的协力配合，三井财团在中国钢铁产业中的布局得以完成并有效地运行。

2002年4月，丰田决定在中国生产汽车时，首先以较低廉的价格从宝钢采购车门用钢制部件。2003年9月，三井物产、日本株式会社YOROZU与宝钢国际公司共同投资2.17亿元人民币，合资兴建广州万宝井汽车部件有限公司，为东风日产汽车提供配件。2004年2月，三井财团下属的丰田通商株式会社注册了天津丰田通商钢业有限公司，从事钢板的切割加工业务，直接为丰田第二工厂供应配件。2006年，三井中国贸易公司通过了商务部批准，拿到营业牌照，可以在中国从事贸易工作。据悉，另外还有一家巴西公司也拿到了类似牌照。“一般来说，大型公司拿到牌照很难，需要商务部批准，但是三井拿到了。”

白益民认为：三井利用中国钢铁行业要生存发展的迫切需求，转移国内已经落后的产业技术和设备，在中国市场上获取高额的利润和市场份额。同时，通过财团内企业或是本国企业之间的充分协作，达到长期掌控中国乃至全球钢铁行业和市场的目的。

在上游，中国钢铁行业的发展离不开进口铁矿石的供应。国际贸易中1/3以上的铁矿石都销往中国。目前全球最大的铁矿石供应商是巴西淡水河谷、力拓(澳大利亚)、BHPBillion(澳大利亚)。在几个主要的铁矿石出口国都有日本的合资企业。以新日铁为例，其在隶属于淡水河谷公司的NIBRASCO矿山中占有25.4%的股份，在隶属于力拓的两个矿山中分别拥有10.5%和28.2%的股份。而在整个澳大利亚矿区里，到处可以看见新日铁、三井、住友这些日本公司的名字，它们已经逐步控制了钢铁业的上游产业。

除去对铁矿石生产源头的控制，日本企业也十分重视运输环节。2005年底，马鞍山钢铁公司与大阪商船三井船舶公司签订了一份十年期合同，计划每年从巴西装运 50 万 t 铁矿石。同年，宝钢和日本商船三井签订了长期运输合约。这其中隐含的依赖关系值得关注。

三、三井布局中国钢铁产业链特点

（一）以技术领先为基础

新日铁看准了中国钢铁生产技术落后、大量高档产品必须进口的现实，进入了中国的钢铁行业。宝钢几乎全部的生产设备和技术都引进自新日铁；武钢王牌产品——硅钢的生产设备和技术来自于新日铁；山东莱钢的中型轧钢机工业设备和电气设备分别来自新日铁和东芝等。

（二）三井财团下属企业在合资企业中持股，暗含规律

在三井的大多数合资企业中，不仅三井下属的新日铁直接参与持股和提供技术，而且三井的核心——三井物产也参与持有 5%～10%的股份。这是十分值得注意的，三井物产虽然是世界上最大的综合商社，但在钢铁行业中实际上并没有专属的钢铁企业。除了投入资本金，三井实际上还扮演着更重要的角色，那就是组织协调所有与三井财团合资建立的钢铁企业以及下游的相关企业。在进军中国钢铁市场的过程中，真正运筹帷幄的是三井物产。

（三）在钢铁产业链的每个环节都有投入，且关联程度很高

为了生产汽车用钢，三井财团与宝钢合资建厂；为了钢铁产品的流通便捷，三井财团建成了上海宝井；为了丰田汽车和其他日系汽车制造企业的需要，三井财团建立了广州盛旭汽车配件公司、广州万宝井汽车部件有限公司等一批配套供应企业。这些企业环环相扣，互相配合。

第三节　日本汽车产业供应链——以丰田物流为例

一、丰田汽车概况

丰田汽车公司是世界十大汽车工业公司之一，是日本最大的汽车公司。丰田的发展史其实就是一部自主发展的历史。它在自己弱小的时候，也曾向美国的通用和福特公司、欧洲的宝马和大众公司学习，也曾和其他汽车企业进行过合资合作，但丰田始终没有忘记自主造车的梦想。2006 年，日本丰田汽车公司共生产 902 万辆汽车，创历史最高纪录。2010 年全年日本丰田的全球产量为 762.3 万辆，相比于 2009 年 650 万辆的产量上涨了 20%。

二、丰田生产方式

（一）丰田生产概述

Toyota Production System（TPS）即丰田生产方式，经过多年的改善与发展，现已形成一套完整的管理理论和方法体系。简单地说，丰田生产方式就是“为实现企业对员工、社会和产品负责的目的，已彻底杜绝浪费的思想为目标，在连续改善的基础上，采用准时化与自

动化方式与方法，追求制造产品合理性的一种生产方式”。由于该方式不仅能使企业不断提高生产效率，增加效益，而且还能满足消费者对质量和快速交货的要求，因此，在世界上所有的丰田工厂，都无一例外地采取了这一生产方式。

（二）TPS 的特点

TPS 在布置、控制等系统上都有其独到的特点，总结起来有以下四个方面：

1. 拉动式准时化生产

TPS 要求以最终用户的需求为生产起点，强调物流平衡，追求零库存，要求上一道工序加工完的零件立即进入下一道工序。组织生产线依靠看板的形式，利用卡片作为传递作业指示的控制工具，将生产过程中传统的送料制改为取料制，以看板作为取货、运输及生产指令进行现场生产控制。

采用拉动式生产，从生产的最后一道工序往前推，确定前一道工序，组织物流。生产中的计划与调度实质是由各个生产单元来完成，在形式上不采用集中计划，但操作过程中生产单元之间的协调则极为重要。

2. 全面质量管理

认为“质量是生产出来的，并非检验出来的”，把质量贯穿于每一工序的生产过程中。在每道工序进行时均注意质量的检测与控制，保证及时发现质量问题，培养员工的质量意识。如果发现问题，立即停止生产，直至解决，从而保证不出现对不合格产品的失效加工。

3. 团队生产方法

组织团队（Team Work）的原则并不完全按执行组织来划分，为主要根据业务的关系来划分。团队的组织是变动的，针对不同的事物，建立不同的团队，同一个人可能属于不同的团队。

4. 并行工程

并行工程（Concurrent Engineering）在产品设计开发期间，将概念设计、结构设计、工艺设计、最终需求等结合起来，保证以最快的速度按要求的质量来完成。各项工作由与此相关的项目小组完成。进程中，小组成员各自安排自身的工作，但可以定期或随时反馈信息，并对出现的问题协调解决。依据适当的信息系统工具，反馈与协调整个项目的进行。

TPS 思想的最终目标是企业利润的最大化，通过准时化生产、全面质量管理、并行工程等一系列方法来消除一切浪费，实现利润最大化。进一步分析 TPS 会发现，拉动式准时化生产之所以能够实现，全面质量管理与并行工程之所以能够发挥比大批量生产更大的作用，核心在于充分协作的团队式生产方式。此外，企业外部的密切合作环境也是精益生产实现的必要而且独特的条件。

综上所述，基于内部的团队式工作方式，在外部企业密切合作的环境下，无限追求物流的平衡是精益生产的核心所在，即 TPS 的精髓之所在。

（三）TPS 的应用

1. 准时化管理是丰田生产方式的重要手段

准时化管理是指运用多种管理方法、手段，对生产过程中的诸要素进行优化组合，做到以必要的劳动，确保在必要的时间内，按必要的数量，生产必要的零部件，以杜绝超量生产，消除无效劳动和浪费，降低成本，提高产品质量，达到用最少的投入、实现最大产出的目的。

2. 概念化管理是丰田生产方式的灵魂

丰田生产方式的概念化或其思想精髓，即是一切从客户或市场的需要出发，树立用户是上帝的思想理念，并在数目很多的生产工序构成的多段生产方式中，变“推动式管理”为“拉动式管理”，也就是说下道工序是作为上道工序的用户，用户需要什么，上道工序就提供什么，用户需要多少，上道工序就提供多少。

3. 信息化管理是丰田生产方式的一大特色

丰田生产方式的信息化管理具体体现在“看板管理”这一管理工具上。看板通常是一种卡片，上面记载有零部件型号、取货地、送货地、数量、盛放的工位器具及盛放量。工厂以此为信息沟通的工具来实现准时化生产的管理方法，称为看板管理。这种信息化管理随着计算机以及网络技术的应用与发展定会给“看板”赋予一个新的内涵，并会更加方便、快捷地指导生产。

4. 效益化管理是丰田生产方式所追求的目标

丰田生产方式的效益化管理是丰田生产方式的核心内容，丰田生产方式的每一项管理手段和措施，最终均体现在企业的效益(利益)上。

通过上述内容可看出，通过丰田生产方式的准时化、概念化、信息化和效益化的管理模式，不仅可以提高物流的管理水平，还可以挖掘企业的潜力，降低总的经营成本，同时提高客户的满意程度，使企业的信誉不断增加，扩大销售，最终给企业带来利润的增加，称为企业重要的竞争和发展优势。

三、准时生产

(一) 准时生产的产生

在 20 世纪后半期，整个汽车市场进入了一个市场需求多样化的新阶段，而且对质量的要求也越来越高，随之给制造业提出的新课题是如何有效地组织多品种小批量生产，否则，生产过剩所引起的只能是设备、人员、库存费用等一系列的浪费，从而影响到企业的竞争能力乃至生存。在这种历史背景下，1953 年，日本丰田公司的副总裁大野耐一创造了一种在多品种小批量混合生产条件下高质量、低消耗的生产方式，即准时生产(Just In Time，JIT)。

(二) 准时生产的目标

JIT 生产方式的基本思想是“只在需要的时候，按需要的量，生产所需要的产品”，也就是追求一种无库存或库存达到最小的生产系统。目标是彻底消除无效劳动和浪费，具体达到以下几个目标：

1. 废品量最低(零废品)

JIT 要求消除各种引起废品的不合理因素，在加工过程中，每一道工序都要求达到最好的水平。

2. 库存量最低(零库存)

JIT 认为，库存是生产系统设计不合理、生产过程不协调、生产操作不良的证明。

3. 准备时间最短(零准备时间)

准备时间长短与批量选择相联系,如果准备时间趋于零,准备成本也趋于零,就有可能采用极小批量。

4. 生产提前期最短

短的生产提前期与小批量相结合的系统,应变能力强,柔性好。

5. 减少零件搬运,搬运量低

零件搬运是非增值操作,如果能使零件和装配运送量减小,搬运次数少,可以节约装配时间,减少装配中可能出现的问题。

(三) 准时生产的原则

为了达到上述目标,JIT 对产品和生产系统设计考虑的主要原则为:

第一,在单个产品周期大大缩短的年代,产品设计应紧跟市场需求,在产品设计时,要考虑到产品设计完成后要便于生产;

第二,尽量采用成组技术与流程式生产;

第三,与原材料或外购件的供应者建立联系,以达到 JIT 供应原材料及采购零部件目的。

(四) 准时生产的方法

在 JIT 方式中,试图通过产品的合理化设计,使产品易生产、易装配,当产品范围扩大时,即使不能减少工艺流程,也要力求不增加工艺流程,具体方法有:

第一,模块化设计;

第二,设计的产品尽量使用通用件、标准件;

第三,设计时应考虑易实现生产自动化。

(五) 准时生产的作用

JIT 的基础之一是均衡化生产,即平均制造产品,使物流在各作业之间、生产线之间、工序之间、工厂之间均衡地流动。为达到均衡化,在 JIT 中采用日计划、月计划,并根据需求变化及时对计划进行调整。

JIT 提倡采用对象专业化布局,以减少排队时间、运输时间和准备时间,在工厂一级采用基于对象专业化布局,以使各批工件能在各操作时间和工作时间顺利流动,减少通过时间;在流水线和和工作中心一级采用微观对象专业化布局和工作中心布局,以减少通过时间。

JIT 可以使生产资源合理利用,包括劳动力柔性和设备柔性。当市场需求波动时,要求劳动力资源也做相应的调整。例如:需求量增加不大时,可通过适当调整具有多种技能操作者的操作来完成;当需求量降低时,可采用减少生产班次,解雇临时工,分配多余的操作工去参加维护和维修设备。这就是劳动力柔性的含义。而设备柔性就是在产品设计时就要考虑加工问题,发展多功能设备。

JIT 强调全面质量管理,目标是消除不合格品,消除可能引起不合格品的根源,并设法解决问题,JIT 中还包括许多有利于提高质量的因素,如零件很快转移到下道工序、质量问题可以及早发现等。

JIT以订单驱动，通过看板，采用拉动式生产方式把供、产、销紧密衔接起来，使物资储备、成本库存和在制品大为减少，提高了生产效率。这一生产方式在推广应用过程中，经过不断发展完善，为日本汽车工业的腾飞插上了翅膀，提高了生产效率。这一生产方式亦为世界工业界所瞩目，被视为当今制造业中最理想且最具有生命力的新型生产系统之一。

（六）准时生产的战略

1. 零部件厂商对整车企业的实时物流供应

实时生产能发挥作用，除了要求"准时化生产"外，还需要零配件厂商的实时物流作保障。实时物流取消了仓库的概念，丰田公司只是指定某个地方临时堆料，原材料和零配件在此堆放几个小时甚或短短几分钟就被领用。在看板制度下，许多零件是等到下一个制造过程需要的几个小时才上线生产。为使物流跟上生产步伐而不造成缺货或生产延误，丰田公司采用了全新的"拉式方式"，即在需要时由后工序的人员去前工序领取加工品的"领取方式"，此种方式存在于整个生产范围(包括企业外部的零部件、原材料的供给)。这种方式使主动权掌握在本企业手中，只在需要时得到物流的实时服务。

实时生产能发挥作用，除了要求"准时化生产"外，还需要零配件厂商的实时物流作保障。此外，丰田公司采用了CAD/CAM技术设计计算机分解画面，并根据此资料设计车体的各部分构造，再用CAM生产出样机模型，然后分配给零件厂商，以适应生产需要。零件厂商大多位于同一个工业园区，这样不仅降低了运输成本，使运送途中的损耗降低到最低程度，而且降低了所需的库存量。

丰田公司与零部件厂商建立长期的战略合作关系，形成"一荣俱荣""一损俱损"的经营理念。一个零配件厂商的绝大部分产出都供应给一个或两个主机厂，而主机厂一般会在供应商那里拥有一定的股份和指挥权。由于在长期交易关系中居于支配地位，大企业可以要求协作企业采用"最佳状态"供货制，通过适时适量供应零部件来降低库存，提高有效开工率；同时，供应商多少会建立一定的缓冲库存以备不测，以免失掉长期的合同。

2. 整车企业对经销商及顾客的实时物流服务

丰田公司将JIT生产体制和销售网络相结合，将日本全国经销商的计算机和丰田公司总部的计算机联网，销售人员可以将客户订货的情况实时通知生产线，从而形成了一个大规模的信息系统，订货手续大为简化，订单当天就可以传入总公司的计算机中，交货时间可以减少十天以上，而且经销商的库存也减少70%～80%，大幅度降低了库存成本。由于建立了"灵活销售体系"，将产品分成小批量，以更快的速速销售出去，进一步降低了产品在流通领域的费用。

在运输方面，对于出口海外的产品，丰田公司所在的丰田市距海岸只有50 km，汽车可以一直由生产线开到码头，而远洋轮也实时地等待装船，消除了由于必须凑齐一定数量的汽车才可以装船的费用。到岸以后，由计算机分配，直接交至各经销商手中，中间不需要储存。

四、丰田物流—实时物流和精益物流

与福特推崇"规模经济效应"完全不同，丰田生产方式核心理念的关键是"彻底杜绝浪费”的思想为基础，追求制造汽车的“合理性而产生的生产方式”。它是从精益生产的理念中蜕变而来的，是精益思想在物流管理中的应用。精益物流的目标可概括为：企业在提供满意的顾客服务水平的同时，把浪费降到最低程度。实时物流取消了仓库的概念，丰田公司只是指定某个地方临时堆料，原材料和零配件在此堆放几个小时甚或短短几分钟就被领用。精益物流从丰田公司的精益生产理论演变而来，精益思想的核心是“消除一切浪费，在适当的时间、适当的地点，提供适量的产品”。丰田实时精益物流的构成如下：

（一）实时采购

第一，以整车厂为中心，吸引零部件供应商集聚于周围区域，形成“集聚效应”的工业园区模式。

第二，信息共享，以整车厂的实时需求进行采购。使高质量的配件可以在合适工序阶段按时送达。

第三，与零部件厂商建立长期的战略合作关系，共同实现丰田生产模式（TPS）。形成“一荣俱荣”“一损俱损”的经营理念。

（二）实时生产

第一，拉式生产，从生产的最后一道工序往前推，确定前一道工序，组织物流。拉式方式系统图如图 5-4-1 所示。

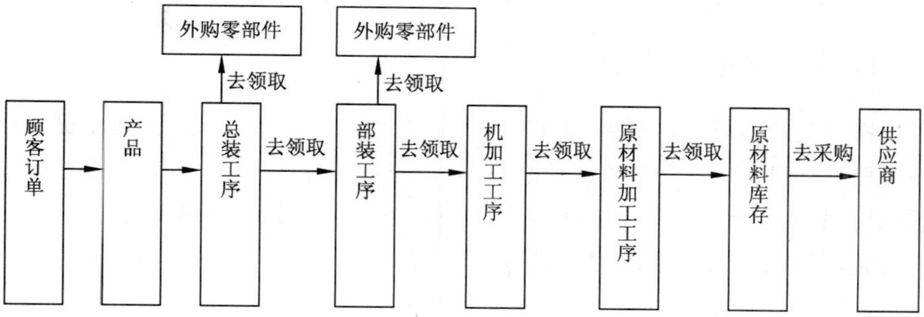

图 5-4-1　拉式生产系统图

第二，看板生产，包括领取看板和生产看板，利用卡片作为传递作业指示的控制工具，将生产过程中传统的送料制改为取料制，以看板作为取货、运输及生产指令进行现场生产控制。传送看板示意图如图 5-4-2 所示。

第三，全面品质管理，认为“质量是生产出来的，并非检验出来的”，把质量贯穿于每一工序的生产过程中。

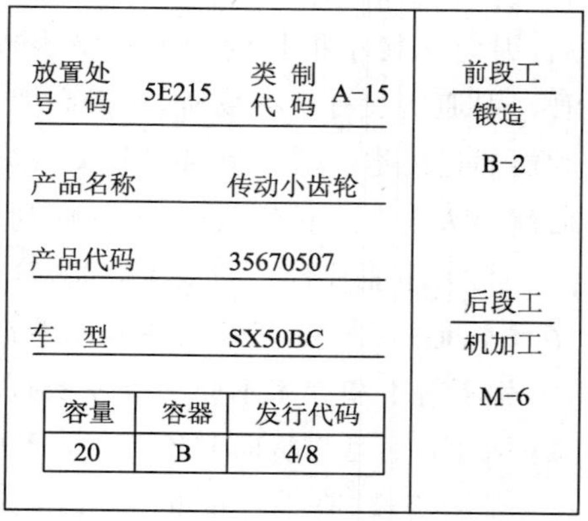

图 5-4-2　传送看板示意图

（三）实时经销

第一，通过拉式生产，形成“不多生产一部汽车”，“不给经销商带来一部汽车的多余库存”。

第二，大规模的信息系统。通过信息网络，供销商把订货信息迅速传达给生产线，形成

"小批量""高速度"的经销体系。

第三,根据反馈信息,提高售后服质量。与供销商形成战略伙伴的关系。

第四节　日本零售业供应链——以 7-11 便利店为例

一、7-11 概况

在日本,在城市里相隔几百米都会有一个面积约 100 m^2 的便利店,便利店里一般卖的都是日常消费品,营业时间大都是 24 h 营业,极大地方便了人们日常生活的消费。目前在日本就有便利店 46 000 多家。其中,规模最大的便利店就是 7-11 便利店。

7-11 便利店最早的出身地在美国,前名叫南大陆制冰公司,专门销售冰块。7-11 这个名字的由来,源于这家公司在 1946 年推出的便利服务,将营业时间延长为早上 7:00 到晚上 23:00。1973 年日本著名超市公司伊藤洋华堂获得特许经营权,将其由美国引入日本。日本 7-11 在 20 多年中营业收入增长近 3000 倍,而美国 7-11 则由于都市市场开发失败、盲目投资和竞争加剧的三重原因亏损严重,最后被伊藤洋华堂以债券换购形式接管,1997 年正式更名为日本 7-11 公司。目前,7-11 连锁店在日本开设 12 105 家,在全世界开设的店铺达 35 545 家,分布世界 18 个国家和地区。其中,中国内地有 1512 家,北京有 80 家。

二、7-11 成功的主要因素

拥有独特的选址战略;及时增加新的经营品种,利用 POS 信息系统,随时更新商品,1 年内的商品更新率达到 70%;喜欢和善于购并;通过完善的配送体系,保持商品的新鲜度;培养出利润意识极强的经营者,并与制造商合作组建开发团队,积极开发新商品。50%以上的商品属于自己企划和开发的商品;扩大服务项目,增加受理快递业务、代收费等。

三、7-11 的物流系统

便利店依靠的是多频率小批量进货,只有利用先进的物流系统才有可能发展连锁便利店,因为它使小批量的频繁进货得以实现。7-11 的面积仅 100 m^2,各种生活物品达 3000 种。但通常没有储存场所,为提高商品销量,售卖场地原则上应尽量大。这样,所有商品必须能通过配送中心得到及时补充。如果一个消费者光顾商店时不能买到本应有的商品,商店就会失去一次销售机会,并使便利店的形象受损。

为了保证有效率的供应商品,日本 7-11 不得不对就有的分销渠道进行合理化改造。许多日本批发商过去只经营一家制造商的产品。在这种体系下,零售商要经营一系列商品的话,就不得不和许多不同的批发商打交道,每个批发商都要单独用卡车向零售商送货,送货效率极低,而且送货时间不确定,配送系统的效率低下。

日本 7-11 在整合及重组分销渠道上进行改革。在新的分销系统下,一个受委托的批发商经营来自不同制造商的产品。此外,7-11 通过和批发商、制造商签署协议,能够开发有效率的分销渠道与所有门店连接。批发商是配送中心的管理者,为便利店的门店送货。将商品按各商店分开检点物品、按路径把商品装载在一起。按交货时间发送、以低成本实现不到十万分之一的误交货精度。而日本 7-11 本身并没在配送中心上投资，即使它们成为了分销渠道的核心。批发商自筹资金建设配送中心，然后在日本 7-11 的指导下进行管理。为了与日本 7-11 合作，许多批发商也愿意在配送中心上作必要的投资；同时，批发商能进入一个更广阔的市场。

四、7-11 的供应链管理

（一）7-11 的顾客需求管理

在 7-11，当顾客到达柜台的时候，在一个分开的按键区上店员首先估计客户的性别和年龄，然后扫描购买的项目条形码，这些售卖数据经由 ISDN 被传递到总部。同时，数据被一个全部控制的在商店的计算机系统处理，计算机使商店经理和 7-11 便利店总部能得到同步的更新，并且立即对这一 POS 进行分析。通过即时的位置数据分析，商店经理能分析每小时的客户团体售卖的所有存货单元(SKUs)的趋势和库存率。总部聚集这些区域、产品和时间的数据，理解顾客需求的速度大大提高，可以更快地分辨出哪些商品或包装吸引顾客，预测每天的销售趋势，即时调整售价、理货及配送等活动；而且在第二天早上使所有的商店和供应者都能连接上述数据，增加配送效率。7-11 的产品开发能力非常强，它感受新趋势并研制出高质量产品的能力，远远高出其他制造商。现在 7-11 公司正利用这些技术，与生产商、批发商合作，紧跟需求开发具有 7-11 特色的新产品。目前，7-11 每年的商品更换率为 70%。

（二）7-11 与供应商的合作

7-11 依靠供货商协同管理系统(VCM)让与 7-11 合作的厂商，皆可以上网查询在各仓库的库存及进出资料，方便供应商做调度与应变。供应商可以在网站上看到物流中心的供货情报，也可以查看 7-11 总部的营业情报，确认厂商与 7-11 的交易金额，让供应商参与订货系统的管理与信息分享，减少了存货管理的业务，为 7-11 与供应商创造了双赢的局面。

7-11 还将 POS 系统与电子订货系统(EOS)连接，即 7-11 店铺、物流中心、供应商同时接收到订货信息，所以店铺店长不需再次点货，系统就会将销售资料与库存相比，再根据以往这家店铺订货的惯例，建议订购数量；店铺可依个别特殊情况需求对订货进行修正，大幅度减少店铺店长订货的时间成本，降低了库存管理成本，加速了存货的流通。

在订货作业方面，店铺人员使用 GOT 订货机订货，利用与总部计算机联机，通过电子订货系统，让 7-11 店铺、物流中心、供应商同步接收到订货信息。在常温产品的订货方面，由店铺的工作人员负责每类产品的订货，而对于低温鲜食产品，尤其是便利商店主要的竞争产品，由店长负责订货。

7-11 之所以能够控制平均每家店铺为 0.12%的缺货率，在于近几年来 7-11 积极发展物流支持体系，并且将物流结合信息科技创造现代化物流。在全球各地的 7-11 各店铺，都有一套完整的 POS 系统，且利用 POS 系统所搜集到的销售情报资料，以产品的回转率将产品分为 A、B、C 级，使店铺人员能更准确订货，降低库存成本。7-11 采用的“持续补货计划”改变了传统的补货流程，由过去的配销商决定采购数量通常为经济订购量，转变为以实际及预测需求来决定补货数量。

五、7-11 的配送模式

（一）共同配送

7-11 在布局店铺时，不是到处撒网，而是在特定区域内高度集中开店，达到一定的数量后，再扩大区域。在此情况下，7-11 按照不同的地区和商品群划分，组成配送中心（不是 7-11 出资，而由生产商和批发商共同建立、使用、出资），由该中心统一集货，再向各店铺配送。共同配送中心有一个计算机网络配送系统，一端跨过批发商直接与供应商相连，另一端与 7-11 的各个店铺相连。其地域划分一般是在中心城市商圈附近 35 km，其他区域则是以市场为中心方圆 60 km，各地区设立一个共同的配送中心，以实现高频度、多品种、小单位的配送。7-11 物流中心示意图如图 5-4-3 所示。

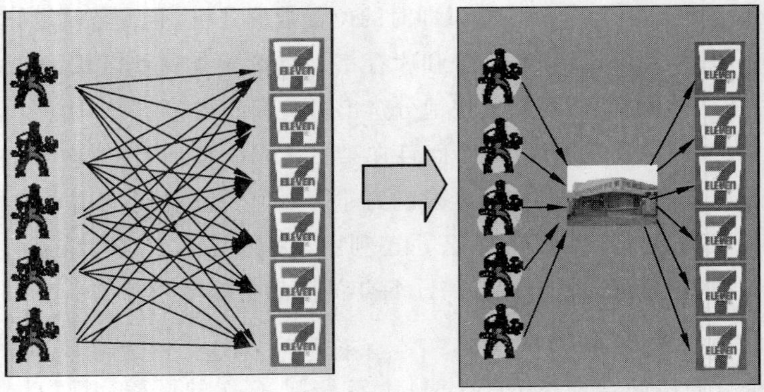

图 5-4-3　7-11 物流中心示意图

7-11 物流中心将原本复杂的运输网络转化为单纯厂商多量少样的运送与 DC 少量多样的配送关系。7-11 店铺每日接待的运输车辆数从以前的 70 多辆下降到 12 辆。这种做法使 7-11 从批发商那里重新夺回了配送的主动权。另外，共同配送中心能充分反映商品销售、在途和库存的信息，7-11 还能掌握诸如财务信息和供应商的其他信息，7-11 逐渐掌握了整个产业链的主导权。

有了自己的配送中心后，7-11 就能直接与供应商就价格进行商谈。7-11 和其他供应商会定期举行一次价格谈判，以确定未来一段时间内大部分商品的价格，包括供应商的运费和其他费用。这样，7-11 每次进货时就省去了和供应商讨价还价这一环节，提高了运作效率，不仅节约了时间，还节约了费用。在连锁业价格竞争日渐犀利的情况下，7-11 通过这种方式降低成本费用，为整体利润的提升争取了相当大的空间。

（二）细化配送

随着店铺数量的增加和商品种类的增多，7-11 的物流配送越来越复杂，为了会更加系统地进行管理，7-11 对物流配送的时间和配送的商品种类进行了细分。7-11 的食品配送方式是根据食品的保存温度来建立配送体系的。7-11 将食品分为以下几类：冷冻食品（保存温度为-20℃），冷藏品、牛奶等（保存温度为 5℃），恒温类食品（保存温度在 10℃），温类食品（保存温度在 20℃）。针对不同的食品，7-11 采用不同的方法和设备进行配送，因此在7-11的配送中心，主要的运输设备是各种各样的保温车和冷藏车。由于在装卸货物时经常开关门，所以使用普通的冷藏车容易引起车厢温度的变化造成冷藏食品的变质。为了解决这一问题，7-11专门设计了一种两面仓式的冷藏保温车，它的特点是一个仓中温度的变化不会影响到另一个仓，从而保证了需冷藏的食品能在所需的低温下配送。

7-11还在配送时间和配送频率上对不同的食品有所区别：对应一般的商品，7-11配送中心实行一日三次的配送制度，即早上3：00—7：00配送前一天晚上生产的一般食品；早上8：00—11：30配送前一天晚上生产的特殊食品（如牛奶、新鲜蔬菜等）；下午3：00—6：00配送当天上午生产的食品。这种一日三次的配送效率不仅保证了商店不会出现缺货的现象，同时保证了食品的新鲜度。但是，对于一些有特殊要求的食品（如冰激凌），7-11就会通过配送中心早、中、晚三次分别送到各个店铺，如图5-4-4所示。

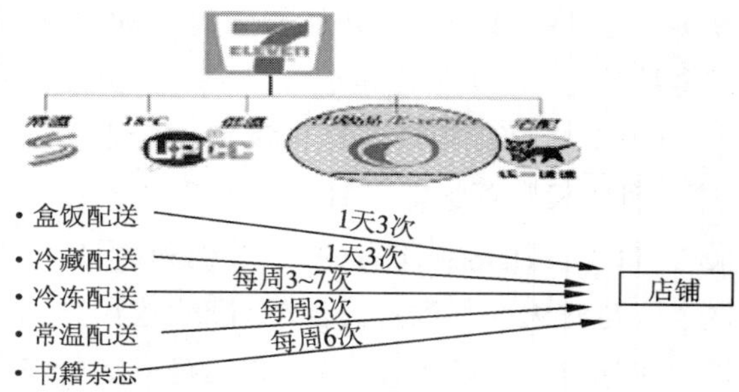

图5-4-4 7-11配送商品示意图

（三）敏捷配送

7-11为自己订立了以下目标：无论何时何地，只要客户有需求，就要将商品送达。为了实现这一目标，该公司采用了一种反应敏捷的运输系统，实现一日三次配送制度。7-11配送中心还特地制定了一个特别配送制度，与一日三次的配送制度相搭配，即当预计到第二天需求量急剧增加时，对要求的追加商品进行及时配送。而且，因为每个店铺随时都可能遇到一些特殊情况造成缺货，这时只要向配送中心打电话告急，配送中心就会动用安全库存对店铺进行紧急配送；如果安全库存也告急，配送中心就会转而向供应商紧急要货，并在第一时间内送到缺货的店铺。

从每辆车的配送效率来看，除了气候等特殊原因外，平均每辆车的装载率稳定在80％，货车每天的运行费用相当于配送中心为每个店铺供应商品额的3.2％，处在成本目标管理值3.0％～3.5％范围之内，7-11因此压缩了大量的物流成本。7-11就是这样在压缩其运营成本的基础上，逐步扩大了它的盈利空间。

六、7-11的信息系统

7-11是连锁性的企业，标准化、规格化的经营方式对其是必要的。由于信息质量的高低在很大程度上直接影响着企业的经营结果，因此保持信息及时、准确、系统和稳定非常重要，信息系统的建立必不可少。在7-11不遗余力的推行电子化的运作中，其企业整体的作业效率与服务水准获得了提升。

7-11信息系统是一个可以迅速传递订单和反馈意见的网络。组成部分为收银机（POS）：读取条形码，瞬时掌握销售动向；检点终端（ST）：检点用携带型终端器，按货架顺序读取；订货终端器（GOT）：用图表等显示销售动向及用于订货；商店控制器（SC）：商店系统的综合，信息的发送和接收。其功能主要是通过实时信息采集，进行整体分析，使经营者及时掌握企业的进、销、存动态及企业整体物流变化情况，实现单品管理，达到以销定进，以销定存，保证进货质量，优化库存结构，及时调整经营布局和商品结构。对大量的市场信息进行整理分析，有助于系统地进行市场调差和市场预测，使企业在复杂的市场竞争中随时掌握第一手的资料。

SC 和 POS 组成店内网络，通过对 POS 情报的及时分析，将 POS 信息转换成较容易理解的图表等形式，对各项信息进行更新，它提供了不同时间内各类顾客的购买情况，未来十天内单品的销售趋势，不同时段单品的销售情况，新商品的销售情况以及商品废弃分析及备货评价；与此同时，它还对不同时段的销售数据、单品数据、未来十天内的销售情况、销售增长率信息和贡献度等内容分信息类型进行详细的分析，并负责将 POS 情报自动传给后台计算机。它所搭载的人工智能能随时自动诊断和调整店内的照明情况、冷藏温度、空调情况、保全系统等，一旦遇到异常情况，系统就会自动报警，引起店铺经营者的注意。

GOT 将订货管理与销售反馈结合起来。在日本，相距 40 km 远的小镇气温能够相差 5 ℃，因此天气预报对于日本人的生活来说是必不可少的。而来自数百个私人气象中心的报告，每天 5 次达到所有的 7-11 便利店，每一个中心覆盖 20 km 半径内的地区。7-11 通过将今天与昨天的气温进行比较，准确地预算到商品的销售趋势，这对店铺进行单品管理和订货管理都有很大的帮助，是门店不可或缺的情报利器。

该系统利用卫星进行信息传送，每一家 7-11 商店都安装了一个卫星接收器，使用卫星接收器不仅比使用地面光缆更便宜，而且对郊区商店来说，这是唯一可行的选择。处于地震高发地带的日本卫星接收器还为商店提供了两套有保障的电话线路，其主机分别在东京和大阪。

7-11 的综合信息系统拥有 53 000 台计算机终端机，这套系统将 7-11 各个店铺一天约 2400 万件之多的单品资料，在第二天早上 8 点进行确认，并且经过不断的分析和数据组合，挖掘出许多市场信息，供各个店铺进行经营决策。7-11 的信息系统图如图 5-4-5 所示。

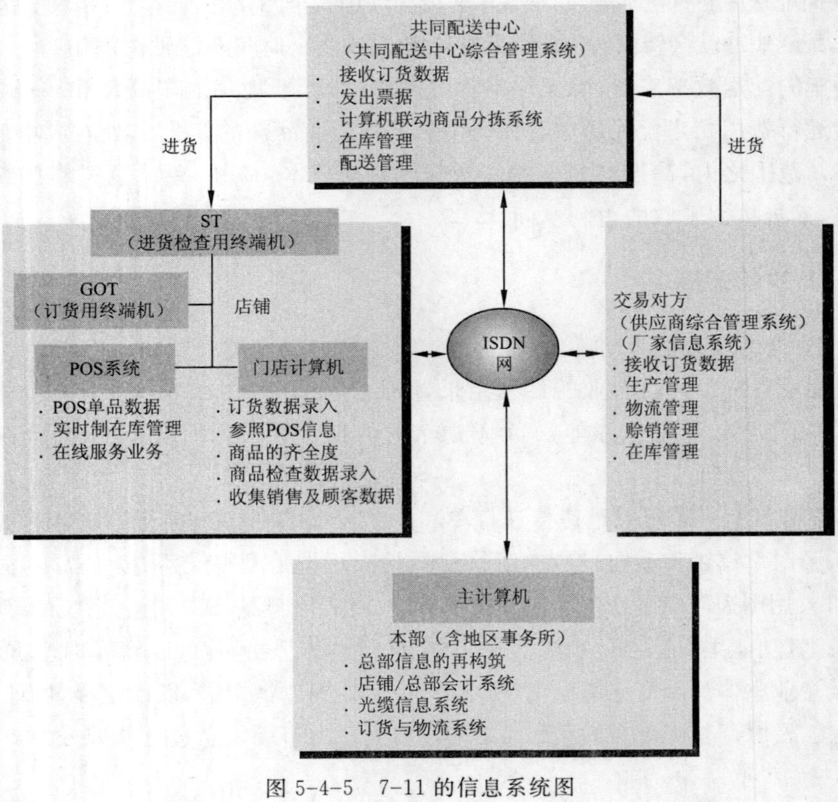

图 5-4-5　7-11 的信息系统图

七、7-11 电子商务的发展

1999 年，7-11 便利店与“通贩”“雅虎—日本”等公司共同设立名为“E-shopping books”的网上书店，以销售图书为开端进入了电子商务领域。2000 年，一家总资本金为 50 亿日元的新公司 7Dream. com 在日本成立，7-11 出资 25.5 亿日元，占整个资本额的 51%。由此，7--11 拉开了其电子商务发展的序幕。

7-11 主要销售的商品有食品和日常用品，其中快餐食品、饮料、冰激凌、香烟、杂志等商品在日本零售商中名列前茅。但是，7-11 毕竟受到营业面积的限制，商品陈列有限，不能满足消费者挑选的需要，因而在商品品种方面要输给其他零售业态。就在这时，7-11 看中了网络这一巨大的无形市场潜力，毅然将市场开拓的重点从有形的店铺市场转向无形的电子市场。7Dream. com 主要提供以下几方面的服务：

第一，旅行。实时在线提供多种特价旅游预约，机票、火车票、出国折扣机票的销售，有关商品的预约代售服务以及以 JTB 为中心开发的旅游和旅游产品。

第二，音乐。利用多媒体终端直接录入方式的音乐销售、与互联网互动的 CD 唱片销售服务以及提供有关音乐的信息。

第三，照相。与富士照相馆胶卷、凸版印刷合作，提供数字照相的店头显印服务，及制作合成相片等服务。

第四，礼品、移动电话。面向初学者销售个人计算机、携带电话，销售插花、礼品等。

第五，入场券销售。在线销售戏票、音乐会票、各种当天入场券、大型活动入场券等，提供与社区相适应的各种服务。

第六，书籍。与 e-Shopping books 合作在互联网上开展书籍的通信销售。

第七，汽车服务。利用多媒体终端提供有关汽车的销售、车检、维修、学车、租车等各种中介服务。

7-11 将电子商务与传统业态的经营有机结合在一起，充分发挥了原有的商品开发和物流服务优势。在 7Dream. com 上订购商品后，顾客在 24 h 内就可以拿到商品。顾客可以在 7-11 近 850 家的店铺中选择就近的店铺结算得到自己所需要的商品，也可以选择在店铺结算，而通过速递公司将商品送到家中。就这样，7-11 有效利用了已有的店铺网络和顾客优势，大大节省了实体经营的投资，同时凭借电子商务这种新型的交易形式，大大扩展了经营的空间和服务范围。7-11 参与的网上购物流程示意图如图 5-4-6 所示。

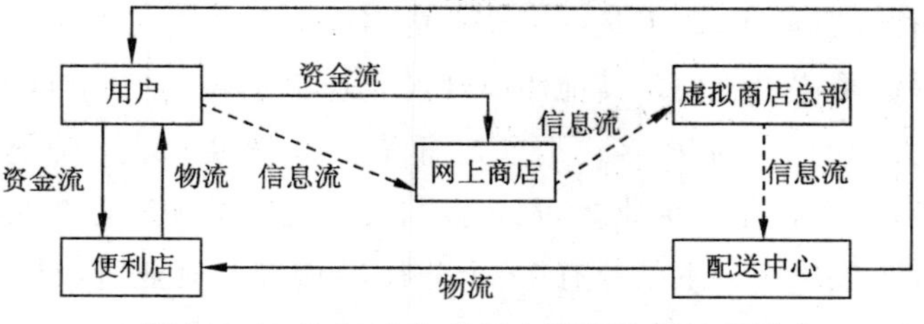

图 5-4-6 7-11 参与的网上购物流程示意图

第一，用户在网上商店浏览物品、订货，在网上支付或到网上商店所标出的小区 7-11 店付款。同时可根据自己的情况要求送货到家或到相应 7-11 店中付款取货。

第二，网上商店通过虚拟商店总部向配送中心发送货通知。

第三，配送中心对用户或用户指定的小区 7-11 店进行货物配送。

第四，用户收到配送中心的送货或自己到小区 7-11 店取货。

第五，遇有关问题后，可通过网络协商，或到小区 7-11 店解决。

第五节　日本快递业供应链——以大和宅急便为例

一、日本宅急便

在日本，便利店支撑起了一个更大的物流产业——宅急便。宅急便业务的对象特别是个人消费者，大多是通过便利店来完成交易的，个人订购的商品或需要寄出的商品，只要交给最近的便利店即可。人均利用宅急便年平均每人 25 件。

二、日本宅急便成功因素

日本宅急便之所以发展速度很快，主要是因为：

第一，社会经济的发展，个人收入的提高，使得消费者对物流的要求越来越高。宅急便的快捷、便利的服务模式彻底改变了以往人们少品种、多批量的消费方式，而是转变为多品种、小批量，更靠近消费者或者叫准时制消费，迎合了现代个性化消费的趋势。

第二，宅急便在日本全土都建有比较完善的网络，再加上有完善的信息管理和通信系统，对每件货物都要进行多次登记并进行跟踪服务，通过大量的信息采集，传递和处理，可以快速准确地提供运输配送服务。

第三，由于网上交易业务和拍卖成交业务的兴起，宅急便还承担了一系列网络交易、拍卖交易，邮购业务中的延伸服务，这些新型的物流在日本今后还会大幅增长。

第四，与 24 h 便利店的相互配合，宅急便业务促进了现代物流企业的发展。便利店受宅急便的委托，提供办理手续、货物保管、设置信箱服务，为宅急便创造了很好的平台。

第五，为了保护消费者，日本政府于 1983 年专门统一了宅急便的收费标准，制定了相应的条款，有了法律的保护，消费者更加放心地使用宅急便的服务。

宅急便只是一种经营模式，并不是一家企业的名称。日本著名的宅急便公司有两家：一家是大和宅急便，一家是佐川急便。其他叫急便的企业也很多，但知名度和业务量无法与这两家相比。相对于大和的主要业务客户是个人而言，佐川急便 95％的业务客户是企业，而不是个人。在 2004 年，日本企业与企业之间、企业与员工之间的配送业务大幅增加，佐川的业务也迅速发展。目前，佐川在日本已经有 11 个分社，300 多个营业所，81 个物流中心，有10 t 以上干线运输卡车 12 万多辆，另有 1 万多辆可以随时调配服务的卡车，集团年营业额达 7200 亿日元。

三、大和宅急便的由来

大和运输株式会社成立于 1919 年，是日本第二古老的运输公司。1973 年日本陷入第一次石油危机，企业委托的货物减少，这对完全仰赖于运送大宗货物的大和运输是一大打击。对此，它们提出了“小宗化”的经营方向。1976 年，大和运输开办了宅急便业务。宅急便与邮局寄送最大的差别是：邮局仅能在平日上班时间亲自到邮局或是邮政代办所付费寄送；宅急便可以到包括便利商店等代收，或是打电话请宅急便直接到家里收取包裹。日本的大和运输所建立的宅急配服务品牌，借由各种交通工具的小区域经营及转运系统，经营户对户小包裹的收取与配送。由于其市场占有率大，因此也成为宅配的代名词。

大和运输的象征商标，是一个黑猫叼着小猫的图案。大和运输认为：图案中那种小心翼翼，不伤及小猫，轻衔住脖子小心运送的态度，仿佛是谨慎搬运顾客托运的货物，这种印象正和公司的宗旨相符合。大和运输又将“我做事，你放心”作为宣传标语。因此，人们又把大和运输称为“黑猫大队”。

目前，宅急便受理件数多达 60 000 万，营业额为 6000 亿日元。宅急便员工人数增加到 6 万人，拥有车辆增加到 30 000 辆。在日本的各条马路上到处可见大和宅急便在来回穿梭。

四、宅急便组成部分

（一）营业所

在全日本共设置了 23 万个营业所，在住宅区和商业区每隔 300 m 就配置一个所，这种营业所与地区紧密结合，以酒店、粮店为中心，每天从早晨 7 时到夜晚 11 时营业，还有 24 小时营业的方便店，以适应多样化的需要。营业所在系统的终端汇集、配送货物，起到顾客和运输公司之间联系的作用，使汇集货物业务实现定时规律化、效率化。

（二）中心店

营业所从街坊中收进货物，只担负汇集货物的任务，而中心店则担负地区内汇集货物和配送货物的任务，是直接经营的营业节点。从中心店到系统终端的利用者时间为 30 min。全日本共配置 1200 个中心店。在中心店的终端的汇集配送货物活动，采用 2 t 以下的小型货车运行。从中心店到配送货地点的路线，和采取大范围地区汇集配送方式的其他公司相比较，可选用路线非常短的点。现在各分担的区域逐年趋向狭小化，东京中心区每天走行距离为 60 km。

（三）营运总店

营运总店按行政区划对各中心店进行管理，具有系统终端的功能。

第一，从各中心店汇集向全国发运的货物，并将从全国运达的货物向各中心店转运散发；

第二，各营运节点之间干线输送的运行；

第三，对运达再发出的货物进行分拣。

目前，在日本47个都道府县已配置有63个营运总店。特别是各营运节点之间的输送，在决定输送速度上具有重大作用（如图5-4-7所示）。

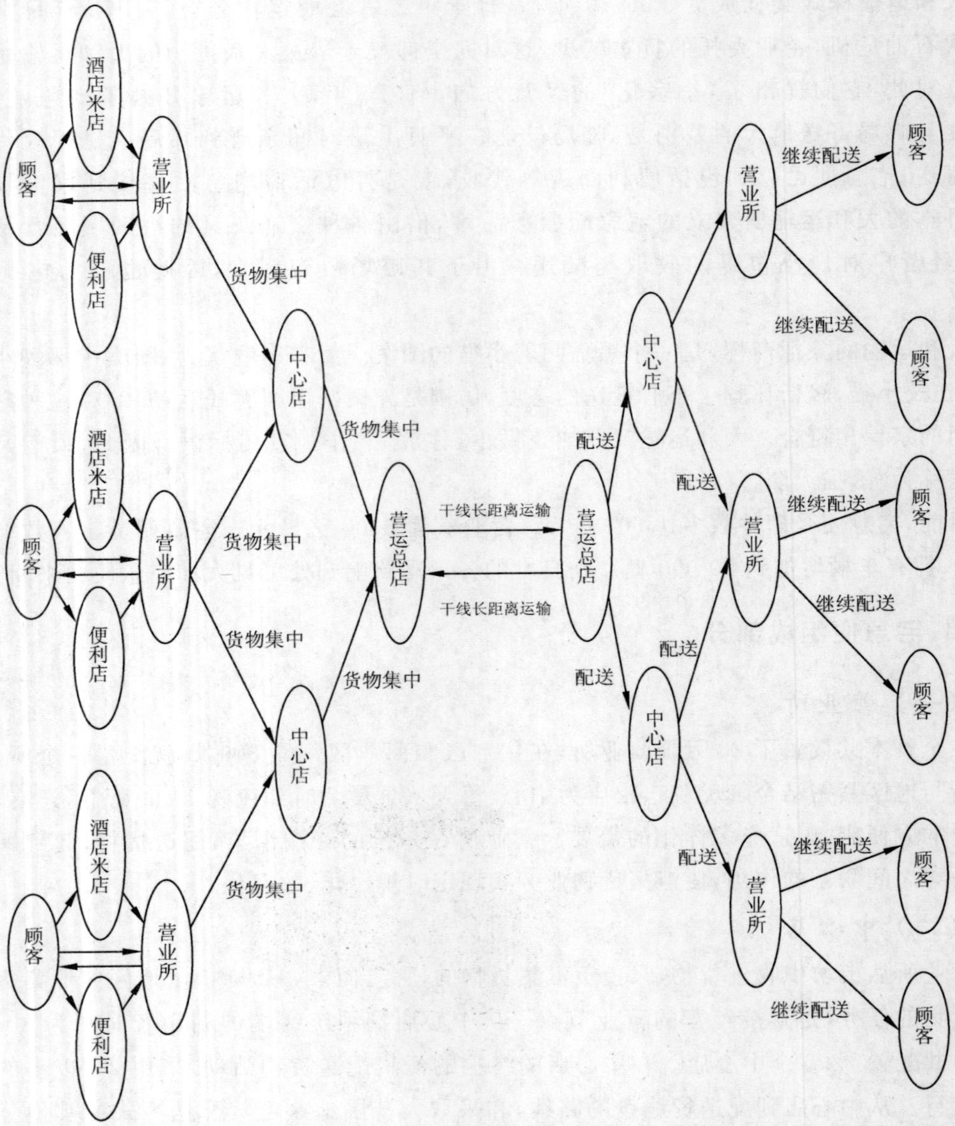

图5-4-7 宅急便的运营模式

五、宅急便的高质量服务

（一）迅速性

宅急便在几乎全日本的范围内可以实现“次日送达”服务。还提供指定交付时间段的服务，诸如次日上午10点前送达等。利用夜间进行从出发地到目的地的运输，是宅急便得以在速度上取得优势的重要措施，从而做到了当日进行集货，夜间进行异地运输，翌日上午即可送货上门，保证在15～18 h内完成整个服务过程，使翌日送达的达成率可以达到95%，展现了大和运输更周到的服务。

（二）便利性

顾客只需在家拨打一个电话，宅急便公司会上门取货。并且宅急便企业均有密集的营业网点或是代收点（如超市及24小时营业的便利连锁店等）。宅急便的受理店多达20多万家（其中包括大和本身的近2000家分店），是以米店、杂货店等地方上分布面广的重要的零售店设立的。遍及全国的24小时营业的便利店，使得发件在任何时候运输托运成为可能。如果送货上门时家中无人，收货人也不必到营业所去取，宅急便公司会在收货人指定时间内再次送货。宅急便公司提供可供顾客免费查询、咨询的电话，可以说是方便至极。

（三）安全确实性

对发件人来说最关心的是货物是否被安全准时地送达收件人。宅急便企业的咨询系统和查询系统均比较完善，具有完善的信息管理和处理系统，先进的通信系统，对每件货物都要至少进行五次登记，包括大量的信息采集，传递和处理以及先进的通信系统；顾客可以及时查询货物的状况。

六、宅急便的配送模式

（一）即时配送

作为运输服务，讲究三个S，即速度（Speed）、安全（Safety）、服务（Service）。在这三者中，最优先考虑的是速度，在速度中，宅急便又特别重视"发货"的速度。"黑猫大队"有一个保证次日送达的输送系统。客户把业务先送到受理店或便利店，由便利店承担受理店的业务，宅急便公司每天上下午各一次到便利店去取货，如果某便利店的业务多，可以一天内取四次货。宅急便的车取回货后先送到各营业所，营业所再集中送到附近的集散站或物流中心，在这里按每件货物寄送的目的地开始机器分拣，每小时可分练3000件。从时间顺序看，通常一般下午5点前从便利店取回货，分拣后晚上起程运输，到达目的地一般是凌晨4～5点，从对方集散站到对方营业所是早上6～7点，细分后从8点左右开始配送，约1～2个小时后就可到收货人手中。

宅急便的货物标准一般是每件重30 kg以内，长和宽不超过60 cm，超过这个标准就属于混装运输的业务。此外，宅急便采用统一规格的小型货箱和不同吨级的货车。统一货箱长110 cm、高185 cm，大概可以放进70～80件货物，从基地往基地移动时使用10 t级的大型车，可装载16只货箱；从集货中心往基地，或是从基地往集货中心移动时，常使用可装8个货箱的4 t车；专用来收集以及递送的2 t车，则可零堆约一个货箱容量的货物。宅急便的价格也有明确的规定，一般最低的一件货物运价是740日元，每增加一个单位重量运价增加200日元，区域每远一个地段也加收200日元。如遇货物丢失，每件货物最高赔偿金额30万元，所以贵重物品如宝石类或护照、邮政法规定的信件等，一般不受理运送。这些服务标准和价格标准等一般都用固定合同形成，不需要双方再谈判或讨价还价。

（二）柔性化物流

大和的宅急便以满足顾客的需求为出发点，受理货物的内容种类繁多，包括地方特产、企业文件、各种零件、划拨商品等，凡是各式各样的小货物，都可通过宅急便来运送。在日本，逢年过节送礼、在机场行李太多拿不动、买了较大的物品时候，不是去邮局而是就地委托宅急便；网上零售或邮购物品时，只需打个电话快递公司就会应声而至；冷藏到户快递，可以把啤酒、酸奶、冰激凌等须保鲜商品原味原样地送到客户；工厂紧缺的少量零件和备品会在指定的时间里到达。

大和运输公司的柔性化物流战略是为内外环境的变革和发展所推动的。首先，从外部环境来看，在日本经济高度成长时代，企业的商品运输量非常大，大和从事陆地运输不仅经济利益能得到保障，而且运输能力也大大提高。然而，1973 年石油危机的爆发，导致日本经济萎缩，商品运输急剧下降，这对大和运输打击沉重。因为，当时像大和这样的运输企业都拥有庞大的运输网络和货车，固定费用很大，这些环境要素对企业的发展形成了极大的挑战。同时，过去的一些大客户中断了与大和运输公司的交易，大和公司面临着巨大的经营危机和压力，作为专业的运输企业，此时如果不能创造性地适应市场，适应客户需求，那么就只能被淘汰。

宅急便是在应对新的社会和经济环境下的一种新型的专业物流服务，与原来大和的陆地运输最大的不同在于它构造了新型的柔性化物流服务：面向家庭和小单位个别配送。面向家庭和小单位个别配送就意味着这种专业物流服务不是固定线路的货车运输，而是具有针对性、营销意味的配送服务。可以说这是专业运输公司适应时代变化和物流公司强化地推动物流管理的必然结果。所以，宅急便市场的形成也表明大和公司是一个真正意义上的柔性化物流服务提供商。

（三）信息化物流

大和运输一直致力于计算机化的推进，从 20 世纪 70 年代就开始采用信息技术推进物流业务，成为世界运输界最早采用条形码的公司。大和运输将宅急便的信息系统统称为“猫系统”。第一代猫系统始于 1974 年，以路线及货运为中心。在结构上，是采用从设置在大和系统开发总公司的主计算机，以至各营业所的终端机，全部用专用线连接，以集中货物信息的方法进行处理。第二代猫系统始于 1980 年，此时初次登场的 POS 终端机，简化了资料输入操作，任何人都可以简单操作，信息的处理速度也加快。第三代猫系统始于 1985 年，重点是开发了便携式 POS 机，并给每一位货车司机配备一台。大和运输将所有货物的信息，包括发货店密码、日期、负责集货公司的司机密码、到店密码、货物规格、顾客密码、顾客送来或是集货方式、运费、传票号码，以及滑雪宅急便和高尔夫宅急便的顾客游玩日等，全都输入计算机进行管理。

大和运输公司通过信息化平台进行低成本的物流信息交换，同时，不断提高公司物流信息处理功能，将公司各个物流环节、各种物流作业信息进行实时采集、分析、传递，并为管理提供各种作业明细信息及决策信息。

顾客如果询问邮局：托运的货物现今在何处？邮局须花费 2 min 才能回答；而大和的宅

急便却能在 40 s 内做出答复(计算机的应答是 3～5 s)。当然,在大和的信息化物流系统上,只需点击几次图标,像货物目前是在仓库,还是在分拣设施上;是正在装车,还是已经送到了顾客手中等问题,很快就能找到答案。这种方便快捷的信息技术,提高了顾客对宅急便的依赖度。

七、宅急便对日本经济的影响

第一,创造新的市场,促进了销售物流发展。

第二,创造了静脉物流(从原材料采购到产品的上市为止的一系列运输活动,称其为“动脉物流”;而产品消费和使用之后的回收,使之重新成为可利用原材料的运输,则称之为“静脉物流”,如废计算机、家电产品的回收)业的发展。

第三,产生了网络交易、拍卖交易延伸服务。

第四,使无店销售成为可能,邮购业务中 80%都用宅急便代理收款。

第五,便利店的功能更加健全,受宅急便的委托,便利店提供办理手续、货物保管、设置信箱服务等。

第六,促进了设备产业的发展,对信息技术的发展也做出了贡献。

第七,宅急便正向销售物流全面渗透。

第八,安置了大量人员就业,仅大和公司就有员工 13.5 万人。

第九,宅急便成为日本物流业最大的亮点,近年日本货运总量一直在减少,宅急便的业务量却在增加。每件货物的重量规定不超过 30 kg(实际平均每件不到 10 kg),但从总量看,它已占到日本货运总量的 10%。日本全国的物流产值是 42 万亿日元,其中企业自营物流与 3PL 业各占 50%,宅急便的物流业务收入达到了 2 万亿日元。

第六节　日本城市供应链——以东京为例

东京是日本的首都,也是日本政治、经济、文化、教育中心和海陆空交通的枢纽,也是世界金融中心之一。作为亚洲第一大城市,东京与美国纽约、英国伦敦并列为“三大世界级城市”。同时,东京也是日本人口高度密集的城市,截至 2014 年 3 月底东京市人口 1332 万。另外,东京都地区占日本国土的 0.6%,而人口占全日本的 27.7%。2014 年,东京城市占日本 GDP 总量约为 61.7%。东京的城市供应链中比较著名的特征是开拓逐步完善城市共同配送系统,以及在郊区建设大型专业化物流园区,将大规模货运交通活动限定在城市外围。

一、交通运输规模大,物流园区建设专业化程度高

在航空物流方面,成田机场占据日本空港贸易总额的 70%,处于绝对主导地位。目前东京共有四大物流园区,分别为大田平和岛物流专区(南区)、板桥高岛平物流专区(西北区)、足立舍人物流专区(北区)、江户葛西物流专区(东区),各物流园区基本情况见表 5-4-1。

表 5-4-1　东京物流园区基本情况

园区名称	项　目	面积/hm^2	建成时间	能　力
大田平和岛物流专区(南区)	公共货运站	24.2	1968 年	433 装卸车位
	批发物流区	9.0	1974 年	
	常温物流区	22.4	1970 年	300 000 t
	低温物流区	4.7	1971 年	147 840 t
	道路公设区	13.4	1968 年	
板桥高岛平物流专区(西北区)	公共货运站	11.6	1970 年	320 装卸车位
	批发市场	6.1	1972 年	600 t
	批发物流区	5.2	1971 年	562 t
	常温物流区	4.7	1971 年	90 000 t
	道路公设区	13.4	1968 年	
足立舍人物流专区(北区)	公共货运站	11.3	1977 年	340 装卸车位
	批发市场	6.1	1979 年	1014 t
	批发物流区	3.5	1976 年	
	常温物流区	4.7	1977 年	90 000 t
	道路公设区	13.4	1974 年	
江户葛西物流专区(东区)	公共货运站	18.5	1983 年	460 装卸车位
	批发市场	7.5	1984 年	600 t
	批发物流区	9.4	1984 年	562 t
	常温物流区	7.3	1985 年	120 000 t
	道路公设区	13.4	1984 年	

二、零售业供应链发展领先

目前在日本有便利店 46 000 多家，其中规模最大的是 7-11 便利店，在日本共有 1 万多家。在物流配送环节，7-11 本身并没有在配送中心上投资，而是改革分销渠道。在新的分销系统下，一个受委托的批发商经营来自不同制造商的产品。此外，7-11 通过和批发商、制造商签署协议，能够开发有效率的分销渠道与所有门店连接。批发商是配送中心的管理者，为便利店的门店送货。将商品按各商店分开检点物品、按路径把商品装在在一起。按交货时间发送、以低成本实现不到万分之一的误交货精度。配送共采取共同配送、细化配送、敏捷配送三种模式，同时建立一个可以迅速传递订单和反馈意见的信息系统进行标准化。

第五章　日本供应链管理技术应用

在经济形势瞬息万变的今天，物流信息化是可以有效并提高货主企业的物流需求信息化服务的有效手段。在日本，物流企业可以通过互联网和手机网络向用户提供求车求货、货物追溯和支付服务。

第一节　可视化跟踪追溯系统

一、宅急便跟踪追溯系统

日本的大和、佐川宅急便企业都是在1980年左右完成了货物追溯信息系统的建设，驾驶员携带信息采集终端实现准确高效的配送，并向客户反馈追溯信息实现了优质服务。1990年之后随着互联网和手机网络的普及，信息管理系统获取货物信息的手段更加便捷，在业务处理的高效化、订货单印刷高效化和高品质服务等方面发挥了巨大作用。

但是，两家公司也有区别，佐川急便的服务更关注电子商务用户，开发和销售"飞转"系列自动出货票打印机，e-SAXIS等现金回收服务等都是专门为电子商务客户提供的服务。而大和运输公司则锁定了众多分散的小批次货物用户，利用信息化技术实现配送高效化与优质的客户服务，主要有强化货物追溯系统建设，建立驾驶员配送员一体化服务模式，强化指定日期配送服务。另外，大和运输对互联网拍卖客户提供了代收现金的服务，也可以说是不同于佐川急便的。互联网拍卖客户可以在申请成为大和会员后使用大和的互联网拍卖服务。

这两个公司都是日本运输行业的代表企业，是较早适应互联网时代变化，最早在物流信息化方面大力投资的企业。在信息技术应用上，最初都是只看到信息化可以提高工作效率，但随着互联网的普及，互联网用户成了运输行业服务的新兴用户群体，如图5-5-1所示。

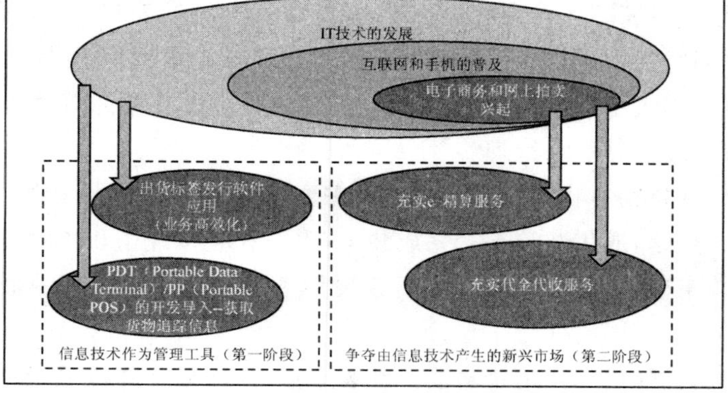

图5-5-1　宅急便的信息化示意图

二、JR 铁路的运输信息系统

2005 年，JR 货运开通了基干系统 IT-FRENS&TRACE。

（一）IT-FRENS & TRACE 概要

现 JR 基干系统 IT-FRENS&TRACE 的前身是 FRENS 系统。IT-FRENS&TRACE 是在 FRENS 基础上的实现功能扩展的客户端/服务器型信息管理系统。

（二）IT-FRENS & TRACE 性能

IT-FRENS&TRACE 系统主要有两个大的功能。

1. 适用于互联网

IT-FRENS 的前身 FRENS 是利用国内的网络专线，通过实现运输申请、货物状态确定等服务的系统。IT-FRENS 则是利用更为普及的互联网作为通信手段，扩大了终端的适用范围。

2. 运输计划自动调整功能

IT-FRENS 最著名的是它的运输计划自动调整功能。使用 FRENS 时运输计划申请功能是通过人工录入实现的，这样会出现两个大问题：一是为了调整铁路运输计划需要大量的人力参与到输入工作中；二是人工输入后的最终结果无法即时反映出来。特别是在应急物资的运输中，由于第二个原因，无法通过参照系统了解到最终的结果，最终需要大量人工确认。

针对这种情况，在 IT-FRENS 系统中开发了运输计划自动调整，当运输计划排满的时候，根据日期在指定站自动寻找到有空余的集装箱，同时自动变更其他有空余集装箱列车的行车路线。这样，列车不出现计划排满的情况，比人工计划更加高效化。

（三）IT-FRENS & TRACE 功能

TRACE 是 Truck and Rail-way Combinative Efficient-system（高效公铁联运系统）的简称。TRACE 是由具有一定货物信息处理能力的装车系统和类似于宅急便运输系统 PDT 的运输系统组成的。

1. 智能装车系统

集装箱到站的时候，通常都是把货物暂时放在集装箱装卸区。大多数的集装箱货物都是经过从大型卡车经过装卸区再到配送货车，从配送货车经过装卸区再到配送货车，从配送货车经过装卸区再到大型卡车的过程，而没有从大型卡车直接到配送货车，从货车直接到货车，从配送货车直接到大型卡车的理想过程。车站内对于集装箱的管理也没有一个系统的记录，全部凭借管理员的经验来管理。

通过管理员确认货物实物判断集装箱是否需要到站装车，即使是经验丰富的管理员，为了确认集装箱是否到站，或集装箱是否完成装车，也要在装车现场和货物装卸区往返数次。

为了使实物装车确认操作更加高效化，开发了智能装车系统。其中最具有代表性的两个功能如下：

第一，自动更新升降机作业记录功能。在装车点上，如果升降机记录中没有需要作业的信息就不移动集装箱。TRACE 在升降机中安装了数据获取系统随时获取集装箱的当前位置。利用 RFID 标签和 GPS 定位系统，避免多人手动操作，减轻作业人员的负担，获取的信息再通过 IT-FRENS 转递给上层的管理人员，可及时确认货物的当前位置状态。

第二，表示操作指示功能。导入 TRACE 以前，升降机操作人员是根据集装箱上的标签所指定的目标列车和集装箱位置来装车的。标签上记载了集装箱的运送路线，但当需要紧急修改时必须人工更新标签，无形中增加了难度，容易出错。IT-FRENS 的动态任务调整功能，很好地解决了该问题。TRACE 按作序显示操作流程使工作人员更好地完成操作并提高服务质量。自 2006 年以来，废弃标签指示作业节省了大量制作标签的工作和人力。

2. 运输系统

智能装车系统不需要依照标签也可作业，这就需要把握集装箱所装货物情况。FRENS 系统时期，在货物收集后或者列车出发前完成人工录入信息，标签作业废弃后，列车驾驶员也需要了解集装箱的所装货物情况，新开发了大型卡车驾驶员系统，使得驾驶员也可以及时了解到装车信息。

（四）JR 货物物流信息化的发展

JR 的 IT-FRENS&TRACE 系统最主要的功能是利用信息技术及时掌握货物的位置，更人工操作更加高效化。和宅急便业类似，改信息化阶段仅把信息化作为一种管理的手段。宅急便业今后将更加关注与互联网与服务的结合，同样，JR 货物的信息化也有类似的发展趋势，这就是信息化数据的分析。

导入 IT-FRENS&TRACE 时，为了辅助操作设有帮助窗口功能，用户最常提出的疑问是关于车辆调度的。分析 IT-TRACE 数据后，可实现在运输量较多区间使用积载率低车辆，或者变换运送路线等方法解决调度难题，改变了以往由 JR 调度中心统一管理调度的格局，增加了车辆运输配置的灵活性和合理性。信息化在这种情况下不只是管理工具，而可为运输计划管理提供重要依据。作为 JR 信息化的第二个阶段，将来可再分析智能装车系统数据，提高运输服务品质，分析驾驶员系统数据，为战略决策提供依据，如图 5-5-2 所示。

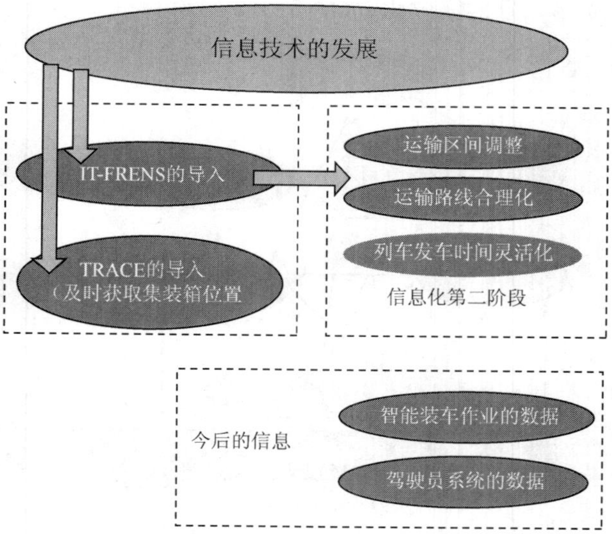

图 5-5-2　JR 货物信息化示意图

三、港口运输信息化及海上货物追溯系统

（一）港口的运输信息化

1991 年，Sea-NACCS（Sea-Nippon Automated Cargo Clearance System，海运货物通关

信息处理系统)投入使用。此前的船舶出入港口,进出口关税申请都是需要到船舶公司、海关局直接提交文字申请书。NACCS 系统使关税业务实现了无纸化,简化了手续,使关税手续更加迅速化和高效化。导入 NACCS,船舶进出港平均处理时间从 168.2 h 缩减到 63.8 h,关税手续办理时间从 26.1 h 缩短到 3.3 h。

2008 年,Sea-NACCS 系统按国际物流的惯例完善了业务流程,新 Sea-NACCS 系统开始使用。同时,Sea-NACCS 系统扩大了业务范围,从原来的船舶公司、代理店、集装箱装卸场、保税区、海关、银行六个机构,新增了三个机构,分别是:货主、海货和 NVOCC(Non-Vessel Operating Common Carrier:非船舶航运业)。系统的数据格式不再局限于 EDI 和 EDIFACT 格式,XML 数据通信格式也使用,使 Sea-NACCS 系统可以和国际通关系统有机地联系起来。新 NACCS 系统大面积扩大了业务范围注册用户数和事务所数也大幅增加,目前新 NACCS 系统注册用户数 3689 家、事务所 8025 家,比旧系统分别增加了 137.4%和 131.9%。

(二)统一服务平台

统一服务平台式是新 Sea-NACCS 系统的一大特色。进出口手续包括关税征收、动植物检疫、进口食品检测、贸易管理、船舶的出入港手续和入出国管理手续,涉及众多的行政部门和八个信息管理子系统。办理业务时要分别操作不同的信息系统,相同内容需要在不同系统中多次重复输入,十分烦琐。统一服务平台应运而生,用户只需要管理一组用户名和密码,系统操作流程一致,手工输入内容格式一致,数据可实现共享。Sea-NACCS 系统的投以服务平台由港口信息处理中心统一运营管理,最大限度地避免了不必要的数据录入,实现了贸易活动的高效化,如图 5-5-3 所示。

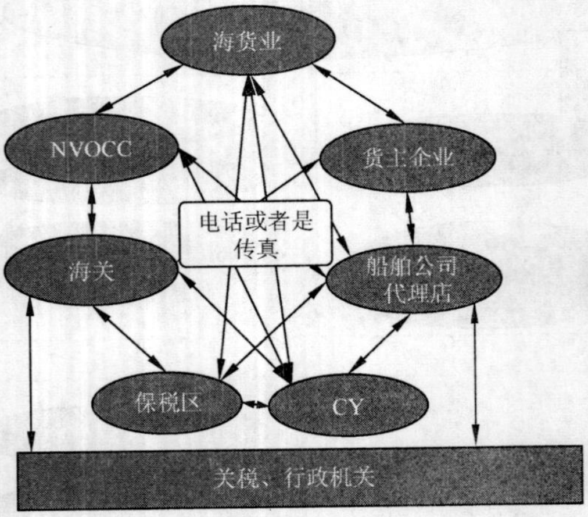

(a) NACCS使用之前

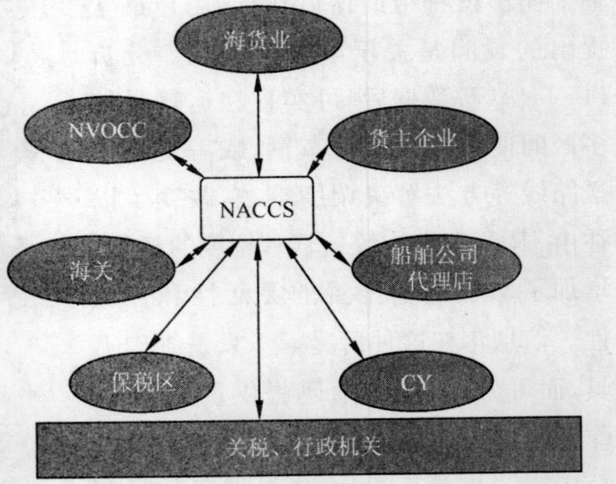

(b) NACCS使用之后

图 5-5-3　Sea-NACCS 导入效果图

(三)海上货物追溯与运输管理系统

1. 海上货物追溯系统 MATTS

海上货物追溯系统实现全球实现货物海上远距离追溯,是美国国土安全保障省的综合的货物安全战略之一。MATTS 系统利用无线电、收集、卫星通信等手段获取集装箱位置信息，实现物流全过程的货物追溯。

9·11后，美国政府开始加强港口安全性，MATTS系统是众多方案中重要一项。2007年4月开始前后历时两年，对MATTS系统通信能力日美联合实证实验，由于获得日本科学技术协会支持参加实证的企业和集装箱数众多，实证路线方案多样。在供应链上多节点上实证了货物状态实时在线通信，综合运输路线，可以满足综合运输需求。MATTS使用多种网络通信协议，获取集装箱位置实时信息，确认集装箱输运状态，大力降低海运的不安全因素，是安全海运的成功案例。

2. 生鲜食品海上运输信息管理系统

生鲜食品物流要记录产品的生产、加工、流通的经过，在陆地上的运输中已实现了GPS车辆定位与状态监控，但在海上食品在铁制船舱内，定位和状态监控相对困难。为解决这个难题，2004年三井商务船舶公司首次开发了一套生鲜食品海上运输信息管理系统。以往船舱内货物情况都是一个黑箱状态，该系统可以很好把握产品状态，和陆地运输系统结合后可实时掌握食品状态。

在货物装船时，食品海运信息管理系统中的车载系统自动切换到船舶内的局域网络中，使用者可实时了解到陆地运输数据和海运数据，数据通过通信卫星传送到数据管理中心，为运输管理者提供参考信息。该系统的具体功能有以下几个方面：

第一，车辆位置和行进方向实时管理；

第二，车辆行车路线记录；

第三，异常情况下警报功能；

第四，车辆一元化管理；

第五，大型卡车内温度和安全锁状态显示功能；

第六，防止异常物品混入。

第二节　日本供应链信息化发展

一、物流信息化对日本供应链的影响

物流信息化可以是降低物流成本、高效化、准时配送、缩短滞留时间，物流企业信息化投资的差异直接决定了其在行业中的竞争实力。以大型卡车公司对物流信息化投资为例，所以如果不能降低运输成本、缩短运行时间，就无法满足客户的需求，信息化进程使物流企业产生了很强的危机感。

在供应链中物流的占比越来越重要。运输中的商品也是在库的一部分，所以运输中的商品何时送到工厂、商店直接影响制造商、零售商的销售业绩。今后，商品信息的追溯功能作为客户关系管理的重要手段会变得越来越重要。

货主企业通过信息系统实时了解到货物的具体位置，货物送达后继续配送到零售商处，仓库就必须形成商品持有的体制。如果商品的配送延迟，应立刻启动备案或再入手相关商品快速修改其配送状态并实现配送，否则就无法获得客户的信任，丧失巨大商业机遇。所

以，对于货物的状态信息的把握尤为重要，物流可视化的优势就在于此。

二、发展中的日本物流信息化

公路运输业首先要获取货物的实时信息来提高业务效率，其次要通过互联网挖掘数据的价值。

铁路运输业通过获取集装箱的位置信息及时调整操作流程实现高效化。分析系统数据后可大大提高运输品质。

港口通过统一服务平台，大大缩短了进出口报关手续处理时间，并统一管理货物，今后随着信息化进程将大幅度提高效率。

仓库较早使用条形码、POS、EDI 等信息化手段，在信息化革命中导入供应链管理理念后，要求生产、物流、销售高效化一体化，要求降低库存来实现节约成本。另外，仓库业涵盖了大部分物流流程所以在信息化方面始终有比较高的要求。仓库和物流中心联动的一体化物流将会是一个新的发展趋势。物流信息化对物流业的影响如图 5-5-4 所示。

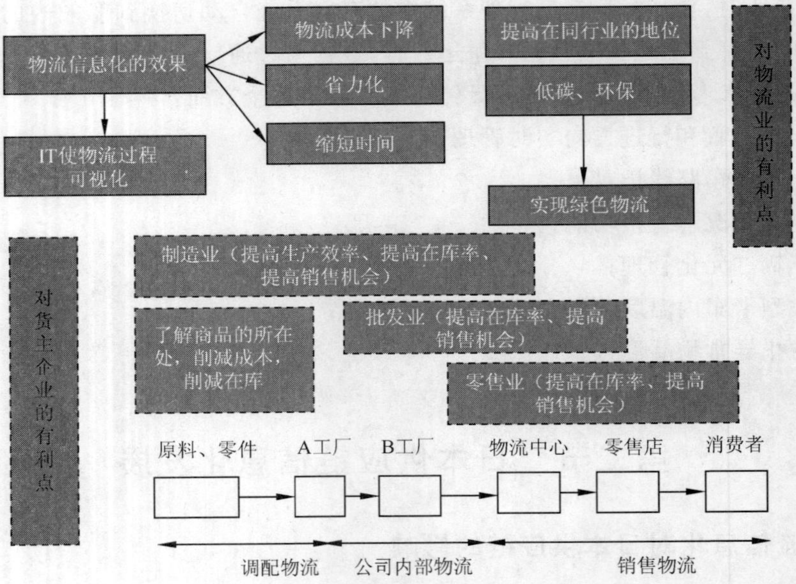

图 5-5-4　物流信息化对物流业的影响

第六章 日本绿色供应链管理

第一节 日本物流发展与社会环境问题

一、日本经济发展与社会环境

日本在第二次世界大战后工业经济飞速发展，由于缺少相应的环境保护政策措施，各种污染导致生态环境被破坏，致使各地发生了多起损害健康的事件。日本政府和企业日后为此付出了极其昂贵的治理、治疗费用和惨痛的代价。在日本九州南部的水俣镇，因为汞污染了海水，人吃了受污染的鱼虾而引起的"水俣病"；四日市哮喘病、富山"痛痛病"等都是在那一时期出现的因环境污染问题引发的疾病。

随着经济的增长和产业结构的变化，日本高附加值产品的市场需求不断扩大。在这一产业结构变化的背景下，大量的运输需求由铁路转向了公路，日本的卡车运输的服务范围逐步扩大，服务内容也日趋多样化，对于卡车运输及敏捷配送的要求也就越来越高。由于日本卡车运输比率的增加，尤其是大都市圈的汽车交通量迅速上升，导致诸多的城市问题，如造成城市交通负担日益加重、城市生态环境不断恶化、道路拥堵、出行困难、能源消耗增加。特别是由于公路货物运输量的增加，所排放出的二氧化碳（CO_2）、氮氧化物（NO_X）、颗粒物质（PM）等有害物质造成大气污染，造成道路周围的噪声和震动，加重了日本的社会环境问题。

另外，随着日本现代物流技术的发展，冷冻车、冷藏车及冷冻集装箱技术的普及，大量冷却装置使用报废后的分解，又导致制冷介体释放到空中，进一步造成了环境的破坏。总之，随着卡车运输比率的增加，从卡车排出的废气对日本社会环境所产生的负面影响不断升级。目前，日本物流产业存在的主要问题之一，特别是对于货物运输业，就是如何控制伴随物流活动所产生的CO_2、NO_X、PM 排放量。

二、与环境有关的有害物质的变化

（一）全日本二氧化碳的排放总量

关于CO_2排放量，在日本整体的排放量中，运输的排放量约占 19%，而在运输部门的排放量中，旅客运输占 60.4%（含家用汽车），货物运输占 39.6%。自 2001 年以来，运输部门的碳排放出现减少趋势。2009 年与 1990 年相比，下降了 6.9%。在这个过程中，卡车的大型化和运输外包起了很重要的作用，同时更多改用铁路运输也是一个重要原因。

2009 年，全日本各种温室气体总排放量为 13.74 亿 t，CO_2 为 13.04 亿 t，占总量的 94.9%。2007 年全日本 CO_2 排放量比 1990 年增加了 14%，比 2006 年增加了 2.6%。可以看出，在《京都议定书》控制的六种温室气体中，CO_2 的排放数量最多，对日本社会环境的影响也最大。

单位 GDP 及人均 CO_2 排放量是国际上判定减排效果的重要指标依据。如图 5-6-1 所示，2007 年全日本人均 CO_2 排放量为 10.2 t/人，比 1990 年增加了 10.3%，比 2006 年增加了 2.6%。另外，2007 年单位 GDP 的 CO_2 排放量为 2.32 t/百万日元，比 1990 年减少了 8.7%，比 2006 年增加了 0.7%。可以看出，日本 CO_2 人均排放量继续保持上升趋势，但单位 GDP 的 CO_2 排放量明显降低。近年来，日本持续人口负增长，造成日本人均 CO_2 排放量处于明显上升的状态。另外，经济增长及产业结构调整对 CO_2 排放量的影响非常大，第二产业增长与 CO_2 排放量呈正相关关系，第三产业大都是劳动密集型的，具有投资少、用料少、占地少、污染少的特点。而第一产业、第二产业逐步转向第三产业，是经济发展的普遍规律。2009 年日本的三大产业中，第一产业、第二产业、第三产业分别占日本 GDP 的 1.6%、29.9%、68.6%。由于日本优化了产业结构，降低第二产业在经济总量中的比例，促进了经济可持续发展，改善环境质量，成为了减少污染物排放量的关键。另外，近几年日本通过技术革新、机构发展、各级政府与工业界的合作，成功地减少了 CO_2 的排放量。因此，日本单位 GDP 的 CO_2 排放量处于下降趋势。

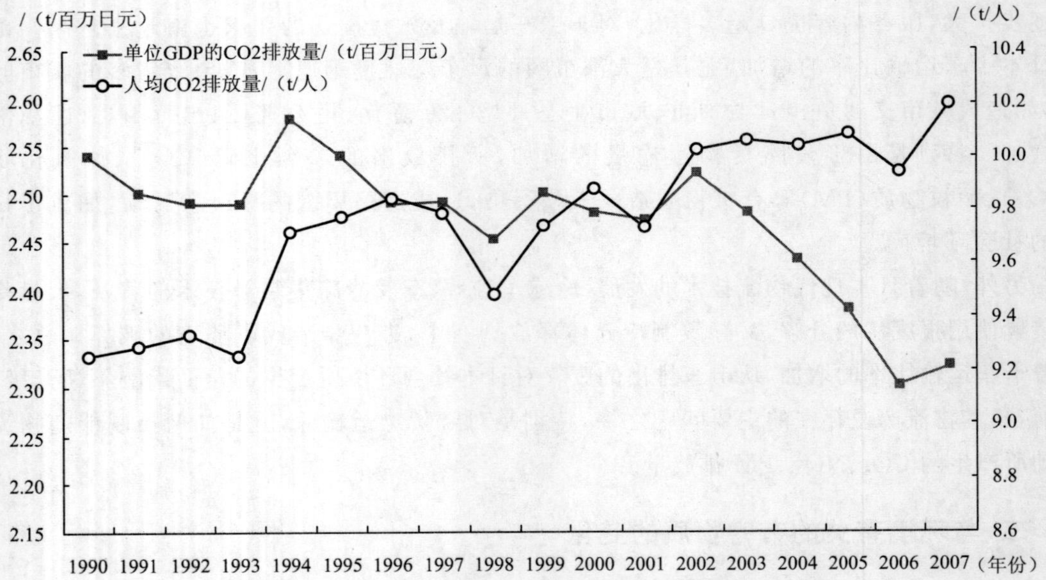

图 5-6-1　全日本单位 GDP 及人均 CO_2 排放量的变化

资料来源：《日本温室效应气体目录报告书》(2008 年)。

1990 年和 2007 年全日本各部门 CO_2 的排放量变化如图 5-6-2 和图 5-6-3 所示，通过对比分析可以看出，能源转换部门 CO_2 排放量 1990 年为 324 百万 t，2007 年为 449 百万 t，增长了 38.4%。同样，产业部门（1990 年为 393 百万 t，2007 年为 394 百万 t，增长了 0.4%）、运输部门（1990 年为 211 百万 t，2007 年为 242 百万 t，增长了

14.5%)、民用部门(1990 年为 57 百万 t,2007 年为 63 百万 t,增长了 10.8%)、废气物(1990 年为 13 百万 t,2007 年为 15 百万 t,增长了 16.2%)、其他部门(1990 年为 84 百万 t,2007 年为 88 百万 t,增长了 5.1%)CO_2 排放量都有不同程度的增加。但是,只有工业流程部门(1990 年为 62 百万 t,2007 年为 54 百万 t,减少了 13.7%)CO_2 排放量出现下降的趋势。

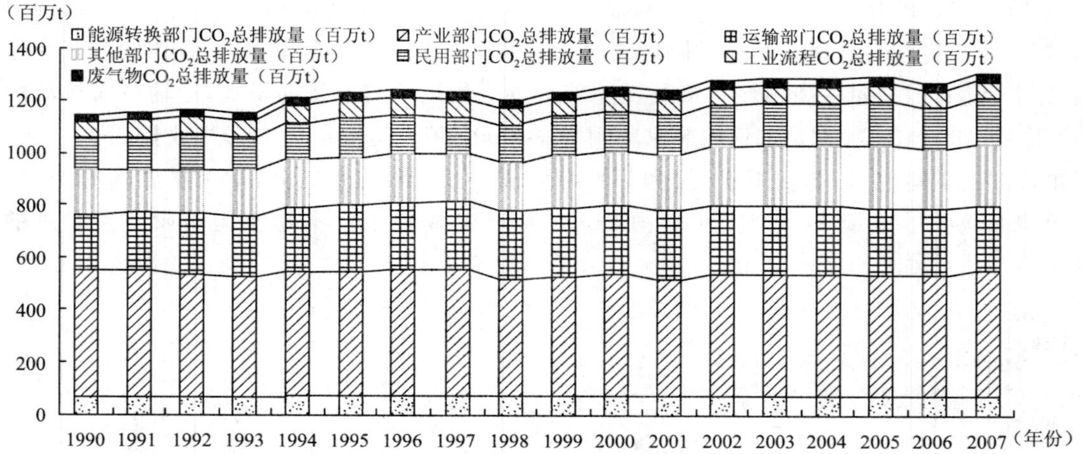

图 5-6-2　全日本各部门 CO_2 排放量的变化

资料来源:日本环境省《环境统计集》(2008 年)。

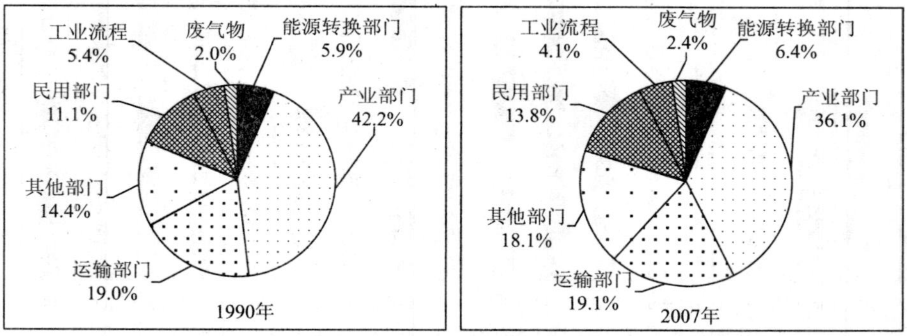

图 5-6-3　1990 年和 2007 年全日本各部门 CO_2 排放比率的比较

资料来源:日本环境省《环境统计集》(2008 年)。

另外,从全日本 CO_2 排放量的构成比率上看,2009 年所占比重顺序依次为产业部门(36.1%)、运输部门(19.1%)、其他部门(18.1%)、民用部门(13.8%)、能源转换部门(6.4%)、工业流程部门(4.1%)、废气物(2.4%)。与 1990 年相比,民用部门和其他部门 CO_2 排放比率有所增加,而产业部门却大幅度减少。

这是因为,日本通过对节能减排技术的研究开发,掌握了高效使用能源的技术和方法,其产业部门的节能减排取得了一定的效果,成为了目前世界上最为有效利用能源的国家之一,但是在民用部门的节能减排进展不大。

(二) 全日本运输部门二氧化碳的排放量

由于日本经济的高速发展,城市运输、物流配送供需矛盾的日益突出,随之而来的交通拥挤、时间延误、额外燃油消耗、环境加速恶化等交通运输问题也越来越严重，并产生许多不良影响，这些不良影响所造成的经济损失就是交通运输的外部成本。至今日本仍深受交通问题的困扰。随着循环经济的发展及《京都议定书》的生效，日本政府对环保的要求越来越高，对由于汽车特别是货运卡车的废气排放管制越来越严。

从图 5-6-4 至图 5-6-7 可以看出，在 2007 年全日本 CO_2 排放总量 13.04 亿 t 中，运输部门占 19.1%。其中，在运输部门 CO_2 排放量 2.49 亿 t 中，汽车运输达到了 87.3%。而内海运输为 5%，航空运输为 4.4%，铁路运输为 3.3%。与其他运输方式相比，日本的汽车在运输部门 CO_2 排放总量中所占比率最高。随着日本货物运输需求量的增加，运输业所排放的 CO_2 总量不断上升，特别是如何控制家庭用货车(2009 年占运输部门 CO_2 排放量的 17.5%，每单位 CO_2 的排放量 980g/吨公里)和营业用货车(2009 年占运输部门 CO_2 排放量的 18%，每单位 CO_2 的排放量 145g/吨公里)的 CO_2 排放已经成为了日本物流运输业急需解决的课题。

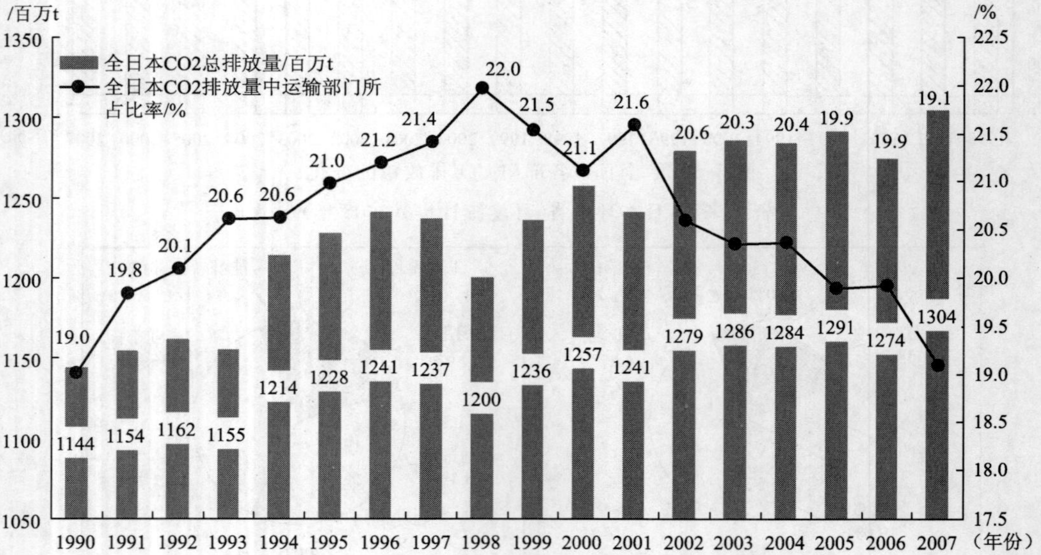

图 5-6-4　全日本 CO_2 排放量及运输部门所占比率的变化

资料来源：日本环境省《环境统计集》(2008 年)。

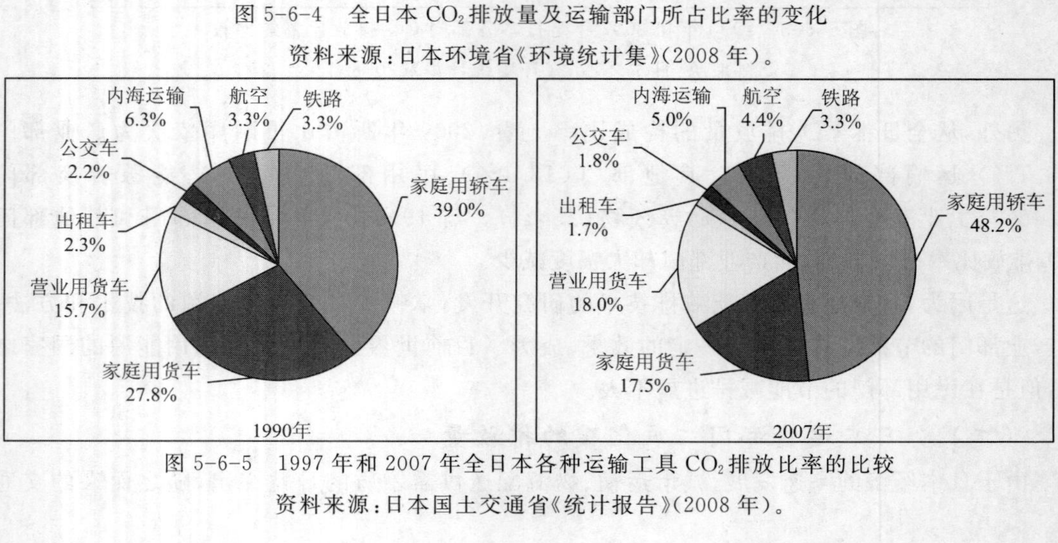

图 5-6-5　1997 年和 2007 年全日本各种运输工具 CO_2 排放比率的比较

资料来源：日本国土交通省《统计报告》(2008 年)。

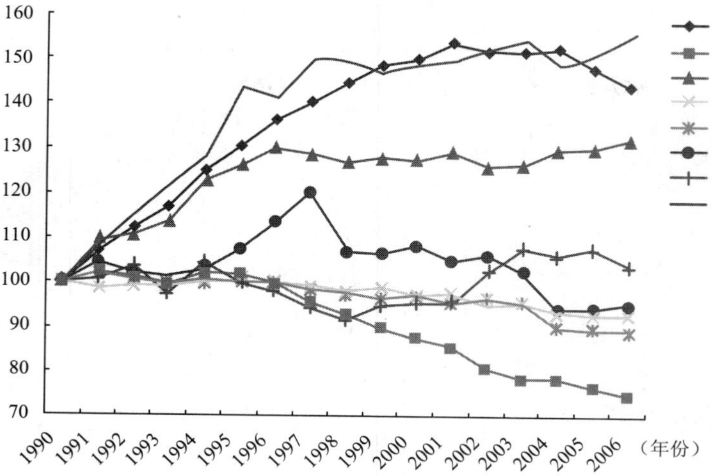

图 5-6-6　1990—2009 年全日本各种运输工具 CO_2 排放量指数的比较（1990 年＝100）

资料来源：日本国土交通省《统计报告》（2008 年）。

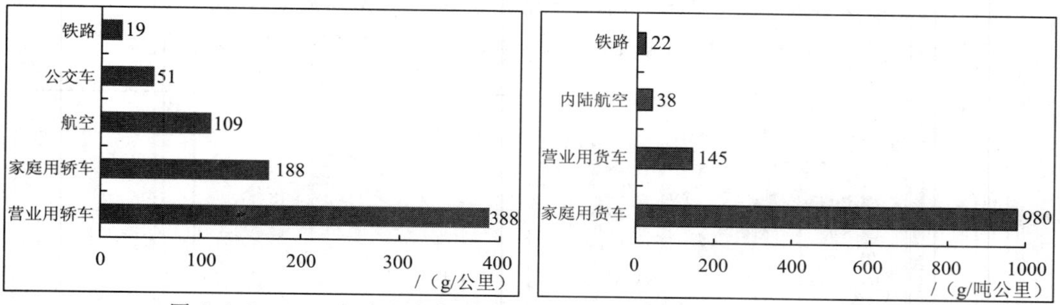

图 5-6-7　2009 年全日本各种运输工具客货运输每单位 CO_2 的排放量

资料来源：日本国土交通省《统计报告》（2008 年）。

（三）日本运输部门氮氧化物和颗粒物质的排放量

同样，在日本针对 NO_X、PM 的排放也进行了必要的控制。NO_X 除了对人体呼吸系统带来恶性影响外，也是造成酸雨和光化学氧化剂的主要物质之一。另外，如果 PM 被排出后长时间混杂于空气中，除了对人体的肺和气管等呼吸系统带来负面影响以外，它还是引发癌病的主要物质之一。

如图 5-6-8 和图 5-6-9 所示，通过不同车型 NO_X、PM 的排放量及其比例可以进行分析。从 NO_X 排放比例看，1995 年和 2000 年，柴油车的 NO_X 排放量为最高，其比率分别为 80%、84.6%，而柴油车的 PM 排放比率高达 100%。各种运输工具中，特别是普通货车 NO_X、PM 的排放量在 2000 年分别达到了 55.4%（1995 年为 56.8%）、62.3%（1995 年为 66%）。

为此，日本制定了修改汽车 NO_X · PM 的法律，在原有的 NO_X 规定条款中，追加了对有关 PM 车种限制的规定。在大气污染比较严重的地区，除达到规定的排放气体基准的车辆以外，其他车辆均不给予车辆年检的更新；不满足条例中所规定的 PM 排放标准的柴油车，禁止在市区内通行。并且还扩大了对策控制区域，在原来作为对象的都道府县（东京、大阪、神户周围）区域范围的基础上，追加了名古屋周边区域（爱知县和三重县的一部分）。

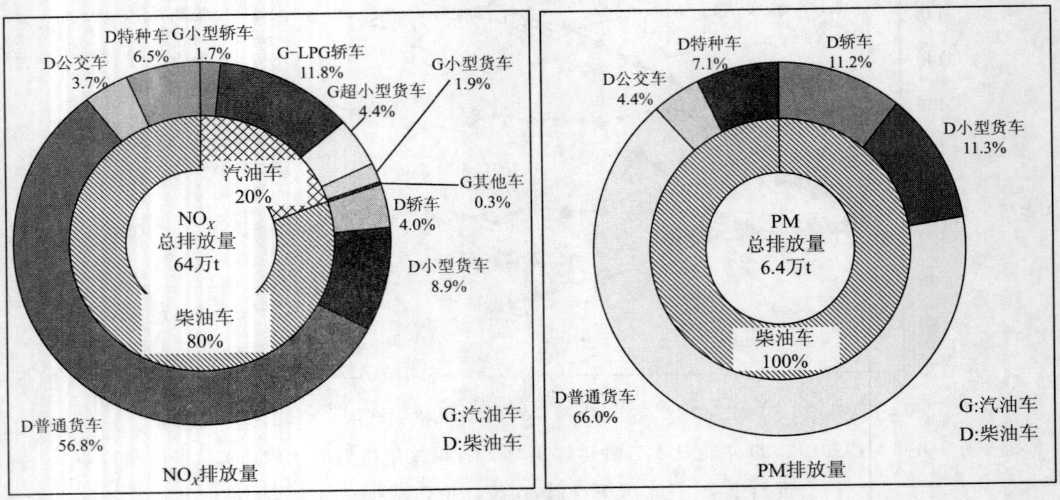

图 5-6-8　1995 年全日本各种运输工具 NO_X 及 PM 排放量的比较

资料来源：日本环境省《汽车排放废气原单位及总量测定调查报告书》（2000 年）。

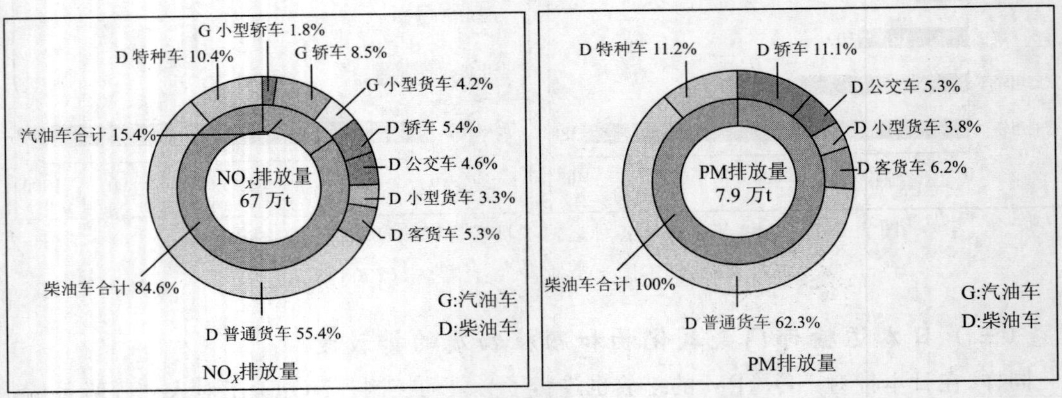

图 5-6-9　2000 年全日本各种运输工具 NO_X 及 PM 排放量的比较

资料来源：日本环境省《汽车排放废气原单位及总量测定调查报告书》（2004 年）。

第二节　日本绿色供应链发展状况

绿色物流是现代物流发展的必然趋势，是实现经济社会可持续发展的重要内容之一。在日本，绿色物流的推行不仅是企业的事情，政府也在其中发挥着强力助推作用。日本政府，对绿色物流法规的制定和执行非常重视，直接对绿色物流的运行进行管理。日本在最新修订的《综合物流施策大纲》中指出，要构筑具有国际竞争力的物流市场，创建一个能够减轻环境负荷的物流体系和循环型社会。

一、重视制定绿色物流的具体目标值

日本自1956年从美国全面引进现代物流管理理念后，大力进行本国物流现代化建设，将物流运输业改革作为国民经济中最为重要的核心课题予以研究和发展。日本一直非常注重绿色物流的发展。首先，除了在传统的防止交通事故、抑制道路沿线的噪声和振动等问题方面加大政府部门的监管和控制作用外，还特别出台了一些实施绿色物流的具体目标值。包括：通过控制货物的托盘使用率、货物在停留场所的滞留时间等，来减低物流对环境造成的负荷。1989年，日本提出了十年内三项绿色物流推进目标，即含氮化合物排出标准降低30％，颗粒物排出降低60％，汽油中的硫成分降低10％。1993年，要求企业必须承担更新旧车辆、使用新式符合环境标准的货车的义务。2010年，制定了长距离杂货运输中铁路、内航海运的利用率提高到50％的目标值。

二、加强绿色物流的各项具体措施管理

为解决地球的温室效应、大气污染等各种社会问题，日本政府与物流业界在控制污染排放方面，积极实施在干线运输方面推动模式转换，由汽车转向对环境负荷较小的铁路和海上运输，构建干线共同运行系统，在都市内的运送方面推动共同配送体系以及节省能源行驶。日本绿色物流管理的重点之一就是要减少大气污染排放，加强地球环境保护，对可利用的资源进行再生利用，实现资源、生态和社会经济良性循环。为此，针对大气污染、交通拥挤、能源限制等问题，日本政府采取了普及低公害车辆、强化机动车尾气排放管制、实行柴油低硫化等一系列有效措施。

三、建立适应环保要求的新型物流体系

通过实行物流业运输体制的变革，建立高效合理的物流模式，完善运输和配送方面的环境建设，从机制、效率、体系上解决公路运输对环境的压力，构筑环境负荷较小的物流体系。特别是推行多种运输模式灵活转换的复合联运，发挥公路、铁路运输和海运等各自优势，对货物进行多种形式的联合运输。日本政府特别强调，要着力推进环境负荷较小的大容量输送工具——铁路货物运输和内航海运。此外，通过构建完整的静脉物流系统，促进了各种废弃物的回收和利用，节约了自然资源，发展了循环型再生资源。

四、通过各种合作形式强化绿色物流的实施

日本为了推进物流效率化，成立了支援合作的项目“绿色物流合作会议”。采用发送补助金、制定二氧化碳排放量计算方法、事例介绍及表彰等，增进货主、物流企业间的协调合作。另外，为了推进绿色物流合作推进事业，日本制定了引导城市内物流效率化的“城市内物流整体方案”。力求通过促进物流网点设施的综合化及流通业务的效率化，降低环境负荷、提高地区活性化目的的同时，促进完善社会资本的进展。通过绿色物流合作推进事业，多方位地支援提高物流效率化、降低二氧化碳排放。以达到推进物流的效率化、低成本、实现减轻环境负荷的目的。

日本绿色物流的发展表明，日本政府管理的侧重点已经从经济规制向社会环境规制转变。最重要的是，日本政府很清楚日本绿色物流应该在什么方向上进行发展。并且，强调相关部门的联合协作，共同提高绿色物流系统效率化的观点。

第三节　绿色供应链的实施手段

一、加强环保构筑循环型社会

为了节约资源和能源，日本制定了再生资源法规，对可利用的资源进行再生利用，在实现资源再循环社会过程中，构筑了一个适应环保要求、环境负荷小的新型物流体系。通过货主、物流企业等各方面的合作，实施降低环境负荷的相关举措，在确认取得一定成效后，由政府发给补助金。

二、构筑符合社会效益的物流系统

日本按照《京都议定书》的标准，规定了汽车废气排放量，执行了对抑制温室效应和减少废气排放的要求，推进汽车本身低公害化。

（一）提高了运输工具的单位燃料能量利用率

从提高卡车运输效率出发，推进了车辆的大型化、信息化和共同利用化，改善干线公路质量，确保道路通畅。加强了环线公路建设，消除交通阻塞。

（二）增强了铁路运力，缩短运行时间

实现了各种运输工具间的运力转换和衔接。尽量利用环境负荷小、运力大的铁路和沿海运输。

（三）日本政府在环境保护方面要尽量促进民间企业自行管理

通过选择对环境负担小的运输工具，到达了货主和物流企业自觉减少二氧化碳的排放量，减轻大气污染对环境的影响。为了减少PM和NO_X的排放量，日本政府各相关部门通过相互协助，创建了符合地方要求和具有本地特色的物流系统。加强了对污染源汽车废气排放量的管理。开发、普及环保型汽车，提高了卡车装载量和运输效率。通过环线公路的不断建设，扩大了交通能力，实施交通量管制。作为减少城市市区卡车通行量的一种手段，不断发展了城市铁路。在此基础上，构筑静脉物流系统，实现循环型社会流通政府与地方公共团体协作，合理配置再生资源物流节点，实现了社会流通的良性循环。此外，还建立了高效物流系统，从环保的角度改善了物流设施。同时，从减轻环境负荷的观点出发，扩大了铁路、海运的货运比例。

三、构筑与循环经济匹配的绿色物流系统

为了与解决环保等社会课题相协调，建立了符合国际标准的可持续发展的、具有国际竞争力的社会化高效物流体系。对可利用的资源进行再生利用，实现资源、生态和社会经济良

性循环，建立适应环保要求的新型物流体系，实施了解决地球温暖化的对策。

四、降低运输工具单位耗能对策

充分运用绿色环保税制度，促进低耗油车辆的利用，从提高卡车的运输效率目的出发，推动了运输车辆大型化和拖车化运输方式。通过义务安装大型卡车速度控制装置，降低了大型卡车的燃油费。另外，不断引进节能高效的环保生态运输工具，鼓励开发新一代超级环保生态运输工具。为了控制废气排放量，在整个物流系统中使用低排放量的燃料油用于国际航班飞机和远洋轮。

五、充实社会资本

全面完善物流基础设施建设，使绿色物流的发展有了坚实的依托和优越的发展条件。不断提高了公路质量，加大了桥梁承重，适应了运输车辆的大型化。加强了国际海运集装箱货物转运站和多功能国际货物中转站的建设，缩短了进出口货物的陆地运输距离。

六、推进运输方式的转换，有效利用船舶和铁路

在铁路货运方面，增强了主要干线铁路的货运能力，缩短了运输时间，提高了装卸作业效率，铁路货运企业不断提供客户满意的服务。为了调动铁路货运企业的积极性，改变传统经营方式，实现了日本铁路货运株式会社的完全民营化。在沿海航运方面，充分运用了日本运输设施整备事业部所制定的船舶共建制度，大量建造了可以转换运输方式的船舶，加强了内外贸货物中转站的建设，适应了多式联运发展的需要。另外，还通过加强服务，提高了港口装卸效率，进一步改善了通往火车站和港口的道路质量。

另外，为提高市区物流效率，减轻环境负荷，避免过路卡车进入市区，能利用轮船和铁路运输的货物不再使用卡车。同时，充分发挥了城市外围的港口作用。通过港口设施的建设规划与区域资源再生利用设施的选址相配套，在建设海上废弃物处理设施同时，保证静脉物流的通畅，并把资源的再生利用作为共同事业。

七、促使民间企业自觉地注重环保

为了促使货主和物流企业自觉地控制二氧化碳排放量，减轻环境负担，提出了物流对环境的影响和二者之间的协调问题，并编制和普及指导手册，让物流企业进行自我评价。另外，注重货主与物流企业的协调运输，共同提高效率，鼓励使用低耗油运输车辆，设定降低二氧化碳排放指标，促使物流企业遵照执行。

八、提高卡车运输效率

在卡车运输方面，不断推行了共同运输和配送，加强了物流基地的建设，提高了汽车运输业的魅力，促进了运输方式的自行转换。这样做也有利于提高城市物流的效率。

九、降低卡车废气排放量

为了减少卡车对大气有污染的物质排放量，通过强化规制，普及了低公害、绿色环保车。同时，在充分运用环保税制的同时，支持建设低公害燃料的供给设施，普及了电动汽车的共同利用系统。实行了轻质油的低硫黄化，改善了原有的运输车辆管理的对策，促进了加装柴油微颗粒去除装置和低硫黄轻质油的利用。另外，还推广了卡车装卸货时关闭发动机等生态环保驾驶方法，减少了柴油车辆 PM 的排放量。此外，利用汽车 NO_x 改造法，对车辆种类进行了限制。

十、城市交通畅通化

在搞好交通安全设施建设的同时，通过开发和运用智能交通管理系统，解决了由于卡车运输过于集中而排放过量 PM、NO_X 气体对城区和道路两旁的环境污染，改善了城市交通现状。通过制定都市圈交通通畅化综合计划，缓解了三大城市圈结构性交通阻塞。为了改造环线公路，避免过路车辆通过市区，消除城市交通瓶颈，在改进交叉路口和过道口的同时，将集中在住宅区的过密交通转移至设备地带，试行并排道路差别收费制的“环保道路拥挤税”等交通流量管理对策。通过调节地区汽车流量，利用环境负荷小的小型卡车运输，推行了共同集货和配送等做法，加强了交通流量的管理措施。在此基础上，运用于制定都市圈交通的通畅化综合计划中。此外，还进行货主与物流企业联手协作，共同减少 PM、NO_X 等大气污染物排放量。为降低大型卡车造成的交通噪声公害，在铺装低噪声路面、设立遮音板和环保设施带的同时，依据《干线公路沿线整备法》，实施了路房住宅隔音化。

此外，调整物流基地布局。把流通业务设施集中在一起，并将物流基地选在城区外围的环线公路两侧，减少了卡车过多地进入市区，更好地控制了市区交通总量。为使市区交通顺畅，在市区大型建筑物内设置货物装卸场所，充分利用了繁华商业区的公用货场，使用路边停车场供卡车装卸货物。停车规定也考虑到方便物流作业的因素。

在城区建筑物布局中，以消除阻塞、确保物流通畅为基本方针。除了在城市建筑内设置货物装卸场所、在商业中心地区开辟公用货物装卸区、允许路边停车场装卸货物外，还在城区结构设计时，充分考虑商业区货物搬进搬出的难易度等问题，保证了城市物流的通畅性。

第四节　日本绿色物流及现代物流技术

为了减少车辆 CO_2、NO_X、PM 的排放量，日本政府制定一些有针对性的措施，如提出了对车辆环保驾驶的严格执行、减少车辆的空载、增加低公害车的使用，如图 5-6-10 所示；提倡使用能源利用率高的物流体系，从以干线运输为主的卡车运输向铁路运输和水路运输等环保运行模式进行转换；通过车辆的大型化和拖车化以提高车辆的装载率和燃料效率；在大城市间主要干线的货物运输部分实行共同运输，提高装载效率；在城市内的货物运输业务都统一承接，重量在 700 kg 以下的中等批量货物都在市区内的共同设施内集中和分类，进行货物运输的合装型共同配送等各项措施。

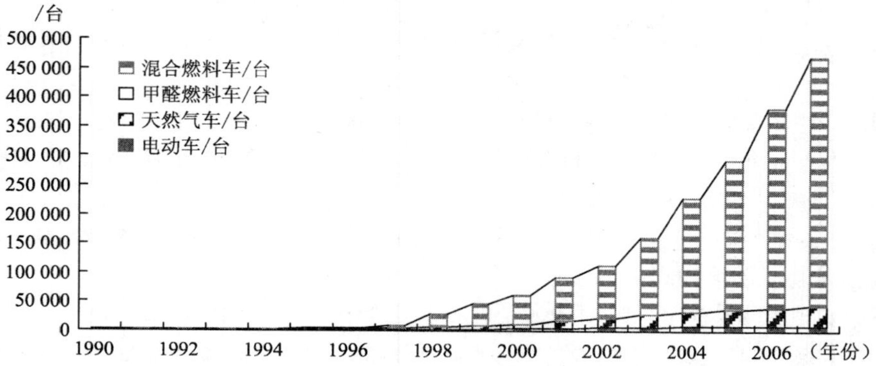

图 5-6-10 1990—2006 年全日本低公害车的普及情况

资料来源：日本环境省《环境统计集》(2008 年)。

日本于 1995 年 1 月起就禁止使用不能再循环利用的塑料包装材料。为此许多日本公司开始寻找新的可降解材料用于产品包装。Cargill Dow 公司采用可再生资源（玉米）生产出一种新的聚合物 Nature Works PLA，用于制造塑料，并被索尼公司用于磁盘包装。日本 Japan Eco-management 有限公司销售从中国进口的由天然芦苇制作的食品包装盒，这种包装盒可替代塑料包装或泡沫聚苯乙烯托盘，当混同其他垃圾焚烧处理时，由于热值低，不会产生有毒物质；废弃物如果填埋处理 60～90 天即可自行分解，因而对环境危害小。

另外，为了降低轻油中的硫黄成分，现行轻油中的硫黄规定为 50ppm。并且规定安装速度控制装置作为义务，制定大型货车（车辆重量在 8 t 以上，最大装载量在 5 t 以上的货车）必须安装速度控制装置，当汽车时速到 90 km 时，司机即使踩油门也不能加速的装置。目前地球温暖化是主要的环境问题，造成温室效应的原因之一就是汽车废气的排放。为此日本作为控制 CO_2 的手段之一导入了碳税。该税的征收既可以控制石油燃料的消费，又可以充当控制排放气体的补助金。在日本还把营业费用的增加部分，作为环境成本或转嫁到运费中，为更换车辆提供资金援助。

撰稿人：姜 旭 北京物资学院教授、物流学院副院长、日本物流研究中心常务副主任

参考文献

[1] 姜旭. 日本的货物运输[A]//中国物流与采购联合会. 中国物流年鉴(2007)[M]. 北京：中国物资出版社，2007：96-105.

[2] 姜旭. 日本物流概况[J]. 中国物流与采购，2008(5)：50-53.

[3] 姜旭. 日本的物流成本管理[A]//中国物流与采购联合会. 中国物流年鉴(2008)[M]. 北京：中国物资出版社，2008：51-56.

[4] 姜旭. 日本循环经济与现代物流技术[A]//中国物流与采购联合会. 中国物流年鉴(2009)[M]. 北京：中国物资出版社，2009：53-60.

[5] 姜旭. 日本货物总运输量与纯运输量的实证研究[J]. 中国流通经济，2010(6)：23-26.

[6] 中田信哉，姜旭. 日本物流探求的六个适用性[J]. 中国流通经济，2010(8)：4-7.

[7] 姜旭. 关于日本物流四个《综合物流施策大纲》的研究[J]. 中国流通经济，2010(9)：26-29.

[8] 翁心刚，姜旭. 日本绿色物流发展的状况及启示[A]//中国物流与采购联合会. 中国物流学术前沿报告(2010-2011)[M]. 北京：中国物资出版社，2010：57-65.

[9] 丹下博文，姜旭. 从商流到现代物流时代的转变[J]. 中国流通经济，2010(11)：42-44.

[10] 姜旭. 日本2009年综合物流施策大纲[A]//中国物流与采购联合会. 中国物流年鉴(2010)[M]. 北京：中国物资出版社，2010：63-71.

[11] 姜旭. 日本纯货物流动[A]//中国物流技术协会. 中国物流技术与装备发展报告(2010)[M]. 北京：中国物流技术协会，2010：227-234.

[12] 翁心刚，姜旭. 日本绿色物流发展的状况及启示[J]. 中国流通经济，2011(1)：16-20.

[13] 姜旭. 日本物流发展现状与趋势[A]//中国物流与采购联合会. 中国物流发展报告(2010—2011)[M]. 北京：中国物资出版社，2011：459-475.

[14] 姜旭. 基于货物纯运输量的日本物流业发展[J]. 铁道运输与经济，2011(5)：47-50.

[15] 姜旭. 绿色物流的发展与企业的社会责任[J]. 物流技术，2011(7)：1-3.

[16] 姜旭. 日本"综合物流施策大纲"对我国的启示[N]. 现代物流报，2011-9-20(A5).

[17] 姜旭. 日本物流成本管理给我们的启示[N]. 现代物流报，2011-10-21(A7).

[18] 姜旭. 日本货物纯流动调查的借鉴意义[N]. 现代物流报，2011-10-28(A7).

[19] 姜旭. 从物流成本的变化看日本物流业的发展[A]//中国物流与采购联合会. 中国物流年鉴(2011)[M]. 北京：中国物资出版社，2011：50-58.

[20] 姜旭. 日本物流的"求车求货"信息系统[N]. 现代物流报，2011-11-11(A7).

[21] 姜旭. 日本绿色物流发展的几点借鉴[N]. 现代物流报，2011-11-29(A7).

[22] 姜旭. 日本物流政策及数据统计连续性的启示[N]. 现代物流报，2011-12-2(A7).

第六篇 新加坡供应链国家战略

第一章　新加坡供应链发展

新加坡是一个城市国家，有“花园城市”的美誉。1819 年，斯坦福·莱佛士爵士在河口上岸，预见新加坡适合发展转口贸易的经济潜能，于是把新加坡开设为自由港，吸引各地商人前来进行贸易活动。今天，新加坡已发展成全球的重要的自由港、金融中心、贸易中心、航运和物流中心。根据全球金融中心指数 2012 年的排名，新加坡是全球第四大金融中心。新加坡港是世界上最繁忙的港口之一，吞吐量仅次于我国上海。

新加坡位于北纬 1°18′，东经 103°51′，属热带雨林气候。年平均气温 24～34 ℃。新加坡每年 10 月至次年 3 月为雨季。全年平均降雨量 2400 mm。新加坡毗邻马六甲海峡南口，北隔狭窄的柔佛海峡与马来西亚紧邻，并有长堤相通；南隔新加坡海峡与印尼巴淡岛和民丹岛都有轮渡联系。新加坡总土地面积约为 715.8 km^2，海岸线长 200 余 km，全国由新加坡岛、圣淘沙、圣约翰岛、龟屿等 60 余岛屿组成，而裕廊、德光和乌敏为三大外岛。2012 年新加坡总人口为 531 万。

第一节　新加坡供应链发展状况

一、新加坡供应链发展基本情况

亚洲正崛起为世界经济发展引擎，世界各类经济组织正在寻找扩大他们在亚洲的业务。新加坡作为区域重要的发达经济体和主要的港口及物流城市之一，也成为被关注的对象。新加坡位于东南亚的中心地带，并在主要航运交汇的战略位置，这使它成为重要的国际性物流和贸易枢纽。

优越的基础设施和连接性使得众多跨国公司将新加坡作为其进驻亚洲的首选地，如制造企业 HP、Seagate、Venture，国际物流服务提供商 DHL、Bax Global、Schenker、TOLL、UPS、Yusen，以及本地物流服务提供商 YCH、SembCorp Logistics，以方便地实现对新加坡以外的供应链物流运作的管理和控制。目前在世界 25 强跨国物流公司中 20 个在这里有重要的物流业务。它们中的大多数等都在新加坡设立其区域或全球总部(功能)。

物流和供应链部门已是新加坡经济的重要组成部分。多年来制造业约占新加坡 GDP 比重的 1/4，而物流(含运输)约占 8%，供应链及现代物流相关产业已成为新加坡的支柱产业。将近 180 个全球的著名物流公司将其区域运营和市场总部设在新加坡；超过 9 000 家物流企业在新加坡从事物流相关业务，其中包括 21 家世界前 25 位的第三方物流企业。

世界银行 2013 年发布的《加强连接，应对竞争：全球经济中的贸易物流》对 155 个经济体的物流绩效进行了排名，新加坡位居第一。根据此调查，新加坡的物流业产值占其国内生产总值的8%，大约11.5万人从事物流行业，为新加坡总劳动人口的7%。新加坡的物流业成为较具影响力的企业，从而成为新加坡经济中的支柱产业。此次调查首次包含了环境指数。调查发现，在新加坡等高收入国家和新兴经济体国家，绿色物流正在迅速受到重视，这是一个积极的发展趋势。

世界级基础设施对国际性物流和供应链枢纽的形成非常重要。新加坡海港和空港发展对新加坡的物流发展具有重要影响。凭借靠近重要的连接欧亚贸易通道的地理优势，新加坡成功成为世界著名港口。新加坡港是世界最繁忙的转运港。2012年处理了3126万标箱的集装箱货物，约占全球转运货物量的1/7。新加坡港通过200家以上的航运公司与世界123个国家的600多个港口连接，每天都有航班开往世界各主要港口。樟宜机场目前是世界最繁忙的国际机场之一，也是亚洲的主要的空中枢纽之一。在该机场，超过100个国际航空公司飞往约60个国家和地区全球250个城市的服务，2012年樟宜机场接待的旅客人数超过5100万人次，约为新加坡人口的10倍。

二、新加坡供应链管理历程

新加坡的物流和供应链发展可以分为以下几个阶段：

1. 传统物流阶段

从全球范围内，20世纪50年代以来，物流概念已经在很大范围内开始演化，并且对企业产生影响。在50年代和60年代，军队是唯一使用"物流"这一术语的组织。那时在私营企业里还没有真正的物流概念，相反，企业术语有物料处理、仓储、运输等。传统上，新加坡依靠转口贸易为生，几乎没有制造企业。物流活动主要以支持转口贸易的码头货物装卸、简单的加工、存储、分销、本地运输为主，主要为国际和本地企业提供基本和传统的物流、信息、采购、检验等服务。

2. 物流与航运中心发展阶段

从20世纪60年代独立后，新加坡产业发展处于进口替代与出口导向阶段。物流的概念逐渐引入新加坡。为了提升新加坡经济发展和充分利用新加坡的地理优势，需要吸引国际企业进驻和加强本地企业的国际影响。该阶段主要发展高效、先进、便利的物流设施、航运设施、港口设施、机场设施；吸引物流公司、航运公司、航空公司进驻或将网络连接到新加坡。

3. 供应链发展阶段

随着供应链概念和研究在美国等先进国家兴起，在政府支持下，新加坡本地大学和研究机构迅速开展供应链管理研究，如南洋理工大学在1997年成立的供应链管理研究中心，新加坡国立大学联合美国佐治亚理工成立的亚太物流学院。这一阶段主要进行供应链先进理念和课题研究，引导本地企业认识和重视供应链管理的重要性、概念和技术，培养供应链管理人才，为跨国物流企业和供应链管理公司进驻提供条件。

4. 全球供应链发展及全球供应链指挥和协调中心阶段

随着基础设施发展、供应链管理的研究发展、相关人才培养和引进，以及在供应链安全等方面的进展，新加坡在区域建立起全球物流及供应链管理中心的良好声誉。更多的国际物流企业和供应链管理公司进驻。这是新加坡目前正在规划和发展的阶段。目标是通过港口、通信等基础设施建设及信息技术、智能技术发展和人才发展，充分利用其地缘和文化交汇优势，将新加坡打造为世界级供应链枢纽和供应链指挥和协调中心。

三、新加坡供应链物流的特点

1. 运作效率高

新加坡物流业的运作效率明显比周边地区较高。以通关程序为例，新加坡政府使用“贸易网络”，实现了无纸化通关，贸易审批、许可、管制等通过一个计算机终端即可完成。另外，港口物流运作效率较高，服务齐全，船舶在新加坡港口的停留时间平均约比周边国家港口低30%。

2. 广泛采用先进技术

高科技是新加坡物流业的主要支撑力量之一，而网络技术则是重中之重。新加坡物流公司基本实现了运作过程的自动化，一般拥有高技术仓储设备、全自动立体仓库、无线扫描设备、自动提存系统等现代信息技术。网络技术主要包括政府的公众网络系统和物流企业系统。新加坡政府的“贸易网络”系统实现了企业与政府部门之间的在线信息交换。同时，物流企业斥资数百万美元建成了企业信息系统。通过公司的技术平台，客户不但可以进行下订单等商务联系，还可以随时了解所托运货物当时的空间位置、所处的运送环节和预计送达的时间。现代科技保证了货物的安全和物流过程中的准确性。

3. 国际化程度高

良好的政策、税收和经营发展环境吸引了众多国际著名物流公司，它们纷纷把亚洲区域总部设立在新加坡，包括全球物流业巨头美国联合包裹公司（UPS）和联邦快递公司（Fedex）。这些全球物流公司将国际性的物流管理模式、运营管理、设备、人才及资金带给新加坡，推动了新加坡本地物流业迅猛发展。同时，跨国公司与本地企业融合发展，为全球客户提供多方位服务。

4. 专业性强

新加坡注重引进国际先进物流企业，通过国际物流企业带动提升本地物流企业的专业化水平，同时注重吸收和培养专业化物流人才。物流服务的专一性是新加坡物流企业能够提供高质量服务的重要原因。它们要么专门为某一行业的企业提供全方位的物流服务，要么为各行业的客户提供某一环节的物流服务。

5. 服务集中度高

新加坡港口、机场附近均设有自由贸易区（保税区）或物流园区，提供集成的物流服务，在园区内就能找到运输、仓储、配送等各个环节的专业物流商，极大地方便了客户联系业务。樟宜国际机场附近的物流园，吸引了数十家大型物流公司进驻，达到了较好的规模经济效果。

6. 服务齐全周到

由于世界主要物流、航运及供应链管理公司的集聚，新加坡能提供种类齐全的供应链和物流服务，包括相关的金融、保险和咨询等服务。另外，新加坡物流与供应链服务已经转向“量身定做”，以满足客户的不同需要为出发点和最终目标，服务范围之广之细可谓空前。公司和客户共同研究、选择出一种或几种最理想的服务方式，最终找出能最大限度为客户提供低成本的解决方案。

第二节　新加坡供应链发展战略及实施

一、新加坡供应链发展的主要驱动因素

将新加坡建设成为世界物流及供应链枢纽的主要因素包括内部和外部的因素。

1. 内部因素

内部因素主要是出于国家持续发展和产业提升的需要。主要包括：(1)支持新加坡的对外贸易(新加坡的贸易量是新加坡 GDP 的三倍)；(2)作为新加坡经济贡献的一个主要产业(约占 GDP 比重 8%～9%)；(3)预期亚洲地区供应链管理业务取得每年 25%的增长，而新加坡希望在其中发挥重要作用；(4)发挥新加坡区域枢纽的作用，尤其是维持和进一步发挥新加坡作为区域传统转口贸易枢纽的作用。

2. 外部因素

外部环境因素对新加坡供应链战略也有重要影响。

一是全球供应链变得更复杂。世界经济的一个重要变化是亚洲的崛起，世界生产和制造中心向亚洲转移，亚洲地区供应链将变得越来越重要和复杂。亚洲的主要吸引力在于相对低成本和增长的消费市场。这一优势吸引国际直接投资进入本区域，使得世界供应链活动从发达国家向以亚洲为主的发展中国家转移。随亚洲供应链活动的急剧增长，供应链活动在地理上的不同分布增加了供应链的复杂性。例如：现在公司可以选择通过设立子公司将制造或物流活动转移到最合适的低成本国家，公司也可以将制造活动外包给区域多个国家的供应商。与过去很多的活动集中在一个地点不同，公司现在可以更方便地分布和管理跨境供应链活动，也可以实现对市场变化和客户紧急需求的快速反应。

二是增加的政府监管约束。近年，供应链的突发风险增加。由于恐怖袭击，美国政府和企业采取措施保护供应链。其他国家(如欧盟)也或多或少地增加了安全方面的措施。这些措施包括政府和企业领导的安全措施，如 24 h 提前舱单提交、海关贸易防恐伙伴行动方案(C-TPAT)，都大大增加了供应链成本。C-TPAT 要求参加者符合行动方案的一系列供应链安全规定。作为回报，参与方将享受较少的审计和更快的边境通过时间等。这些安全方面的方案和协议预计将在十年时间给运输行业带来额外的约 80 亿美元的开支。最近几年，政府也要求企业更重视公司治理和社会责任。这具体体现在公司透明度及环境可持续性等方面的规范。

三是更短的产品生命周期。供应链协调方面的巨大挑战因为企业缩短产品开发周期而加剧。缩短产品开发周期的目的无非是在激烈的市场竞争中抢占更大市场份额。

新加坡把全球供应链的这些挑战作为机遇来考虑。首先，全球供应链的复杂化为新加坡提供了一个将自身定位和发展成为企业构建、协调和管理其区域乃至全球供应链的理想场所。新加坡集中的第三方物流企业和金融机构能使供应链管理组织更容易地协调和集成

他们的物流、信息流和资金流。新加坡企业具备多年的制造业运作管理经验，这将有助于建立更先进和实际的供应链管理专业知识和经验。而这方面的专业能力和知识更得到本地大学和研究机构的支持。

其次，加强供应链安全和满足安全规定要求的任务是繁重的，却意味着增值服务机会。例如：新加坡可以作为多种产品信息按供应商自动分类、分析的中心，以满足可能的安全声明的需要。新加坡也因此能定位为可信赖的安全的物流转运枢纽。另外，产品生命周期变短以及低附加值工作向中国、印度等地转移从结构上改变了新加坡的制造业构成。新加坡必须发展高附加值的制造业。新加坡需要加强吸引和实现高端供应链和制造业的能力，如新加坡强调发展具备更快设计和生产新产品的能力。

二、新加坡供应链发展的战略目标

根据新加坡政府的物流和制造业发展规划，新加坡物流与供应链发展的目标是将新加坡发展成为全球供应链枢纽和神经网络中心。

其主要内容包括：(1)把新加坡发展成为一个具有强大的航海、航空及陆路运输能力的支持经济全球化发展的世界领先综合物流枢纽；(2)把新加坡发展成为全球综合物流（供应链）神经控制中心（Nerve Center），成为跨越延伸腹地的全球物流和供应链活动及资产管理中心。

作为供应链枢纽和神经网络中心，新加坡将是跨国企业重要物流设施的首选地，在这里制造商设计、监控它们的区域及全球供应链，并通过伙伴物流公司支持相应的供应链活动。新加坡的供应链活动将更多在全球和战略层面而不是在区域和运作层面。新加坡的港口和机场将作为集装箱和航空货物全球转运枢纽并继续维持全球领先地位。新加坡将维持充满活力的环境以鼓励供应链和物流活动，如发展新兴物流服务如贸易物流金融服务及派生产品，培养高端物流专业人才等。全球供应链网络神经中心的元素已在新加坡体现。众多大型跨国公司将区域供应链运营中心布局在新加坡，并通过其运营中心协调区域多个国家的供应链活动。新加坡的基础设施提供世界级的服务如实时车辆调度和货物的可视性，智能泊位安排、电子商务平台等。

新加坡将致力于发展成为区域及全球供应链的指挥和管理中心。根据新加坡物流及供应链发展战略，随区域经济的快速发展，亚洲地区将是主要跨国公司供应链活动最多的区域。随着生产和外包活动的增加，供应链的复杂性也将显著增加。另外，个性化需求的提升将要求更多的产品选择以满足其独特的需求。在最终客户化之前，产品将在多个地方生产。因此，供应链管理的复杂性将显著增加，因为需要管理多个地区的不同市场，需要和不同的合作伙伴协调生产和物流活动，而所有的这些活动都有最优化的需要和空间。在这样的运作环境下，供应链运作效率将是企业竞争优势的一个重要依据。供应链也需要更具柔性和快速反应能力。技术能力和流程将有可能更标准化和模块化。这使得企业可以容易地将来自不同伙伴的部件组合在一起，形成更好地满足客户要求的产品和服务。覆盖面更广的外包和运作网络，将使供应链变得更复杂，因此，需要深入细致的软件和流程来管理在供应链上交流的巨量数据，也需要全面的、强大的和高性能的宽带实现企业网络的有效连接，同时需要具备实施和管理这些系统的专门知识和能力。

基于新加坡供应链发展战略，新加坡将成为亚太地区乃至全球供应链管理的理想地点之一。更多的跨国公司将选择新加坡作为全球或区域供应链管理中心，并将在这里实施最新的供应链管理技术，同时将新加坡的实践作为世界其他地区供应链管理实践的标杆。

三、实施战略及关键行动

为了将新加坡发展成为全球供应链枢纽和神经网络中心，除了加强基础设施建设外，新加坡制定了并在逐步实施若干关键策略和行动方案。

1. 建立自适应供应链

自适应供应链项目的目标是帮助企业建立和管理在新加坡及新加坡以外的供应链。该策略将帮助企业建立自适应供应链，同时提升企业的专业能力和人才储备，使企业更有理由、更容易地将全球和区域的供应链管理机构落实在新加坡。随着产品生命周期变短和市场环境多变，供应链必须更柔性、反应速度更快。同时，企业需要重新设计其供应链以应对全球化导致的供应链复杂化挑战。随着供应链活动向亚洲转移，新加坡可以作为安置以上机构的场所。

大型公司可以通过这个项目布局实施新的规划和技术，以提升协调区域及全球供应链的能力。中小型企业可以通过这一项目与技术公司及研究机构合作获得可承受和具灵活性的供应链提升方案。该项目的直接结果是提升供应链效率和降低供应链运作成本。它也可以通过提升供应链竞争力为相关公司带来额外的收入。政府帮助公司长期和连续地提升供应链能力，使它们把供应链的管理机构建立在新加坡，并以新加坡作为基地。这些机构将能帮助它们的公司规划和协调其区域甚至全球供应链活动，而这些活动可能并不在新加坡。

该行动计划包括以下子项目：

(1)催化创新。该子项目的目的是提升新加坡供应链创新和技术开发能力。政府通过一些措施吸引跨国公司在新加坡建立它们的供应链卓越创新中心，国际组织也将被鼓励建立相关的技术开发中心。包括本地和海外的工业界、研究机构及高等教育机构的联系将得到加强并加速新加坡新成果的产出。该组成将集中资源于具有影响力的某些催化系统和项目，如电子物流、电子支付、物流定位和跟踪技术(如 RFID)等。

(2)端到端的供应链连接。该子项目的目的是实现某些产业从设计、制造到分销配送的整体供应链连接，包括高端制造、化工、航空及零售等产业。公司将被鼓励通过利用相关的供应链和信息技术和标准，如 RossetaNet、Web Services 等，实现其供应链的整体连接。

跨行业供应链连接将被鼓励，例如，化工产业与高科技产业之间，金融、物流和高科技之间等。新加坡可以和国际组织一道合作加强相关标准和技术的开发和应用。新加坡拥有以上这些产业，可以是进行供应链连接技术发展和创新的理想地点。

(3)供应链能力提升。加强与信息、通信等技术公司合作，开发新的供应链管理技术，帮助中小企业应用和提升其供应链管理努力，与全球供应链网络进行连接。

2. 发展国家集成的供应链管理信息技术平台

新加坡的港口具有快速的货物流转速度，这是在相应技术平台(包括 TradeNet、Portnet

和货物联盟网络)的支持下实现的。

虽然这些技术在新加坡已有好的应用,但还需进一步提升效率和创新,以实现这些平台和技术的集成。为此,新加坡开发了一个国家层面的平台——贸易交换网 TradeXchange。新的平台将容纳多种(与 IT 相关的)供应链增值服务能力。

企业可以利用该系统作为一站式的交易平台。企业也可通过该平台享受由第三方信息服务公司提供的额外的信息服务。主要内容包括以下几个方面:一是开发关键平台。该平台将多个贸易便利化系统,包括 TradeNet、PortNet 和货物交流网等连接起来。目的是实现在这些系统之间的无缝信息交换。二是建立增值供应链服务。政府和工业企业合作开发供应链增值服务,如电子文档的标准化、准备、审核和提交,电子贸易财务,更快、更便利的贸易支付等。三是建立国际连接。政府支持建立供应链国际连接,提供国际贸易便利化的电子"高速公路"。这可以大大缩短货物通过时间。四是信息技术可以用于提升海港和空港的效率、安全和连接性。这将加强新加坡作为世界主要港口和物流枢纽的竞争力。

其中,和供应链发展最相关的关键子项目是信息空/海港的建设。该项目的目的是催化加强海港和空港全球地位的标志性项目。研究机构和解决方案提供商参与发展和实施创新的解决方案。海港和空港的 RFID 应用将给新加坡带来利用信息技术开发新服务和提升商业流程的先发优势。例如:为了保证集装箱的安全性,同时不延缓货物的移动和通关速度,港口可以采用 RFID 阅读器对于配有 RFID 标签的集装箱实行自动快速地清关工作。除了提升基础设施运营商的运作水平,这个项目也为解决方案提供商带来机会和利益。由于新加坡海港和空港的全球影响和规模,这些技术和解决方案在新加坡海港和空港的应用将为解决方案提供商发掘世界其他地区的商业机会提供令人信服的示例。

3. 将新加坡建设为高端制造枢纽

供应链发展和制造业是相辅相成的。为了与低成本国家竞争,新加坡必须发展高端高附加值制造业,包括产品设计、复杂制造和工程流程设计等。同时,市场对产品更新的速度要求更高,新加坡必须发展将创意快速转化成高品质产品的能力。所有这些都要求大大提升制造技术和制造能力。信息和通信技术对提升这些能力起着关键性作用。策略将发展和鼓励企业应用创新的信息和通信技术,如网格计算、软件代理等。除了创新的产品和高效的流程以外,商业模型的有效性也影响制造和物流部门的能力。RFID、传感网络、智能软件代理等技术的广泛使用将可能产生出创新和带来巨大商业利益的商业模式。

新加坡确定发展高端制造的一个关键子项目是数字制造。该项目的目的是通过促进企业利用信息技术提升复杂制造流程能力。企业将更好地控制复杂运作,可以是更少的错误、更短的周转时间和更高的产品质量。管理层将能利用建模、仿真和决策支持软件做成更有效的决定,以系统地分析制造和供应链系统所涉及的多变量之间的交互。这些提升的能力将进一步吸引更多的高端设计活动到新加坡,从而产生新的收入。

四、新加坡供应链发展的主要指标

实现世界供应链集成枢纽的战略目标是一个复杂的系统工程,需要有序发展诸多软件和硬件。新加坡主要发展三个方面:第一,需要发展必要的硬件条件,包括海事、航空和陆路交通基础设施,包括优异的信息和金融基础设施硬件。第二,发展供应链枢纽的软环境,包括稳定的政策环境、成熟的国际化法律、金融环境、优惠税收、高素质人才等。第三,发展供应链相关的集成与支持能力,如通信、网络、人才、语言和文化等方面的集成能力。

供应链发展战略的成功主要体现在某些参数上。新加坡供应链发展战略的主要参数可归纳如下:第一,供应链的连接性,主要指建立先进健全的航空、海运和信息基础设施;第二,供应链的开放性,主要指促进和融入全球化:新加坡从文化、经济以及基础设施连接等方面促进和世界各国的融合发展;发展全球都市 Cosmopolitanism;提供最优的适合于专业人士的生活环境,吸引全球人才,外国人与新加坡人的比例为 1 : 4。第三,供应链可靠性,指通过与国际组织及主要供应链全球企业合作,发展安全、稳定、亲商的供应链服务,运输服务和一致的物资和知识产权保护环境。第四,供应链企业发展,主要指集中和注重发展国际企业(尤其是物流企业)、国际企业总部、新型企业,发展企业供应链生态环境系统,激励企业交互、合作和专业化发展。

五、政府的参与和支持

新加坡多个政府机构领导、组织和参与供应链及物流发展战略的实施。其中,最直接的部门是相关法规和规范的制定和管理实施部门,包括负责海事和港口管理的新加坡海事港务局(MPA)、负责航空和机场管理的新加坡民航局(CAAS)和负责陆路交通规定制定和管理的陆路交通管理局(LTA)。

负责新加坡物流及供应链产业经营环境建设和营销的是经济发展局(EDB)和新加坡国际企业发展局(IE-Singapore)。其中,经济发展局主要负责吸引全球著名企业将供应链业务延伸到新加坡,并把新加坡作为其区域甚至是全球运营总部,尤其注重物流、港口、供应链服务企业的吸引,如 UPS、DHL 等将新加坡作为其区域总部。美国总统轮船现在是新加坡海皇轮船的子公司。而物流地产商普洛斯的中国和日本业务已由新加坡政府投资公司收购,并打包在新加坡上市(Global Logistics Property,GLP)。该公司的许多地产按中长期合约方式租给世界著名公司。

负责新加坡物流相关基础设施建设的主要是政府关联公司,包括裕廊集团(Jurong Group)、新加坡港务集团(PSA)、新加坡樟宜机场集团(Changi Airport)、新翔集团(SATS)、新加坡航空公司(SIA)等。它们负责规划和建设新加坡主要港口、机场和物流园区等基础设施。新加坡生产力与创新发展局(SPRING)主要负责本地企业发展,包括制定相关支持物流和供应链企业发展的规划和政策及财政支持等。

近年新加坡政府推动供应链及物流业发展的主要举措包括:

(一)建设国际一流的机场和港口基础设施

港口和机场基础设施是新加坡供应链发展的重要界面和基础保障。新加坡航空物流的代表是樟宜国际机场,机场内设有樟宜航空货运中心(空港物流园),面积达 0.47 km^2,是一个 24 h 运作的自由贸易区。这个一站式的服务中心,提供装卸航空货物所需的设备和服务,从飞机卸下的货物送到收货人手里,前后只需一小时。民航局不时研讨制定樟宜机场的发展规划,以确保机场有足够能力应付亚太地区航空交通的强劲增长。新加坡利用其优良的深水港，兴建了四个集装箱码头。新加坡港务集团每年可装卸超过 3000 万个集装箱，是世界最大的单一箱运码头经营机构。

（二）建设国际一流的通信和电子基础设施和信息空/海港

新加坡供应链发展有赖于先进信息技术。新加坡资信管理局规划和实施先进的通信和信息基础设施，鼓励物流环节实现了无纸化和自动化，提高了政府和企业的供应链相关运作的效率。目前新加坡重点发展了五个与供应链和物流发展相关的网络：

1. 贸易网(TradeNet)

该网络在全国范围内实行电子数据交换，连接了海关、税务、军控、安全、经济发展局、企业发展局、农粮局等 35 个政府部门，与进口、出口（包括转口）贸易有关的申请、申报、审核、许可、管制等全部手续均通过贸易网进行。该网 24 小时运行，自动接收、处理、批准和返还电子申报。商家通过计算机终端 10 s 即可完成全部申报手续，10 min 即可得到批准与否的答复。

2. 港口网(PortNet)

该网络用户包括港务局、船公司或其代理行、货主集装箱中转站和卡车运输业等 1300 多家。该网融合了航运界和港口的专业经验，利用高速的数据交换和通信将航运业的各方面连接起来，简化点到点的信息流程，使港口用户获得船只进出港信息、舱位安排、货物在港所处的状态、预订舱位、指定泊位、起重机布置、集装箱实时跟踪等信息。

3. 裕廊港口网站(Jurong Port Online)

该网络主要为裕廊化工岛物流提供服务。

4. 海事网(MariNet)

该网络为 800 多家船运公司提供与船舶相关的海事服务，以电子方式处理和传送船舶文件，并提供网上船只燃料采购、船舶追踪等信息。

5. 空运货物社群网络(Cargo Community Network)

通过这一平台，空运货物代理可直接与全球 20 多家大型航空公司、其他货运代理联系空运货物事宜和处理相关单证，并与世界其他同类型系统相连，提供区域和全球空运货物服务。目前新加坡 95%的空运货物代理使用该系统，每月处理空运货物交易 400 万次。

（三）政府推动供应链研究

为了将新加坡建设成为全球供应链和物流管理枢纽，在研究方面，政府支持多方面的研究和应用项目。

1. 自适应供应链

这个项目主要是协助公司建立和管理超出新加坡范围的全球化自适应供应链系统。鼓励公司发展更有效的供应链流程和技术，利用供应链和信息技术标准与世界著名跨国公司网络进行连接，同时协助中小企业提升其供应链运作能力。

2. 贸易交换平台(Trade Xchange)

这个项目的是将新加坡已有的分散的贸易信息系统连接并集成为单一的整合平台。通过这个整合平台，使新加坡的国际贸易变得便利和一致。该项目包括开发由政府开发的一个集成多个关键贸易便利化系统的核心平台，以实现信息在多个系统之间及多个贸易社区之间的传输和转换。

3. 港口信息系统（包括空港和海港）

该项目通过开发新的信息和通信技术服务，使已是世界级的新加坡海港和空港获得更大的竞争优势。如改善与其他主要贸易伙伴的贸易和运输安全机制和措施。这将加强作为世界主要货物转运枢纽的地位。

4. 电子制造

这个项目加强新加坡作为快速创新制造枢纽的地位，以便能尽快将创意转化为可在市场推广的产品和服务。通过这个项目，政府可以与制造企业一起实施提升新加坡产品开发能力的信息技术。政府鼓励制造商探索利用现代信息技术的新商业模式。

（四）培养物流专业人才

新加坡政府推出了政企校合作、国际交流等多项物流人才培训计划，配合市场的实际需要推出广泛的专才训练课程。政府也与物流专业机构、协会或商会合作，推动举办物流展览会、研讨会，促进国际交流与合作。政府支持的供应链和物流发展计划具体举措包括：(1)研究生人力资源发展（南洋理工大学等高等学府设立物流硕士课程，新加坡国立大学亚太物流学院双硕士课程）；(2)战略人力转换计划（SMCP）；(3)本地企业物流发展计划（LEAD，由新加坡国际企业发展局和生产力与创新发展局支持）；(4)物流增强与应用计划（LEAP 多机构）；(5)物流能力发展计划。此外，政府还鼓励私立教育机构开办物流专业课程，为在职专业人员提供培训。

第三节　新加坡发展国际供应链管理枢纽优劣势分析

新加坡供应链发展目标是成为国际供应链管理枢纽和指挥协调中心。该发展目标的优劣势分析如下：

1. 主要优势

(1)有一个高度发达和成功的自由市场经济。新加坡拥有一个非常开放和廉洁的环境、稳定的价格以及人均 GCP 高于许多发达国家；新加坡的经常账户盈余仍然占国内生产总值的 20%左右，目前其外部财政状况都处于良好状态。(2)拥有世界级的港口和物流基础设施。(3)与世界主要地区和港口等的策略性连接；世界主要的航运和物流公司在新加坡设有区域总部。(4)稳定的政治和经济及社会环境。(5)受到良好教育的劳动在队伍。(6)强势而有效的法制系统和亲商的政府和税收管理。

2. 主要劣势

(1)新加坡面临的一些长期的经济问题。从低成本邻国的竞争有所增加（如土地和工资），而且其人口迅速老化。(2)贸易依赖型经济仍然面临全球对电子产品的需求变化的挑战。电子产业目前占新加坡非石油出口的一半左右。(3)新加坡地理空间和国内市场规模都偏小，在空间和市场等方面很大程度上需要依赖其他国家。(4)目前新加坡的物流行业仍然相对分散，行业缺乏充分合作。(5)短缺技术精湛，经验丰富，创业型物流专业人员。

3. 主要发展机会

(1)区域物流量的强劲增长潜力，区域物流外包迅速增长。(2)面向成长腹地：新加坡周边主要为发展中国家，所在的东盟地区是世界经济最活跃地区之一，而新加坡是区域最具影响力的国际物流中心。(3)新加坡及相邻地区其他行业的能力扩张计划，如新加坡的生物医药、化工、航空产业的扩张计划。(4)新加坡的离岸贸易开放支持政策和自由港政策。(5)新加坡是已打响知名度安全的国际物流枢纽。

4. 主要威胁

(1)新加坡作为一个重要的国际直接投资地被其他地区取代，如制造业向中国的结构性转变，将会影响经过新加坡的潜在货运量。(2)来自区域的激烈竞争，如来自我国香港、我国台湾，以及马来西亚、泰国和菲律宾相应物流城市的竞争。(3)技术进步，如远洋班轮和客机的大型化和容积增加，可能会导致绕过新加坡的船只/飞机运营商增加。

第四节　新加坡供应链管理展望

新加坡 iN2015 制造与物流委员会定义提高新加坡供应链和物流发展竞争优势的途径和方法。在规划中，他们提出的一个主要问题是：新加坡可以在全球供应链网路中扮演什么角色以使新加坡可以为全球化和网络化的世界经济带来与其他国家不同的特别价值。

根据该委员会规划，其愿景是利用先进信息技术将新加坡建成智能国家、全球城市。其中，新加坡供应链管理的新方向是成为全球供应链的协调指挥中心和风险管理中心。根据区域物流及供应链发展及新加坡供应链发展的战略，可以做如下展望：

第一，供应链和物流部门是新加坡经济的重要发动机。总体上，供应链及物流部门(包括制造)占新加坡 GDP 的比重约为 30%。其中的许多细分产业在过去十年经历了许多变化。全球化、外包和产业内部的激烈竞争等因素促使企业寻找提高竞争力的途径。类似因素将会继续存在和产生。例如：随分工细化和全球采购，供应链将变得更加复杂。供应链企业为对客户订单快速反应和在更短时间完成针对客户订单的物流活动，协同的伙伴关系将变得更紧密和多元化。

第二，企业需要适应产业和供应链的最新发展趋势。其一是客户的个性化需求越来越突出。客户不再满足于大众化产品，更需要根据特点需求定制化的产品。其二是对产品和供应链安全性的要求和规范。恐怖袭击、食品安全的因素促使政府和企业合作提高供应链安全水平。新加坡的制造和物流部门将发现新的竞争力来源以在新的形势下保持竞争优势。

第三，近年全球企业发展各自的供应链平台，然而，不同的供应链系统之间的有效连接和集成有待实现。近年多次重大灾害事件发展对全球供应链造成重大影响，如泰国 2011 年洪灾、2011 年福岛地震引发海啸及核泄漏、2012 年美国东部风灾等，供应链风险管理受到前所未有的重视。全球供应链管理从建立比较单纯的成本优势，转向整体甚至多供应链协调发展，进而提升了供应链可靠性和风险管理。

第四，随着亚洲经济的快速发展，这个地区将是世界主要跨国公司供应链活动最多的区域。同时，随着生产和物流外包仍将增加，供应链的复杂性也将显著增加。在这样的运作环境下，供应链运作效率将是企业竞争优势的一个重要依据，因此新加坡仍将在物流供应链运作效率上提升并在区域领先。

第五，为了满足全球供应链管理变化和更严格的要求，新加坡物流和供应链服务企业将在海洋产业、生物医药、化学品和易腐行业提供专业化的物流服务并正在不断超越。

第六，为将新加坡发展成为全球供应链的神经枢纽和世界级物流设施的首选之地，新加坡将引导企业在新加坡设计、监控和管理它们的区域乃至全球供应链；这里的物流服务将更具全球和战略地位，而不只是区域性和操作层面的活动。在物流和供应链运作方面，在近5～10年，新加坡的物流市场将保持6%～10%的年增长。

第七，新加坡拟发展成区域的虚拟供应链枢纽，凭借强大的物理枢纽能力，集成知识密集的供应链管理技能和技术来构建强大的虚拟物流和供应链集成枢纽。基本概念是供应链根据市场变化和客户需求灵活调整和动态组合而成，供应链的组织者根据客户需求，从资源库(Resource Pool)中选择供应链伙伴并进行匹配，形成新的供应链或更新现有供应链。主要内容包括：(1)虚拟供应链枢纽更着重集成高端供应链服务，包括金融、保险、法律、优化、安全等方面的服务。(2)通过信息技术实现对货物流动的监控和优化，从而为客户提供额外的供应链增值服务。(3)依靠专业能力和人才方面的优势为客户提供专业化的供应链增值服务，满足延伸和扩张腹地的供应链管理服务需求。新加坡成为控制和管理物流四肢的大脑，具有监督、控制和规划等功能，服务范围和内容都超出新加坡。(4)通过集成的IT软件开发与应用，集聚知识资本，建立物流和供应链管理的神经中枢。(5)发展物流生态系统。

第二章 新加坡城市供应链

新加坡位于马来西亚半岛南端，北隔柔佛海峡，以 1056 m 的长堤与马来半岛连通，处于太平洋和印度洋航运要道马六甲海峡的出入口，是世界海运的十字路口之一。当地经济以电子、石油化工、金融、航运、服务业为主，高度依赖美、日、欧和周边市场，外贸总额是 GDP 的四倍，属于典型的外贸驱动型经济。根据 2014 年的全球金融中心指数(GFCI)排名报告，新加坡是继纽约、伦敦、香港之后的第四大国际金融中心，也是亚洲重要的服务和航运中心之一。新加坡的城市供应链发展起步于借助城市特殊的国际中转枢纽港的地理位置发展全球航运与金融中心，已成为全球能源、制造、商贸相关领域供应链的重要节点。

根据新加坡政府的物流和制造业发展规划，新加坡城市供应链发展的目标是将新加坡发展成为全球供应链枢纽和神经网络中心。其主要内容包：

(1)把新加坡发展成为一个具有强大的航海、航空及陆路运输能力的支持经济全球化发展的世界领先综合物流枢纽；

(2)把新加坡发展成为全球综合物流(供应链)神经控制中心，成为跨越延伸腹地的全球物流和供应链活动及资产管理中心。

一、港口和机场基础设施建设不断完善

新加坡港是世界第二大港集装箱港口，共建设四个集装箱码头。新加坡港务集团每年可装卸超过 3000 万个集装箱，是世界上最大的单一箱运码头经营机构。新加坡樟宜机场内设有航空货运中心(空港物流园)，面积达 47 ha，是一个 24 h 运作的自由贸易区。这个一站式服务中心，提供装卸航空货物所需的设备和服务，从飞机卸下的货物送到收货人手中，前后只需 1 h。

此外，新加坡拥有一流的线上通信和电子基础设施，重点发展与城市供应链发展相关的网络：贸易网、港口网、裕廊港口网站、海事网、空运货物社群网络。

二、大力发展特色企业供应链

目前新加坡已形成电子、化工、生物医药、资信与传媒、物流、金融等多个产业群，是世界硬盘驱动器的主要供应国、世界第三大炼油中心和重要的区域石油交易中心，也是跨国公司重要的亚太区域物流与后勤管理中心。借助良好的物流基础设施，新加坡企业供应链进入以运作效率高、国际性链接强、官方采用新技术、专业化集中发展和服务齐全为特点的全球供应链管理阶段。

第三章 新加坡企业供应链

第一节 新加坡企业供应链发展概述

一个国家企业供应链的发展是与国际供应链的发展以及这个国家产业发展阶段相适应的。作为一个新兴的工业化国家，新加坡自20世纪60年代独立以来，坚持实施一以贯之的发展策略，紧紧抓住国际产业转移机遇，大力吸引投资，借助外部力量发展制造业和服务业。同时，新加坡顺应国际物流供应链发展趋势，结合自身特点走出了一条具有新加坡特色的供应链发展之路，成为亚太以及国际公认的物流供应链管理中心之一。新加坡的供应链发展主要经历了以下阶段：

一、新加坡企业供应链发展阶段

（一）传统物流阶段（1980年以前）

传统上，新加坡依靠转口贸易为生，几乎没有制造企业。物流活动主要以支持转口贸易的码头货物装卸、简单的加工、存储、分销、本地运输为主。20世纪60年代，新加坡产业发展处于进口替代与出口导向阶段。随着改变转口贸易机制，发展劳动密集型制造业；面向国际市场，引进外资制造企业，发展出口型工业政策的实施，物流的概念逐渐引入新加坡。一方面，制造企业为了自身需求，积极发展物流有关业务以支持制造企业发展；另一方面，也出现一些提供专门服务的企业支持制造企业的发展。例如：仓储、运输、货运代理、简单加工、报关等，但是一体化的现代企业物流还没有出现在新加坡。

（二）现代物流阶段（1980—1990年）

伴随着管理结构提升和信息系统应用，20世纪70年代，企业开始吸收和整合部门（物料处理、仓储、运输等）成为物流功能部门来统一协调管理制造支持活动，一体化的现代物流管理开始在西方发达国家出现。

新加坡现代物流的发展主要发生在20世纪80年代。随着国际产业大转移，新加坡把握机会，实行产业结构升级，由劳动密集型出口工业转向资本密集型工业；推动机械化、自动化、计算机化，向高度精密工业发展；并把现代物流作为国家经济发展五大支柱产业之一。一方面，新加坡吸引了一大批世界知名跨国机械和电子制造企业，这些制造企业具有先进的现代物流管理理念和模式，并把这些理念和模式带到新加坡。另一方面，为了支持这些制造企业，新加坡也吸引了一大批国际级知名的物流运输企业。这些物流运输企业也把发达国家的现代物流的实践带到新加坡。与此同时，新加坡政府积极建设物流基础设施，推广先进技术，创造良好的物流发展环境，并鼓励本地制造企业和物流企业与国际接轨，发展现代物流。

（三）供应链管理阶段（1990—2000 年）

20 世纪 80 年代，许多企业实施了一体化的物流管理，开发出新的制造技术和策略，使得它们可以减少企业的生产成本，并在不同市场参与竞争。准时制造、看板、精益生产、全面质量管理等战略变得越来越流行，为了实施这些策略，企业投入大量的资源。但是，尽管实施这些策略，许多企业降低生产成本的幅度几乎接近了实际可能的极限。因此，许多企业积极探索其他的途径来降低成本，赢得竞争。供应链管理的概念提出于 80 年代，由于供应链管理不仅涉及企业本身，而且包括整个供应链上的供应商、制造商和销售通道等，因此供应链管理成为企业进一步降低成本、增加利润、占领市场份额的有力武器。

20 世纪 80 年代中期的世界经济衰退给新加坡带来重大冲击，石化、修造船、出口、汇率等均受重大影响，GDP 在 1985 年出现 1.7%的负增长，失业率急速攀升。为此，新加坡经济委员会提出将服务业和制造业作为未来十年推动经济增长的两大动力，带动外贸和其他行业的发展。在发展资本、技术密集型出口工业的同时，着重转向优先发展有增长潜力的服务业，使新加坡发展成为东南亚和亚太地区的区域性服务中心和物流中心。90 年代，物流与供应链管理在新加坡得到政府和企业的极大重视。政府分别在国内两所大学设立了新加坡国立大学亚太物流研究院和南洋理工大学供应链研究中心，主要从事物流供应链的研究和高级供应链人才的培养。与此同时，新加坡的制造和物流企业也十分关注供应链管理在企业中的作用，一些企业开始把新加坡作为供应链的实践基地，开始实施一体化的供应链管理。

（四）全球供应链管理阶段（2000 年至今）

进入 21 世纪，随着全球化、市场化、信息化和网络化的发展，全球采购、全球制造、全球销售已成为国际企业新的生产经营模式。因此，全球供应链管理在现代企业管理中被引入并得到普遍应用，成为跨国企业一种新的管理模式。世界已进入全球供应链时代，无论是制造企业还是物流企业都需要找准企业在全球供应链中的位置，制定适应新格局的发展战略。

目前，新加坡已成为世界先进的经济体之一，已形成电子、化工、生物医药、资信与传媒、物流、金融等多个产业群，是世界硬盘驱动器的主要供应国，世界第三大炼油中心和重要的区域石油交易中心，也是世界上吞吐量最大的集装箱码头、跨国企业重要的亚太区域物流与后勤管理中心。与此同时，政府继续加大吸引外资力度，鼓励跨国机构设立区域营运总部等；加强本地企业实力，加大企业合并，推动本地企业成为跨国机构。这些都为新加坡企业进入国际供应链阶段创造了条件。一方面，许多跨国企业把新加坡作为其全球或区域供应链研发与控制中心，来管理与控制其全球或区域供应链。另一方面，许多新加坡本地企业也走出国门，建立了其全球或区域供应链网路，新加坡自然成为全球或区域供应链的控制中心。

经过几十多年的企业供应链发展，借助良好物流基础设施，新加坡企业供应链管理达到世界级水平，并形成了自己的特色。主要特点包括运作效率高、国际性链接强、官方采用新技术、专业化集中化发展和服务齐全等特点。

二、新加坡推动企业供应链发展的主要做法

(一) 政府制定计划来推动企业物流和供应链发展

为了把新加坡建成亚洲物流与供应链中心，新加坡政府做出了很大努力。新加坡政府规划物流业发展最早可以追溯到1997年。1997年7月，新加坡物流倡导委员会制定发展纲领，同年新加坡贸易发展局联合13个政府机构，其中包括海关、经济发展局、民航局、生产力及标准局、资讯发展局、海事及港务管理局等，展开“1997年物流业提升及应用计划”。在该计划获得成功之后，新加坡政府又先后推出了“1999年物流业提升及应用计划”以及“2001年物流业提升及应用计划”。这一系列计划成功地将运输、仓储、配送等物流环节整合成“一条龙”服务。

为保证新加坡在物流供应链方面的领先地位，2002年，新加坡经济发展局和新加坡标准、生产力与创新局又为新加坡物流和运输业推出了五年期物流发展生产力路线图。这个路线图主要包括协助相关企业追求创新，提高生产力和充分利用本身资源来改进整体竞争力。

(二) 国家投资建设一流的物流基础设施

新加坡的远景目标是把该国发展成为集海、陆、空、仓储为一体的全方位综合物流枢纽中心。基础设施是新加坡物流发展的基本保证，由于基础设施投资大，回收周期长，一般由政府投资建设。新加坡政府主要在以下基础设施进行不断的投资。

(1)航空物流设施。新加坡航空物流的代表是樟宜国际机场，被誉为东南亚最现代化的国际机场，每年接送乘客超过5000多万人次。连续多年被评为“世界最佳机场”“亚太地区最佳机场”“世界最受欢迎的机场”等。民航局制定更新樟宜机场的发展规划，以确保机场有足够的能力应付亚太地区航空交通的强劲增长。

(2)港口物流设施。新加坡有优良的深水港，兴建了四个集装箱码头。新加坡港务集团在新加坡每年装卸超3000万个集装箱，是世界最大的单一箱运码头经营机构。

(3)陆路物流设施。新加坡积极发展公共交通，并以多种手段控制以私家车为主体的私人交通的增长。公共交通系统完整，方式多样，包括地铁、轻轨、公共汽车、计程车系统等，网络覆盖面广，运行快捷高效。电子公路收费系统是新加坡政府已经实施的一项先进的智能化公路管理系统。进入繁忙中心区的车辆在经过系统电子闸门时，均会被自动扣除一定费用。

(三) 依靠跨国企业带动本地企业供应链发展

由于具有一大批国际著名的跨国制造企业和物流企业，新加坡是通过跨国企业带动本地企业供应链发展的典范。

新加坡经济发展成功的模式之一是吸引一大批跨国制造企业到新加坡投资建厂。为了配合跨国企业的发展，新加坡积极鼓励本地企业和跨国企业合作，并要求本地企业适应跨国企业的管理模式和供应链需求，因此产生了一大批了解国际供应链管理理念与模式的本土

企业,带动整个新加坡企业的供应链发展。

新加坡也吸引到大批的世界著名的物流企业在新加坡落户。这些物流企业是为支持跨国制造企业的物流供应链需求而来的,同时也带来了先进的物流供应链管理理念与模式。由于这些跨国物流企业需要本地物流企业的支持,也带动了本土物流企业的发展。

(四)鼓励本地公司的国外供应链发展

新加坡采取“引进来”与“走出去”相结合的策略发展物流供应链产业。一方面引进世界一流的物流供应链公司到新加坡投资企业,并鼓励本地企业与国际企业的合作,学习国际企业先进的物流供应链理念和实践。另一方面,政府制定确实的计划帮助本土物流供应链企业走出国门,发展成为新加坡国际企业。2002年更名的国际企业发展局专门负责推动新加坡企业“走出去”。企发局通过“3C”框架,即培养实力(Competency)、拓展网络(Connections)、提供融资(Capital),设计了多种鼓励、支持和合作计划,包括减税、合作伙伴和国际化人才培养等,有效降低了企业的盲目和失误。新加坡重视发挥驻外机构作用。企发局在全球设有超过37个海外中心,承担调研、信息、协调和“走出去”促进工作;经发局在全球主要国家设有近20个代表处从事服务和引资促进工作等。在这些政策的推动下,新加坡许多物流供应链企业已走出国门,成为亚太区甚至国际化的知名物流供应链企业,如叶永福物流集团、新加坡邮政等。

(五)创新物流供应链管理

新加坡在吸引国外物流供应链企业,学习先进物流供应链理念和实践的同时,不断根据本国实际创新物流供应链管理。

(1)坚持物流供应链理念创新。新加坡政府每5～10年就会对世界经济和本国发展进行总结和展望,提出新的富有创造性的发展理念。同时也鼓励企业提出一些开创性的理念。在物流供应链方面,新加坡政府和企业提出许多创新理念,如自由港、自贸区、供应链神经控制中心、第七方物流(7PL)等。

(2)坚持物流供应链创新。新加坡坚持以优厚条件吸引世界一流物流供应链大企业到新投资或建立地区总部,利用其领先优势培育本地产业集群。吸引外资时,重点突出企业的核心产品、技术研发部门或最先进复杂的生产流程以及物流供应链管理能力。

三、新加坡企业供应链发展趋势

新加坡企业供应链发展目标是和新加坡政府供应链发展策略一致的,就是把新加坡打造成世界顶尖的国际物流供应链枢纽,使新加坡成为亚太区的业物流供应链决策控制中心,物流供应链创新与研发中心以及物流供应链人才开发与培养中心。

(一)物流供应链企业和制造企业亚太总部

随着亚洲的崛起,城市化进程发展、中等收入者越来越多,亚洲不再只是原来的制造业中心,它本身也成为一个很大的主要市场。因此亚洲为跨国全球企业提供了一个潜在的发展机遇。全球企业若想把握住亚洲市场的增长潜力,就必须重新规划它们的供应链以便更有效地针对亚洲市场动态做出反应,而新加坡具备三大优势帮助企业在亚洲打造优质供应链。一是新加坡具有独特的地理位置和优良的物流基础设施；二是新加坡是许多世界一流供应链和物流服务商的基地，并且被世界银行评为首屈一指的国际物流中心；三是人才的供给和亲商环境。因此近年来，新加坡已成为许多物流供应链企业和制造企业的亚太战略基地。

（二）供应链研发和创新中心

全球企业在过去几十年来已经在亚洲建立了多种运营和供应基地。企业需要重新设计它们在亚洲的供应链来应对逐渐崛起成为主要消费者市场的亚洲。区别于北美和欧洲，亚洲本身并不是一个简单的单一市场，而是一个多元化的复杂市场。面对这个复杂多变的市场，企业不能简单地把西方市场的供应链方案重新包装带到亚洲，而必须了解亚洲消费者和各国的物流环境，制定出不同的供应链策略以符合市场需求。为了响应亚洲供应链的需求，许多国际企业把物流供应链研发和创新中心设在亚洲。作为环球-亚洲枢纽，新加坡是发展高增值解决方案和创意的天然地点，特别是在资讯通信和供应链领域。新加坡完善的商业环境和国际网络，能够为企业提供商机，并连接具增长潜力的市场。例如：英飞凌在新加坡设立了其供应链科学中心，以优化包括多个生产合作伙伴在亚洲地区的供应链，旨在为供应链流程带来创新的发展。IBM 耗资 5000 万美元，在新加坡设立集团的首个新一代高科技客户中心（Client Centre）。IBM 客户中心通过营造一个虚拟的环境，让集团客户不论身在何处，都能够体验先进科技技术如何为它们所面对的问题和挑战提供解决方案。SAP 公司设在新加坡的亚太研发与创新总部在 2012 年 12 月建成，SAP 把其 15％全球研发人力部署于这个坐落于卓越研究与科技企业学园的设施。这个研发与创新总部主要是加速创新及提供新方案，特别是在商务社交网络与协作和实时情报与分析方面的研发创新。这些方案可以有广泛的用途，从交通运输、物流、城市管理、智能城市，到零售以及供应链管理等。

另外，全球著名的供应链公司 DHL 也在新加坡开展供应链创新。例如：DHL 全球方案事业部 2007 年在新加坡开启亚洲第一个供应链竞争力中心来开发针对大客户的物流供应链方案，如今已赢得许多亚洲大客户。2010 年，DHL 联合新加坡亚太物流研究所共同建立首个可持续性供应链研究中心，主要开发研究绿色供应链解决方案，并建立一个面向亚洲的可持续供应链样板。2011 年，为了响应许多制造企业选择新加坡作为供应链管理与决策中心，泛亚班拿也在新加坡建立物流研发与方案设计中心。该中心主要应对亚太区大客户订制供应链管理的需求，进行物流供应链方案设计与实施。此外，新加坡本土最大的物流供应链企业叶永福集团（YCH Group）耗资 2 亿元正在新加坡兴建的供应链城（Supply Chain City）于 2014 年第三季度落成。供应链城将具备业内最先进的技术，同时也设有知识中心，将供应链管理领域的最佳做法集合在同一座世界级设施内，为业内人士提供一个开发和创新供应链管理技术的平台，届时将进一步巩固新加坡在全球供应链和物流领域的地位。

（三）特殊与专业物流发展基地

目前，新加坡已形成电子、化工、生物医药、航空、资信与传媒、物流、金融等多个产业群，并吸引了大批领先的全球制造企业。由于不同制造企业物流供应链需求不同，需要物流供应链企业发展特殊和专业定制的物流供应链方案。若要巩固在全球物流业的地位，新加坡就必须在现有的强项上发展特殊的能力，尤其加强生物医药、石油和天然气及航天领域的物流能力。

为了满足医疗健康制造企业和冷链物流需求，樟宜冷冻仓储中心是亚洲首个最大的机场专用仓储中心，专门处理需要控制温度且时间紧急的货物。由于完全依据 HACCP 规定的食品安全管理体系并按照冷链完整性的最高标准设计建成，因此冷冻仓储中心也是亚太地区首个经过清真食品认证的航空货运枢纽。此外，DHL、UPS 和 TNT 也在新加坡建立专门的医疗健康物流中心，以应对亚太对区域存贮和配送需求。

作为亚洲航空枢纽和航空维护、维修和检修方面(MRO)的领先者，新加坡不遗余力地确保该行业企业的需求得到满足。新加坡的航空物流基地汇聚了全球领军的第三方物流服务供应商，包括敦豪(DHL)、德迅(Kuehne + Nagel)、SDV、CEVA 和德铁辛克(DB Schenker)等，因此能够为亚洲的航空公司和航线提供经过 AS9120 质量认证的多种服务能力。一些专门针对航空业的解决方案包括：飞机停航待修(AOG)服务、飞机备件物流(SPL)服务、对航空备件库存的综合材料管理和对引擎、起落架及其他高价值、超大型部件的专业运输等。

作为全球三大综合石化中心之一，新加坡走在行业的最前端。为了支持该行业的持续发展，许多世界著名的化工物流公司在新加坡开展了重大业务。例如：全球物流服务供应商 Katoen Natie 在裕廊岛所建的设施为化工品制造商们提供了储存和包装设备以及化学加工等增值服务。世界领先的独立码头运营商-孚宝(Vopak)是另一家将新加坡作为其枢纽之一的全球著名企业。孚宝新加坡区域总部管理其在马来西亚、印度尼西亚、日本、韩国、印度和亚洲等其他国家的业务。该公司通过在新加坡的四个码头来为石油产品、天然气和化学品提供罐储、区域配送和增值服务。作为新加坡本土石化物流公司之一的永记(Yang Kee)控股私人有限公司斥资 1 亿 2000 万元在裕廊码头路兴建的一站式化学物流中心，是本地企业开设的这类最庞大化学物流设施。

（四）供应链决策控制中心

作为连接东西方的战略性交通枢纽，新加坡可成为管理供应链控制中心职能部门的战略基地。企业能在新加坡规划、管理和优化供应链，从而精准地预测需求、采购原材料、管理供应商、购买商品或服务及分销成品。

如今有越来越多国际和亚洲企业选择将其环球决策功能和供应链控制中心设在新加坡，以便更好地应对亚洲的需求。早在 2006 年，摩托罗拉就决定在新加坡投资 1 亿元设立全球供应链管理基地及控制中心，以实现全球各种产品和服务的生产及分销的目标。DHL 在新加坡设立一个备件物流供应链控制中心，它可以提供六种语言的支持来接收整个亚太区的客户订单和查询；并根据订单需求分发到分布在各个亚太国家的 300 多地某一仓库，并选择合适的配送商，按照规定时间配送到指定的仓库提货，然后按照规定配送时间送到最终客户的手中，并提供客户和签收信息给位于新加坡的区域控制中心。为了对医药健康客户提供供应链可视化服务，UPS 在新加坡建立一个医药物流供应链控制中心，该中心主要提供医药客户在亚太区域运输状态监控。该控制中心提供 24 小时 365 天的服务，随时监控供应链上的意外事件，一旦发现异常现象，及时处理，直到解决问题为止。

（五）供应链人才中心

作为世界级物流供应链中心，新加坡培养和吸引了众多供应链人才来满足供应链业务的增长所需。一方面，新加坡政府积极推动与高等学府合作，培养具备正确物流供应链知识和技能的高级人才。同时提供资金对物流企业的操作人员进行在职培训，提升整个物流供应链产业的人员素质。为此，新加坡经济发展局（EDB）协助敦豪（DHL）和叶水福（YCH）等新加坡的物流和供应链企业里的中层管理人员了解中国和印度等新兴经济体的当地物流运作。通过在新加坡积累相关知识和技能，物流企业和制造商能够更好地打造适用于亚洲市场的供应链解决方案。另一方面，许多物流供应链企业把新加坡作为企业的培训基地，不仅培养本地的物流供应链人才，而且把新加坡作为区域培训基地，为整个亚太区提供物流供应链人才。例如：新加坡是联合包裹服务的亚太区的区域总部，同时也是亚太区的主要人才培训基地。亚太区的高级管理人员在其他国家上任前，一般都要在新加坡进行一段时间的在职培训。宝洁公司的亚洲领导力发展中心也落户于新加坡。这一中心成立于2010年，旨在每年培训500名本区域管理人员，为他们打开国际时事的视野，深入了解东西方文化，其中供应链管理也是核心培训内容之一。此外，全球著名咨询公司波士顿咨询公司（Boston Consulting Group）在新加坡设立了其全球首家“卓越业务中心”，以更有系统化地帮助客户发展员工的领导能力。

第二节　新加坡制造企业供应链发展

新加坡已经在过去几十年建成为一个具有全球竞争能力的制造业枢纽，同时制造企业也成为新加坡主要经济支柱之一，贡献25%GDP。制造产业优势使新加坡在多个产品类上具有世界领先地位，如电子化工、岸外工程、生物制药等。这些制造企业在新加坡建厂的同时，也带来先进的物流供应链模式，促进了本地制造企业供应链发展。

一、跨国制造企业及其供应链发展

强有力的政治领导、亲商的政策环境、优良的人居环境、高效的交通和通信设施、受过良好教育的人力资源以及已有产业的支持使得新加坡可以持续吸引到化工、电子、生物医药和航空等产业的世界著名公司。以下是几个跨国制造企业在新加坡供应链发展的简介。

（一）默沙东（MSD）

位于美国新泽西州怀特豪斯站的默沙东有限公司（以下简称“默沙东”）是一家全球领先的医药保健公司，生产各种创新药物和疫苗，提供全新的生物疗法、人体健康和动物健康产品，致力于改善病人的健康和福祉。该公司成立于1851年，总部位于美国，目前在140多个国家/地区设有办事处。

该公司在美国和加拿大以外的市场，以默沙东（MSD）的名号经营，并于1993年在新加坡设立首个销售和营销办事处。随后十年，默沙东将业务扩展到新加坡的制造业领域，投资逾 10 亿新元(合 7.7 亿美元)在大士工业区建立两个多产品制造中心,并于 2007 年在新加坡设立其亚太总部,以及区域供应链管理中心。如今,默沙东在新加坡已有 1500 名员工,在新加坡设有多个部门,业务范围广泛,可协调旗下众多业务,力争长期发展,是公司在亚洲的战略性部署。

在供应链管理方面,新加坡是默沙东的供应链管理中心,负责整个亚太供应链的决策与控制,而具体的物流运作外包给第三方物流公司联合包裹服务公司。UPS 在新加坡、澳大利亚悉尼、中国杭州建立通过专门的国际监管机构认证的医药仓库来提供仓储与配送服务。

(二) 国际商用机器 (IBM)

IBM 是一家全球性科技创新公司,在 170 多个国家/地区设有办事机构。IBM 充分利用资讯科技和对业务流程的深入了解,通过综合解决方案,为客户创造商业价值。

IBM 把新加坡作为其全球战略的亚洲中心,在新加坡设立多重和供应链有关的设施,通过新加坡扩展其亚洲的市场和服务。通过新加坡,IBM 搭上东南亚地区经济发展的快车。在 IBM 客户、人才、市场以及全球沟通战略中,新加坡的营运部门起到了非常关键的作用。在供应链管理方面,新加坡是 IBM 亚太供应链决策控制中心之一,负责区域采购、制造及配送的决策与控制。

IBM 对新加坡的投资包括:面向亚非欧高端系统用户的制造和运营中心,共投入 9000 万新元;为企业提供云计算解决方案及服务的亚太云计算数据中心,共投入 4800 万新元;以及全新的服务集成中心,旨在推动亚太地区成长型市场中可再用解决方案的采用。

二、本地制造企业及供应链发展

新加坡在积极吸引国际企业的同时,十分重视本地制造企业的发展。一方面,鼓励本地企业和国际企业的合作,实现本地企业与国际企业的接轨;另一方面,根据新加坡自身的优势,发展具有新加坡特色的制造企业。因此,也产生了一批具有国际竞争实力的本地制造企业。

(一) 新加坡胜科海事 (Sembcorp Marine)

新加坡地理位置得天独厚,处于世界主要海洋航道交汇处,因此新加坡一直是海事行业中领先的船舶维修中心。近年,由于海事工程行业的强劲需求,该产业获得了前所未有的繁荣与增长。

胜科海事是新加坡政府投资的胜科工业子公司之一,主要从事高端海洋装备的制造和船舶维修业务。新加坡胜科海事是一家为新加坡及全世界的客户提供全方案合同建造新船、船舶改装和船舶维修服务的优等船厂,可以建造和维修专用船舶。支持这些船厂的是一个相当大的服务产业:提供分级服务、设计与工程、海事设备与服务,包括导航、通信、推进装置和辅助设备,以及船级社和紧急应变服务等。建厂几十年来,新科海事奠定了其作为高品质、并提供尖端产品和服务供应商的地位。其拥有的船舶设计能力和 3D 建模和计算机化设计及生产设备地(CAD/CAM)系统能针对客户严格使用要求定制创新的解决方案。

目前,胜科海事已开始建造新的综合船厂设施。这个最先进的设施融合了革新的船厂设计以及最新的生产科技和流程，从而促使土地使用得到优化，供应链效率也得以改善，实现了生产力提升、资源妥善应用，并产生了营运协同效应。这项目更是象征了新加坡志在通过不断创新，建立一个现代化的海事及岸外业，并时时走在该业前沿。

胜科海事的优势在于其高效的供应链管理。新加坡是胜科海事的全球总部，也是胜科海事全球供应链的决策控制中心。胜科海事承接大的海事工程项目后把项目进行分解，再外包给一个庞大的供应和服务商网络。胜科海事负责总体供应链的管理和协调。

（二）伟创力（Flextronics International Ltd）

伟创力集团成立于1969年，是一家总部设在新加坡，并在NASDAQ上市的跨国公司，是目前全球最大电子合约制造服务商（EMS），世界500强企业之一。所属工厂分布在5大洲30多个国家和地区，目前约有140 000名员工。集团主要客户有微软、IBM、摩托罗拉、思科系统、索爱、诺基亚、强生、惠普、戴尔、西门子等。为全球领先通信、计算机、网络、医疗及消费电子行业提供全方位服务。作为全球最大的电子合约制造服务商，伟创力的成功因素之一在于其独特的供应链管理。

1. 市场专注化的供应链管理

伟创力为达到营收成长目标，激活组织再造，将公司划分为以市场区隔为导向的不同事业部，以创造更多的价值与创新性给客户，增进竞争力，并增大市场占有率。这些市场定制的供应链服务，因应不同产业别的OEM客户需求，整合了产品设计的独特性、制造，以及特别物流考虑。通过这样的市场专注化的供应链管理策略，伟创力更能实时反应市场情况，做出快速、灵活的决策。

2. 端到端供应链解决方案

身为世界级的EMS提供者，伟创力在世界范围内所提供的全方位供应链服务可简化全球性产品开发、制造和销售过程，帮助客户大大缩短产品从开发到销售的时间，实现成本缩减。此外，垂直整合服务为客户所提供的整套设计、制造及物流解决方案全面贯穿于产品从初始设计、批量生产、测试、分销直至售后服务及支持等所有环节。

3. 低成本的供应链服务

在低成本供应链能力方面，伟创力堪称全球行业翘楚。凭借在世界各低成本地区的生产设施投资，以及设计、建造、仓储与运输服务的集成化，伟创力为客户创造最低的制造成本和最低的整个供应链成本。例如：伟创力设于低成本制造设施主要集中于墨西哥、巴西、波兰、匈牙利、中国、马来西亚及亚洲其他地区，还在巴西、中国、匈牙利、墨西哥及波兰建立了多个全集成化、高批量生产的工业园区。这些园区将制造及物流业务与供应商集中到一个单一的低成本地区，从而可以提供全方位的供应链管理。这一战略不仅增加了客户的灵活性、减少了分销障碍、缩短了周转时间，更削减了运输及产品总成本。

4. 集中化的全球供应链采购

20世纪80年代中期，伟创力大胆地把自己的业务触角伸到全权替客户采购零部件上。这样，客户可不再关注制造流程的细节问题，而只是确认计划的有效性。伟创力是全球性采购方面的龙头企业，2005年的部件采购超过140亿美元。因此，伟创力能够广泛利用伟创力全球范围内的供应商关系，为OEM客户赢得富有竞争力的定价和供应链灵活性。

5. 供应链信息技术战略与实施

当今竞争日趋激烈的全球市场对 IT 技术的要求不仅仅局限于便利性，更提出了更高的集中化及标准化要求，而这些也正是保证客户的供应链取得成功的关键性要素。通过将集中化应用程序及标准化制造工序结合起来，伟创力可为世界范围的客户提供质量一致的产品，并同时削减产品成本，加速产品全球上市。伟创力可为公司遍布世界的客户提供水平一致的业务服务，不断增强日益扩展的供应链能见度，并可对先进的 ERP（企业资源规划）应用程序及业务分析工具所提供的信息做出迅速反应。

6. 基于“工业园区”供应链管理创新

伟创力在运用以上先进供应链管理模式的同时，根据自身发展需求，创新供应链管理。其中基于工业园区的发展模式是其独创的供应链管理创新之一。在工业园区内，伟创力把供应链中的各个环节，从供应商到元件生产商，直到最后的整装以及物流管理全部放在一个地方完成。与单个的工厂相比，工业园区的优势在于缩短产品的上市时间、降低劳务成本、减少后勤成本、减少库存成本、供应链反应迅速、提高质量、信息灵通等。每个园区都像一个完整的制造中心和物流中心，可以制造最终系统组装所需的印制电路板、零部件、电缆、塑料和金属零件等。通过结合战略性供应商以降低材料采购费用，并加快新产品的推出速度。值得一提的是，伟创力首创的工业园区供应链管理模式已经得到了认可，三星等手机大户已纷纷效仿。

（三）新加坡科技宇航（新科宇航）

新加坡科技宇航（新科宇航）是全球著名的第三方独立飞机维修商。其客户群包括世界顶尖的航空客运及航空货运公司。新科宇航在亚太地区、欧洲和美国等主要航运中心设有维修设施，拥有超过 6000 名员工。新科宇航为客户提供全面的飞机维修与工程服务，具备工程与开发、生命周期维护、航材及部件供应、整修、客户化改装和提升等各方面的维修能力。

新科宇航为各大小客户提供支援，同时加强与蓝筹客户（如全日空、联邦快递、日本航空公司、西北航空公司和联合航空公司等）的合作关系。2004 年，它与联合包裹公司（UPS）签署了一份为期十年、金额约为 7.15 亿新元（4.38 亿美元）的长期协议，由新科宇航的全球维修网络独家为 UPS 的 DC-8、A300 和 MD-11 机队提供维修支援。

除了服务国际大客户，新科宇航在廉价航空飞机（LCC）维修方面继续保持其领先地位，与亚洲地区的许多 LCC（如亚航）续约；同时也开发了一些新客户（如亚当航空公司及其他新成立的航空公司）。在中国，该公司获得四家新兴航空（如奥凯航空公司、春秋航空公司、鹰联航空公司和中国联合航空公司）的维修合约，提供以固定飞行小时收费的包修飞机维修支援合同。

除了在飞机维修方面的优势，新科宇航公司在新加坡和苏州生产航空发动机叶片、机身、起落架等部件。新科宇航十分注重供应链管理，特别是在航空反向物流，售后服务供应链方面已成为行业翘楚。

第三节　新加坡物流企业供应链发展

新加坡拥有丰富多样的行业，并有大批世界级制造企业在新加坡进行设计、生产和经营。因此，物流公司可借助新加坡领军级的制造业来发展和创新自身优势，并在高价值服务方面开发更多专长来保持领先地位。此外，完善的基础设施对支持物流公司的发展非常重要。新加坡提供世界级的基础设施，包括建于机场自由贸易区的新加坡樟宜机场物流园、提供区域配送的樟宜国际物流园以及满足化工和石油公司特殊需求的位于裕廊岛上的邦岩物流园等。基于先进的制造需求和优良的基础设施，新加坡引进了许多著名的跨国物流企业，同时发展强大的本地物流企业。

一、跨国物流企业及供应链发展

新加坡已经云集了全球诸多物流企业，根据新加坡经济发展局公布的数据，全球前 25 家物流公司中，有 20 家在新加坡有业务，而德国 DHL、瑞士德讯集团(Kuehne Nagel)、Sankyu、德国 Schenker、美国 UPS、日本邮船(Yusen)更是将区域或全球总部设在新加坡。

(一) 敦豪 (DHL)

作为国际快递和物流行业当仁不让的全球市场领袖，敦豪在快递、航空和海洋货运、跨国运输、合同物流解决方案以及国际邮件服务等方面具有无与伦比的专业能力。这家公司在探索如何适应和满足客户持续变化需求的同时，依然在以惊人的速度不断扩展。

敦豪在新加坡的运营历史可追溯至 40 年前。敦豪与新加坡的合作伙伴关系不仅限于金融投资领域，还体现在专业知识、能力和知识转移等众多领域。为了让新加坡成功地朝全球物流业价值链上游发展，敦豪一直在孜孜不倦地努力。2007 年 4 月，敦豪在新加坡成立了区域总部，为客户提供整体供应链服务。新加坡的高效率、通达的连接性、先进的基础设施和人力资本，决定了敦豪最终选择新加坡作为区域中心。敦豪有超过 2000 人的强大综合性人力资源和 20 多所专业设施，因此，其区域中心确保了客户能够与亚太地区全部 25 个国家/地区进行无缝连接，进一步提高服务质量，同时保持灵活性以满足客户的需求。敦豪的区域总部汇集了大批一流的供应链管理专家和具实际经验的物流运营专业人员，为全球制造商们如惠普(HP)、戴尔(Dell)、太阳微系统(Sun Microsystems)和英飞凌(Infineon)等提供优良服务。

2010 年，敦豪与新加坡国立大学(NUS)的亚太物流学院斥资 300 万新元(230 万美元)，修建了亚太可持续供应链中心(SSCCAP)。2004 年，敦豪(DHL)成立了亚太地区质量控制中心(APQCC)，通过显示实时追踪，为客户提供在专门的亚洲内部航空网络之内全程透明的货运动向。如今，该中心已成为区域和全球控制中心的一部分，全天实时监控着全球的敦豪航空和陆地运输。鉴于新加坡的航空业和生命科学行业在亚太地区的领先地位，敦豪以主要赞助商的身份积极支持和参与了本国两大广受期待的贸易展：2012 年新加坡航空展和 2012 年生物医药品亚洲会议。

（二）泛亚班拿（Panalpina）

瑞士的泛亚班拿（The Panalpina Group）是世界最大的物流和供应链服务供应商之一。它提供一体化的端到端的全球供应链管理服务和方案，包括空运、海运、陆运以及综合物流等。其总部设在瑞士巴斯尔，在全世界拥有 500 多家分部，大约 1500 名员工，分布在 80 多个国家。主要的客户包括惠普、华为等。

泛亚班拿早在 1977 年就作为空运和海运代理进入新加坡。随着市场的开拓，又发展了综合物流服务，现成为新加坡主要的物流供应链服务商之一，在汽车、高技术、零售、化工和生物医药等领域提供服务。2011 年，为了响应许多制造企业选择新加坡作为供应链管理与决策中心，泛亚班拿在新加坡建立了物流研发与方案设计中心。该中心主要应对亚太区大客户订制供应链管理的需求，进行物流供应链方案设计与实施。

（三）德铁辛克（Schenker）

德铁辛克物流集团隶属于德国铁道，代表联邦铁路从事运输和物流活动。它是德国最大的物流公司之一。为管理其亚太地区的物流业务，该公司已经在新加坡设立区域总部，管理地区 200 多处办公地点的 11 000 名员工，提供一站式的物流与供应链服务。德铁辛克在新加坡樟宜机场物流园建立了一个多功能的区域物流中心，作为跨国企业的区域配送中心和综合货运和大型物流中心，主要提供面向区域的综合物流供应链服务。2013 年，德国辛克宣布计划花费 4.1 亿欧元在新加坡谈宾尼物流园建设一个综合物流中心。这个物流中心是德国辛克在亚太区的最大一笔投资。物流中心邻近新加坡樟宜国际机场，提供超过 54 000 km^2存储地面，计划提供多种多样的物流供应链服务。

（四）万络环球（Menlo Worldwide）

万络环球公司（Menlo Worldwide，LLC）是一家物流、运输和供应链服务的全球供应商，在北美和五大洲都有业务开展。万络环球的总部设在美国加利福尼亚州圣玛特奥。作为一家第三方物流供应商，其服务范围涵盖专项承包物流、仓储和配送管理、运输管理和供应链改造，还提供其他增值服务，包括通过多元化客户和专用设施组成的战略网络提供包装、配套、执行订单和小型组装服务。万络在北美、亚太区、欧洲和拉丁美洲其他超过 120 万 m^2 的专用仓储面积，拥有业内最先进的技术，为客户提供运输和配送方面的综合解决方案。

万络环球于 2001 年在新加坡落户，2002 年在樟宜机场物流园区（ALPS）设立物流设施，是首家落户该园区的公司。2006 年，公司又投资 3400 万美元（约 4170 万新元）收购本地主要物流业者美洲豹速递（Cougar Express），大幅度增加在本地的投资。目前，万络环球在新加坡的投资额超过 9000 万新元，共有七个物流中心，总面积达 1.8 万 m^2，为超过 100 家本地和跨国公司服务。万络环球投资的新物流中心坐落于大士日景道（Sunview Way）在 2013 年 1 月正式开幕。这个占地 3.7 万 m^2 的物流中心于 2012 年 9 月建成，它为公司的 100 多家合作客户提供服务，其中包括从事汽车零件制造商以及葡萄酒与烈酒销售行业的客户。该物流中心目前的使用率达 100%。

二、本地物流企业及供应链发展

新加坡在注重吸引国外物流企业的同时，也十分注重本地物流企业的发展。政府在多个层面积极支持本地物流企业提升能力，扩展网路，培育人才，并促进本地物流企业与跨国制造企业及物流企业的合作。经过 30 多年的发展，新加坡涌现了一批具有国际视野和综合物流能力的本地物流企业。其中叶永福物流集团、新加坡邮政、讯通集团和杨记物流是新加坡本土物流企业的代表。

（一）新加坡叶水福集团　(YCH Group)

新加坡叶水福集团是目前新加坡本土最大的第三方全程供应链服务公司。公司成立于 1955 年，至今已有 62 年的历史。公司从一家提供简单运输服务的货运公司，到综合物流服务商，再发展为今天的国际全程供应链服务商。新加坡叶水福集团是目前是多家世界大型企业端到端供应链管理及物流服务伙伴，其客户包括戴尔、摩托罗拉、美国旭电公司、佳能、汽巴精化等。叶水福集团的端到端供应链解决方案组合采用先进的网络技术，为消费品、电子、化工、保健等各类行业提供服务，协助其增强竞争优势。叶水福集团总部设在新加坡，业务遍及整个亚太地区。

叶水福集团的革新成果受到了业界的肯定，其第七方物流(7PL)方针能把供应链战略与无缝执行力结合起来，有助于供应链管理行业取得成功。叶水福集团曾获得的行业荣誉包括新加坡国家 IT 大奖、新加坡国家培训大奖、Intelligent Enterprise Asia 年度 20 家智能企业之一、新加坡计算机协会授予其 IT 领导者的荣誉，还被 Lloyd's FTB 评为亚洲物流荣誉殿堂成员。除了获得新加坡国家培训大奖及企业人力资源大奖外，叶水福集团还通过了 ISO 9002、EMS 14001、OHSAS 18001 认证。2004 年 10 月，叶水福集团荣获了新加坡国家资讯通信奖，并在 2005 年 10 月赢得新加坡创新大奖。叶水福集团还因成为新加坡最佳国内分层服务供货商及最佳信息科技/电子分层服务供货商而获颁享誉全球的 Frost & Sullivan东盟四项物流大奖。在 2007 年度供应链亚洲活动上获颁年度亚洲第三方物流奖。

2004 年 4 月 23 日，叶水福集团正式落户天津，在天津保税区成立一个占地 3.3 ha 的叶水福物流园，这是在天津规模最大的物流中心，也是亚洲地区内最先进的供应链管理系统之一。从 2004 年叶水福集团正式落户天津创建物流园至今，叶水福集团已在中国 20 个大中城市设立了分公司，并在天津、厦门、上海、苏州、成都建立了物流园或物流中心，提供综合物流和全程供应链服务，成为中国知名的国际第三方物流公司。

叶水福集团也不断提升新加坡的业务，目标是使新加坡成为集团的供应链神经控制中枢和物流供应链创新中心。叶水福集团在新加坡建造耗资 2 亿元的供应链城已于 2014 年第三季落成，进一步巩固了叶水福集团在新加坡以及整个亚太区域中的供应链和物流领域的领先地位。占地 6.5 ha 的供应链城总建筑楼面超过 13 万 m^2，包括一座五层楼高的坡道式货仓、与货仓隔邻的 45 m 高自动化储藏及提取系统，以及一座八层高的办公楼。供应链城将具备业内最先进的技术，同时设有知识中心，将供应链管理领域的最佳做法集合在同一座世界级设施内，为业内人士提供一个开发和创新供应链管理技术的平台。叶水福集团主席兼总裁谈到供应链城的兴建时则强调，兴建供应链城是集团成立年以来的重要里程碑，供应链城落成后将有效推动供应链解决方案的创新，为企业营造更灵活和具规模的供应链技术。

（二）新加坡邮政集团

2003年，在全球邮件量下降的大环境，新邮政（Sing Post）凭着多元化业务在邮政领域独占鳌头，连续两年摘下全球最杰出邮政机构的荣誉。在这项由国际咨询公司埃森哲（Accenture）进行的最新邮政调查中，新邮政今年的表现超越全球23个国家邮政机构以及两家邮政商业公司。

新加坡邮政是国家邮政服务商，也是民营化的公司。新加坡邮政公司不仅售卖邮票和提供递送邮件服务，也提供物流供应链相关的服务。新加坡邮政系统有1300多个分支机构，它们提供广泛的信件投递、电信通信及代理业务。随着国际互联网的广泛应用，人们越来越多采用电子手段进行交流和通信，传统的信件和公函邮件逐年下降。公司认识到客户需求正在发生变化，因此，致力于不断改进服务，创新服务，开发国际市场的长期的发展战略。

1. 应用先进技术改进邮政服务

新邮政重视高新技术的应用，特别是在电子商务和业务自动化方面。为了提高信件分拣的生产率，新加坡邮政投资约4500万新元用于其信件分拣基础设施的升级改造，率先使用新型自动化分拣设备，大大降低了邮政的人工成本，很好地提高了工作效率。利用最新技术升级邮政基础设施，使新加坡邮政有能力更快地处理信件，从而提高生产过程中的服务质量和生产效率。这项投资也将使新加坡邮政更加适应行业新发展态势，即较少的纸质信件和较多的包裹。新型分拣机器只是新加坡邮政1亿新加坡元投资项目的组成部分，旨在升级基础设施并改进服务。分拣中心的转型，以及推出的7天×24小时服务POP终端，是公司应用先进技术提高服务水平承诺的组成部分。

2. 创新服务，大力发展多元业务

新邮政成功发展多元业务，不断推出有别于传统邮件业务的产品，如借助网络平台抢攻网络商务市场及收购物流公司以拓展相关业务，使新邮政在全球邮件量下滑之际，继续保持高竞争力。随着网上购物的逐年增加，通过邮政邮递的包裹也不断增加，网购的消费者不再愿意到邮局取件，而且需要把包裹在短时间内送到消费者指定的地点交货，这些新的需求和传统的邮递模式不同，对于传统邮政服务来讲，是一个很大的挑战。面对新的挑战，新邮政也看到了一个潜在的机会，这就是在物流供应链中最困难的“最后一公里配送”。为了提供这个服务，新邮政近几年推出快速邮政（Speedpost）服务，并把邮政服务扩展到物流供应链服务领域。

为了应对网上购物的新问题，新邮政计划推出智能包裹站服务。所谓智能包裹站，就是新邮政在全岛设立一些24小时取货站，这些24小时服务的包裹站专为快递服务而设，收件人若无法在家接收包裹，可随时到包裹站领取。此外，新邮政推出功能多样的手机应用程序，帮助顾客计算邮费、查找邮政号码、挂号邮件和包裹的下落。

3. 提供国际物流供应链服务

新邮政也关注如何把多元服务拓展到国外。新邮政是邮政国际快递服务（EMS）成员之一，积极参与EMS服务提升和改进，负责EMS在新加坡的取件和送件服务。

随着网上购物的不断增加，新加坡人在国外购物的数量也逐年增加，传统上，人们往往通过 EMS 或国际快递公司来配送。一般而言，EMS 和国际快递配送速度快且可靠，但是费用较高，而且一些大和廉价的物品是不可能通过 EMS 和快递配送的。在中国出现一些专门从事网上购物，配送到国外的跨国电商服务公司。这些公司可以提供一站式服务，并具有竞争的价格。中国递四方就是这样一家公司。深圳市递四方信息科技有限公司致力于为国内外电子商务卖家提供集合建站、货源分销、ERP 软件开发应用、跨国运输、国内外仓储订单履约等一站式服务。看到潜在机会，新邮政在 2011 年对递四方战略投资，开拓国际市场，把服务由国内扩展到国际。

（三）新加坡讯通（CWT）物流集团

讯通集团成立于 1970 年，是当时新加坡港务局成立的一个提供货仓与集装箱运输服务，以支援集装箱码头业务的私营部门，是新加坡物流领域的先驱之一。该公司于 1993 年在新加坡交易所主板上市。从当年的收购行动直到今日，讯通集团出现了长足发展。从 2005 年至 2012 年，讯通集团的营收年均复合增长率（CAGR）高达 47%。

1. 以海运作为核心力量拓展国际市场

讯通集团目前目标是要发展得越大越好，并以海运货运作为核心力量，而不是成为全能物流公司。讯通认为：许多公司拥有“货运、仓储和运送”模式，但是这个模式难以持续取得成功。讯通集团的强项是把货物从一个国家运到另一个国家，只需在每一个营业的国家内拥有一个平台，无须去关注当地的竞争；只需在每个国家的港口，把所需处理的工作做到最好就可以了。

2. 人脉网络 VS 货仓和配运

讯通集团所做的，是把货物从一个国家的港口航运到另一个国家的港口，而不是在个别国家内陆设立货仓和运送货物。这说起来简单，但是竞争者要效仿讯通集团的模式并不容易。许多物流业者都局限在某一领域，竞争者要跨越到其他领域并不容易。讯通集团多年建立起来的人脉网络，也是竞争者最难以效仿的。总的来说，讯通集团的强项和运作模式基本上是在全球建立办事处网络（Network of Offices）、处理高度复杂的货物，以及把货物从一个国家航运到另一个国家的港口去。

3. 持续寻求增长机会

近年，讯通集团进行超过 20 项收购，其中一些收购行动是为了获得人才而展开。讯通集团持续寻求增长机会。它进一步涉足大宗商品供应链管理领域，于 2011 年 7 月，收购了商品行销公司 MRI Trading AG，以辅助讯通集团已有的物流与担保品管理活动，为商品市场客户提供全方位解决方案。

（四）新加坡杨记（Yang Kee）物流

杨记在 1990 年以集装箱运输业起家，过后把服务提供扩展至国际船运、仓库、分销和项目处理等业务。作为一家提供高端物流及仓储服务的新加坡公司，杨记一直致力于满足客户日益增长的需求。永记公司提供整柜与零担货物的运送服务，业务涉及石油、天然气、化学物品及快速消费品等。杨记的成功得益于一支 200 人的专业团队，不仅在各行各业有合作经验，同时，在单一行业的专业程度也是行业翘楚，特别是在石油、天然气、化学物品物流供应链解决方案和运作方面。作为一家提供门对门国际物流服务的企业，杨记的核心竞争力在于提供给客户的“物流全程无忧”解决方案，以及在物流过程中的快速流转时间和价格优势。

为了保持杨记在石化物流供应链领域的领先地位，最近杨记斥资1亿2000万新元(约合人民币6亿元)在裕廊码头路兴建的一站式化学物流中心，这是本地企业开设的这类最庞大化学物流设施。中心占地4 ha，共有五层楼高，将把杨记各间仓库的现有业务集中化，具备化学储存能力，以及新科技来提高生产力，并降低碳排放量和增进永记在业内的基础。中心也拥有先进的安全设施来确保化学运输品的存放，并为公司每年节省270万元和实现20%的生产力提升。

第四节　新加坡本地企业和国际企业的供应链合作

为了使新加坡企业走向世界，引导全球供应链的发展，新加坡政府制定优惠政策和提供财务支持，积极促进本地企业和国际企业合作。在供应链管理方面，本地企业和国际企业的合作模式主要体现在本地制造企业和国际制造企业的合作；本地物流企业和国际制造企业的合作以及本地物流企业和国际物流企业的合作。

一、本地制造企业和国际制造企业的合作

新加坡已形成电子、化工、生物医药、航空、资信与传媒、物流、金融等多个产业群，吸引了大批领先的全球制造企业。这些国际制造企业的到来，为新加坡本地制造企业提供了发展机会，使本地制造企业有机会参与到跨国企业的国际供应链运作中。在和国际制造企业的合作中，本地制造企业不仅学到了国际先进的物流供应链管理理念、模式和运作，而且通过自身的实践进行供应链管理创新，其中伟创力就是一个典型的新加坡企业。通过借助与国际制造企业的合作，伟创力逐步把自己打造成一个真正的世界级制造企业，成为目前全球最大的电子合约制造服务商，世界500强企业之一。

利用自身掌握的关键核心技术负责设计和开发新产品，通过全球物流供应链配置与管理，控制销售渠道，为客户打造出优质的产品及服务是当代OEM生产厂商的王道之选。在与OEM厂商合作中，伟创力凭借其“端到端”的垂直整合及全球供应链服务，成为OEM客户的得力伙伴。公司除了为OEM客户提供设计、制造及装运成品的服务之外，还提供采购、市场销售及现场维修服务以支持客户们对“端到端“供应链的需求。伟创力通过利用本身的全球规模优势，为跨行业、不同产品领域内的客户提供制造、物流、采购、设计、工程与ODM服务等一体化的供应链管理服务。其主要客户有微软、IBM、摩托罗拉、思科系统、索爱、诺基亚、强生、惠普、戴尔、西门子等。

伟创力在服务国际大公司的同时，为了满足一些小型的OEM客户对定制解决方案的需求。伟创力的特殊业务解决方案(SBS)也提供小批量、高混合服务，满足它们的地区或特别生产需求。一个成功案例是伟创力与Insulet的合作。

Insulet是一家总部设在马萨诸塞州贝德福德的创新医疗设备企业。该公司成立于2000

年，其宗旨是改善糖尿病患者的生活质量。Insulet 旨在通过其革命性的 OmniPod 胰岛素管理系统，推广使用胰岛素泵疗法。Insulet 希望通过与伟创力合作来满足大批量生产需求并加速进入市场，同时大幅节约成本的目的。伟创力的目标是将 Insulet 的产品成本降低 50%，使其能够通过更便宜的设备来扩大产品普及率。为了实现 Insulet 的目标，伟创力结合自身的优势，对 Insulet 的供应链进行了全面设计与创新。在质量管控方面，伟创力制定了一个详细的计划，其中细节包括：定制专为 Insulet 开发的质量控制计划；完全符合 ISO 9001 和 13485 等；另外，为了帮助客户快速进入市场，进行创新流程开发——通过对生产线进行分析，推荐使用半自动生产线，因为半自动系统通常更容易配置，并且产能上升速度远远高于高度自动化系统。伟创力与 Insulet 合作，将产品转移到已有 20 多年生产医疗设备经验的伟创力深圳工厂。该工厂获得 ISO 13485 认证，并符合美国食品药品管理局和国家药品食品监督管理局的要求。伟创力通过以上对 Insulet 供应链的全面设计与创新，仅在四个月内，就建成一个满足大批量生产需求的半自动生产线；更重要的是，这种药舱的单价下降了 60%以上。

伟创力在不断进行供应链管理创新实践的同时，也十分重视业态的发展，预知国际制造企业未来的供应链管理需求。伟创力认为在电子高科技领域，以微软、苹果和谷歌为代表的三大生态系统现已形成，预计这些生态系统将继续蓬勃发展，并连接全球越来越多的设备。新品牌将不限于手机，而是定位于移动互联网设备及相关产品。为进一步凸显伟创力在这些生态系统的价值。在微软和谷歌确定以软件业务为重点之后，伟创力采取重大措施来建立硬件业务以及全球供应链能力，这些举措无疑将会把伟创力打造成为这些生态系统未来的重要合作伙伴。

二、本地物流企业和国际制造企业的合作

新加坡吸引大批的国际制造企业，为新加坡的本土物流企业提供了新的发展机会，使本地物流企业有机会参与到国际供应链的运作中。在和国际制造企业的合作中，本地物流企业不仅学到了国际先进物流供应链管理理念，模式和运作，而且还和这些国际制造企业一起走向国外，成为国际物流供应链服务公司。其中，叶水福集团和摩托罗拉合作是本地物流企业和国际制造企业的合作的典范。

1998 年，叶水福和新加坡摩托罗拉公司结缘。起初，摩托罗拉公司只是把一部分供应商的库存管理业务交给叶水福。但随着彼此的了解，摩托罗拉把全部供应商库存管理服务都交给了叶水福，最后，叶水福成为了摩托罗拉在亚太区库存管理最大合作企业。

叶水福在亚太区的大规模发展与摩托罗拉不无关系，业内将之称为“跟进式”模式，即随着摩托罗拉在整个亚太区的发展，叶水福不断地跟进。跟进式发展的好处在于摩托罗拉已经对叶水福有了基于了解的信任，而叶水福也更加熟悉了摩托罗拉的供应链操作模式，因此，在整个运作过程中都是比较有效率的，效率高成本自然就低，同时也意味着产品竞争力的提高。

21 世纪初，根据美国摩托罗拉公司全球运营安排，摩托罗拉（中国）电子有限公司将承接原新加坡工厂出口至欧美的大量手机订单。并把新加坡工厂中八条生产线转移至天津工厂，用于增资扩产。为了支持摩托罗拉制造基地大转移策略，叶水福也跟随摩托罗拉公司进

入中国。2004 年 4 月 23 日，叶水福集团正式落户天津，在天津保税区成立一个占地 3.3 ha 的全新叶水福物流园。这个投资额达 1500 万新加坡币的叶水福物流园设有一个亚洲物料中心，它管理着 300 多个供应商以支持摩托罗拉在中国及全球其他地区的生产厂。

摩托罗拉的主要目标是通过仓库整合降低库存水平。在两个月内，叶水福集团将其六个仓库整合成一个库存枢纽，通过有效的供应链管理，以及采用由叶水福集团开发、获奖无数、基于网络的制造物流解决方案，叶水福集团的库存管理效率提高了 50%。摩托罗拉企业副总裁兼全球供应链运营总监 E. L Tay 表示："在叶水福集团供应商关系管理团队的协助下，摩托罗拉采购部在一年内把其天津工厂 80% 的供应商加入到供应商管理库存计划中，因此大幅度提高摩托罗拉和其供应商的生产力，同时大大降低了它们的运营成本。"

叶水福集团首席执行官兼董事总经理表示："我们独一无二的优势不仅体现在创新的端到端的供应链管理解决方案和系统的供应及执行上，还表现在任何环境、任何地区为跨国公司提供服务，这提高了物流和供应链管理的水平，此外，更使得天津等运营地点的供应链管理能力大幅度提升，成为北亚地区首屈一指的供应链管理中心。"

三、本地物流企业和国际物流企业的合作

许多本地物流企业，特别是本地中小型物流企业，选择和跨国物流企业合作。一方面，通过与跨国企业的合作，本地物流企业间接获得跨国制造企业的业务和相对保证的货量，并参与到跨国企业的全球供应链中；另一方面，跨国物流企业一般都有一套严格的供应商评估和管理的方法和要求，通过与跨国物流企业的合作，本地物流企业可以学习先进的物流供应链模式和经验，极大提升本地企业自身的物流服务的能力。以下是国际物流企业联合包裹服务公司在新加坡与本地物流企业的合作案例。

联合包裹服务公司是世界最大的快递公司，同时也是世界领先的物流供应链管理公司，特别是在售后服务供应链管理方面，联合包裹服务公司是世界上顶尖的备件物流供应链服务商。仅在新加坡，联合包裹服务公司为超过 20 家跨国企业提供新加坡本地备件物流服务，并作为亚太区的区域配送中心，为几家制造企业提供整个区域的备件物流服务。

产品售后供应链管理是企业整个供应链管理中最具挑战性的一个领域。一方面，售后供应链十分复杂，它不仅涉及正向的备件物流管理，而且涉及反向物流管理，包括保修期管理、返修确认、坏件退回、返修、报废以及价值回收等环节。另一方面，备件物流管理的备件数量多、流量小，而时效性要求高，一般需要一个庞大的仓储与配送网络来满足售后供应链管理。然而在新加坡，联合包裹服务公司并没有投资建立自己的配送网络，因此，需要和一大批本地物流企业合作，整合本地物流企业的资源来提供售后供应链管理服务。例如：联合包裹服务公司利用惠达物流和诚信物流提供当天紧急配送服务，这些物流公司可以提供 2 小时、4 小时紧急配送。同时对于第二天配送需求的订单，联合包裹服务公司则利用新加坡当地的快递公司来配送，这样可以在满足客户配送时效的同时，降低配送成本。在国际配送方面，联合包裹服务公司也和本地企业合作，利用不同的物流企业提供不同的配送服务。例如：利用 JNE 来提供 NFO/OBC/AOG 紧急国际配送，利用联合包裹服务公司自己的快递公司提供第二天的快速国际配送。而对于一般补货订单，则利用一般的普货货代公司完成配

送。而把坏件维修外包给另外两家维修公司。由此可见，在产品售后供应链管理方面，联合包裹服务公司已形成一个由联合包裹服务公司牵头，许多本地物流企业组成的物流生态系统。联合包裹服务公司注重客户的获取，一旦获取新的客户，然后把物流需求进行分解，再外包给一个庞大的本地物流供应商网络，这些本地物流商提供专门的物流服务，而联合包裹服务公司负责总体供应链的管理和协调。

第四章　新加坡海空港物流与供应链管理

第一节　新加坡海港及供应链发展

一、新加坡海港

新加坡港位于新加坡岛南部沿海，西临马六甲海峡的东南侧，南临新加坡海峡的北侧，是世界最大的转运港，也是世界第二大港（见表 6-4-1）。2012 年，新加坡港集装箱吞吐量达 3165 万标箱，年增长 5.7%。该港是太平洋及印度洋之间的航运要道，战略地位十分重要。新加坡港属于海峡港、自由港、基本港。它自 13 世纪开始便是国际贸易港口，目前已发展成为国际最著名的转口港和世界上最繁忙的港口之一，共有 250 多条航线来往于世界各地，约有 80 个国家和地区的 130 多家船公司的各种船舶日夜进出该港。新加坡港由新加坡国际港务集团有限公司（简称 PSA，是世界第二大港口经营管理公司）管理。近年，新加坡海事业稳健发展，来自世界的海事公司相继落户，约有 5000 多家公司提供各类海事服务，2011 年被国际海事理事会遴选为第三个国际海事仲裁中心。

表 6-4-1　2012 年世界前十大集装箱港口

排　名	港　口	所在国家	2012 年集装箱吞吐量/百万 TEUs	2011 年集装箱吞吐量/百万 TEUs
1	上海	中国	32.53	31.74
2	新加坡	新加坡	31.65	29.94
3	香港	中国	23.10	24.38
4	深圳	中国	22.94	22.57
5	釜山	韩国	17.04	16.18
6	宁波	中国	16.83	14.72
7	广州	中国	14.74	14.42
8	青岛	中国	14.50	13.02
9	迪拜 Jebei Ali	阿联酋	13.30	13.00
10	天津	中国	12.30	11.59

新加坡工业以电子、炼油及船舶修造为主，高科技产业发展迅速，是世界上计算机磁盘和集成电路的主要生产国，也是世界三大炼油中心之一和世界三大岸外工程中心之一。工业除三大支柱部门外，近年大力发展生物科技和医药制造业，食品、交通设备、建筑等也较发达。新加坡是欧、亚及大洋洲的航空中心。旅游业也是主要外汇来源之一。新加坡自然资源缺乏，粮食的全部和蔬菜的半数均依靠进口。

（一）港口条件

新加坡港自然条件优越，水域宽敞，少风暴，水深适宜，吃水在 13 m 左右的船舶可顺利进港靠泊，港口设备先进完善，并采用计算机化的情报系统，同时谋求用户手续的简化和方便。装卸设备有各种岸吊、门吊、集袋箱吊、汽车吊、铲车、叉车、卸货机、吸扬机、牵引车、拖船及滚装设施等，其浮吊最大起重能力达 203 t，拖船功率最大为 1400 kW，还有直径为 150～600 mm 的输油管供装卸石油使用。另有海上泊位多个，最大可泊 35 万载重吨的超级油船，丹戎巴葛码头为集装箱专用码头，有九个干线泊位和三个支线泊位，其中有六个泊位，可靠六艘"第三代"集装箱船舶同时作业，集装箱堆场可存放 3.1 万 TEU，有最新式的用于堆垛集装箱的橡胶轮胎式装卸机。

装卸机最大起重能力达 40 t，跨距 22.7 m，提升高度 19 m，轴距 8 m，运行速度在提升时为 17 m/min，在横移时为 70m/min，在行走时为 134 m/min，最高能堆垛七层（普通装卸机只能堆垛五层），并能自动将吊钩放到集装箱上方所需的位置。另外，在两个大门口还没有 16 个车道的电子地磅。裕廊码头的周围是新加坡最大的裕廊工业区，它对该码头干、液、散货的出入起了一定作用，该码头有九个深水泊位，最大可停靠 30 万载重吨的船舶，有仓库 8.5 万 m^2，堆场 23.4 万 m^2，谷仓容量达 4.8 万 t。有链带式干散货卸货机，可直接把货物运往仓库，散货的装卸能力每天达 1.4 万 t。该港炼油厂的贮藏容量达 80 万 m^3，精炼能力为每天 120 万桶（约 16 万 t），居世界第三位，仅次于鹿特丹和休斯敦。新加坡港早在 1891 年就开始转口贸易，自由贸易区分布在港区内，面积达 4.05 km^2，码头岸线长这 4.83 km。过境货物仓库超过 12 万 m^2，露天堆场约 8.4 万 m^2。

（二）管理机构

新加坡负责全国交通的机构是交通部，下属管理新加坡民航局、新加坡海事与港务管理局、陆路交通管理局等。

新加坡海事与港务管理局的前身为新加坡港务局。1996 年以前新加坡港务局实行政企合一。原港务局行使港口运作管理职能。1996 年 1 月新加坡实行政企分离体制改革，将原港务局的行政管理部门和人员与交通部海事局及海事委员会合并，组成新加坡海事与港务局（MPA），负责新加坡海事利益以及承担将新加坡建成世界级海港和国际海事中心的责任。而原港务局的生产与经营部门则改组成为新加坡港务集团有限公司（PSA），负责港口的经营与管理。改制后的港务局实行股份制和私有化。由于实行民营化，效率进一步提升，管理更有弹性，因此短短两年，就将港口经营与管理经验延伸到海外十多个港口城市。目前与中国、印度、印尼、越南、意大利、比利时等国家的港口均有合作和投资关系，真正达到了国际化经营的目标。

（三）最佳海港

在 2013 年 5 月举行的"第 27 届亚洲货运业及供应链奖"颁奖典礼上，新加坡海港连续第 25 次荣膺"亚洲最佳海港"的称号。与此同时，新加坡港务集团国际连续第八年被评为"全球最佳集装箱码头经营者"，而港务集团新加坡码头则第 24 次获得"亚洲最佳集装箱码头经营者"（每年 400 万以上标准集装箱）的称号。2012 新加坡国际港务集团净利上扬

10.7%至12.57亿新元(约10.13亿美元),新加坡国际港务集团在全球集装箱码头的吞吐量增长5.2%至6006万标箱。新加坡海事及港务管理局局长蓝一洋表示,新加坡海港局将继续和行业密切合作,力争把新加坡打造成亚洲首选的港口、全球枢纽港以及国际海事中心。

二、新加坡海港与供应链发展

(一)港口供应链及物流服务

新加坡港口与物流和供应链相关服务和设施包括集装箱中转服务、港口运营、运输商、集装箱接驳服务、特种项目货物处理、化学及液态货物仓储服务、快递服务、装卸承包服务、冷藏货物存储服务、货物代理服务、供应链服务、无船承运人服务、通用货物仓储服务等。

港口提供综合的多种供应链和物流服务,对提升港口的集成和连接能力及配套的供应链服务非常重要。新加坡港口能够提供多种的物流和供应链服务,尤其是针对不同客户类型的供应链及物流服务,这是该港口区别于区域其他港口的特点和优势。

(二)港口功能及港口经济

1. 中转服务

新加坡港与世界上123个国家和地区的600多个港口建立了业务联系,每周有430艘班轮发往世界各地,为客户提供多种航线选择。有如此高密度、全方位的班轮航线作保证,需要中转的集装箱到了新加坡很快就会转到下一个航班运往目的地。新加坡港的大部分集装箱在港堆存时间为3～5天,其中20%的堆存时间仅为一天。新加坡作为国际集装箱的中转中心,极大地提高了全球集装箱运输系统的整体效能,成为国际航运网络中不可或缺的重要一环,是新加坡国际航运中心的最大特色。

2. 综合功能

除了海运及中转等,新加坡还在空运、炼油、船舶修造等方面具备产业优势,同时又是重要的国际金融和贸易中心。利用这些条件,围绕集装箱国际中转,衍生出了许多附加功能和业务,丰富和提高了新加坡作为现代国际航运中心的综合服务功能。如国际集装箱管理和租赁中心:发达的集装箱国际中转业务,吸引了许多船公司把新加坡作为集装箱管理和调配基地,形成了一个国际性的集装箱管理与租赁服务市场。

另外一个综合功能是空港联运-新加坡海港与新加坡空港合作开展的一项增值业务。通过海运和空运的配合与衔接,满足用户的供应链在时间和成本等方面的特殊需求。空港联运本身并没有给新加坡带来可观的箱量和收入,但它确实满足了客户的应急之需,极大地提升了客户对新加坡港的信任度和新加坡作为国际航运中心的知名度,在广泛和长远意义上为新加坡港带来了丰厚的回报。

3. 修造船中心

新加坡港拥有一个40万t级的巨型旱船坞和两个30万t级的旱船坞,能够同时修理的船舶总吨位超过200万t,是亚洲最大的修船基地之一。在为船舶提供维修服务的同时,新加坡港还提供国际船舶换装与修造一体化的服务。需要检修的船舶往往满载货物从其他港口驶往新加坡，将货物在新加坡港换到其他船舶后，就近在新加坡进行维修，节省了成本，方便了船主，也为新加坡的修船业带来了更多生意。

4. 国际船舶燃料供应中心

新加坡是世界第三大炼油中心，世界排名前列的Shell、Exon Mobil、BP等石油公司均把新加坡作为石油提炼和仓储基地。产业的规模效应使得船用成品油的价格相对较低，加上位于国际航线的要冲，新加坡已发展成为国际船舶燃料供应中心，往返欧亚航线的船舶大部分只选择在新加坡或鹿特丹两地加油。

5. 国际物流和供应链管理中心

新加坡充分发挥港口的综合区位优势，利用海港的天然水深、便利的交通优势，同时利用其作为物资集散中心各项生产要素集中的优越条件发展临港工业。例如：为满足第三代物流发展和顾客的需要，新加坡港已在裕廊码头建立了物流中心，培育港口物流链，港口与加工业联合发展。港口园区建设与吸引外资相结合，将一些临港土地和泊位提供给跨国公司作为专用中转基地使用，鼓励大跨国企业在港区建设物流中心、配送中心等。这样，港口物流为临港工业提供专业、高效的物流服务，提升加工工业水平，进而又促进港口经营效益的提高。

（三）港口及物流发展竞争

新加坡港面对区域港口的激烈竞争。来自马来西亚的港口竞争是新加坡港面临的最直接竞争。马来西亚与新加坡展开竞争的态势已经明朗，特别是在港口方面。马来西亚政府拨出约6.3亿美元专款，计划加速港口建设和提高服务能力，将竞争的矛头直指新加坡。

世界航运市场不景气，船务公司靠的是薄利多销，尽量控制成本。新加坡港虽然是世界上最有效率、管理最好的码头，服务收费也比较高。在经济不好的年头，这对船务公司是很大的费用负担。位于马来西亚南部的丹绒港（Tanjung-Pelepas）建于1999年，与新加坡港的距离只有40 min车程。与新加坡港相比，丹绒港不论硬件还是软件都与新加坡港相去甚远。然而，丹绒港依靠价格等方面的优势，给新加坡港带来不少的竞争压力。

2001年，全球最大的海运公司——丹麦马士基海事公司（APM-Maersk）在结束与新加坡港务集团的合约后，将东南亚的转运中心转移至丹绒港，马士基每年180万标准集装箱的货物改由丹绒港转运，新加坡港失去11%的货运量。丹绒港主要靠低价竞争挖走马士基。丹绒港提出的码头收费只有新加坡港的一半，另外还将丹绒港30%股份转让给马士基，允许其参与码头的经营管理。2002年，全球第二大海运公司——台湾长荣集团已经同马来西亚签订长期合作协议，将其货物中转码头由新加坡转到马来西亚柔佛州的丹绒港。新加坡在这场争夺战中开始以为胜券在握，而长荣却突然改换门庭，与丹绒港签署合作协议。马方同意给予长荣最优惠的服务价格，收费还不到新加坡港务集团的一半。另外，马来西亚还转让给长荣10%～20%的码头股份，并给予长荣集团下属的航空公司和酒店在马来西亚的种种优惠。

新加坡港失去两个大客户，损失了约1/6的集装箱货运量，严重威胁到新加坡港作为该地区内首要中转码头的地位。由于新马两地差价太大，其他船运公司也向新加坡港务集团提出降低收费的要求。在这场新马港口之争中，马来西亚虽然抢占了市场，却面临着“消化不良”的难题。丹绒港泊位有限，效率比新加坡港明显低。马士基在脱离新加坡港四个月后，又回过头同新加坡港务集团签署了一项长期服务合同。在新的协议下，新加坡港务集团将为停靠在新加坡码头的马士基货船继续提供“量身定制服务”。面对马来西亚港口的竞争，如果打价格战，新加坡港无胜算，为客户提供高效和增值服务才是新加坡的竞争优势。新加坡港拥有优质的服务、完善的港口设施、遍布全球的航线网络中转及运营效率极高，包括比较完善的物流和供应链管理优势，这才是它在竞争中取胜的原因。

第二节　新加坡空港与新加坡供应链发展

一、新加坡空港

（一）空港基本情况

新加坡樟宜国际机场位于新加坡樟宜，占地 13 km^2，距离市区 17.2 km，是世界第六大繁忙机场，也是亚洲最重要的空港之一。目前为 100 多个航空公司连接 250 个城市和 60 多个国家的航线提供服务，每周超过 6200 个定期航班。2012 年新加坡机场过境旅客人数为 5120 万人（相当于新加坡人口的 10 倍）。

樟宜机场提供连接到亚洲的最广泛的通航网络。7 小时的飞行时间，可以覆盖亚太地区的主要市场，其区域货运航空公司可连接到新兴东南亚市场的主要城市并提供联运机会。机场内有 350 个各类零售和服务点，以及 120 个餐饮店，商务营业面积约为 7 万 m^2。所以，樟宜机场也是旅客及新加坡居民的购物和餐饮的好处去。樟宜机场为新加坡制造了超过 13 000个就业机会。

自樟宜机场一号航站楼于 1981 年 1 月启用，它已经走过了 30 多年的路。樟宜机场以前由新加坡民航局运营，是新加坡航空、新加坡航空货运、捷达航空货运、虎航、胜安航空、捷星亚洲航空等航空公司的主要运营基地。自 2009 年 7 月 1 日，樟宜机场由樟宜机场集团实行企业化管理。樟宜机场集团此前为新加坡民航管理局的一部分，在过去的 30 多年中，已经将樟宜机场建成为全球获得最多的“最佳机场”奖项的著名国际机场。在樟宜机场一号航站楼运营七年后，樟宜机场于 1988 年被《商务旅行者》评为全球最佳机场；两年后，二号航站楼投入运营。三号航站楼也于 2008 年投入运营，包括给商务旅客提供豪华的终站服务。

为了吸引更多航空公司使用樟宜机场，该机场在 2003 年建立空运发展基金，并在 2006 年和 2007 年分别投入 2 亿 1000 万及 3 亿新元以更新机场设施。

樟宜机场以其优质服务享誉航空界，在 1987—2011 年间共赢取超过 360 个奖项 ，其中在 2009 年赢得 27 个最佳奖项。樟宜机场亦会定期维护其客运大楼，以提供更好的服务。

（二）新加坡空港发展历史

新加坡巴耶利峇国际机场于 1955 年开幕，是继实里达机场和加冷机场后的第三个国际机场。国际民航业的迅速发展使巴耶利峇国际机场不胜负荷。该机场只有一条跑道和一个小型的搭客大楼，到 20 世纪 70 年代，已经明显无法承受高速增长的搭客容量。到 1970 年，空运旅客大幅增加到170万人次，到了1975年，更激增到400万人次。当时有两个选择：扩建巴耶利峇机场或在别处建一个新机场。考虑到峇耶礼巴机场的位置在市区，而且四面都是陆地的因素，新加坡政府1975年决定在新加坡最东端的樟宜兴建新的飞机场。决定在樟宜兴建新机场的考量有二：一是樟宜本身靠海，以后的机场的扩建可以通过填海来增加土地范围；二是飞机在起飞的时候马上就会飞到海上，这就解决了巴耶利峇地区附近噪声对居民的影响。

新加坡政府为了建造新机场，在樟宜一带展开了一项非常庞大的填海工程。1200万 m^3 的泥土填满了约2 km^2 的沼泽地、另外4000万 m^3 的砂石则铺平了樟宜周围的海面。这项工程为新机场添增了非常大的建筑空间。据报道，樟宜机场的总面积有一半坐落在填海地段。

樟宜机场第一阶段的建筑工程包括第一搭客大厦、飞机跑道、45个飞机停泊处。所有相关的支援设施如飞机维修站、消防局、事务处、货运中心、两座货机运营商大厦、航空食品配送中心以及一个高约80 m的中央控制塔也在第一阶段落成。第一旅客大厦于1981年7月19日投入服务，在营业的第一年就有810万人次的乘客抵境。近20万t的空运货物及63 000班次的客机也经由樟宜机场的第一搭客大厦到世界各地。

樟宜机场第二阶段的建筑工程在第一阶段工程竣工后立即展开。在第二阶段落成的设施包括第二搭客大厦、23个飞机停泊处、第二所消防局、第三座货机运营商大厦。

二、新加坡空港货运与供应链发展

自1981年，樟宜机场逐步成为一个世界领先的货运航空枢纽，也是世界最繁忙的货运机场之一。目前每年处理180万t以上的航空货物，其中约一半为转运货物。樟宜机场以高水平的服务质量和效率著称，它持续为航空货运新服务和运作效率设立新的专业水准以满足不断变化的客运服务需求。樟宜机场为世界100多家航空公司提供250个城市的货运航线服务。这些航线连接60多个国家。其中15家航空公司每周运作300班次纯货运航班。

新加坡空港发展世界级的航空货运枢纽服务的主要目的是为跨国公司选址新加坡作为其区域供应链管理中心提供重要的理由。

（一）新加坡空港货运物流主要设施特点

新加坡樟宜机场货运与新加坡海港和陆路运输体系共同构建海陆空全方位的供应链服务体系。为跨国公司及本地企业提供完善的物流和供应链相关服务和畅通的多式联运物流平台让企业在货运成本和时间效率之间取得平衡。新加坡空港大约20 min的车程便可到达海港。新加坡空港是东盟区域空运枢纽，与区域国家的主要机场都实现了便利的连接。并通过东南亚主要城市的货运网络，连接到中国、日本和韩国市场。

新加坡航空货物枢纽与供应链及物流服务相关设施及参数包括：(1)樟宜机场货运主要设施：樟宜空运中心和新加坡机场物流园；(2)超过70 ha的自由贸易区；(3)机场每年可处理300万t货物；(4)占地100 000 m^2 的货物空运办公楼和货舱；(5)两个主要机场跑道，每个长4 km；(6)12个专用货机停靠处，可容纳A380和B747-8货机；(7)没有夜间飞行限制；(8)24小时全天候运作的高效率海关操作。

（二）樟宜机场航空货运中心及服务

樟宜机场航空货运集中在机场的航空货运中心。这是一个 24 h 运作的免税区。在这里转运货物可以拆包和重新包装。在这个 19 ha 的设施里，有九个航空货运终站(AFT)，包括两个专业的快运中心——用于处理加急和有严格时间要求的货物。航空货运中心拥有 12.5 万 m^2 的办公室和仓储空间，以及 12 个可以停靠大型货运飞机的停泊区。空港货运中心提供高效的货物装卸和货物通关。空港货运中心实行严格的安全保护，进入货运中心由机场通行系统控制。

樟宜机场航空货运在业内以高水准的服务和效率著称。这有赖于相关的货运代理、地面处理服务公司、集成服务公司和物流公司的合作。目前樟宜机场的九个货运终站的地面服务由两个地面服务公司负责——新加坡机场终站服务公司(SATS)和樟宜机场航空服务公司 (CIAS)。它们提供快速和高效的地面服务。

樟宜机场通过优质的服务确立在竞争日益激烈的航空货运市场的地位。通过采用新技术和积极主动的措施，樟宜机场持续维持它的区域关键货运枢纽地位。2008—2013 年樟宜机场航空货物处理量如图 6-4-1 所示。

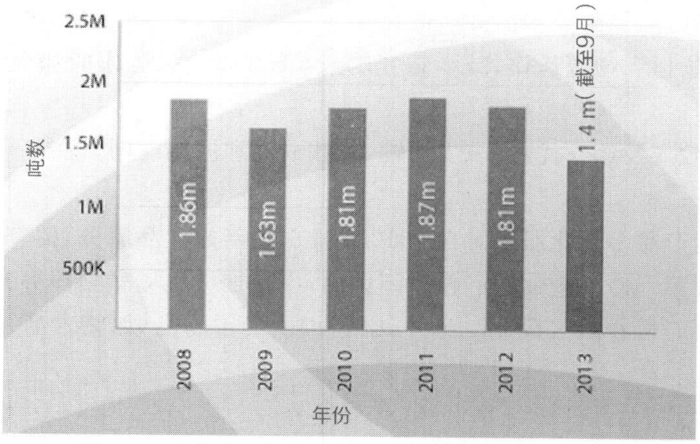

图 6-4-1　樟宜机场 2008—2013 年航空货物处理量

樟宜机场是区域领先的航空货运机场。自 1981 年机场运作以来，樟宜机场在满足客户服务需求方面，持续设定航空货运新的运作效率指标。樟宜机场在货物处理、货物相关文件处理和货物通关等方面设定了严格的服务标准(见表 6-4-2)，以保证地面服务公司、货运代理公司和物流公司能提供世界级的服务，保证无缝和高效的货物通关及物流和供应链服务。

表 6-4-2　樟宜机场航空货物处理指标

性能指标	目标参数
在旅客飞机到达 2 h 内，具备所有货运文件	90%
在货运飞机到达 4 h 内，具备所有货运文件	90%
在旅客飞机到达 3.5 h 内，清理和准备好所有货物	90%
在货运飞机到达 5.5 h 内，清理和准备好所有货物	90%
货物在 13 min 内实现通关	90%

（三）新加坡机场物流园区（SLPS）及服务

新加坡机场物流园区是全天候高效运作的空港物流园区，为企业用户不同类型的产品提供多种类型的供应链和物流服务。新加坡机场物流园区占地 26 ha，在机场的保税区为第三方物流商和跨国制造商提供完善的设施来建设区域总部和物流配送中心。

设立机场物流园区的战略意图是进一步加强新加坡作为航空物流枢纽和亚太地区供应链管理中心地位这一主要战略的一部分。

1. 主要的特点

(1)全天候运作的高效率海关操作；

(2)值得信赖的物流配送中心；

(3)直接进入航空货运中心；

(4)货舱面积达 230 000 m^2；

(5)能为客户减少双重代理和降低周转时间。

2. 主要竞争优势

(1)园区内货物停付商品和服务税，帮助企业舒缓现金流；

(2)节省同海关清关的开支，包括节省成本和节约时间及人力；

(3)减少行政管理，获得更多的灵活性；

(4)整合航空货运和物流运作，减少重复功能，通过商业和运作的综合效应提高供应链的效率和反应能力；

(5)商业综合效应及运作优势：减少运输、税收成本和周转时间，改善服务水平和成本竞争力。

园区提供货运产品多元化服务。在 2010 年推出创新的产品服务，樟宜满足利基市场的特殊需求。新加坡第一冷冻仓储中心位于园区内，由新加坡机场航站服务有限公司经营；机场易腐货物处理中心也在园区设立。另外，园区提供贵重物品，如艺术品、文物等贵重物品的自由港服务。

3. 主要客户

目前许多世界顶尖的第三方物流商中在新加坡机场物流园区设立分公司或区域总部，其中包括敦豪速递、联合包裹、SDV 国际物流、康捷国际物流、德迅货运、辛克物流、万络国际物流、日通国际物流等。

新加坡机场物流园区目前已形成国际领先物流服务公司和供应链服务商的聚集。园区鼓励建立和加强供应链合作伙伴关系。其目的是通过物流和供应链服务的集聚和协作，在园区与客户之间及客户企业之间建立良好的伙伴关系，实现优势互补和资源的充分利用，因此，支持供应链服务商和企业供应链找寻新发展机会，并增强竞争力，达到为全球客户提供优质服务的目标。

目前园区主要有以下汽车配送中心客户：

(1)DaimlerChrysler 区域物流枢纽。在园区建有面积 3.7 万 m^2 的区域物流中心，为亚太地区 22 个国家配送超过 50 亿元的零部件。每年业务量达到 30 亿件，是戴姆勒克莱斯特集团全球三个网络中心之一。

(2)大众霸级配送中心。大众汽车在新加坡机场物流园区的配送中心是其海外的第一个霸级配送中心。用于整合美国、欧洲和亚洲各国的货物运输,协调亚太地区货运。

(3)Volvo 区域配送中心。该配送中心,占地 1.6 万 m^2,是沃尔沃在亚洲最大的物流设施,包括维修和培训业务功能。

(4)Yamaha 亚太零部件控制中心。该零部件控制中心面积为 0.6 万 m^2,是 Yamaha 的区域物流枢纽,为全球六个枢纽之一,业务覆盖亚太和中东地区。

(5)丰田区域配送中心。新加坡在革新多用途汽车项目中扮演着关键的物流角色;新加坡区域配送中心管理着从东盟、南非和阿根廷的工厂到东南亚和其他地方的物流流程。进驻的主要物流公司包括 Exel、BAXGlobal、SDV、Yusen、UPS 等。

(6)Bax Global 亚太总部。Bax Global 亚太总部位于新加坡物流园区,该总部拥有 3.7 万 m^2 的综合物流设施。该总部提供的服务包括供应链咨询、供应商管理枢纽、数据中心。该总部特别专注于宇航、电子、保健、相关的物流产业。将总部设立在新加坡机场物流园区的目的在于,将航空货运同物流活动整合在一个枢纽,又在保税区内,还紧靠机场,这便于为客户提供一系列的增值服务,并更进一步改善周转时间。

(7)UPS 新加坡亚洲物流枢纽。该物流枢纽于 2006 年 7 月在新加坡机场物流园区建成。总面积为 3.9 万 m^2,是 UPS 东南亚的关键物流运作中心之一。该设施提供特别服务,如成套配送、关键零部件配送,以及关键配件网络管理等。

第三节　新加坡自由港及供应链管理

一、新加坡自由贸易港

设立自由贸易港是促进国家经济发展、争取区域及国际贸易和物流中心地位的重要举措。自由港一般指包括港口及其周边区域。货物进出自由港无须缴税,而且货物的装卸、储存、改装/分装、装配、加工或转运到其他国家,都不受海关的限制,可免除多种繁杂的行政手续。自由贸易区一般指某个特定区域,在此区域内,货物可自由进出、储存、展览、拆装/改装、加标签、加工、转运等,当地政府不收关税,也无须缴纳保证金等。只有当货物离开自由贸易区运至该国其他课税区使用和消费时,才征收关税和采取进口管制措施。

新加坡总体上是一个大的自由贸易港,除汽车、石油产品、烟酒等外,对其他商品不征收关税。公司所得税税率为 20%,来自岸外公司的红利收入免征所得税。新加坡也是世界金融及贸易中心,外币可在新加坡自由兑换及进出。商品及服务税(即消费税)税率为 7%。在新加坡境内设有若干对所有商品都免税的自由贸易区。

新加坡于 1969 年通过自由贸易区法案,作为实施自由贸易区的法源。新加坡自由贸易区的制度,采用境内关外法,视发展需要,在政府公报中宣布可成为自由贸易区的地区。

(一) 自由贸易定位与政策

作为世界贸易中心之一,新加坡同世界许多国家和地区签订了自由贸易协定,包括美国、日本、加拿大、东盟、中东等国家和地区。实行自由港政策是分享全球自由贸易权利、提升国际竞争力的有效手段。

新加坡的自由港和自由贸易区定位在转口贸易上。一切货物的进出安排和流程都以客户需求为导向(除烟酒等个别商品外),并且不断更新本身硬件设施和采用高科技,以掌控货物流向与时间,使货物流通达到快速便利的目的,充分满足客户期待。

新加坡实行的自由港政策,具体体现是实行自由通航、自由贸易,允许境外货物、资金自由进出,对大部分货物免征关税,等等。实行自由港政策极大地方便了货物的流通,节省了贸易成本,带动了集装箱国际中转业务的发展,提升了新加坡的国际竞争力,使新加坡在国际航运、贸易和金融业务中发挥着举足轻重的作用。

(二)新加坡自由贸易法

新加坡的自由贸易区 114 法案(Chapter 114)是新加坡自由贸易港发展的法律基础。根据该法案,自由贸易区指新加坡政府指定的可以进行自由贸易的在新加坡领土范围的任何区域。新加坡可以指定政府部门或公司负责自由贸易区的操作和管理。根据该法案应课税货物指从境外或免税区进入课税区需要偿付进口税的货物。新加坡交通部长可基于自由贸易法案划设自由贸易区。

二、新加坡自由贸易区发展

新加坡境内目前设有七个自由贸易区,其中海港自由贸易区六个,空港自由贸易区一个。这七个自由贸易区根据新加坡自由贸易区法设立,以实现进出口贸易、货物的重新分类包装、制造和物流运作的便利化为目标。在自由贸易区,对所有货物,暂免关税、课征消费税和货物税。自由贸易区提供 24 小时通关服务。在人员出入方面采取宽松政策,包括落地签证。支持自由贸易区信息平台为贸易网。

作为重要的转口贸易国家,新加坡的自由贸易区并不是提供税务优惠以吸引外资进行加工制造的生产基地,而只是提供一个免税区,便于商家把货物存放在区内,以便重新分类、包装、鉴别和展示,然后再出口。或者是等待有利的销售时机,把货物运转入新加坡的关税区,经办理关税缴纳手续后再投入市场。如果要从事除简易加工外的制造,则须将其进口的原料移运至自由贸易区外的物流分销园区或工业区内进行,新加坡还有 70 余座保税仓库,以增强自由贸易区功能。

七个自由贸易区的主管单位分别为新加坡国际港务集团、新加坡民航局及裕廊镇管理公司。除樟宜机场的自由贸易区由新加坡民航局掌管及裕廊港自由贸易区由裕廊镇管理公司管理外,其余自由贸易区均由新加坡国际港务集团掌管经营。新加坡自由贸易区为散货进出口提供 72 小时免费储存服务。货物可以在同一自由贸易区内自由转运,但是,如果要从一个自由贸易区运到另外一个自由贸易区,则需要在海关的监管控制下进行。在所划设的自由贸易区内容均以围墙与周边分隔,进出自由贸易区均有海关检查站加以管控。

(一)新加坡海港自由贸易区

新加坡的自由贸易区都提供集中的物流服务,有 Pasir Panjang、Sembawang Wharves 和 Keppel Distripark 三个主要的物流中心。Keppel Distripark 提供拆拼箱、仓储、运输以及货物取样、测量、贴牌、包装等服务，是港区内最便捷的集装箱配送中心；Sembawang Wharves 为散货分拨中心；Pasir Panjang 为专业汽车转运中心。数据显示，自由贸易区内货物的卸货时间约为 4～6 h，大型快递公司（如 UPS、FedEx 等）货物从卸货到运出自由贸易区所需的时间只有大约 1 h。

各海港自由贸易区主要运营范围如下：

(1)Keppel 码头区：主要从事集装箱及散装货物的装卸和转运。

(2)Pasir Pajang 码头区：初期从事散装货物的装卸和转运，近年已成为新加坡最大的集装箱货物处理区。

(3)Tanjong Pagar 码头区：主要作为集装箱及散装货物之转运和装卸。

(4)裕廊港区：集装箱及散装货物转运和装卸。

(5)Sembawang 码头区：主要从事进出口货物，多属低价值但大量的货物（如木材），也从事集装箱货物的装卸和转运。

(6)Telok Ayer 码头区：主要从事驳船货物的装卸、处理和转运。

（二）新加坡空港自由贸易区

新加坡空港自由贸易区经营航空货物的进出和装卸，包括亚洲第一个世界级的珍贵物品和艺术品收藏中心，设有顶级保安措施。这个全球最大的免税储物设施启用位于樟宜机场旁的免税区，供非新加坡籍租户存放贵重物品。

（三）新加坡关务系统

自 1989 年起，新加坡政府发展一套电子资料传输的关务系统——贸易网系统（TradeNet）。该系统提供政府机构及民间使用者以电子资讯方式输入和传输进出口贸易及货物运输相关资料。除每周日上午四点到八点外，TradeNet 提供 24 小时服务。目前该系统由 CrimsonLogic 公司（其前身为新加坡网络服务公司）负责经营管理。

TradeNet 系统能有效整合进口、出口及转运货物的文件处理流程，除能节省进出口贸易及货物运输相关的文件准备、呈报和处理所需的时间和成本外，也能加快货物通关效率。另外，使用者可通过网络向相关政府机构申请货物进口、出口及转运相关许可证，政府也可将相关许可证回传给申请者。

三、自由贸易区的经营与管理

（一）自由贸易区的主要活动与功能

1. 货物进口功能

货物从自由贸易区或保税区转运至新加坡其他地区为进口。贸易商在新加坡从事货物进口业务（包括管制和非管制货物），于货物进口前，贸易商要输入电子文件，通过 TradeNet 直接传到新加坡国际企业局。该系统 24 小时受理，并自动将文件依性质进行分类并送至相关政府单位，取得海关进口许可证。贸易商在货物进口通关前，需将海关核发的进口许可证打印出来，供货物进口通关时使用。贸易商进口货物时需为一般货物缴纳 7%的消费税，若为应税货物，则需一并缴纳另外的关税。

若进口样品价值没超过 400 美元者,则免征关税和消费税。进口样品呈报发票及提货单即可,无预取得海关许可。

2. 货物出口

依据新加坡关税法规定,货物自国内课税去转移至自由贸易区或保税区为出口。原则上,货物自新加坡境内出口前,出口贸易商应先准备必要的出口文件,通过 TradeNet 系统向海关进出口业务办公室申报货物出口。

3. 货物存储功能

除烟酒和禁止进口类货物,均可免税存储于自由贸易区。为促进贸易,海关允许以托运方式进口烟酒类货物转运或进入特许仓库前,暂存与自由贸易区,暂存期为 30 天。

集装箱免费储存期限:进口集装箱:载货集装箱 72 h,空箱 48 h,超大件 48 h,冷冻箱 72 h。时间从卸下船舶时算起。出口集装箱:载货集装箱 72 h,空箱 48 h,超大件 48 h,冷冻箱 72 h。时间从收到集装箱时算起。转运或再出口集装箱:无论载货或空箱,从第一艘船卸货完成至转运到第二艘船停靠码头这段时间内都有 168 h 的免费存储时间。也就是,原货柜抵达自由贸易区及在货物离境的自由贸易区各得 72 h 的存储时间,再加上货柜 24 h 内转运到另一自由贸易区时间。

货物免费存储期限:自由贸易区提供设施及服务以便应税货物及管制货物在再出口或转口之前能存放于港区内。对散装货物的进出口提供 72 h 免费存储服务。对等待转口的货物最长提供 28 天的免费存储服务。

新加坡港具有世界级的货物存储和配送服务。包括吉宝物流中心(Keppel Distripark)、裕廊物流中心(Jurong Logistics Hub)等。原则上,海关人员可以随时进入自由贸易区的货物储存区进行检查。但基于信任,实际上,海关人员极少进入检查。

4. 货物重新包装贴标功能

依现行法令,进口人对其存放于自由贸易区的货物进行重新包装、修理、分拣、和测试前,需事先取得海关的许可。原则上,存储在自由贸易区之货物进行重贴标签、重新包装、应税货物之填装和拆装(Stuffing/Unstuffing)、抽样样品分类等活动的应申请许可。应将申请函传真至海关港口办事处。新加坡许多的物流公司和岛内的自由贸易区配合提供货物改装、分装和贴标等增值服务。

5. 货物转运功能

贸易商于新加坡境内从事自由贸易区货物转运及管制货物于自由贸易区内转运业务者,需于货物进入新加坡前,通过 TradeNet 系统转运许可证。新加坡公司自他国购买货物,再出售到另一国家时,不论货物是否直接由他国运送至另一国或通过新加坡的自由贸易区卸货后再出口,均免申请进口及出口许可证。唯后者需由货物承揽公司在输入输出货物单上注明"于新加坡境内转运"。

6. 再运出口货物暂存功能

货物因维修、展览等目的经过自由贸易区进口至维修厂商处或新加坡展览中心,并于三个月内重新运出口的,免征关税和消费税。若于规定期限内没有再运出口的,需缴纳关税和消费税。

7. 货物的制造和改造

按规定，在自由贸易区的制造和产品改造活动需以书面向关税局局长提出申请，并交相关部长批准。除经相关部长批准，不得于自由贸易区内从事制造活动。据此，关务局局长应将申请函连同推荐信，尽速送交部长，以取得相关部长同意相关业者于贸易区内从事制造活动的核准函。

（二）招商

在自由贸易区的招商方面，主要由新加坡经济发展局负责。在招商方面结合已进区厂商及专业律师和会计师，有计划地进行国际国内招商活动。结合专业机构和人员的目的是提供有关法律和租税问题的专业知识和解答。

（三）货物自境外输入的通报

货物进入自由贸易区的形态分为自境外、其他保税区和课税区三种。

货物自境外进入，基本上没有缴纳关税及营业税的问题。但需先向海关通报，以掌握货物流向。这主要基于国家安全考虑及避免毒品、枪支等违禁货物的输入和存放在自由贸易区。海关对货物的管制，以安全管制为主，主要不在数量和稽核管制。另外，贸易区内经营者以电子文档方式向海关提供区内货物存放资料（包括进、销、存）。货物自课税区进入自由贸易区时，视为出口，办理出口手续。自其他保税区进入，无须办理出口手续。

（四）出区管制

自由贸易区与境内课税区是分隔的。自由贸易区的进出管制由海关负责，执行货物通关查验和征税。货物出区包括三种：出境、到其他保税区、到国内课税区。当货物从自由贸易港区进入课税区，应办理通关手续和缴费。采取网上扣款，以利货物快速通关。货物从自由贸易区进入其他保税区，无须办理进口手续。当货物从自由贸易区出口到国外视为转口，免办出口相关手续。海关在自由贸易港区提供 24 h 通关服务。正常货物通过时间，海运整柜为 4 h，拼柜为 48 h，空运为 4～6 h。

四、新加坡自由港与供应链发展

自由港对供应链发展具有非常重要的作用。首先优惠的税收和服务可促进物流/供应链的蓬勃发展。其次，货物周转量的提升，不仅可增收服务费，亦可增加税收所得、增加就业机会、密切国际联系和提升知名度。另外，由于吸引跨国企业供应链延伸到自由贸易区，增加了本地的加工、制造和研发能力，因此自由港发展能为供应链发展带来新的机会。为使新加坡成为区域供应链和物流管理枢纽，除提供一流基础设施外，新加坡政府也在自由贸易软环境和政策方面提供配合。

随着国际分工的深化，世界上的自由贸易区也从单纯的转口贸易转向加工制造，同时兼营金融和服务业，以求最大限度提升商品价值和资金利用效率。新加坡的自由贸易区也顺应潮流允许外商在区内直接投资工商业务，对多数进出口商品提供免征关税的优惠以及在金融服务、人员、资金、物资的进出口方面提供适当的自由范围，使新加坡成为世界著名的自由港和供应链枢纽。

由于实行开放政策，不断改进港口及机场设施，注重人才教育和发展、提升生产力和高效服务，新加坡的国家竞争力和政府效率近年名列世界前茅。许多的著名跨国物流和制造企业纷纷入驻新加坡及其自由贸易区（如机场自由贸易区和物流园区），将其区域物流配送中心和区域供应链管理中心设置在新加坡，通过新加坡设施指挥和调度区域供应链运作。

新加坡政府早已认识到，自由港发展是综合的系统工程，包括港口、物流、海关、金融、保险、期货服务、海事法律、贸易法律、船舶注册、船舶维修服务等。另外，信息系统的开放和连接性也对发挥自由港的潜力具有重要的支持作用。新加坡正通过加强相关软硬件建设，进一步提升其自由港地理、政策和设施优势，其中很重要的内容是继续发挥和加强区域供应链管理中心的地位和作用。

另外，新加坡保持物流和供应链的竞争力，不仅持续投资于基础设施建设，而且广泛应用先进技术，使金融、贸易和航行等系统实现有效集成，使新加坡能提供高效的物流和供应链服务。例如：运用信息网络手段，建立"单一窗口"服务体制，是新加坡贸易便利化、监管高效化，具备自由港最佳国际竞争力的集中表现。

(1)为促进贸易自由化便利化，新加坡对国际贸易实行高度整合的信息统一监管系统。早在 20 世纪 90 年代，新加坡就宣布国家贸易网络开发计划，大力开发电子数据交换系统(EDI)。EDI 技术是国际贸易、结算通关、数据处理等的最佳通道。

(2)新加坡 1989 年推出的贸易网 Trade Net，是世界上第一个用于贸易文件综合处理的全国性 EDI 网络。

(3)信息通信技术的使用，确保了到港船舶的无缝衔接以及货物和集装箱装卸的调度。港口网 Port Net 连接相关政府职能部门、船舶公司或其代理行、货主集装箱中转站和卡车运输业等，使港口用户获得船只进出港信息、舱位安排、货物在港所处的状态、预订舱位、指定泊位、起重机布置、集装箱实时跟踪等信息。每天 24 小时服务，减少客户提交单据后的等待时间。一艘 3000 个标箱的货船，周转时间只有 6 小时。

五、新加坡自由港的竞争优势与借鉴

随经济全球化和贸易自由化发展，国家之间（甚至区域之间）已签署或正在协商多种形式的自由贸易协定。世界各国顺应自由贸易的发展潮流推出多种形式的自由贸易港（或区）。作为被广泛接受的世界物流和转口贸易中心，新加坡发展成为具有竞争力的自由贸易港的原因不只简单来自物流和金融，而是因为它是一个具备多方面优势的系统：

（一）地缘优势及发展历史

1819 年，英国人莱弗士在新加坡登陆，并因其地理位置优势建立了货物码头，把新加坡开辟成为一个完全自由港，外国商船自由进出海港，进出口货物免征关税，由此形成新加坡的国家经济地理雏形。在近两百年的过程中，新加坡一直是远东到印度和欧洲的海运中转站和贸易中心。

新加坡能够成为世界大港的主要原因之一是中国、日本、韩国、朝鲜甚至俄罗斯的远东地区从非洲和欧洲来的货物都要经过马六甲海峡。由于大船的运费大大低于小船的运费，而且大船上货物的目的地往往不单一，许多港口不能停靠和处理大船货物的条件，因此货主往往选择在新加坡转运。就是先用大船将货运到新加坡，然后在新加坡转小船再运到最终目的地。新加坡地处马六甲海峡峡口，是大船的必经之地，加上新加坡港口基础设施优越，又是自由贸易港，所以成为世界重要的航运和物流中心。

（二）文化和语言优势

新加坡是世界四大文化——中华文化、西欧文化、回教文化和印度文化的交汇点，汇聚了来自这几大文明的许多专业人士。多元种族和平和谐共处，有利于新加坡建立联系世界的贸易网络和供应链网络。

（三）优惠的税收政策

新加坡是世界上税制简易、税负最低的国家之一，这是吸引跨国投资者落户新加坡的重要因素。

目前，全球超过90%的货物可以自由进出新加坡而不需要缴纳关税，应税货物只有酒类、烟草产品、石油产品以及车辆等四大类商品。应税货物和非应税货物进口到新加坡都要征收7%消费税。此外，新加坡还与全世界多个国家和地区签署了自由贸易协定（FTA），可以绕开贸易壁垒，获得更多关税利益。在新加坡，公司每年平均仅需花49小时来处理税务工作，公司只需办理五项税务，在最少税务国家排名榜上列在前十名。新加坡不仅是货物相对自由进出、大部分货物免征关税，自1968年起逐步放宽外汇管制，1978年6月1日全面开放外汇市场，取消外汇管制。

为吸引航运企业集聚，新加坡推出了各种特殊优惠政策，如核准国际船务企业计划、核准船务物流企业计划、新加坡海事金融优惠计划、国际船运企业优惠、船舶注册登记制度等。截至2012年底，在新加坡登记的船舶总吨位为6500万t，比前一年增加13.2%，是全球船舶登记总吨位最大的十个港口之一。

（四）高效的物流和供应链管理

新加坡港口的主要竞争力在于它处理大型复杂货物转运的能力和效率，以及它所提供的满足客户需求的多种附加服务。高效是新加坡物流的核心竞争力，新加坡物流在运输、通关、货物跟踪等各方面效率都比较高。超大型集装箱船的发展意味着港口必须具备高效的物流处理能力，否则大型的货轮需要在港口耽搁很长时间。作为维持世界航运中心和世界最大转运港的地位的重大举措，新加坡分期扩展帕西班让港区的能力。第一期到2011年，集装箱能力扩展到年处理3500万标箱。第二期自2012年开始，PSA将花费35亿新加坡元（约合28.5亿美元）扩建西南部的帕西班让港口，扩建项目计划在2020年完工，项目完成后新加坡集装箱年处理能力将上升至5000万标箱，能够提供最深18 m的泊位以容纳更大的集装箱船舶。新加坡运输部长吕德耀于2012年表示，航运业在未来很长一段时间内都将是新加坡经济的生命线。他宣布，长期考虑，新加坡将把所有的港口集装箱业务集中到大士。该码头区水深且靠近主要的工业区和主要的国际航线。大士码头全部建成后将具备年处理6500万标箱能力。

（五）法律和政策优势

新加坡法律体系完整，而且尊重法律，有法必依。

新加坡在发展过程中形成了一套高效且富有弹性的制度，包括海关管理制度、司法制度、社会保障制度等。例如：其司法制度在世界上被认为是强大而稳定的，这为许多国际性组织的入驻创造了良好环境。

（六）金融优势

根据全球金融中心指数（GFCI）2013 年的国际金融中心的排名：新加坡被评为世界第四大金融中心，仅次于伦敦、纽约和香港。另据 2013 年 9 月 10 日发布的“2013 新华–道琼斯国际金融中心发展指数”显示，新加坡列国际金融中心第五位。与其他城市的波动相比，新加坡的排位一直非常稳定，连续多年处于全球金融中心综合实力第四、五名的位置。作为一个多元种族的移民国家，新加坡实力不凡，成长发展、服务水平、国家环境、产业支撑等要素表现优异。作为亚洲的金融中心，新加坡服务于整个东南亚，也包括南亚、澳大利亚和新西兰。在基金管理、外汇兑换、财富管理方面，新加坡具有优势。

此外，新加坡是全球第四大外汇交易中心。新加坡在 1968 年建立了亚洲美元市场。美元市场的建立，是新加坡金融国际化的一个重要里程碑。目前，新加坡的外汇市场是全球第四大市场，平均每日外汇交易额为 1010 亿美元。新加坡也是在亚洲第一个设立金融期货市场的金融中心。

新加坡不仅在国际金融、贸易融资、海事金融、保险、财务运作方面拥有领先地位，在资产及财富管理方面也处于领先地位。立足于新加坡的公司可以利用本地多元化的资本市场，并享受由 500 多家本地或外国金融机构提供的优质金融服务。此外，这里还有超过 4500 家公司提供各类专业服务，如审计、会计和管理咨询、市场调研、广告和公共关系、人力资本服务及法律服务。新加坡迅速发展成为集中服务或“共享服务”的理想地点。把资讯科技、金融及物流方面的操作集中在一起有利于企业降低运营成本、提高生产力，也易于保持始终如一的服务水准。总部设在新加坡的国际公司逐渐会发现立足于本地的明显优势。

未来双边或多边的自由贸易区将成为全球贸易合作的主流形式。据 WTO 统计，目前签订并实施的自贸区已经达到 247 个，全球一半以上的贸易已经在各个区域贸易安排、自贸区当中来进行。在这种形势下，新加坡要继续保持其金融、贸易和物流中心地位，需要通过不同的自由贸易协定来加强与各国之间的经贸合作，通过双边 FTA 网络的建立，来继续巩固新加坡经贸和政治地位。

中国在发展保税港区和综合保税区的基础上，正式启动了上海自由贸易区。上海作为中国的经济中心城市，其自贸区发展必将对世界自由贸易发展版图产生重要影响，也会对香港、新加坡等已有的自由贸易港（区）有着直接影响。随着中国经济在世界经济比重中的提升，上海自由贸易区的发展前景广阔。然而，如何借鉴世界自由港发展经验，正确定位、制定合适的政策并成功实施，对上海自由贸易区的发展具有重要现实意义。

撰稿人： 李正平　新加坡科技研究局研究员、北京中物联物流规划研究院副院长

杨鸿鹏　新加坡物流管理学院学术顾问

参考文献

[1] 新加坡经济统计调查. Department of Statistics Singapore,2012.

[2] 世界银行. 2006-2013 年世界最容易经商的国家/地区排名,2012.

[3] 新加坡经济发展局网. 2013.

[4] Hum Sin Hoon. Building a Logistics/Supply Chain Hub-The Singapore Experience; National University of Singapore.

[5] Orchestrating Global Supply Chains. Enabling High Value Manufacturing Reported by the iN2015 Manufacturing and Logistics Sub-Committee.

[6] 鲍尔索克斯，克劳斯. 物流管理:供应链过程的一体化[M]. 机械工业出版社,1999.

[7] Singapore-A Supply chain hub for emerging markets and beyond: Transportation Intelligence Ltd., 2013. www. transportationintelligence. com.

[8] Developing Singapore into a global integrated logistics Hub: International Enterprise Singapore, 2002.

[9] Singapore Business News, July 2012,新加坡经济发展局网.

[10] 新加坡邮政官方网站. www. singpost. com/.

[11] 世界航运网. 世界港口排名,2013. http://www. worldshipping. org/.

[12] 新加坡海事网, 2013. http://www. sgmaritime. com/classifications/.

[13] Kyunghee Park. Maersk Line to Add More Ships to Singapore Base: Southeast Asia, BloomBerg, March 2013.

[14] 新加坡樟宜机场官方网站, 2013.

[15] Singapore Changi Airport's Terminal 3 Opens for Business. Channel NewsAsia. 2008 年 1 月 9 日.

[16] 新加坡樟宜机场货运网, 2013. http://www. changiairportgroup. com/cag/html.

[17] 新加坡自由贸易法案,新加坡检查署,2013. http://statutes. agc. gov. sg/.

[18] 胥会云. 新加坡自由港竞争之道:开放高效和低税负[J]. 第一财经,2013,8.

[19] 全球金融中心排名,The Global Financial Centers Index 13,2013.